EUROPA LEHRMITTEL

Josef Dillinger
Roland Gomeringer
Dennis Erhard Kriwald
Peter Sander

Formel- und Tabellenwerk bis zum Abitur

mit eingelegter IQB-Formelsammlung

Lektorat: Dennis Erhard Kriwald

Bildbearbeitung: Zeichenbüro des Verlages Europa-Lehrmittel, Ostfildern

1. Auflage 2024

Druck 5 4 3 2 1

Alle Drucke derselben Auflage sind parallel einsetzbar, da sie bis auf die Korrektur von Druckfehlern identisch sind.

www.europa-lehrmittel.de

Satz: Satz+Layout Werkstatt Kluth GmbH, 50374 Erftstadt
Umschlaggestaltung: Zeichenbüro, Verlag Europa-Lehrmittel, Ostfildern, unter Verwendung des Fotos von © orbcat – stock.adobe.com
Druck: Himmer GmbH, 86167 Augsburg

Europa-Nr.: 83339 ISBN 978-3-7585-8333-9

VERLAG EUROPA-LEHRMITTEL · Nourney, Vollmer GmbH & Co. KG
Düsselberger Straße 23 · 42781 Haan-Gruiten

Vorwort

Das **Formel- und Tabellenwerk – mit eingelegter IQB-Formelsammlung** richtet sich an alle **Schülerinnen und Schüler,** die sich auf das **Abitur** oder vergleichbare Prüfungen vorbereiten.

Dort ist in Zukunft ausschließlich die Nutzung der mathematisch-naturwissenschaftlichen Formelsammlung nach Vorgaben des IQB (Institut zur Qualitätsentwicklung im Bildungswesen) zugelassen.

Das **vorliegende Buch** vom Verlag Europa-Lehrmittel ist auf die IQB-Formelsammlung **abgestimmt** und folgt dieser in Struktur und Aufbau. Formeln und Variablen sind in beiden Büchern identisch.

Alle wichtigen Werte und Formeln für die Fächer Mathematik, Physik und Chemie bis zum Abitur sind enthalten. Der **Mathematikteil ist umfangreich erweitert** worden. Die übersichtliche Gliederung der Themengebiete hilft beim schnellen Auffinden von Werten und Formeln.

Das Arbeiten mit dem Formel- und Tabellenwerk wird durch die IQB-Verweise erleichtert und trainiert gleichzeitig den Umgang mit der IQB-Formelsammlung.

⇨ **IQB-Seite 15**

Die allgemeinen **Bildungsziele** und fachlichen Schwerpunkte der **aktuellen Lehrpläne** sind umfassend berücksichtigt.

Die Autoren des Buches wünschen den Nutzern dieses Buches viel Erfolg und sind für Kritik, Verbesserungsvorschläge, Hinweise und Anregungen an lektorat@europa-lehrmittel.de dankbar.

Sommer 2024 Die Autoren

Inhaltsverzeichnis

1 Mathematik

2 Chemie

3 Physik

1 Mathematik

1.1 Grundlagen

► Zahlen, Konstanten, Einheiten, Größen

Römische Zahlen

	Grundzeichen				Hilfszeichen		
Symbol	I	X	C	M	V	L	D
Zahl	1	10	100	1000	5	50	500

Regeln für die Zahlenschreibweise

1. Die Symbole werden hintereinandergeschrieben. Dabei wird mit dem größten Zeichen begonnen und die Werte werden dann addiert.
2. Die Grundzeichen werden maximal dreimal, die Hilfszeichen nur einmal hintereinandergeschrieben.

   Beispiel: MCXVI = 1000 + 100 + 10 + 5 + 1 = **1116**
3. Steht ein Symbol mit einer kleineren Zahl vor einer größeren, wird der kleinere Wert vom größeren subtrahiert.

   Beispiele: IX = 10 − 1 = **9**   IV = 5 − 1 = **4**   MMXXIV = 1000 + 1000 + 10 + 10 + 5 − 1 = **2024**

Mathematische Konstanten

Konstante	Bezeichnung	Näherungswert	Definition oder Bedeutung
Kreiszahl	π	3,141593	Verhältnis des Kreisumfangs zum Durchmesser
Eulersche Zahl	e	2,718282	$e = \sum_{n=0}^{\infty} \frac{1}{n!}$ $e = \lim_{n \to \infty} \left(1 + \frac{1}{n}\right)^n$
Goldener Schnitt	Φ	1,61803	$\Phi = \frac{1}{2}\left(\sqrt{5} + 1\right)$ Der Goldene Schnitt ist ein bestimmtes Teilungsverhältnis einer Strecke.

Griechisches Alphabet

Α	α	Alpha	Ζ	ζ	Zeta	Λ	λ	Lambda	Π	π	Pi	Φ	φ	Phi
Β	β	Beta	Η	η	Eta	Μ	μ	Mü	Ρ	ρ	Rho	Χ	χ	Chi
Γ	γ	Gamma	Θ	ϑ	Theta	Ν	ν	Nü	Σ	σ	Sigma	Ψ	ψ	Psi
Δ	δ	Delta	Ι	ι	Jota	Ξ	ξ	Ksi	Τ	τ	Tau	Ω	ω	Omega
Ε	ε	Epsilon	Κ	ϰ	Kappa	Ο	ο	Omikron	Υ	υ	Ypsilon			

Basisgrößen, Einheiten

Größe	Formelzeichen	Einheit Name	 Zeichen	Beziehung	Bemerkung Anwendungsbeispiele
Länge	ℓ	**Meter**	m	1 m = 10 dm = 100 cm = 1000 mm 1 mm = 1000 µm 1 km = 1000 m	1 inch = 1 Zoll = 25,4 mm In der Luft- und Seefahrt gilt: 1 internationale Seemeile = 1852 m
Fläche	*A*, *S*	Quadratmeter Ar Hektar	m^2 a ha	1 m^2 = 10000 cm^2 = 1000000 mm^2 1 a = 100 m^2 1 ha = 100 a = 10000 m^2 100 ha = 1 km^2	Zeichen *S* nur für Querschnittsflächen Ar und Hektar nur für Flächen von Grundstücken
Volumen	*V*	Kubikmeter Liter	m^3 ℓ, L	1 m^3 = 1000 dm^3 = 1000000 cm^3 1 ℓ = 1 L = 1 dm^3 = 10 dℓ = 0,001 m^3 1 mℓ = 1 cm^3	Meist für Flüssigkeiten und Gase
Ebener Winkel (Winkel)	α, β, γ …	Radiant Grad Bogenminute Bogensekunde	rad ° ′ ″	1 rad = 1 m/m = 57,2957…° = 180°/π 1° = $\frac{\pi}{180}$ rad = 60′ 1′ = 1°/60 = 60″ 1″ = 1′/60 = 1°/3600	1 rad ist der Winkel, der aus einem um den Scheitelpunkt geschlagenen Kreis mit 1 m Radius einen Bogen von 1 m Länge schneidet. Bei technischen Berechnungen statt $\alpha = 33°\,17'\,27{,}6''$ besser $\alpha = 33{,}291°$ verwenden.
Raumwinkel	Ω	Steradiant	sr	1 sr = 1 m^2/m^2	Der Raumwinkel von 1 sr umschließt auf der Oberfläche einer Kugel mit r = 1 m die Fläche 1 m^2.
Zeit, Zeitspanne, Dauer	*t*	**Sekunde** Minute Stunde Tag Jahr	s min h d a	1 min = 60 s 1 h = 60 min = 3600 s 1 d = 24 h = 86400 s	3 h bedeutet eine Zeitspanne (3 Std.), 3^h bedeutet einen Zeitpunkt (3 Uhr). Werden Zeitpunkte in gemischter Form, z. B. $3^h24^m10^s$ geschrieben, so kann das Zeichen min auf m verkürzt werden.
Frequenz	*f*, ν	Hertz	Hz	1 Hz = 1/s	1 Hz ≙ 1 Schwingung in 1 Sekunde.
Drehzahl, Umdrehungsfrequenz	*n*	1 pro Sekunde 1 pro Minute	1/s 1/min	1/s = 60/min = 60 min^{-1} 1/min = 1 min^{-1} = $\frac{1}{60\text{ s}}$	Die Anzahl der Umdrehungen pro Zeiteinheit ergibt die Drehzahl, auch Drehfrequenz genannt.
Geschwindigkeit	*v*	Meter pro Sekunde Meter pro Minute Kilometer pro Stunde	m/s m/min km/h	1 m/s = 60 m/min = 3,6 km/h 1 m/min = $\frac{1\text{ m}}{60\text{ s}}$ 1 km/h = $\frac{1\text{ m}}{3{,}6\text{ s}}$	Geschwindigkeit bei der Seefahrt in Knoten (kn): 1 kn = 1,852 km/h mile per hour = 1 mile/h = 1 mph 1 mph = 1,60934 km/h
Winkelgeschwindigkeit	ω	1 pro Sekunde Radiant pro Sekunde	1/s rad/s	$\omega = 2\pi \cdot n$	Bei einer Drehzahl von $n = 2/\text{s}$ beträgt die Winkelgeschwindigkeit $\omega = 4\pi/\text{s}$.
Beschleunigung	*a*, *g*	Meter pro Sekunde hoch zwei	m/s^2	1 m/s^2 = $\frac{1\text{ m/s}}{1\text{ s}}$	Formelzeichen *g* nur für Fallbeschleunigung. $g \approx 9{,}81\text{ m/s}^2$

Mathematik

Vorsätze bei Einheiten

Vorsatz Zeichen	Vorsatz Name	Zehnerpotenz	Mathematische Bezeichnung	Beispiele
E	Exa	10^{18}	Trillion	Speichergrößen in Exabyte (EB) in der Datenverarbeitung.
P	Peta	10^{15}	Billiarde	Speichergrößen in Petabyte (PB) in der Informatik.
T	Tera	10^{12}	Billion	$12000000000000\ N = 12 \cdot 10^{12}\ N = 12\ TN$ (Tera-Newton)
G	Giga	10^{9}	Milliarde	$45000000000\ W = 45 \cdot 10^{9}\ W = 45\ GW$ (Giga-Watt)
M	Mega	10^{6}	Million	$8500000\ V = 8{,}5 \cdot 10^{6}\ V = 8{,}5\ MV$ (Mega-Volt)
k	Kilo	10^{3}	Tausend	$12600\ W = 12{,}6 \cdot 10^{3}\ W = 12{,}6\ kW$ (Kilo-Watt)
h	Hekto	10^{2}	Hundert	$500\ \ell = 5 \cdot 10^{2}\ \ell = 5\ h\ell$ (Hekto-Liter)
da	Deka	10^{1}	Zehn	$32\ m = 3{,}2 \cdot 10^{1}\ m = 3{,}2\ dam$ (Deka-Meter)
–	–	10^{0}	Eins	$1{,}5\ m = 1{,}5 \cdot 10^{0}\ m$
d	Dezi	10^{-1}	Zehntel	$0{,}5\ \ell = 5 \cdot 10^{-1}\ \ell = 5\ d\ell$ (Dezi-Liter)
c	Zenti	10^{-2}	Hundertstel	$0{,}25\ m = 25 \cdot 10^{-2}\ m = 25\ cm$ (Zenti-Meter)
m	Milli	10^{-3}	Tausendstel	$0{,}375\ A = 375 \cdot 10^{-3}\ A = 375\ mA$ (Milli-Ampere)
µ	Mikro	10^{-6}	Millionstel	$0{,}000052\ m = 52 \cdot 10^{-6}\ m = 52\ \mu m$ (Mikro-Meter)
n	Nano	10^{-9}	Milliardstel	$0{,}000000075\ m = 75 \cdot 10^{-9}\ m = 75\ nm$ (Nano-Meter)
p	Piko	10^{-12}	Billionstel	$0{,}000000000006\ F = 6 \cdot 10^{-12}\ F = 6\ pF$ (Pico-Farad)
f	Femto	10^{-15}	Billiardstel	Größe von Atomkernen in Femtometer (fm).
a	Atto	10^{-18}	Trillionstel	Abstände von Atomen in Attometer (am).

Basisgrößen und Basiseinheiten

Basisgröße	Länge	Masse	Zeit	Elektrische Stromstärke	Thermodynamische Temperatur	Stoffmenge	Lichtstärke
Basiseinheit	Meter	Kilogramm	Sekunde	Ampere	Kelvin	Mol	Candela
Einheitenzeichen	m	kg	s	A	K	mol	cd

Man unterscheidet Basisgröße und Basiseinheit. Sie sind im internationalen Einheitensystem festgelegt (SI = **S**ysteme **I**nternational).

Einheiten können in größere oder kleinere Einheiten oder in andere Maßsysteme umgerechnet werden.

Beispiele: $1\ kg = 1\ kg \cdot \frac{1000\ g}{1\ kg} = 1000\ g$; $1\ g = 1\ g \cdot \frac{1000\ mg}{1\ g} = 1000\ mg$

Beispiele: $1\ m = 1\ m \cdot \frac{10\ dm}{1\ m} = 10\ dm$; $1\ dm = 1\ dm \cdot \frac{10\ cm}{1\ dm} = 10\ cm$; $1\ cm = 1\ cm \cdot \frac{10\ mm}{1\ cm} = 10\ mm$

Beispiele: $1\ \ell = 1\ \ell \cdot \frac{10\ d\ell}{1\ \ell} = 10\ d\ell$; $1\ d\ell = 1\ d\ell \cdot \frac{10\ c\ell}{1\ d\ell} = 10\ c\ell$; $1\ c\ell = 1\ c\ell \cdot \frac{10\ m\ell}{1\ c\ell} = 10\ m\ell$

Zahlensysteme

Basis von Zahlensystemen

Zur Darstellung von Zahlen werden Ziffern oder Buchstaben verwendet. Die Zahlensysteme bestehen aus einer Basis B, die angibt, wie viele verschiedene Ziffern verwendet werden, und einem Satz von Regeln, um größere/kleinere Zahlen darzustellen, indem mehrere Ziffern kombiniert werden. Die erste Ziffer links neben dem Komma besitzt den Potenzwert B^0, anschließend B^1, B^2, B^3, ..., B^n, die erste Ziffer rechts vom Komma besitzt der Wert B^{-1}, anschließend B^{-2}, B^{-3}, ..., B^{-n}. Der Stellenwert einer Ziffer ist das Produkt von Ziffer und Potenzwert, den Wert der Zahl erhält man durch Addieren der einzelnen Stellenwerte.

Stelle	4	3	2	1	–1	–2	–3	–4
Potenz	B^3	B^2	B^1	B^0	B^{-1}	B^{-2}	B^{-3}	B^{-4}

Gebräuchliche Systeme

Zahlensystem	**Basis**	**Ziffern**															
Dezimal	10	0	1	2	3	4	5	6	7	8	9						
Dual	2	0	1														
Hexadezimal	16	0	1	2	3	4	5	6	7	8	9	A	B	C	D	E	F

Das Dezimalsystem

Unser gebräuchliches Zahlensystem ist das Dezimalsystem mit der Basis 10.

Beispiel für die Zahl 2024

Ziffer	2	0	2	4	
Stelle	4	3	2	1	
Potenz	10^3	10^2	10^1	10^0	
Potenzwert	1000	100	10	1	
Stellenwert	$2 \cdot 1000$	$0 \cdot 100$	$2 \cdot 10$	$4 \cdot 1$	
Zahl	2000 +	0 +	20 +	4	**= 2024**

Das Dualsystem

Das Dualsystem (Zweiersystem) besitzt die Basis 2. Es gibt nur die Ziffern 0 und 1.
Umwandlung der Zahl 11001010_2 in das Dezimalsystem

Ziffer	1	1	0	0	1	0	1	0	
Stelle	8	7	6	5	4	3	2	1	
Potenz	2^7	2^6	2^5	2^4	2^3	2^2	2^1	2^0	
Potenzwert	128	64	32	16	8	4	2	1	
Stellenwert	$1 \cdot 128$	$1 \cdot 64$	$0 \cdot 32$	$0 \cdot 16$	$1 \cdot 8$	$0 \cdot 4$	$1 \cdot 2$	$0 \cdot 1$	
Summe	128 +	64 +	0 +	0 +	8 +	0 +	2 +	0	**= 202**

$11001010_2 = 202_{10}$

Das Sedezimalsystem (Hexadezimalsystem)

Das Sedezimalsystem besitzt die Basis 16. Da die Ziffern 0 bis 9 nicht mehr ausreichen, werden zusätzlich die Buchstaben A, B, C, D, E und F verwendet.

Zuordnung der Dezimalzahl/Sedezimalzahlen

Dezimalzahl	0	1	2	3	4	5	6	7	8	9	10	11	12	13	14	15
Sedezimalzahl	0	1	2	3	4	5	6	7	8	9	A	B	C	D	E	F

Umwandlung der Zahl $2A0BC_{16}$ in das Dezimalsystem

Ziffer	2	A	0	B	C	
Stelle	5	4	3	2	1	
Potenz	16^4	16^3	16^2	16^1	16^0	
Potenzwert	65536	4096	256	16	1	
Stellenwert	$2 \cdot 65536$	$10 \cdot 4096$	$0 \cdot 256$	$11 \cdot 16$	$12 \cdot 1$	
Summe	131072 +	40960 +	0 +	176 +	12	**= 172220**

$2A0BC_{16} = 172220_{10}$

Umwandlung von Dezimalzahlen in ein anderes Zahlensystem

Die Umwandlung einer Dezimalzahl in ein anderes Zahlensystem kann mit dem „Resteverfahren" durchgeführt werden. Bei diesem Verfahren wird die Dezimalzahl immer wieder durch die Basis des gewünschten Zahlensystems dividiert und der Rest notiert, bis das Ergebnis der Division 0 ist. Der Rest in umgekehrter Reihenfolge ergibt die Zahl des Zahlensystems.

Umwandlung der Zahl 25 in das Dualsystem

Division — Dualsystem

25 : 2 = 12 Rest **1**
12 : 2 = 6 Rest **0**
6 : 2 = 3 Rest **0**
3 : 2 = 1 Rest **1**
1 : 2 = 0 Rest **1**

1 1 0 0 1

$25_{10} = 11001_2$

Umwandlung der Zahl 2538 in das Sedezimalsystem

Division — Sedezimalsystem

2538 : 16 = 158 Rest **10**
158 : 16 = 9 Rest **14**
9 : 16 = 0 Rest **9**

9 E A

$2538_{10} = 9EA_{16}$

Mengenlehre und Logik

Mengen allgemein

Mengengleichheit

Eine Menge A ist gleich einer Menge B ($A = B$), wenn jedes Element von A auch Element von B und jedes Element von B auch Element von A ist.

Es gilt: $A = A \qquad A = B \;\Rightarrow\; B = A$

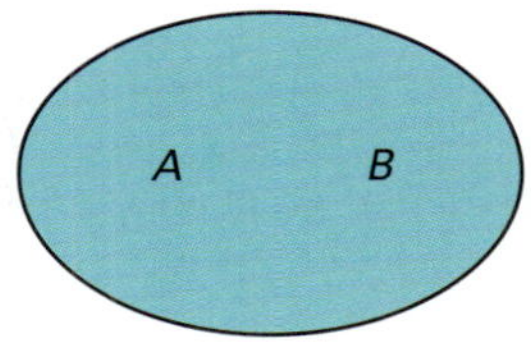

Teilmenge

Eine Menge A ist Teilmenge von B ($A \subseteq B$), wenn jedes Element von A auch Element von B ist.

Existiert mindestens ein Element in B, das nicht zu A gehört, so ist A echte Teilmenge von B ($A \subset B$).

Es gilt: $A \subseteq A \qquad A \subseteq B \wedge B \subseteq A \;\Rightarrow\; A = B$
mit $\wedge$ logisches UND

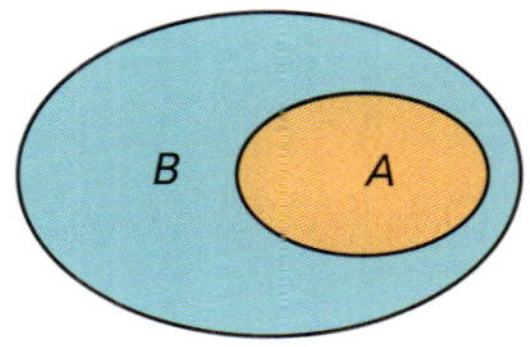

Komplementärmenge

Ist A Teilmenge von B, so ist die Komplementärmenge $\overline{A}$ von A bezüglich B diejenige Teilmenge von B, die alle Elemente enthält, die nicht zu A gehören.

Es gilt: $\overline{A \cup B} = \overline{A} \cap \overline{B}$
$\overline{A \cap B} = \overline{A} \cup \overline{B}$ (de-morgansche Gesetze)

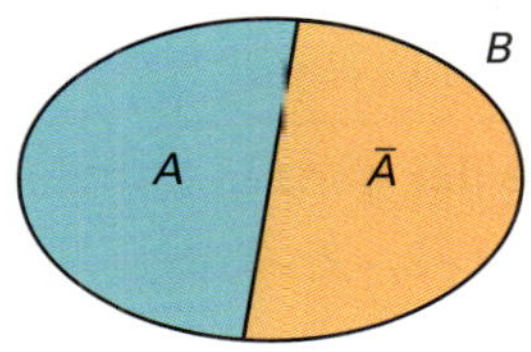

Mengenverknüpfungen

IQB-Seite 4

Vereinigungsmenge

Die Vereinigungsmenge $A \cup B$ (A „vereinigt“ B) ist die Menge aller Elemente, die zu A oder zu B oder zu beiden Mengen gehören.

Es gilt: $A \cup B = \{x | x \in A \vee x \in B\}$
mit $\vee$ logisches ODER

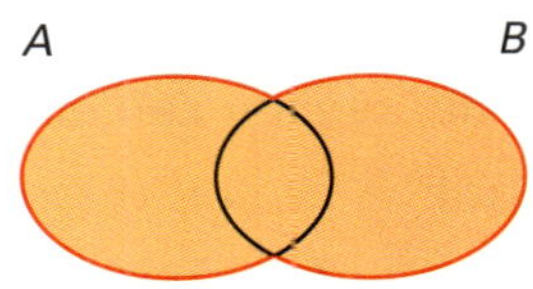

Schnittmenge

Die Schnittmenge $A \cap B$ (A „geschnitten“ B) ist die Menge aller Elemente, die zu A und gleichzeitig zu B gehören.

Es gilt: $A \cap B = \{x | x \in A \wedge x \in B\}$
mit $\wedge$ logisches UND

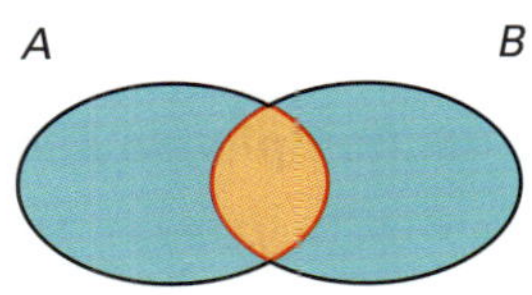

Differenzmenge

Die Differenzmenge $A \setminus B$ (A „ohne“ B) ist die Menge aller Elemente von A, die nicht zu B gehören.

Es gilt: $A \setminus B = \{x | x \in A \wedge x \notin B\}$
mit $\wedge$ logisches UND

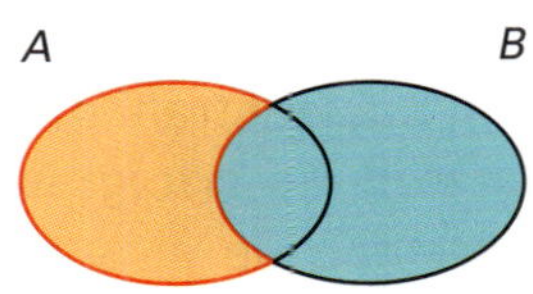

Rechenregeln mit Mengen

$A \cup A = A$	$A \cap A = A$	(Idempotenzgesetze)
$A \cup B = B \cup A$	$A \cap B = B \cap A$	(Kommutativgesetze)
$(A \cup B) \cup C = A \cup (B \cup C)$	$(A \cap B) \cap C = A \cap (B \cap C)$	(Assoziativgesetze)
$A \cup (B \cap C) = (A \cup B) \cap (A \cup C)$	$A \cap (B \cup C) = (A \cap B) \cup (A \cap C)$	(Distributivgesetze)
$A \cup (A \cap B) = A$	$A \cap (A \cup B) = A$	(Absorptionsgesetze)
$A \cup \varnothing = A$ $A \setminus \varnothing = A$	$A \cap \varnothing = \varnothing$ $(A \setminus B) \cap B = \varnothing$	(Rechnen mit der leeren Menge)
$A \setminus B = A \setminus (A \cap B) = (A \cup B) \setminus B$ $A \setminus (B \cup C) = (A \setminus B) \cap (A \setminus C)$	$A \setminus (B \cap C) = (A \setminus B) \cup (A \setminus C)$ $A \cup B = (A \setminus B) \cup (B \setminus A) \cup (A \cap B)$	(Rechnen mit Differenzmengen)

Zahlenmengen

IQB-Seite 4

Menge der natürlichen Zahlen $\mathbb{N}$

$\mathbb{N} = \{0; 1; 2; 3; \ldots\}$; $\mathbb{N}^* = \mathbb{N} \setminus \{0\}$

Menge der ganzen Zahlen $\mathbb{Z}$

$\mathbb{Z} = \{\ldots; -3; -2; -1; 0; 1; 2; 3; \ldots\}$

Es gilt: $\mathbb{N} \subset \mathbb{Z}$

Menge der rationalen Zahlen $\mathbb{Q}$

$$\mathbb{Q} = \left\{\frac{p}{q} \mid p, q \in \mathbb{Z} \wedge q \neq 0\right\}$$

Es gilt: $\mathbb{N} \subset \mathbb{Z} \subset \mathbb{Q}$

Menge der reellen Zahlen $\mathbb{R}$

$\mathbb{R} = \mathbb{Q} \cup \mathbb{I}$; $\mathbb{R}^+ = \{x \in \mathbb{R} \mid x > 0\}$;
$\mathbb{R}_0^+ = \{x \in \mathbb{R} \mid x \geq 0\}$

$\mathbb{I}$: irrationale Zahlen (nichtperiodische Dezimalbrüche wie z. B. $\sqrt{2}$)

Es gilt: $\mathbb{N} \subset \mathbb{Z} \subset \mathbb{Q} \subset \mathbb{R}$

Menge der komplexen Zahlen $\mathbb{C}$

$\mathbb{C} = \{a + i \cdot b \mid a, b \in \mathbb{R} \wedge i^2 = -1\}$

Es gilt: $\mathbb{N} \subset \mathbb{Z} \subset \mathbb{Q} \subset \mathbb{R} \subset \mathbb{C}$

Anmerkung: Die komplexen Zahlen können wegen der imaginären Anteile nicht mehr am Zahlenstrahl dargestellt werden. Ihre Darstellung erfolgt in der komplexen Zahlenebene, die eine reelle Achse und eine imaginäre Achse besitzt.

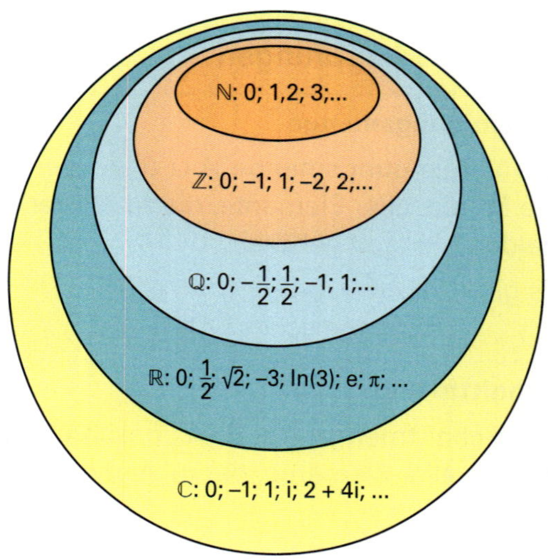

Intervalle

IQB-Seite 4

Bezeichnung	Schreibweise	Darstellung
Abgeschlossenes Intervall von *a* bis *b*	$[a;\, b] = \{x \in \mathbb{R} \mid a \leq x \leq b\}$	
Offenes Intervall von *a* bis *b*	$]a;\, b[= \{x \in \mathbb{R} \mid a < x < b\}$	
Rechtsoffenes Intervall von *a* bis *b*	$[a;\, b[= \{x \in \mathbb{R} \mid a \leq x < b\}$	
Linksoffenes Intervall von *a* bis *b*	$]a;\, b] = \{x \in \mathbb{R} \mid a < x \leq b\}$	
Linksoffenes Intervall von $-\infty$ bis *a*	$]-\infty;\, a] = \{x \in \mathbb{R} \mid x \leq a\}$	
Offenes Intervall von *a* bis $+\infty$	$]a;\, +\infty[= \{x \in \mathbb{R} \mid a < x\}$	

Aussagenlogik

Es seien *p, q, r* Variable für Aussagen, die (nur) die Werte *wahr* (W) und *falsch* (F) annehmen können.

Verknüpfung von Aussagen	Verknüpfung	Symbol	Bedeutung
	Negation	$\neg p$	nicht *p*
	Konjunktion	$p \wedge q$	*p* und *q*; sowohl *p* als auch *q*
	Disjunktion	$p \vee q$	*p* oder *q*; (einschließendes ODER)
	Alternative	$p \dot{\vee} q$	entweder *p* oder *q*; (ausschließendes ODER)
	Impliktion	$p \Rightarrow q$	wenn *p*, dann (so) *q*
	Äquivalenz	$p \Leftrightarrow q$	*p* äquivalent zu *q*; *p* genau dann, wenn *q*

Zusammenhänge

$p \Rightarrow q = \neg p \vee q$ $\quad p \Leftrightarrow q = (\neg p \vee q) \wedge (p \vee \neg q)$ $\quad p \Leftrightarrow q = (p \wedge q) \vee (\neg p \wedge \neg q)$

$p \dot{\vee} q = (p \vee q) \wedge (\neg p \vee \neg q)$ $\quad p \dot{\vee} q = (p \wedge \neg q) \vee (\neg p \wedge q)$

Wahrheitswertetafeln

p	q	$\neg p$	$\neg q$	$p \wedge q$	$p \vee q$	$p \dot{\vee} q$	$p \Rightarrow q$	$p \Leftrightarrow q$
W	W	F	F	W	W	F	W	W
W	F	F	W	F	W	W	F	F
F	W	W	F	F	W	W	W	F
F	F	W	W	F	F	F	W	W

Tautologien

Eine Aussagenverbindung heißt **Tautologie,** wenn jede Einsetzung eine wahre Aussage liefert.

$p \vee \neg p$ (Gesetz vom ausgeschlossenen Dritten)

$\neg(\neg p) \Leftrightarrow p$ (Gesetz von der doppelten Verneinung)

$(p \Rightarrow q) \wedge (q \Rightarrow r) \Rightarrow (p \Rightarrow r)$ (Kettenschluss)

$p \wedge (p \Rightarrow q) \Rightarrow q$ (Abtrennungsregel)

$p \wedge (\neg q \Rightarrow \neg p) \Rightarrow q$ (indirekter Schluss)

$(p \Rightarrow q) \Leftrightarrow (\neg q \Rightarrow \neg p)$ (Kontraposition)

Mathematik

Operationen mit Zahlen

Primzahlen

Eine Primzahl ist definiert als eine natürliche Zahl, die größer als 1 ist und als Teiler nur 1 und sich selbst hat.

Dieser Sachverhalt schließt die Zahl 1 aus, da 1 nur einen Teiler hat.

Definition: Eine natürliche Zahl p ist eine Primzahl, wenn ihre einzigen positiven Teiler 1 und p sind.
Die ersten Primzahlen lauten: 2; 3; 5; 7; 11; 13; 17; ...

Eine Zahl, die größer als 1 ist und keine Primzahl ist, lässt sich als Produkt von Primzahlen darstellen. Dieses Produkt heißt Primfaktorzerlegung der Zahl. Bei der Primfaktorzerlegung beginnt man immer mit dem Teiler der kleinsten Primzahl.

Primfaktorzerlegung der Zahl 56

$56 : 2 = 28$	$56 = 2 \cdot 28$
$28 : 2 = 14$	$28 = 2 \cdot 14$
$14 : 2 = 7$	$14 = 2 \cdot 7$
$7 : 7 = 1$	$7 = 7 \cdot 1$
1	

$56 = 2 \cdot 2 \cdot 2 \cdot 7$

Oder z.B.: $27 = 3 \cdot 9 = 3 \cdot 3 \cdot 3$

Teiler und Vielfache

Teiler und Vielfache sind grundlegende Konzepte der Mathematik, insbesondere der Zahlentheorie.

Teiler $a, b, n \in \mathbb{N} \setminus \{0\}$	**Vielfache**
a heißt Teiler von b, wenn es eine positive ganze Zahl n gibt, sodass $a \cdot n = b$ gilt.	b heiß Vielfaches von a, wenn a ein Teiler von b ist.
Der größte gemeinsame Teiler (ggT) zweier oder mehrerer Zahlen ist die größte Zahl, durch die alle gegebenen Zahlen ohne Rest teilbar sind. Der größte gemeinsame Teiler zweier Zahlen a und b wird mit ggT(a;b) bezeichnet.	Das kleinste gemeinsame Vielfache (kgV) zweier oder mehrerer Zahlen ist die kleinste Zahl, die ein Vielfaches aller gegebenen Zahlen ist. Betrachtet man zwei Zahlen a und b, dann muss sowohl a als auch b Teiler dieser Zahl sein. Das kleinste gemeinsame Vielfache zweier Zahlen a und b wird mit kgV(a;b) bezeichnet.
Die Teiler von 12 sind 1, 2, 3, 4, 6, 12. Die Teiler von 18 sind 1, 2, 3, 6, 9, 18. Der größte gemeinsame Teiler von 12 und 18 ist 6, da 6 die größte Zahl ist, durch die sowohl 12 als auch 18 ohne Rest teilbar sind. Schreibweise: ggT(12;18) = 6	Vielfache von 12: 12, 24,36, 48, 60, 72, 84, ... Vielfache von 18: 18, 36, 54, 72, 90, ... Das kleinste gemeinsame Vielfache ist die kleinste Zahl von 12 und 18, die sowohl ein Vielfaches von 12 als auch von 18 ist. In diesem Fall ist es 36. Schreibweise: kgV(12;18) = 36 Oder: $\text{kgV}(a;b) = \frac{a \cdot b}{\text{ggT}(a:b)}$ $\text{kgV}(12;18) = \frac{12 \cdot 18}{6} = 36$

Rechnen mit Brüchen

Der Bruchterm $\frac{a}{b}$ ist ein Zahlenverhältnis und besteht aus dem Zähler a und dem Nenner b, mit $b \neq 0$. Der Nenner b ist die Bezugsgröße und gibt die Gesamtheit der Teile an. Der Zähler a bezeichnet die Anzahl der Teile.

Arten von Brüchen				
Art	Beispiel	Kennzeichen	Wert	Bild
Echter Bruch	$\frac{1}{3}$	Zähler < Nenner	< 1	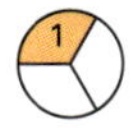
Unechter Bruch	$\frac{5}{4}$	Zähler > Nenner	> 1	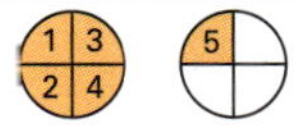
Gemischte Zahl	$1\frac{1}{4}$	Ganze Zahl und ein echter Bruch	> 1	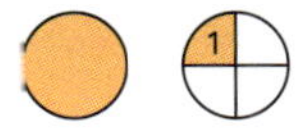
Dezimalbruch	0,75	Dezimalkomma	< 1	

Addition oder Subtraktion von Brüchen	
Beim Addieren oder Subtrahieren von Brüchen müssen die Brüche auf einen gemeinsamen Nenner gebracht werden (kgV).	$\frac{a}{b} \pm \frac{c}{d} = \frac{a \cdot d \pm c \cdot b}{b \cdot d}$ $b, d \neq 0$

Multiplikation von Brüchen	
Brüche werden multipliziert, indem man ihre Zähler multipliziert und ihre Nenner multipliziert.	$\frac{a}{b} \cdot \frac{c}{d} = \frac{a \cdot c}{b \cdot d}$ $b, d \neq 0$

Division von Brüchen	
Brüche werden dividiert, indem man mit dem Kehrbruch multipliziert.	$\frac{a}{b} : \frac{c}{d} = \frac{a}{b} \cdot \frac{d}{c} = \frac{a \cdot d}{b \cdot c}$ $b, c, d \neq 0$

Weitere Regeln beim Rechnen mit Brüchen		
Rechenregel	**Zahlenbeispiel**	**Algebraisches Beispiel**
Erweitern Beim Erweitern werden Zähler und Nenner mit demselben Faktor multipliziert.	$\frac{1}{4} = \frac{1 \cdot 6}{4 \cdot 6} = \frac{6}{24}$	$\frac{a}{b} = \frac{a \cdot c}{b \cdot c}$ $b,c \neq 0$
Kürzen Beim Kürzen werden Zähler und Nenner durch dieselbe Zahl (bzw. denselben Buchstaben) dividiert.	$\frac{6}{24} = \frac{6:6}{24:6} = \frac{1}{4}$	$\frac{a \cdot \not{b}}{\not{b} \cdot c} = \frac{a}{c}$ $b,c \neq 0$
Summen oder Differenzen Summen oder Differenzen sind vor dem Kürzen oder Erweitern zu berechnen.	$\frac{18-24}{260+20} = \frac{-6}{280} = \frac{-3}{140} = -\frac{3}{140}$	$\frac{c-b}{c+b}$ kann nicht gekürzt werden.
Umwandlung eines Bruches in einen Dezimalbruch Ein Bruch wird in einen Dezimalbruch umgewandelt, indem man den Zähler durch den Nenner dividiert.	$\frac{3}{8} = 3:8 = 0{,}375$	–
Umwandlung eines Dezimalbruches in einen Bruch Ein endlicher Dezimalbruch wird in einen Bruch verwandelt, indem man in den Zähler alle Ziffern nach dem Komma schreibt. Der Nenner erhält eine 1 mit so vielen Nullen, wie der Zähler Stellen hat.	$0{,}48 = \frac{48}{100} = \frac{12}{25}$	–

Rechnen mit Zahlen

Betrag einer Zahl	
Der Betrag einer Zahl ist immer eine positive Zahl und entspricht dem Abstand dieser Zahl auf dem Zahlenstrahl vom Nullpunkt aus.	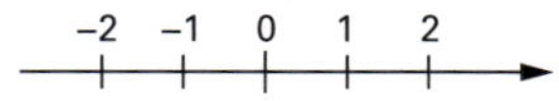
$\lvert a \rvert = \begin{cases} a, \text{ wenn } a \geq 0 \\ -a, \text{ wenn } a < 0 \end{cases}$	$\lvert 2 \rvert = \lvert -2 \rvert = 2$
Für alle *a*, *b* gelten folgende Regeln: $\lvert a \rvert \geq 0$ $\quad \lvert a \cdot b \rvert = \lvert a \rvert \cdot \lvert b \rvert$ $\quad \lvert a + b \rvert \leq \lvert a \rvert + \lvert b \rvert$ (Dreiecksgleichung)	

Klammerausdrücke	
Pluszeichen vor der Klammer Klammern, vor denen ein Pluszeichen steht, können weggelassen werden. Die Vorzeichen der Glieder bleiben unverändert.	$a + (b - c) = a + b - c$
Minuszeichen vor der Klammer Klammern, vor denen ein Minuszeichen steht, können nur aufgelöst (weggelassen) werden, wenn alle Glieder in der Klammer entgegengesetzte Vorzeichen erhalten.	$a - (b - c) = a - b + c$

Umkehroperation	
Addition und Subtraktion sind Umkehroperationen voneinander. So wird z. B. die Zahl *a* subtrahiert, indem man die Zahl $-a$ addiert.	$2a = a + 1 \mid -a$ $2a + (-a) = a + 1 + (-a)$ $a = 1$
Multiplikation und Division sind Umkehroperationen voneinander. So wird z. B. durch die Zahl $a \neq 0$ dividiert, indem man mit dem Kehrbruch $\frac{1}{a}$ multipliziert.	$b \cdot a = a \mid \cdot \frac{1}{a}$ $b \cdot a \cdot \frac{1}{a} = a \cdot \frac{1}{a}$ $b = 1$

Rechengesetze	
Kommutativgesetz der Addition	$a + b = b + a$
Kommutativgesetz der Multiplikation	$a \cdot b = b \cdot a$
Assoziativgesetz der Addition	$(a + b) + c = a + (b + c) = a + b + c$
Assoziativgesetz der Multiplikation	$(a \cdot b) \cdot c = a \cdot (b \cdot c) = a \cdot b \cdot c$
Distributivgesetz	$(a + b) \cdot c = a \cdot c + b \cdot c$

Runden von Zahlen
Wird die **wegfallende Dezimalstelle** betrachtet, wird bei den Ziffern 0, 1, 2, 3 oder 4 **abgerundet,** d. h. die voranstehende Ziffer ändert sich nicht. Bei den Ziffern 5, 6, 7, 8 oder 9 wird **aufgerundet.** Die voranstehende Ziffer erhöht sich.

Binomische Formeln

IQB-Seite 3

Erste Binomische Formel

$(a + b)^2 = a^2 + 2ab + b^2$

Betrachtet man ein Quadrat mit den Seitenlängen $(a + b)$, so wird die 1. Binomische Formel anschaulich.

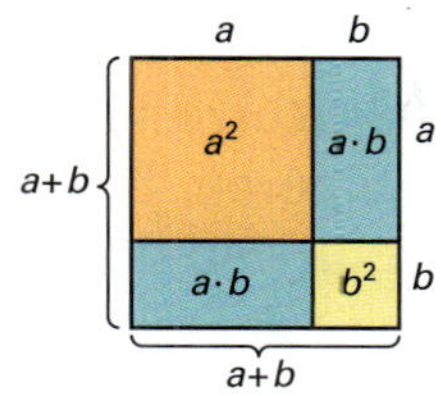

Zweite Binomische Formel

$(a - b)^2 = a^2 - 2ab + b^2$

Betrachtet man ein Quadrat mit den Seitenlängen a, von denen man die Länge b subtrahiert, so wird die 2. Binomische Formel anschaulich.

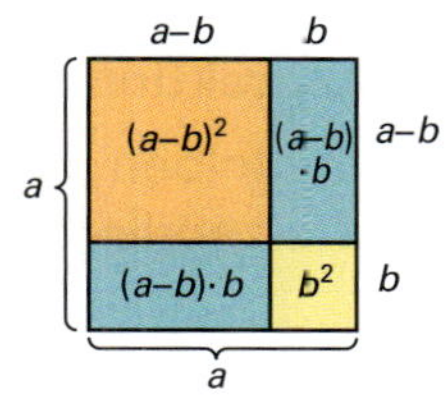

Dritte Binomische Formel

$(a + b) \cdot (a - b) = a^2 - b^2$

Betrachtet man die Trapezflächen (orange) und das Quadrat (gelb), so wird die 3. Binomische Formel anschaulich.

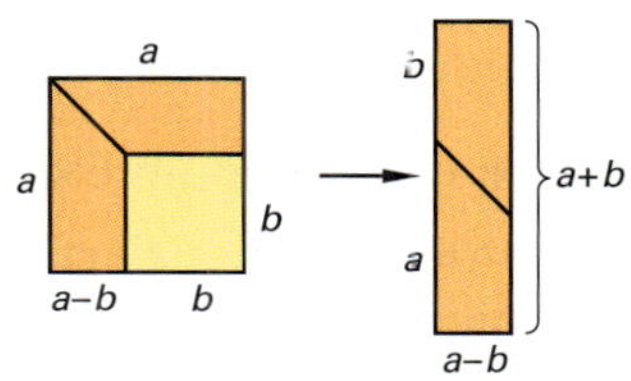

Sätze im rechtwinkligen Dreieck

IQB-Seite 4

Pythagoras

Der Satz des Pythagoras besagt, dass die Summe der Flächeninhalte der beiden Quadrate über den Katheten im rechtwinkligen Dreieck gleich dem Flächeninhalt des Quadrats über der Hypotenuse ist.

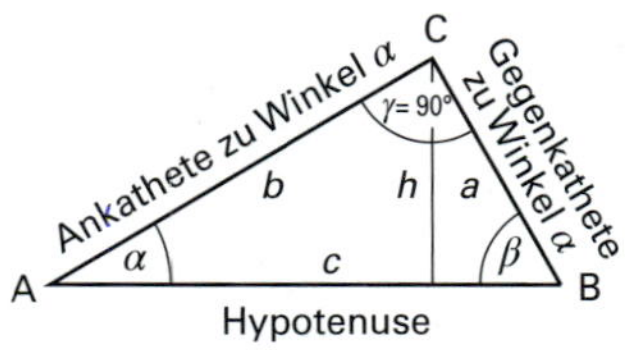

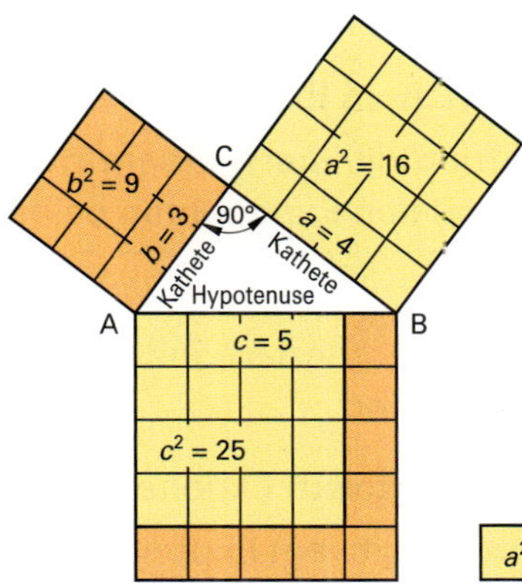

$a^2 + b^2 = c^2$

Höhensatz des Euklid

Im rechtwinkligen Dreieck besteht zwischen der Höhe h und den Hypotenusenabschnitten p und q ein Zusammenhang.

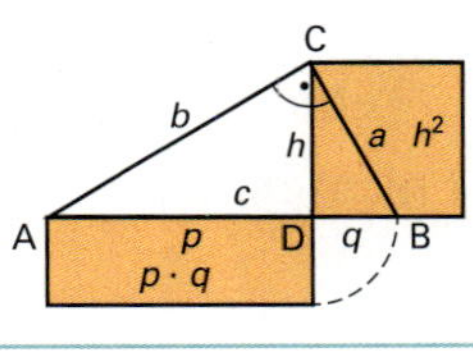

$h^2 = p \cdot q$

Kathetensatz des Euklid

Im rechtwinkligen Dreieck besteht zwischen den Katheten, den Hypotenusenabschnitten und der Hypotenuse ein Zusammenhang.

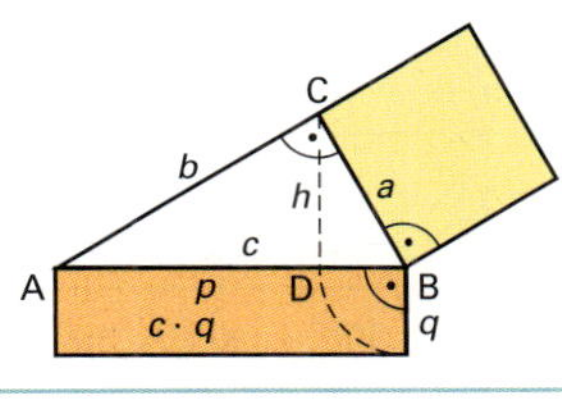

$a^2 = c \cdot q$
$b^2 = c \cdot p$

Potenzen	**IQB-Seite 4**
Definition Die Potenz ist die Kurzschreibweise für das Produkt gleicher Faktoren. Die Potenz besteht aus der Basis $a \in \mathbb{R}\setminus\{0\}$ und dem Exponenten $n \in \mathbb{N}$. Der Exponent gibt an, wie oft die Basis mit sich selbst multipliziert werden muss. Das Ergebnis dieser Multiplikation ist der Potenzwert c.	$\underbrace{a \cdot a \cdot a \cdot \ldots \cdot a}_{n \text{ Faktoren}} = a^n \quad a^{-n} = \frac{1}{a^n}$ $a^n = c \quad a^0 = 1 \quad a^1 = a$ a Basis $\quad n$ Exponent $\quad c$ Potenzwert
Addition und Subtraktion Potenzen mit derselben Basis und demselben Exponenten dürfen addiert bzw. subtrahiert werden.	$r \cdot a^n \pm s \cdot a^n = (r \pm s) \cdot a^n$
Multiplikation bei gleicher Basis Potenzen werden multipliziert, indem man ihre Exponenten addiert und die Basis beibehält.	$a^n \cdot a^m = a^{n+m}$
Multiplikation mit gleichem Exponenten Potenzen werden multipliziert, indem man ihre Basen multipliziert und den Exponenten beibehält.	$a^n \cdot b^n = (a \cdot b)^n$
Division bei gleicher Basis Potenzen mit gleicher Basis werden dividiert, indem man ihre Exponenten subtrahiert.	$\frac{a^n}{a^m} = a^n \cdot a^{-m} = a^{n-m}$
Division bei gleichem Exponenten Potenzen werden dividiert, indem man ihre Basen dividiert und den Exponenten beibehält.	$\frac{a^n}{b^n} = \left(\frac{a}{b}\right)^n$
Potenzieren Potenzen werden potenziert, indem man ihre Exponenten multipliziert.	$(a^n)^m = a^{n \cdot m}$
Potenzen mit negativem Exponenten Eine Potenz mit positivem Exponenten kann auch mit negativen Exponenten im Nenner geschrieben werden. Umgekehrt kann eine Potenz mit negativem Exponenten als Potenz mit positiven Exponenten im Nenner geschrieben werden.	$a^n = \frac{1}{a^{-n}}$ $a^{-n} = \frac{1}{a^n}$
Zehnerpotenzen 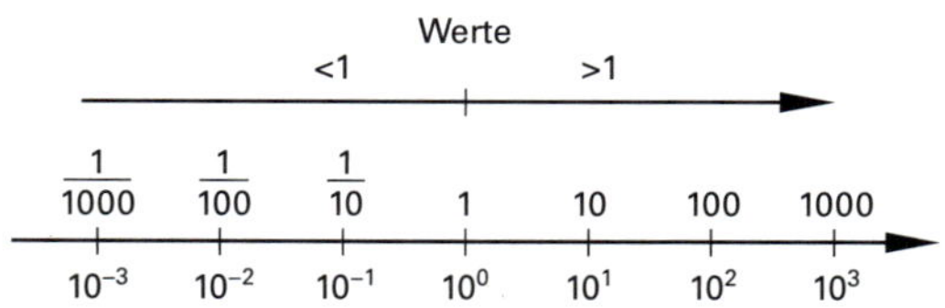 	**Merke:** $(-2)^2 = 4$ aber $-2^2 = -4$ 0^0 ist nicht definiert

Wurzeln — IQB-Seite 4

Definition Das Wurzelziehen oder Radizieren ist die Umkehrung des Potenzierens. Dabei heißt $a \in \mathbb{R}$, $a \geq 0$, $n \in \mathbb{N}^*\setminus\{1\}$ Radikand und n heißt Wurzelexponent. Wurzeln können auch als Potenzen geschrieben werden, deshalb gelten auch hier die Potenzgesetze.	$b = \sqrt{a}$ $\sqrt{a^2} = \|a\|$ $\sqrt[n]{a} = a^{\frac{1}{n}}$ a Radikand n Wurzelexponent b Wurzelwert
Addition und Subtraktion Wurzeln können addiert werden, wenn sie denselben Exponenten und Radikanden haben.	$r \cdot \sqrt[n]{a} \pm s \cdot \sqrt[n]{a} = (r \pm s) \cdot \sqrt[n]{a}$
Multiplikation Ist der Radikand ein Produkt, kann die Wurzel aus dem Produkt oder aus den Faktoren gezogen werden.	$\sqrt[n]{a \cdot b} = \sqrt[n]{a} \cdot \sqrt[n]{b}$
Division Ist der Radikand ein Quotient, kann die Wurzel aus dem Quotienten oder aus Zähler und Nenner gezogen werden.	$\sqrt[n]{\frac{a}{b}} = \frac{\sqrt[n]{a}}{\sqrt[n]{b}}$
Potenzieren Beim Potenzieren einer Wurzel kann auch der Radikand potenziert werden.	$\left(\sqrt[n]{a}\right)^m = \sqrt[n]{a^m}$

Für alle $m, n \in \mathbb{N}$, $n \geq 2$ und $a \in \mathbb{R}$, a > 0 gilt:

$a^{\frac{1}{n}} = \sqrt[n]{a}$ $\qquad a^{-\frac{1}{n}} = \frac{1}{\sqrt[n]{a}}$ $\qquad a^{\frac{m}{n}} = \sqrt[n]{a^m}$ $\qquad a^{-\frac{m}{n}} = \frac{1}{\sqrt[n]{a^m}}$

Logarithmen — IQB-Seite 4

Definition Der Logarithmus von b zur Basis a ist der Exponent, mit dem die Basis a potenziert werden muss, um den Wert b zu erhalten. $a, b \in \mathbb{R}$; $a, b > 0$; $a \neq 1$	$\log_a b = c \Leftrightarrow a^c = b$ $a^{\log_a b} = b$ $\quad \log_a a = 1$ $\quad \log_a 1 = 0$ a Basis $\quad b$ Numerus $\quad c$ Logarithmus

Logarithmengesetze Für alle $a \in \mathbb{R}$; $a > 0$; $a \neq 0$ und $b, c \in \mathbb{R}$; $b, c > 0$ gilt:

$\log_a(b \cdot c) = \log_a b + \log_a c$ $\qquad \log_a \frac{b}{c} = \log_a b - \log_a c$

$\log_a b^r = r \cdot \log_a b$ $(r \in \mathbb{Q})$ $\qquad \log_a \sqrt[n]{b} = \frac{1}{n} \log_a b$ $(n \in \mathbb{N}^*\setminus\{0\})$

Basiswechsel

$\log_a b \cdot \log_b a = 1$ $\qquad \log_c b = \frac{\log_a b}{\log_a c} = \frac{\ln b}{\ln c} = \frac{\lg b}{\lg c}$ $\qquad a^c = e^{c \cdot \ln a}$ $(c \in \mathbb{R})$

Für spezielle Basen gilt:

$\log_e(x) = \ln(x)$ (natürlicher Logarithmus; e eulersche Zahl)
$\log_{10}(x) = \lg(x)$ (dekadischer Logarithmus)

Mathematik

Komplexe Zahlen

Komplexe Zahlen können in der Gauß'schen Zahlenebene graphisch visualisiert werden. Sie ist eine zweidimensionale Ebene, wobei die horizontale Achse den Realteil Re(z) und die vertikale Achse den Imaginärteil Im(z) einer komplexen Zahl repräsentieren.

Die Menge der komplexen Zahlen $\mathbb{C}$ umfasst alle Zahlen der Form $z = a + bi$ mit $a, b \in \mathbb{R}$.

a nennt man Realteil von z (Re z)
b nennt man Imaginärteil von z (Im z)

Es gilt: **Imaginäre Einheit $i^2 = -1$**
Imaginäre Zahl $\sqrt{-a} = i \cdot \sqrt{a}$ mit $a > 0$

Konjugiert komplexe Zahl: $z = a - bi$

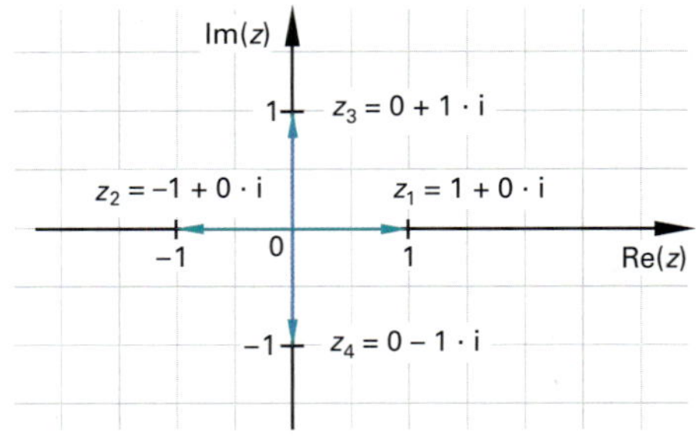

Für $b = 0$ sind die komplexen Zahlen reelle Zahlen ($\mathbb{R} \subset \mathbb{C}$). Für $a = 0$ und $b \neq 0$ sind die komplexen Zahlen imaginäre Zahlen.

Darstellungsformen

$$z = a + bi = r(\cos\varphi + i \cdot \sin\varphi) = r \cdot e^{i\varphi}$$

Umrechnungsformel:

$$a = r \cdot \cos\varphi \qquad b = r \cdot \sin\varphi$$

$$r = \sqrt{a^2 + b^2} = |z| \qquad \tan\varphi = \frac{b}{a}$$

$$\varphi = \arctan\frac{b}{a} + \begin{cases} 0, \text{ falls } a > 0 \\ \pi, \text{ falls } a < 0,\ b \geq 0 \\ -\pi, \text{ falls } a < 0,\ b < 0 \end{cases}$$

Eulersche Formel

$$e^{i\varphi} = \cos\varphi + i \cdot \sin\varphi$$

$$e^{-i\varphi} = \cos\varphi - i \cdot \sin\varphi$$

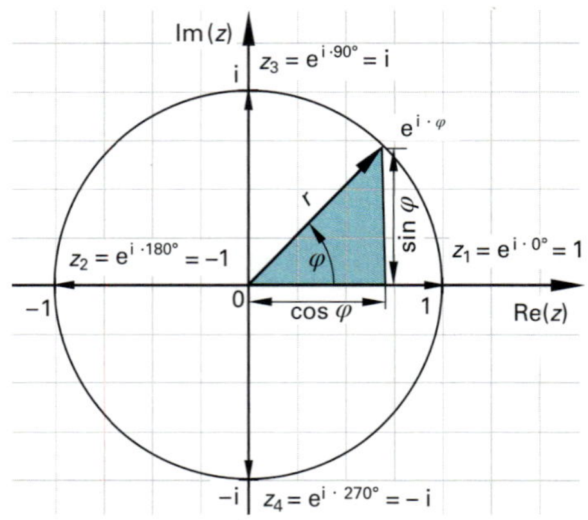

Rechenoperationen in Normalform
Addition und Subtraktion

Komplexe Zahlen werden addiert bzw. subtrahiert, indem man ihre Realteile separat und ihre Imaginärteile separat addiert bzw. subtrahiert.

$$z_1 \pm z_2 = (a + bi) \pm (c + di) = (a \pm c) + (b \pm d)i$$

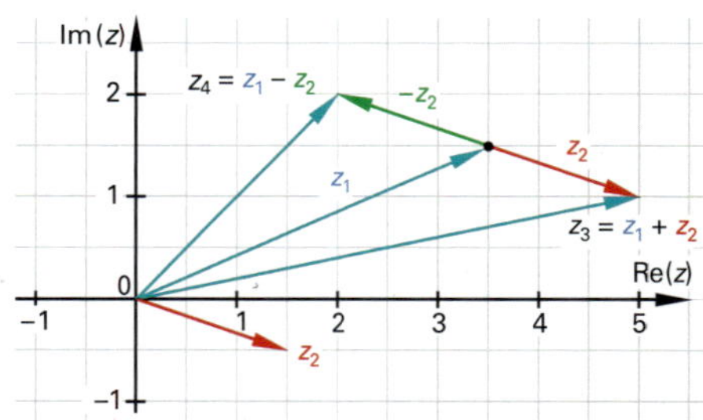

Multiplikation

Bei der Multiplikation von komplexen Zahlen gelten die Distributivregeln und die Tatsache, dass $i^2 = -1$ ist.

a) Multipliziere die Realteile: $a_1 \cdot a_2$
b) Multipliziere die Imaginärteile: $-b_1 \cdot b_2$
c) Addieren der Terme: $a_1 \cdot b_2 + b_1 \cdot a_2$

$$z_1 \cdot z_2 = (a_1 \cdot a_2 - b_1 \cdot b_2) + (a_1 \cdot b_2 + b_1 \cdot a_2)i$$

Division

Bei der Division multipliziert man den Zähler und den Nenner mit dem Konjugierten des Nenners, um den Imaginärteil im Nenner zu eliminieren.

$$\frac{z_1}{z_2} = \frac{a_1 + b_1 i}{a_2 + b_2 i} \cdot \frac{a_2 - b_2 i}{a_2 - b_2 i}$$

$$= \frac{(a_1 \cdot a_2 + b_1 \cdot b_2) + (a_2 \cdot b_1 - a_1 \cdot b_2)i}{a_2^2 + b_2^2}$$

Komplexe Zahlen (Fortsetzung)

Komplexe Zahl in Exponentialform (analog zu Polarkoordinaten)

Für die Darstellung komplexer Zahlen in Exponentialform werden die Länge des Zeigers r (Betrag) und der Winkel φ benötigt.

$\boldsymbol{z = r \cdot e^{i\varphi}}$; $\quad z_1 = r_1 \cdot e^{i\varphi_1}$; $\quad z_2 = r_2 \cdot e^{i\varphi_2}$

Multiplikation

$$z_1 \cdot z_2 = r_1 \cdot e^{i\varphi_1} \cdot r_2 \cdot e^{i\varphi_2} = r_1 r_2 \cdot e^{i(\varphi_1 + \varphi_2)}$$

Division

$$\frac{z_1}{z_2} = \frac{r_1}{r_2} \cdot e^{i(\varphi_1 - \varphi_2)}; \; r_2 \neq 0$$

Potenzieren (n ganzzahlig)

$$z^n = r^n \cdot e^{i(n\varphi)}$$

Radizieren (n reell)

$$\sqrt[n]{z} = \sqrt[n]{r} \cdot e^{\frac{\varphi + k2\pi}{n}}$$

Logarithmieren

$$\ln z = \ln(re^{i\varphi}) = \ln r + i(\varphi + 2k\pi)$$

$(k = 0, \pm 1, \pm 2, \pm, \ldots)$

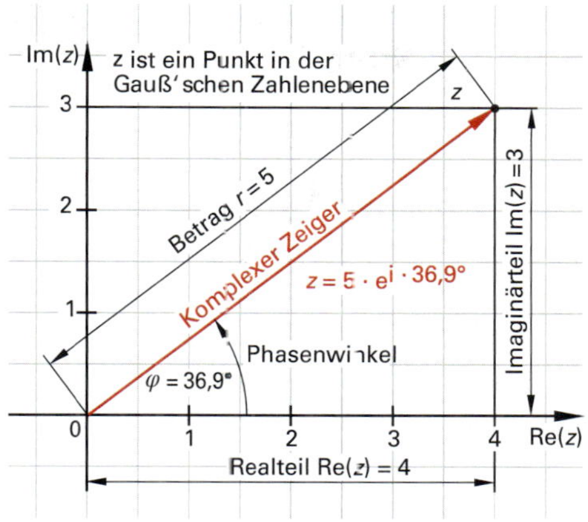

Umwandlung der komplexen Zahl $z = a + bi$ in die Exponentialform

$$z = r \cdot e^{i\varphi}$$

$$z = 4 + 3i$$

$$r = \sqrt{a^2 + b^2} = \sqrt{4^2 + 3^2} = 5$$

$$\varphi = \arctan\left(\frac{b}{a}\right) = \arctan\left(\frac{3}{4}\right) = 36{,}9°$$

$$z = 4 + 3i = 5e^{i \cdot 36{,}9°}$$

Polarform (Trigonometrische Form der komplexen Zahlen)

Die komplexen Zahlen können auch in trigonometrischer Form mit dem Betrag r und dem Winkel φ angegeben werden.

$\boldsymbol{z = r(\cos\varphi + i \cdot \sin\varphi)}$; $\quad z_1 = r_1(\cos\varphi_1 + i \cdot \sin\varphi_1)$; $\quad z_2 = r_2(\cos\varphi_2 + i \cdot \sin\varphi_2)$

Multiplikation

$$z_1 \cdot z_2 = r_1(\cos\varphi_1 + i \cdot \sin\varphi_1) \cdot r_2(\cos\varphi_2 + i \cdot \sin\varphi_2)$$
$$= r_1 r_2[\cos(\varphi_1 + \varphi_2) + i \cdot \sin(\varphi_1 + \varphi_2)]$$

Division

$$\frac{z_1}{z_2} = \frac{r_1}{r_2}[\cos(\varphi_1 - \varphi_2) + i \cdot \sin(\varphi_1 - \varphi_2)]$$

Potenzieren (n ganzzahlig)

$$z^n = (\cos\varphi + i \cdot \sin\varphi)^n = \cos(n\varphi) + i \cdot \sin(n\varphi) \text{ (Satz von Moivre)}$$

$$z^n = [r(\cos\varphi + i \cdot \sin\varphi)]^n = r^n[\cos(n\varphi) + i \cdot \sin(n\varphi)]$$

Radizieren (n reell)

$$\sqrt[n]{z} = \sqrt[n]{r(\cos\varphi + i \cdot \sin\varphi)} = \sqrt[n]{r}\left[\cos\frac{\varphi + k \cdot 2\pi}{n} + i \cdot \sin\frac{\varphi + k \cdot 2\pi}{n}\right]$$

Proportionalität und Dreisatz

Direkte Proportionalität

Direkte Proportionalität beschreibt eine Beziehung zwischen zwei Größen x_n und y_n, bei der sich x_n und y_n im gleichen Verhältnis ändern: Wenn x_n zunimmt, nimmt auch y_n zu, und umgekehrt. Zwei Größen sind direkt proportional, wenn ihr Quotient konstant ist, also $k = \frac{y_n}{x_n}$.

$\frac{y_n}{x_n}$ =: **Verhältnisgleichung**

$\frac{y_m}{x_m}$ oder $\frac{y_n}{y_m} = \frac{x_n}{x_m}$

Quotientengleichheit

Es gilt: $\frac{y_n}{x_n} = k\,;\ x_n \neq 0$

bzw. $y_n = k \cdot x_n$

Graph der Funktionsgleichung

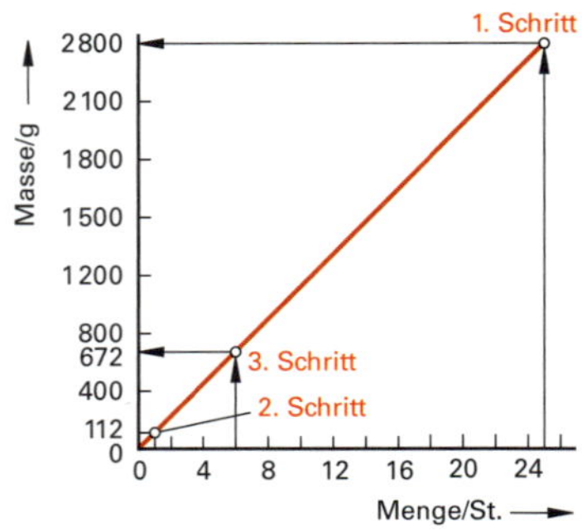

Beispiel: 25 Stück (Ausgangsmenge y_{AM}) haben eine Masse von 2800 g (Ausgangswert y_{AW}). Welche Masse (Endwert x_{EW}) haben 6 Stück (Endmenge x_{EM})?

Lösung mit dem Dreisatz

1. Schritt: Ausgangsverhältnis: 25 Stück haben die Masse von 2800 g.

2. Schritt: Auf eine Einheit schließen: $\frac{y_{AW}}{x_{AW}} = \frac{2800\ \text{g}}{25\ \text{St}} = 112\,\frac{\text{g}}{\text{St}}$

3. Schritt: Mehrheit von 6 St berechnen: $x_{EW} = 112\,\frac{\text{g}}{\text{St}} \cdot 6\ \text{St} = 672\ \text{g}$

Indirekte Proportionalität

Indirekte Proportionalität bedeutet, dass zwei Größen x_n und y_n in einer Beziehung stehen, bei der x_n zunimmt, während y_n abnimmt, und umgekehrt.

Der Graph der Funktion ist eine Hyperbel.

Es gilt: $x_n \cdot y_n = k$

bzw. $y_n = \frac{k}{x_n};\ x_n \neq 0$

Zwei Größen x_n und y_n sind indirekt proportional, wenn ihr Produkt immer eine Konstante ist (Produktgleichheit).

Graph der Funktionsgleichung

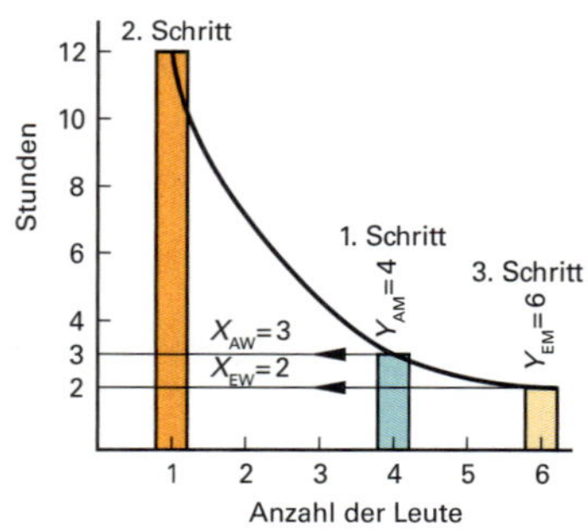

Beispiel: Für eine bestimmte Menge benötigen 4 Leute (Ausgangsmenge y_{AM}) 3 Stunden (Ausgangswert x_{AW}). Wie lange benötigen 6 Leute (Endwert y_{EM}) für die gleiche Menge (Endmenge x_{EM})?

Lösung mit dem Dreisatz

1. Schritt: Grundaussage: $y_{AM} = 4\ \text{L}$ benötigen $x_{AW} = 3\ \text{h}$

2. Schritt: Auf eine Einheit schließen: $1\ \text{L} = y_{AM} \cdot x_{AW} = 4\ \text{L} \cdot 3\ \text{h} = 12\ \text{Lh}$

3. Schritt: Berechnung des Endwerts: $x_{EW} = \frac{12\ \text{Lh}}{6\ \text{L}} = 2\ \text{h}$

Prozentrechnung

Prozentrechnung befasst sich mit der Berechnung von Anteilen oder Teilen im Verhältnis zu einem Ganzen, das als 100 % betrachtet wird.

Der **Grundwert *G*** ist der Wert, auf den sich der Prozentsatz bezieht.

Der **Prozentsatz *p*** ist die Rate oder der Anteil, der in Prozent angegeben wird. Es ist der relative Anteil des Wertes im Verhältnis zum Ganzen.

Der **Prozentwert *W*** ist der Wert, der in Prozent ausgedrückt wird.

Grundwert *G*

$$G = \frac{W \cdot 100}{p}$$

Prozentsatz *p*

$$p = \frac{W \cdot 100}{G};$$

$$p\% = \frac{p}{100} = \frac{W}{G}$$

Prozentwert *W*

$$W = \frac{G \cdot p}{100}$$

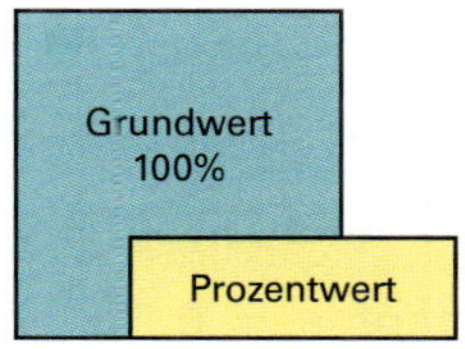

$[G, W]$ = Stück, kg, g, ...
$[p]$ = %

Zinsrechnung

Die Zinsrechnung ermittelt die Kosten für die Nutzung von Geld über einen bestimmten Zeitraum. Sie können als Betrag oder Prozentsatz angegeben werden.

Die Zinseszinsen werden nicht nur auf das ursprüngliche Kapital, sondern auch auf bereits angefallene Zinsen berechnet, was zu einem exponentiellen Wachstum führt.

Zinsrechnung

$$Z = \frac{K \cdot p}{100}$$

$$p = \frac{Z \cdot 100}{K}$$

Zinseszinsen

$$K_n = K_0 \cdot q^n$$

$$K_n = K_0 \cdot \left(1 + \frac{p}{100}\right)^n$$

$$n = \frac{\ln(K_n) - \ln(K_0)}{\ln(q)}$$

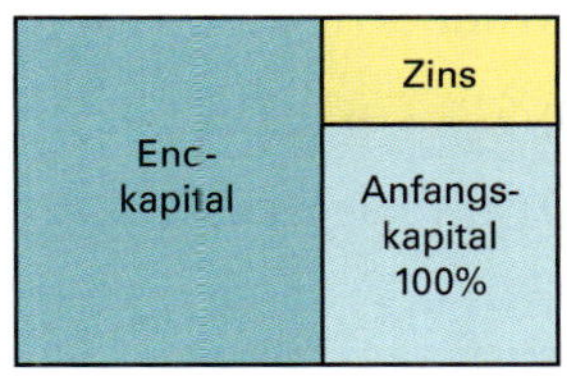

$[Z, K]$ = €
$[p]$ = %

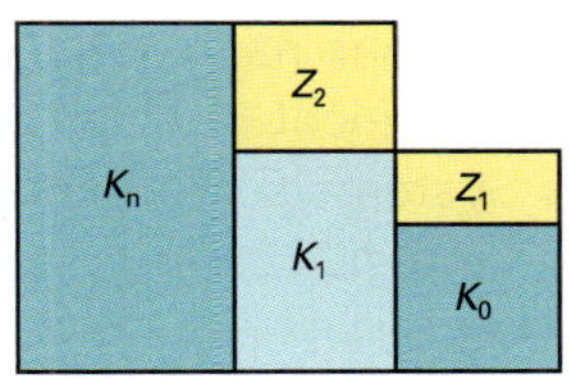

Z	Zinsen
K	Kapital
p	Zinssatz
K_n	Endkapital nach n Jahren
K_0	Anfangskapital
p	Zinssatz
q	Wachstumsfaktor
n	Zeit in Jahren

Mathematik

Gleichungen

Lineare Gleichungen

Lineare Gleichungen können eine oder mehrere Variablen enthalten, aber die Beziehung zwischen den Variablen bleibt linear, was bedeutet, dass die höchste Potenz der Variablen 1 ist.

Lineare Gleichung mit einer Variable

Eine lineare Gleichung mit einer Variable hat die allgemeine Form $a \cdot x + b = 0$, mit a und b konstant, $a \neq 0$. Durch Äquivalenzumformungen ergibt sich die Lösung $x = -\frac{b}{a}$ und somit die Lösungsmenge $L = \left\{-\frac{b}{a}, a \neq 0\right\}$

Lineare Gleichungssysteme (LGS) mit zwei Variablen

Allgemeine Form des linearen Gleichungssystems

Die Lösung eines linearen Gleichungssystems besteht aus den Werten der Variablen, die alle Gleichungen im System gleichzeitig erfüllen.

Entsteht beim Lösen der Gleichungen eine falsche Aussage (z. B. 3 = 5), so besitzt das LGS keine Lösung. Ergibt die Lösung des LGS eine allgemeingültige Aussage (z. B. 2 = 2), so existieren unendlich viele Lösungen.

Normalform des LGS

$$\begin{cases} \text{(I)} & a_1x + b_1y = c_1 \\ \text{(II)} & a_2x + b_2y = c_2 \end{cases}$$

$a_1, b_1, c_1, a_2, b_2, c_2 \in \mathbb{R}$

x, y	Variablen
a_i, b_i, c_i	Koeffizienten
$L = \{(x\|y)\}$	Lösungsmenge

Lösungsverfahren

► Einsetzverfahren

Liegt eine Gleichung bereits nach einer Variablen aufgelöst vor, wird die Variable in die andere Gleichung eingesetzt. Ansonsten löst man nach derjenigen Variablen auf, die sich leicht in einer anderen Gleichung des Systems substituieren lässt und ermittelt dann die Lösung.

Schritt	Aktion
1	Eine Gleichung nach einer Variablen umstellen. Den Term dieser Variablen für diese Variable in der anderen Gleichung ersetzen.
2	Den Wert für die andere Variable berechnen.
3	Den Wert der ersten Variablen berechnen.
4	Lösungsmenge L angeben.

► Gleichsetzungsverfahren

Das Gleichsetzungsverfahren beruht darauf, dass man die zwei Gleichungen des Systems so umformt, dass beide nach derselben Variablen aufgelöst werden können. Dann setzt man die beiden Ausdrücke für diese Variable gleich und löst die entstehende Gleichung.

Schritt	Aktion
1	Beide Gleichungen nach der gleichen Variable umstellen, z. B. nach x.
2	Gleichsetzen der Gleichungen und die verbliebene Variable berechnen, z. B. y.
3	Den berechneten Variablenwert in die erste Gleichung einsetzen und die erste Variable berechnen.
4	Lösungsmenge angeben.

► Additionsverfahren

Das Additionsverfahren ist besonders nützlich, wenn die Koeffizienten der Variablen in den Gleichungen gleich sind oder wenn die Elimination einer Variable durch Addition oder Subtraktion erfolgen kann. Ist dies nicht gegeben, multipliziert man beide Gleichungen so, dass die Koeffizienten einer Variablen gegensätzliche Vorzeichen haben. Durch Addition der Gleichungen wird eine Variabel eliminiert.

Schritt	**Aktion**
1	Die Variablen in den Gleichungen gleich anordnen.
2	Gleichungen verändern, um bei Gleichungsaddition eine Variable zu eliminieren.
3	Gleichungen addieren und die verbliebene Variable berechnen.
4	Berechnete Variable in eine der Ausgangsgleichungen einsetzen und die andere Variable berechnen.
5	Lösungsmenge angeben.

► Matrixverfahren

Eine Matrix ist ein Zahlenschema, bestehend aus den Koeffizienten des LGS. Durch Addition bzw. Subtraktion der Zeilen wird die Matrix in die Einheitsmatrix umgeformt. Die Lösung kann dann abgelesen werden.

Matrix ($n = 2$)	Gleichung ($n = 2$)
$\left(\begin{array}{cc\|c} x & y & \\ a_1 & b_1 & c_1 \\ a_2 & b_2 & c_2 \end{array}\right)$	$\begin{cases} \text{(I) } a_1x + b_1y = c_1 \\ \text{(II) } a_2x + b_2y = c_2 \end{cases}$
$\left(\begin{array}{cc\|c} x & y & \\ 1 & 0 & u \\ 0 & 1 & v \end{array}\right)$	$L = \{(u\|v)\}$

► Graphisches Lösen

Ein lineares Gleichungssystem kann graphisch gelöst werden, indem man die beiden Gleichungen als Geraden im Koordinatensystem darstellt und deren Schnittpunkt bestimmt. Der Schnittpunkt ist die Lösung des Gleichungssystems.

1. Fall: g und h schneiden einander im Punkt $S(x_s; y_s)$	2. Fall: g und h sind zueinander parallel.	3. Fall: g und h sind identisch
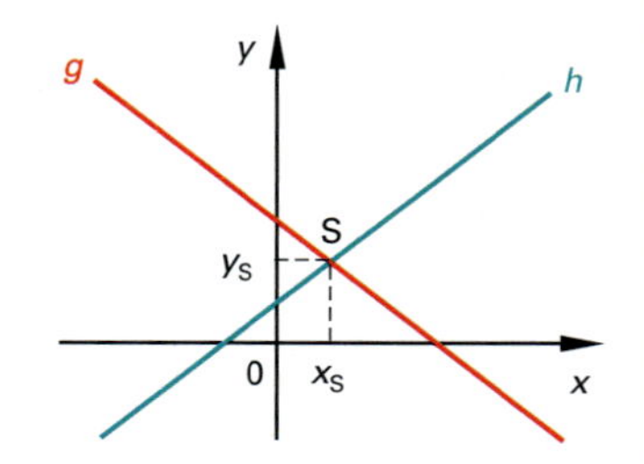	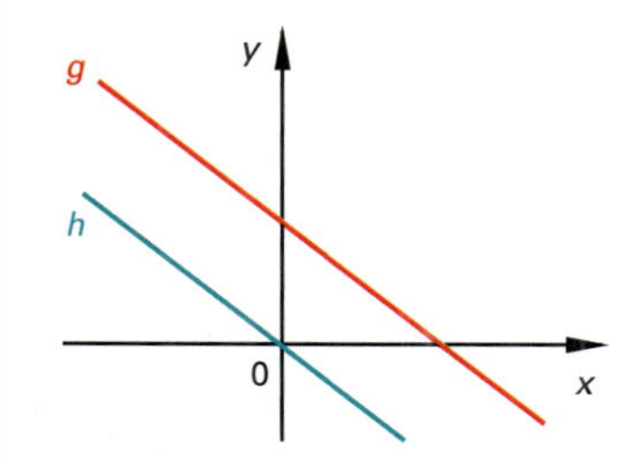	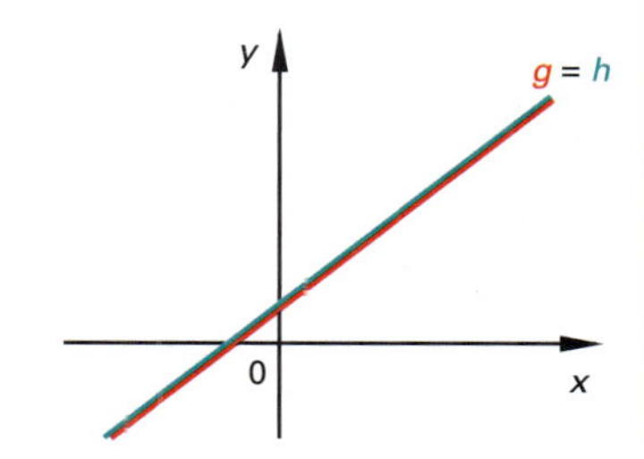
$L = \{(x_s; y_s)\}$ (genau eine Lösung; cramersche Regel)	$L = \{\ \} = \emptyset$ (keine Lösung)	$L = \{(x; y)\}$ mit $y = mx + n$ (unendlich viele Lösungen)

Quadratische Gleichungen

IQB-Seite 4

Quadratische Gleichungen sind Gleichungen, die eine Variable aufweisen, deren höchste Potenz 2 ist, deshalb kann es auch nur maximal 2 Lösungen geben.

Reinquadratische Gleichung $x^2 = c;\ c \in \mathbb{R}$	x Variable c Konstante	**Lösungen** $c > 0 \Rightarrow x_{1;2} = \pm\sqrt{c}$ $c = 0 \Rightarrow x = 0$ $c < 0 \Rightarrow$ keine Lösung
Gemischtquadratische Gleichung $x^2 + px = x(x+p) = 0$ $p \in \mathbb{R}$	x Variable p Koeffizient	**Lösungen** $x_1 = 0;\ x_2 = -p$
Normalform $x^2 + px + q = 0$ $p,\ q \in \mathbb{R}$	x Variable p, q Koeffizienten	**Lösung mit Lösungsformel** $x_{1;2} = -\frac{p}{2} \pm \sqrt{\frac{p^2}{4} - q}$
Allgemeine Form $ax^2 + bx + c = 0$ $a, b, c \in \mathbb{R};\ a \neq 0$	x Variable a, b, c Koeffizienten	**Lösung mit Lösungsformel** $x_{1;2} = \frac{-b \pm \sqrt{b^2 - 4ac}}{2a}$
Diskriminante D $D = b^2 - 4ac$	a, b, c Koeffizienten	**Lösungen** $D > 0\ L = \{x_1;\ x_2\}$ $D = 0\ L = \{x_1\} = \{x_2\}$ $D < 0\ L = \{\}$
Zerlegung in Linearfaktoren $ax^2 + bx + c = 0$ $a, b, c \in \mathbb{R};\ a \neq 0$	x Variable a, b, c Koeffizienten	**Lösungen** $a(x - x_1)(x - x_2) = 0$
Sonderfall 1 $ax^2 + bx = x(ax + b) = 0$ $a, b \in \mathbb{R};\ a \neq 0$	x Variable a, b Koeffizienten	**Lösungen** $x_1 = 0;\ x_2 = -\frac{b}{a}$
Sonderfall 2 $ax^2 + c = 0$ $a, c \in \mathbb{R};\ a \neq 0$	x Variable a, c Koeffizienten	**Lösungen** $x_{1;2} = \pm\sqrt{-\frac{c}{a}};\ a \dot{\vee} c < 0$
Biquadratische Gleichungen $ax^4 + bx^2 + c = 0$ Substitution $x^2 = z$ $az^2 + bz + c = 0$	x, z Variable a, b, c Koeffizienten	**Lösungen** $z_{1;2} = \frac{-b \pm \sqrt{b^2 - 4ac}}{2a}$ Für z_1, z_2 positiv gilt: $x_{1;2} = \pm\sqrt{z_1};\ x_{3;4} = \pm\sqrt{z_2}$

Planimetrie

Grundlagen

Strecke $\overline{PQ}$ Geradlinige Verbindung der Punkte P und Q.	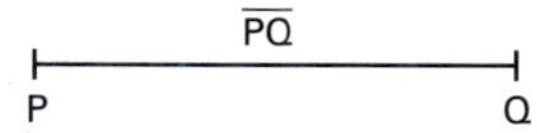
Strahl (Halbgerade) $\overline{PQ}$ Verlängerung der Strecke über Q hinaus.	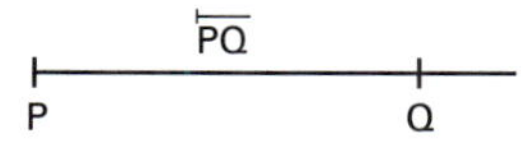
Gerade *g* durch P und Q Die Punkte P und Q sind Element der Geraden *g*.	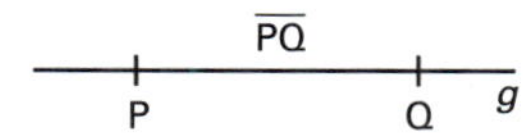
Parallele Geraden *g* und *h* Geraden, die immer den gleichen Abstand voneinander haben, sind parallel zueinander.	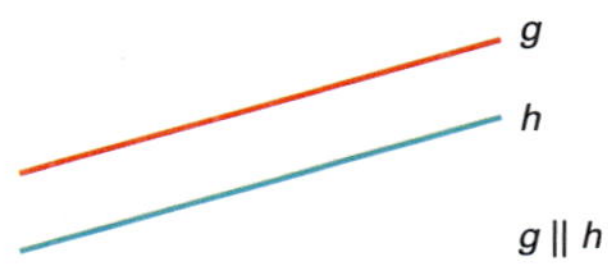
Abstand *d* zweier paralleler Geraden *g* und *h* Der Abstand $d(g;h)$ ist der senkrechte Abstand der Punkte $P \in g$ und $Q \in h$ und somit die Länge der Strecke $\lvert\overline{PQ}\rvert$.	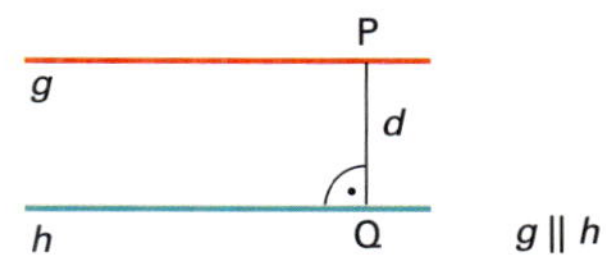
Senkrechte Geraden *g* und *h* Geraden, die sich in einem rechten Winkel schneiden, sind zueinander senkrecht.	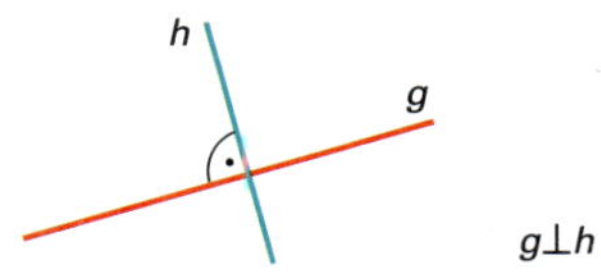
Strahlensätze 1. Die Abschnitte auf einem Strahl verhalten sich wie Abschnitte auf einem anderen Strahl. $\frac{\overline{ZA}}{\overline{ZA'}} = \frac{\overline{ZB}}{\overline{ZB'}} = \frac{\overline{ZC}}{\overline{ZC'}}$ 2. Parallelenabschnitte verhalten sich wie zugehörige Abschnitte auf einem gemeinsamen Strahl. $\frac{\overline{AB}}{\overline{AB'}} = \frac{\overline{ZA}}{\overline{ZA'}}$ 3. Die Abschnitte auf einer Parallelen verhalten sich wie Abschnitte auf einer anderen Parallelen. $\frac{\overline{AB}}{\overline{BC}} = \frac{\overline{A'B'}}{\overline{B'C'}}$	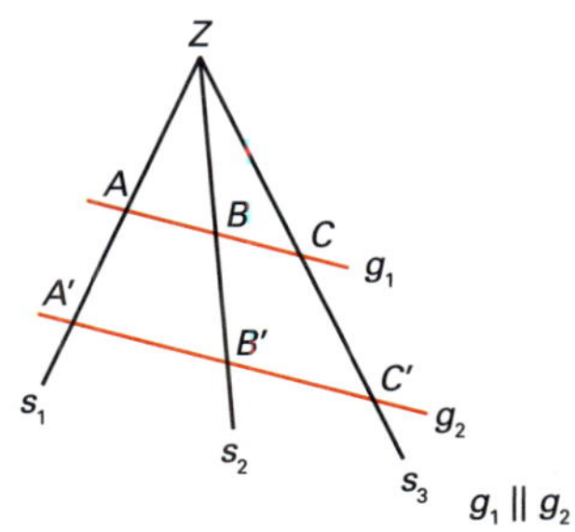

Winkelarten

Nullwinkel	Spitzer Winkel	Rechter Winkel	Stumpfer Winkel	Gestreckter Winkel	Überstumpfer Winkel	Vollwinkel
	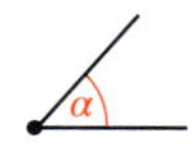		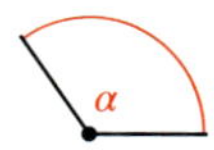	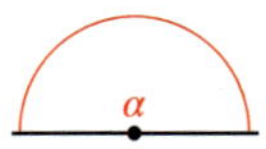	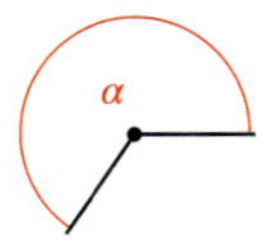	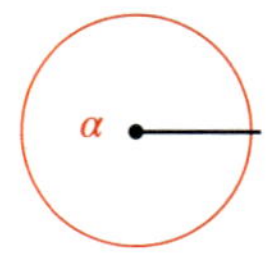
$\alpha = 0°$	$0° < \alpha < 90°$	$\alpha = 90°$	$90° < \alpha < 180°$	$\alpha = 180°$	$180° < \alpha < 360°$	$\alpha = 360°$

Komplementwinkel	Supplementwinkel
Zwei Winkel, die zusammen einen rechten Winkel (90°) ergeben.	Zwei Winkel, die zusammen einen gestreckten Winkel (180°) ergeben.

Winkel an sich kreuzenden Geraden

Nebenwinkel	Scheitelwinkel	Stufenwinkel	Wechselwinkel
ergänzen sich zu 180°.	sind gleich groß.	an geschnittenen Parallelen sind gleich groß.	an geschnittenen Parralelen sind gleich groß.
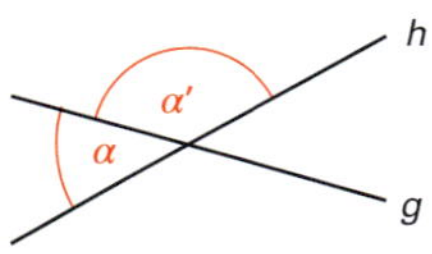	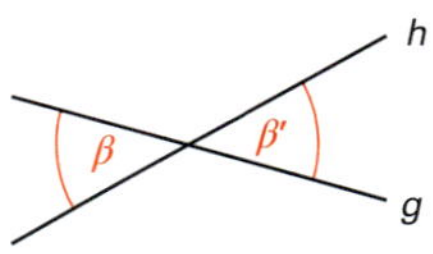	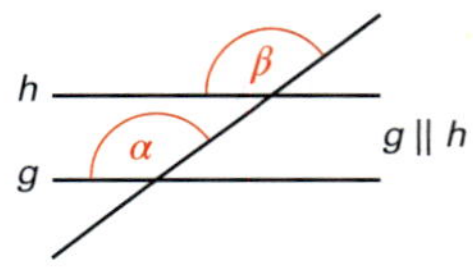	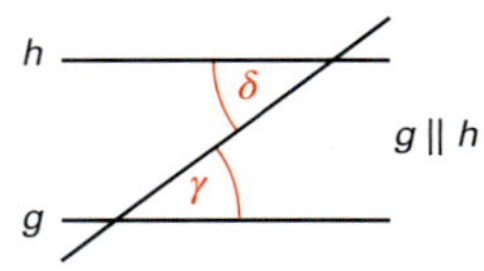
$\alpha + \alpha' = 180°$	$\beta = \beta'$	$\alpha = \beta$	$\gamma = \delta$

Winkel am Dreieck

Die Summe der **Innenwinkel** eines Dreiecks beträgt 180°. **(Innenwinkelsatz)**	$\alpha + \beta + \gamma = 180°$	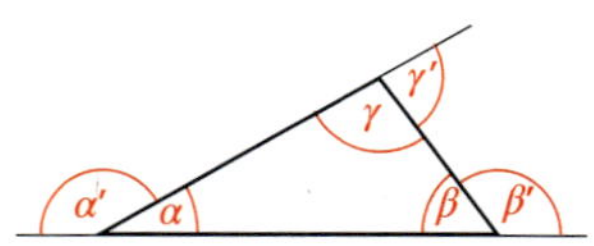
Jeder **Außenwinkel** eines Dreiecks ist so groß wie die Summe der beiden nicht anliegenden Innenwinkel. **(Außenwinkelsatz)** Die Summe der Außenwinkel eines Dreiecks beträgt 360°.	$\alpha' = \beta + \gamma$ $\beta' = \alpha + \gamma$ $\gamma' = \alpha + \beta$ $\alpha' + \beta' + \gamma' = 360°$	

Winkel am Vieleck

Viereck Die Summe der Innenwinkel eines Vierecks beträgt 360°.	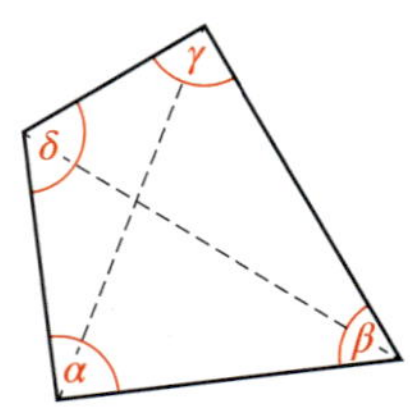 $\alpha + \beta + \gamma + \delta = 360°$
***n*-Eck** Die Summe der Innenwinkel eines n-Ecks beträgt $(n - 2) \cdot 180°$	

Ähnlichkeit zweier Dreiecke

IQB-Seite 3

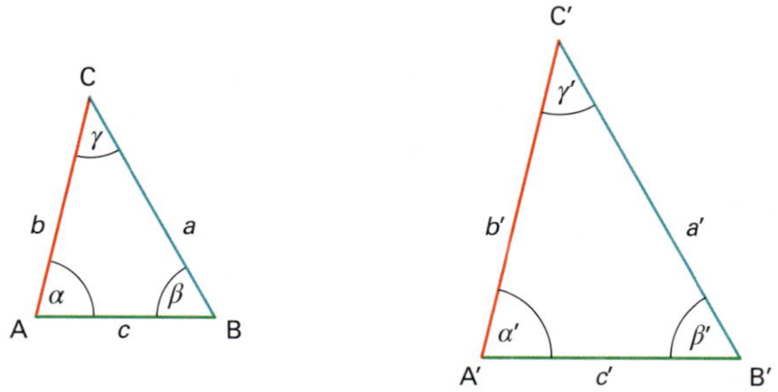

Zwei Dreiecke ABC und A′B′C′ sind zueinander **ähnlich** bzw. **kongruent** (deckungsgleich), wenn bestimmte Übereistimmungen vorhanden sind.

Das Verhältnis der Dreiecke wird mit $\frac{A'B'C'}{ABC} = k$ beschrieben. Gilt $\frac{A'B'C'}{ABC} = k = 1$, so sind die Dreiecke kongruent und ihr Flächeninhalt ist gleich.

Seite-Seite-Seite-Satz (sss-Satz)

Zwei Dreiecke sind ähnlich bzw. kongruent, wenn sie in den Längen aller drei Seiten übereinstimmen.

$$\frac{a'}{a} = \frac{b'}{b} = \frac{c'}{c} = k$$

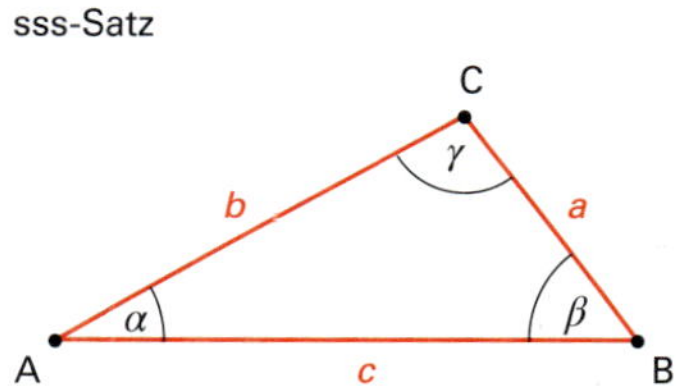

Seite-Winkel-Seite-Satz (sws-Satz)

Zwei Dreiecke sind ähnlich bzw. kongruent, wenn sie in zwei Seiten und dem eingeschlossenen Zwischenwinkel übereistimmen.

z. B. $\frac{b'}{b} = \frac{c'}{c} = k; \alpha' = \alpha$

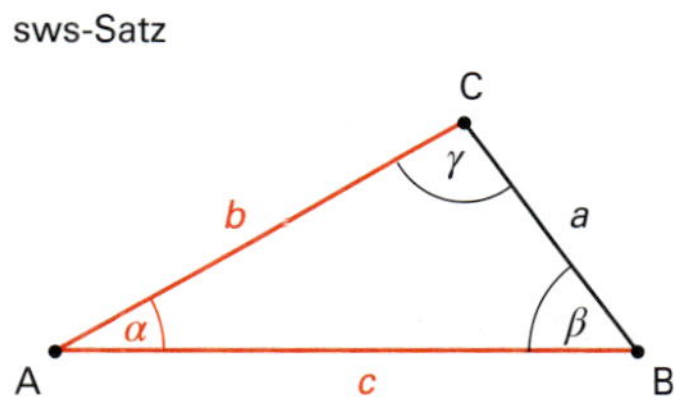

Winkel-Seite-Winkel-Satz (wsw-Satz)

Zwei Dreiecke sind ähnlich bzw. kongruent, wenn sie in der Länge einer Seite und in den Größen der beiden an dieser Seite anliegenden Winkel übereinstimmen.

z. B. $c' = c; \alpha' = \alpha; \beta' = \beta$

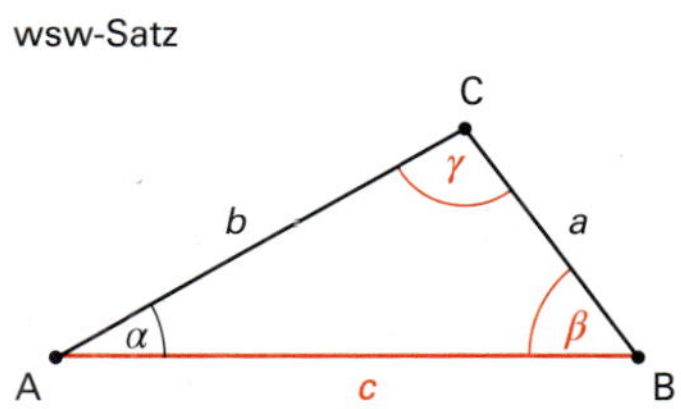

Seite-Seite-Winkel-Satz (ssw-Satz)

Zwei Dreiecke sind ähnlich bzw. kongruent, wenn sie in den Längen zweier Seiten und in der Größe des der längeren der beiden Seiten gegenüberliegenden Winkels übereinstimmen.

z. B. $\frac{a'}{a} = \frac{c'}{c} = k; \gamma' = \gamma$ mit $c > a$

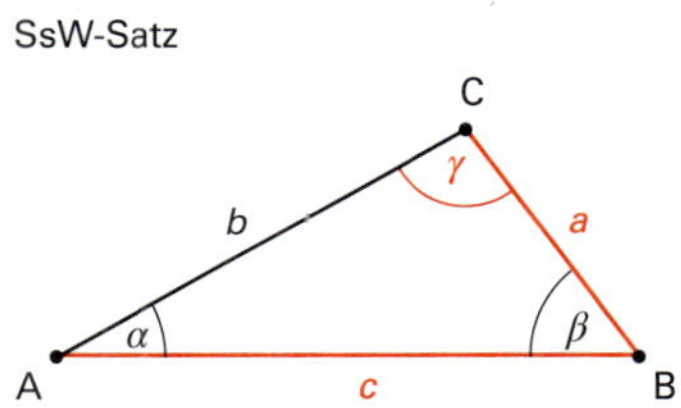

Für den Flächeninhalt zweier zueinander ähnlicher Dreiecke gilt: $\frac{A(A'B'C')}{A(ABC)} = k^2$

Dreiecke

IQB-Seite 3

Allgemeines Dreieck

Fläche A: $A = \frac{1}{2} \cdot g \cdot h$

Umfang U: $U = a + b + c$

Winkelsumme: $\alpha + \beta + \gamma = 180°$

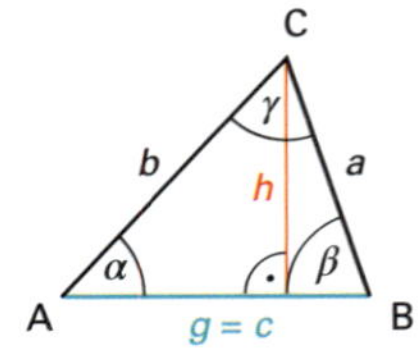

- a, b, c Seiten
- α, β, γ Winkel
- g Grundlinie
- h Höhe

Rechtwinkliges Dreieck

Fläche A: $A = \frac{1}{2} \cdot g \cdot h = \frac{1}{2} \cdot c \cdot h$

Umfang U: $U = a + b + c$

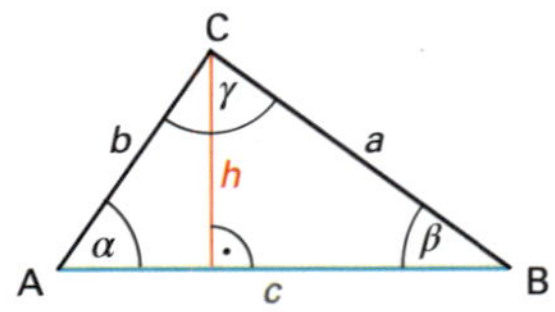

- a, b Katheten
- c Hypotenuse
- h Höhe

Gleichseitiges Dreieck

Fläche A: $A = \frac{1}{2} \cdot a \cdot h = \frac{a^2}{4} \cdot \sqrt{3}$

Umfang U: $U = 3 \cdot a$

Winkel: $\alpha = \beta = \gamma = 60°$

Alle Höhen, Winkelhalbierenden und Seitenhalbierenden schneiden einander in einem Punkt und haben die gleiche Länge.

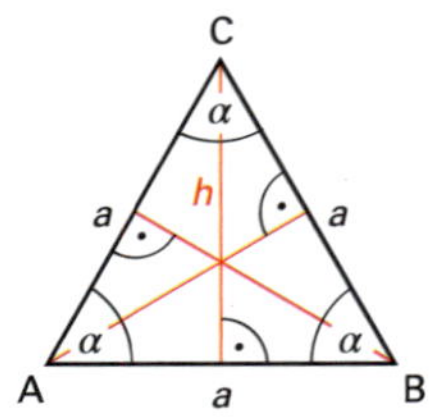

- a Dreieckseite
- h Höhe
- α Winkel

Höhen

Höhen stehen immer senkrecht auf der Seite. Die Höhen h_a, h_b und h_c auf den Seiten a, b und c schneiden sich im Höhenschnittpunkt H.

Es gilt: $h_a : h_b : h_c = \frac{1}{a} : \frac{1}{b} : \frac{1}{c}$

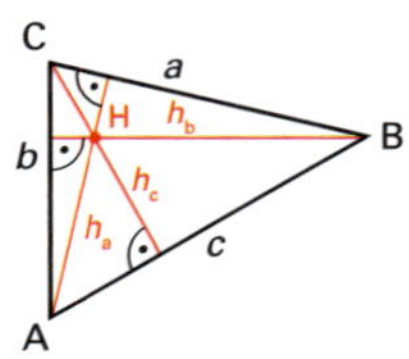

- a, b, c Seiten
- $h_a, \ldots$ Höhen
- H Höhenschnittpunkt

Seitenhalbierende

Die Seitenhalbierenden s_a, s_b und s_c durch die Punkte A, B und C schneiden sich im Schwerpunkt S des Dreiecks. Er teilt vom Eckpunkt aus gesehen die Seitenhalbierenden im Verhältnis 2:1.

$$s_a^2 = \frac{1}{4}\left[2(b^2 + c^2) - a^2\right]$$

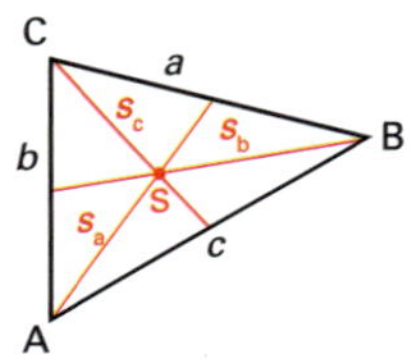

- a, b, c Seiten
- $s_a, \ldots$ Seitenhalbierende
- S Schwerpunkt

Winkelhalbierende

Die Winkelhalbierenden schneiden sich im Inkreismittelpunkt W.

$$w_a = \frac{2}{b + c} \cdot \sqrt{b \cdot c \cdot s \cdot (s - a)} \text{ mit } s = \frac{a + b + c}{2}$$

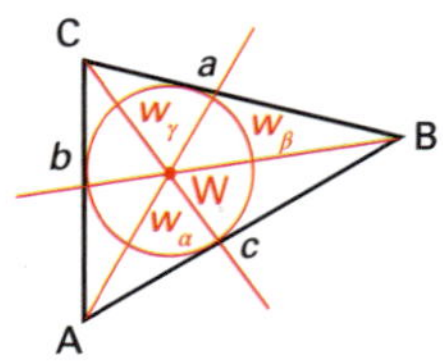

- a, b, c Seiten
- $w_\alpha, \ldots$ Winkelhalbierende
- W Inkreismittelpunkt

Mittelsenkrechte

Die Mittelsenkrechten schneiden sich im Umkreismittelpunkt M.

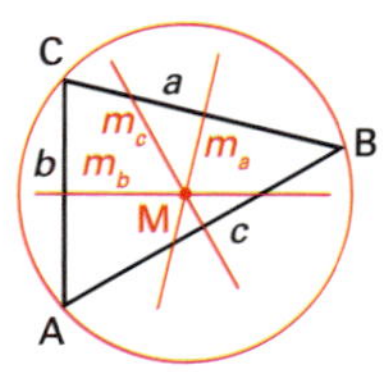

- a, b, c Seiten
- $m_a, \ldots$ Mittelsenkrechte
- M Umkreismittelpunkt

Vierecke

IQB-Seite 3

Rechteck

Die Innenwinkelsumme beträgt $4 \cdot 90° = 360°$.

Fläche A: $A = a \cdot b$

Umfang U: $U = 2a + 2b$

Diagonalen: $e = f = \sqrt{a^2 + b^2}$

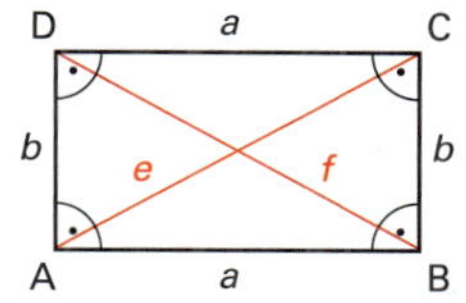

a, b Seiten
e, f Diagonalen

Quadrat

Fläche A: $A = a^2 = \frac{1}{2} \cdot e^2$

Umfang U: $U = 4 \cdot a$

Diagonalen: $e = f = a\sqrt{2}$

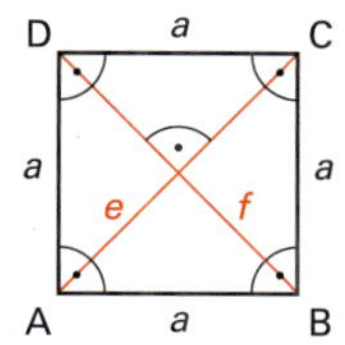

a Seiten
e, f Diagonalen

Rhombus (Raute)

Fläche A: $A = \frac{1}{2} \cdot e \cdot f = a^2 \cdot \sin(\alpha)$

Umfang U: $U = 4 \cdot a$

Diagonale: $e^2 = 4 \cdot a^2 - f^2$

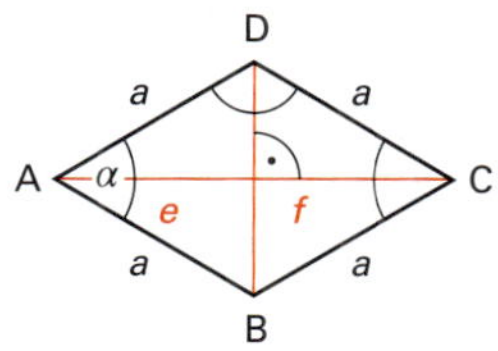

a Seiten
e, f Diagonalen
α Winkel

Trapez

Fläche A: $A = m \cdot h = \frac{1}{2}(a + c) \cdot h$

Umfang U: $U = a + b + c + d$

Mittelparallele m: $m = \frac{1}{2}(a + c)$

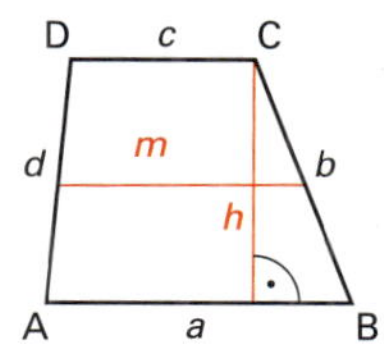

a, b, c, d Seiten
h Höhe
m Mittelparallele

Parallelogramm (Rhomboid)

Fläche A: $A = a \cdot h_a = a \cdot b \cdot \sin(\alpha)$

Umfang U: $U = 2a + 2b$

Diagonale e: $e = \sqrt{2(a^2 + b^2) - f^2}$

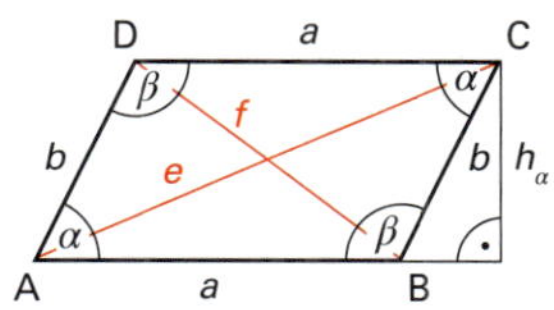

a, b Seiten
h_a Höhe
e, f Diagonalen
α, β Winkel

Drachenviereck

Fläche A: $A = \frac{1}{2} \cdot e \cdot f$

Umfang U: $U = 2a + 2c$

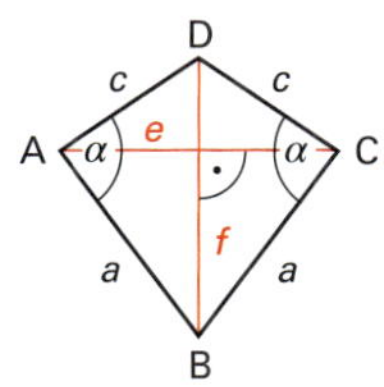

a, c Seiten
e, f Diagonalen
α Winkel

Sehnenviereck

Die Punkte A, B, C und D liegen auf dem Umkreis. Die Summe der gegenüberliegenden Winkel ist 180°.

Fläche A: $A = \sqrt{(s - a) \cdot (s - b) \cdot (s - c) \cdot (s - d)}$

mit $s = \frac{a + b + c + d}{2} = \frac{U}{2}$

Umfang U: $U = a + b + c + d$

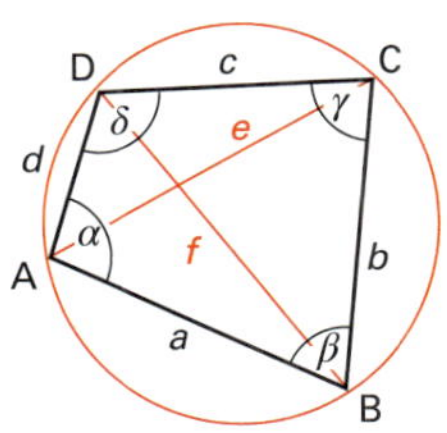

a, b, c, d Seiten
e, f Diagonalen
$\alpha, \beta, \gamma, \delta$ Winkel

Regelmäßige *n*-Ecke

Bei einem regelmäßigen *n*-Eck (Vieleck) liegen die Eckpunkte in gleichem Abstand auf dem Umkreis. Es kann zerlegt werden in n gleichschenklige Dreiecke mit der Basis a_n und gleichem Zentriwinkel φ.

Zentriwinkel φ_n: $\varphi_n = \frac{360°}{n}$

Basiswinkel α_n: $\alpha_n = \left(1 - \frac{2}{n}\right) \cdot 90°$

Winkelsumme: $\sum_{\lambda=1}^{n} \alpha_\lambda = (n-2) \cdot 180°$

Inkreisradius ρ: $\rho = \frac{a}{2} \cdot \cot\left(\frac{\varphi}{2}\right)$

Umkreisradius r: $r = \sqrt{\rho^2 + \frac{1}{4} \cdot a^2}$

Fläche A: $A = \frac{1}{2} \cdot n \cdot a \cdot \rho = \frac{1}{2} \cdot n \cdot r^2 \cdot \sin(\varphi)$

Umfang U: $U = n \cdot a$

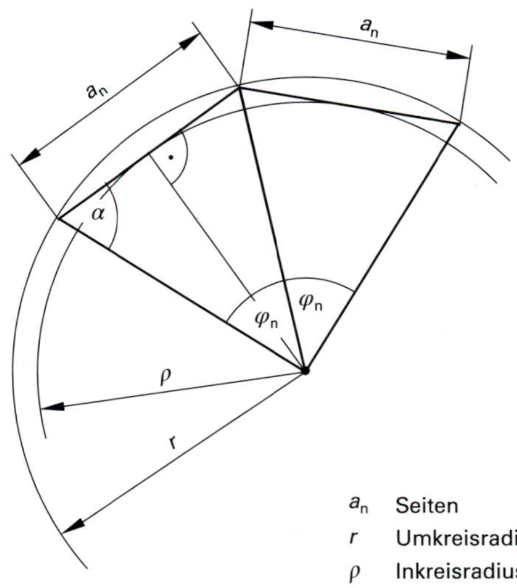

a_n Seiten
r Umkreisradius
ρ Inkreisradius
φ_n Zentriwinkel
α Basiswinkel
M Mittelpunkt

	a =	**r =**	**ρ =**	**A =**
3-Eck	$r\sqrt{3} = 2\rho\sqrt{3}$ Höhe: $h = \frac{a}{2}\sqrt{3} = \frac{3}{2}r$	$\frac{a}{3}\sqrt{3} = 2\rho$ $= \frac{2}{3}h$	$\frac{a}{6}\sqrt{3} = \frac{r}{2} = \frac{1}{3}h$	$\frac{a^2}{4}\sqrt{3} = \frac{3r^2}{4}\sqrt{3}$ $= 3\rho^2\sqrt{3}$
5-Eck	$\frac{r}{2}\sqrt{10 - 2\sqrt{5}}$ $= 2\rho\sqrt{5 - 2\sqrt{5}}$	$\frac{a}{10}\sqrt{50 + 10\sqrt{5}}$ $= \rho\left(\sqrt{5} - 1\right)$	$\frac{a}{10}\sqrt{25 + 10\sqrt{5}}$ $= \frac{r}{4}\left(\sqrt{5} + 1\right)$	$\frac{a^2}{4}\sqrt{25 + 10\sqrt{5}}$ $= \frac{5r^2}{8}\sqrt{10 + 2\sqrt{5}}$ $= 5\rho^2\sqrt{5 - 2\sqrt{5}}$
6-Eck	$\frac{2}{3}\rho\sqrt{3} = r$	$a = \frac{2}{3}\rho\sqrt{3}$	$\frac{r}{2}\sqrt{3}$	$\frac{3a^2}{2}\sqrt{3} = \frac{3r^2}{2}\sqrt{3}$ $= 2\rho^2\sqrt{3}$
8-Eck	$r\sqrt{2 - \sqrt{2}}$ $= 2\rho\left(\sqrt{2} - 1\right)$	$\frac{a}{2}\sqrt{4 + 2\sqrt{2}}$ $= \rho\sqrt{4 - 2\sqrt{2}}$	$\frac{a}{2}\left(\sqrt{2} + 1\right)$ $= \frac{r}{2}\sqrt{2 + \sqrt{2}}$	$2a^2\left(\sqrt{2} + 1\right) = 2r^2\sqrt{2}$ $= 8\rho^2\left(\sqrt{2} - 1\right)$
10-Eck	$\frac{r}{2}\left(\sqrt{5} - 1\right)$ $= \frac{2\rho}{5}\sqrt{25 - 10\sqrt{5}}$	$\frac{a}{2}\left(\sqrt{5} + 1\right)$ $= \frac{\rho}{5}\sqrt{50 - 10\sqrt{5}}$	$\frac{a}{2}\sqrt{5 + 2\sqrt{5}}$ $= \frac{r}{4}\sqrt{10 + 2\sqrt{5}}$	$\frac{5a^2}{2}\sqrt{5 + 2\sqrt{5}}$ $= \frac{5r^2}{4}\sqrt{10 - 2\sqrt{5}}$ $= 2\rho^2\sqrt{25 - 10\sqrt{5}}$

Kreis

IQB-Seite 3

Kreis

Durchmesser d: $d = 2 \cdot r$

Umfang U: $U = 2 \cdot \pi \cdot r = \pi \cdot d$

Fläche A: $A = \pi \cdot r^2 = \frac{\pi}{4} \cdot d^2$

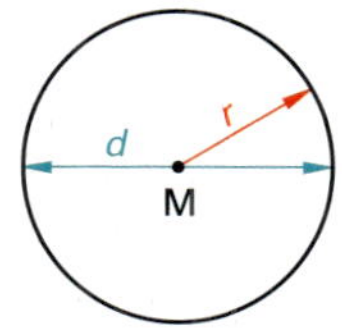

- r Radius
- d Durchmesser
- M Mittelpunkt

Kreisring

Ringbreite a: $a = r_2 - r_1$

Fläche A: $A = \pi \cdot (r_2^2 - r_1^2) = \frac{\pi}{4} \cdot (D^2 - d^2)$

Umfang U: $U = 2 \cdot \pi \, (r_1 + r_2)$

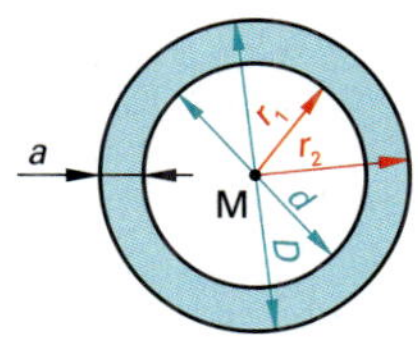

- r_1 Innenradius
- r_2 Außenradius
- D Außendurchmesser
- d Innendurchmesser
- a Ringbreite
- M Mittelpunkt

Kreisausschnitt (Kreissektor)

Bogenlänge b: $b = \frac{\pi \cdot r \cdot \alpha}{180°}$

Sehnenlänge ℓ: $\ell = 2 \cdot r \cdot \sin\left(\frac{\alpha}{2}\right)$

Fläche A_α: $A_\alpha = \frac{b \cdot r}{2} = \pi \cdot r^2 \cdot \frac{\alpha}{360°} = \frac{\pi \cdot d^2}{4} \cdot \frac{\alpha}{360°}$

Umfang U: $U = b + 2 \cdot r$

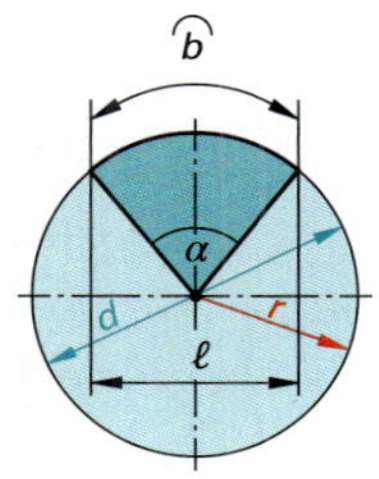

- b Bogenlänge
- d Durchmesser
- r Radius
- ℓ Sehnenlänge
- α Mittelpunktwinkel

Kreisabschnitt (Kreissegment)

Bogenlänge b: $b = \frac{\pi \cdot r \cdot \alpha}{180°}$

Sehnenlänge ℓ: $\ell = 2 \cdot r \cdot \sin\left(\frac{\alpha}{2}\right)$

Fläche A_α: $A_\alpha = \frac{r^2}{2}\left(\frac{\pi \cdot \alpha}{180°} - \sin(\alpha)\right)$

$= \frac{1}{2}\,[r \cdot (b - \ell) + \ell \cdot h]$

Umfang U: $U = b + \ell$

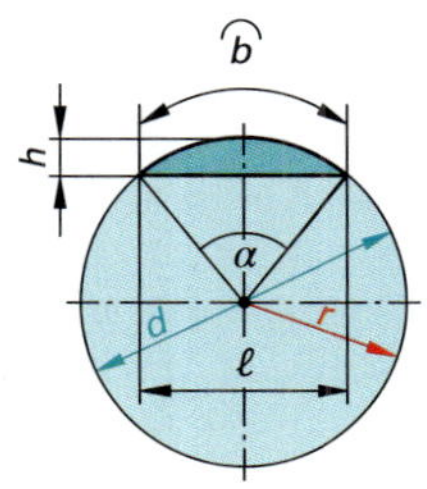

- b Bogenlänge
- h Höhe
- d Durchmesser
- r Radius
- ℓ Sehnenlänge
- α Mittelpunktwinkel

Winkel und Geraden am Kreis

IQB-Seite 4

Sehnentangentenwinkel α: $\alpha = \gamma = \frac{\beta}{2}$

Zentriwinkel β: $\beta = 2 \cdot \alpha = 2 \cdot \gamma$

Peripheriewinkel γ, γ': $\gamma = \gamma'$

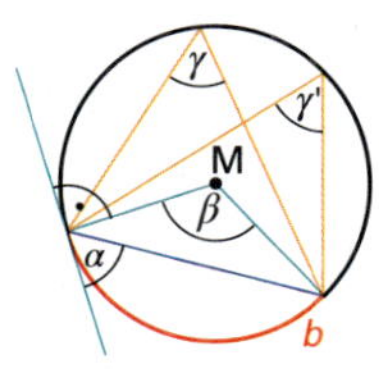

- b Kreisbogen
- α Sehnentangentenwinkel
- β Zentriwinkel
- γ, γ' Peripheriewinkel
- M Mittelpunkt

Satz des Thales

Jeder Winkel im Halbkreis ist ein rechter Winkel.

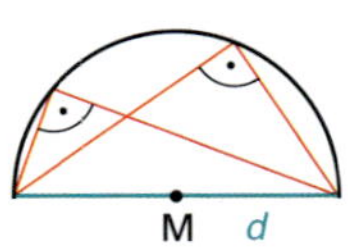

- d Durchmesser
- M Mittelpunkt

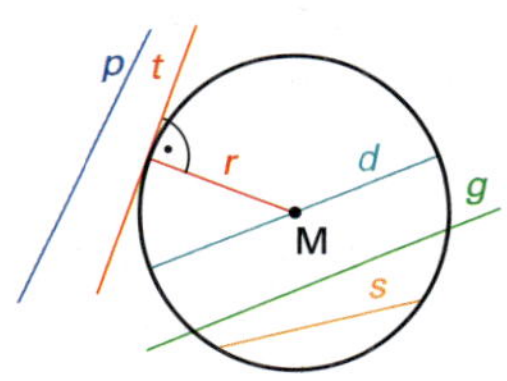

- r Radius
- d Durchmesser
- s Sehne
- p Passante
- t Tangente
- g Sekante

Stereometrie

Prismen

IQB-Seite 3

Würfel

Grundfläche A_G: $A_G = a \cdot a = a^2$

Volumen V: $V = A_G \cdot a = a \cdot a \cdot a = a^3$

Oberfläche A_O: $A_O = 6 \cdot a^2$

Diagonale e: $e = a\sqrt{3}$

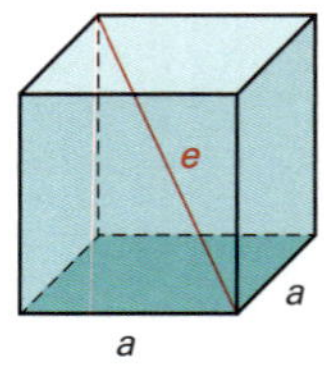

a Seitenlängen
e Diagonale

Quader

Grundfläche A_G: $A_G = a \cdot b$

Volumen V: $V = A_G \cdot h = a \cdot b \cdot h$

Oberfläche A_O: $A_O = 2 \cdot (a \cdot b + a \cdot h + b \cdot h)$

Diagonale e: $e = \sqrt{a^2 + b^2 + h^2}$

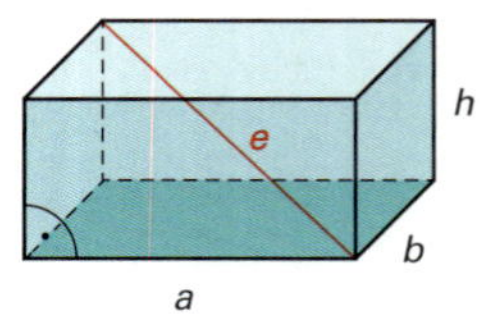

a Länge
b Breite
h Höhe
e Diagonale

Dreiseitiges Prisma (regelmäßiges)

Grundfläche A_G: $A_G = \frac{a^2}{4} \cdot \sqrt{3}$

Volumen V: $V = A_G \cdot h = \frac{a^2}{4} \cdot \sqrt{3} \cdot h$

Oberfläche A_O: $A_O = \frac{a}{2} \cdot (a \cdot \sqrt{3} + 6 \cdot h)$

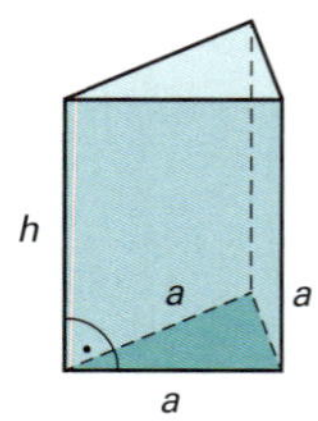

a Seitenlängen
h Höhe

Sechsseitiges Prisma (regelmäßiges)

Grundfläche A_G: $A_G = \frac{3 \cdot \sqrt{3}}{2} \cdot a^2$

Volumen V: $V = A_G \cdot h = \frac{3 \cdot \sqrt{3}}{2} \cdot a^2 \cdot h$

Oberfläche A_O: $A_O = 3 \cdot a \cdot \left(a \cdot \sqrt{3} + 2 \cdot h\right)$

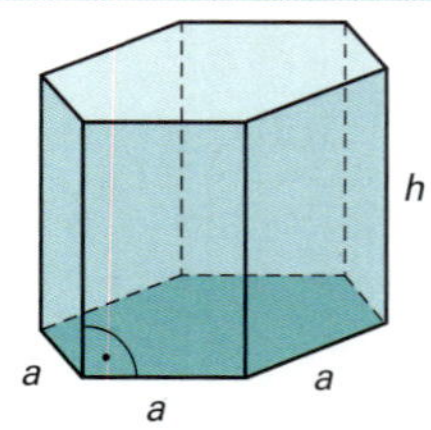

a Seitenlängen
h Höhe

Pyramiden

IQB-Seite 3

Pyramide (quadratisch)

Grundfläche A_G: $A_G = a \cdot a = a^2$

Volumen V: $V = \frac{1}{3} \cdot A_G \cdot h = \frac{1}{3} \cdot a^2 \cdot h$

Mantelfläche A_M: $A_M = 2 \cdot a \cdot h_s$

Oberfläche A_O: $A_O = a \cdot (a + 2 \cdot h_s)$

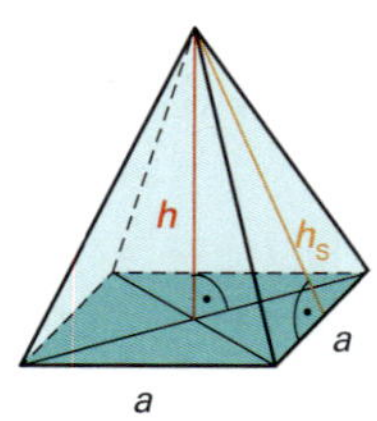

a Seitenlängen
h Höhe
h_s Höhe der Seitenfläche

Tetraeder

Grundfläche A_G: $A_G = \frac{a^2}{4} \cdot \sqrt{3}$

Volumen V: $V = \frac{a^3}{12} \cdot \sqrt{2}$

Mantelfläche A_M: $A_M = \frac{3 \cdot a^2}{4} \cdot \sqrt{3}$

Oberfläche A_O: $A_O = a^2 \cdot \sqrt{3}$

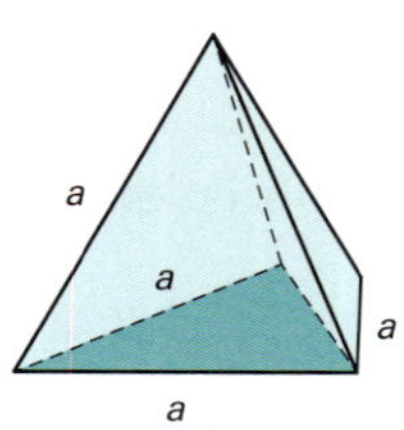

a Seitenlängen

Pyramidenstümpfe

IQB-Seite 3

Pyramidenstumpf (quadratisch)

Grundfläche A_G: $A_G = a_1 a_1 = a_1^2$

Deckfläche A_D: $A_D = a_2 a_2 = a_2^2$

Volumen V: $V = \frac{h}{3}\left(a_1^2 + a_1 a_2 + a_2^2\right)$

Mantelfläche A_M: $A_M = 2(a_1 + a_2)h_s$

Oberfläche A_O: $A_O = a_1^2 + 2(a_1 + a_2)h_s + a_2^2$

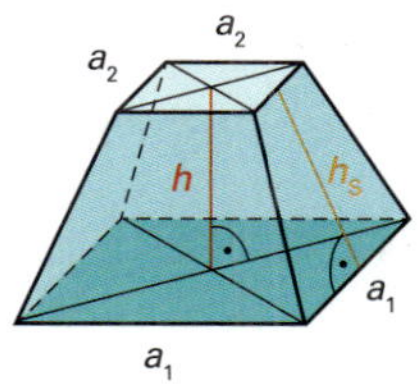

a_1 Seite der Grundfläche
a_2 Seite der Deckfläche
h Höhe
h_s Höhe der Seitenfläche

Pyramidenstumpf (dreiseitig)

Grundfläche A_G: $A_G = \frac{a_1^2}{4}\sqrt{3}$

Deckfläche A_D: $A_D = \frac{a_2^2}{4}\sqrt{3}$

Volumen V: $V = \frac{h}{3}\left(A_G + \sqrt{A_G A_D} + A_D\right)$

$V = \frac{\sqrt{3}}{12}\, h(a_1^2 + a_1 a_2 + a_2^2)$

Mantelfläche A_M: $A_M = \frac{3}{2}(a_1 + a_2)h_s$

Oberfläche A_O: $A_O = \sqrt{\frac{3}{4}}\,(a_1^2 + a_2^2) + \frac{3}{2}(a_1 + a_2)h_s$

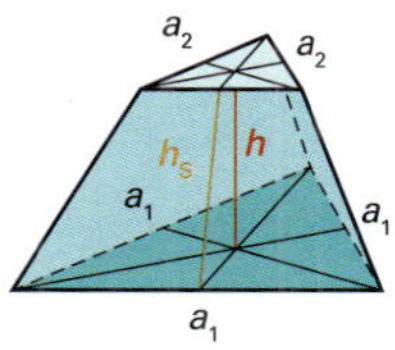

a_1 Seite der Grundfläche
a_2 Seite der Deckfläche
h Höhe
h_s Höhe der Seitenfläche

Kreiszylinder

IQB-Seite 3

Zylinder (gerade)

Grundfläche A_G: $A_G = \pi r^2$

Deckfläche A_D: $A_D = A_G = \pi r^2$

Volumen V: $V = A_G \cdot h = \pi r^2 h$

Mantelfläche A_M: $A_M = 2\pi r h$

Oberfläche A_O: $A_O = 2 \cdot A_G + 2\pi \cdot r \cdot h = 2\pi r(r + h)$

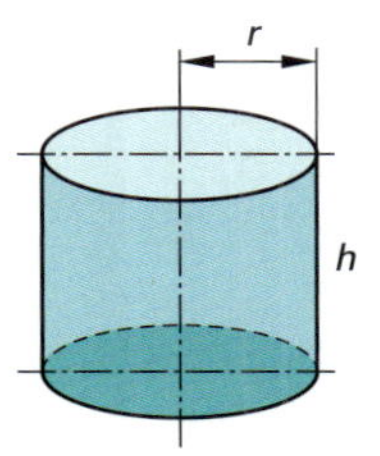

r Radius
h Höhe

Hohlzylinder (gerade)

Grundfläche A_G: $A_G = \pi\left(r_2^2 - r_1^2\right)$

Deckfläche A_D: $A_D = A_G = \pi\left(r_2^2 - r_1^2\right)$

Volumen V: $V = \pi h\left(r_2^2 - r_1^2\right)$

Mantelfläche A_{M1}: $A_{M1} = 2\pi r_1 h$

Mantelfläche A_{M2}: $A_{M2} = 2\pi r_2 h$

Oberfläche A_O: $A_O = 2\pi\left(r_2^2 - r_1^2\right) + 2\pi h\left(r_1 + r_2\right)$

Wanddicke a: $a = r_2 - r_1$

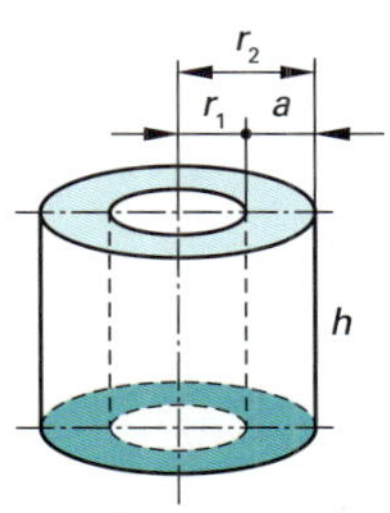

a Wanddicke
r_1 Innenkreisradius
r_2 Außenkreisradius
h Höhe

Kreiskegel

IQB-Seite 3

Kegel (gerade)

Grundfläche A_G: $A_G = \pi r^2$

Volumen V: $V = \frac{1}{3} A_G \cdot h = \frac{1}{3} \pi r^2 h$

Mantelfläche A_M: $A_M = \pi r m$

Oberfläche A_O: $A_O = A_G + \pi \cdot r \cdot m = \pi r(r + m)$

Mantellinie m: $m = \sqrt{r^2 + h^2}$

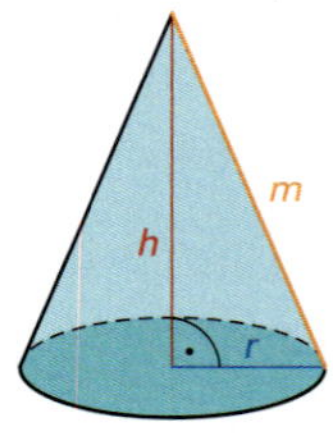

r Radius
h Höhe
m Mantellinie

Kegelstumpf (gerade)

Grundfläche A_G: $A_G = \pi r_2^2$

Deckfläche A_D: $A_D = \pi r_1^2$

Volumen V: $V = \frac{1}{3} \pi h(r_2^2 + r_2 r_1 + r_1^2)$

Mantelfläche A_M: $A_M = \pi m(r_2 + r_1)$

Oberfläche A_O: $A_O = A_G + A_D + A_M$
$= \pi\left[r_2^2 + r_1^2 + m(r_2 + r_1)\right]$

Mantellinie m: $m = \sqrt{(r_2 - r_1)^2 + h^2}$

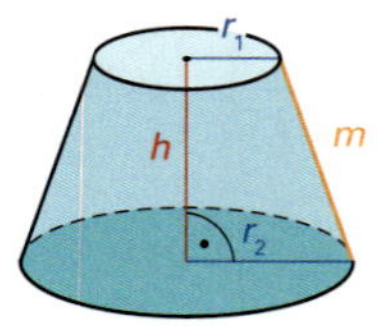

r_1 Radius Decke
r_2 Radius Boden
h Höhe
m Mantellinie

Kugel

IQB-Seite 3

Kugel (voll)

Oberfläche A_O: $A_O = 4\pi r^2 = \pi d^2$

Volumen V: $V = \frac{4}{3}\pi r^3 = \frac{1}{6}\pi d^3$

Durchmesser d: $d = 2r$

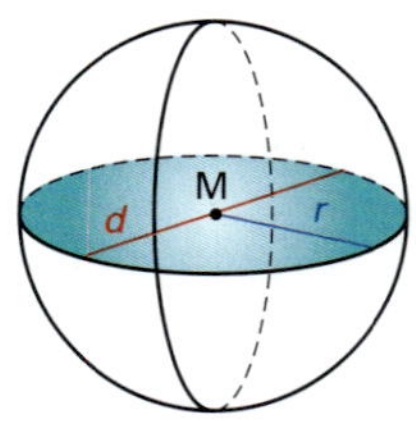

r Radius
d Durchmesser
M Mittelpunkt

Kugelschicht (Kugelzone)

Mantelfläche A_M: $A_M = 2\pi r h$

Oberfläche A_O: $A_O = \pi(R_1^2 + R_2^2 + 2rh)$

Volumen V: $V = \frac{1}{6}\pi h(3R_1^2 + 3R_2^2 + h^3)$

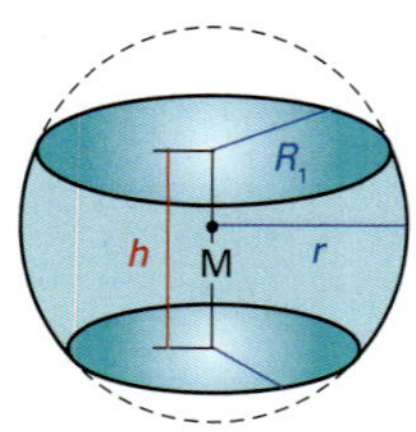

r Radius
R_1 Deckflächenradius
R_2 Bodenflächenradius
h Höhe
M Mittelpunkt

Kugelausschnitt (Kugelsektor)

Kegelmantel A_M: $A_M = \pi r R$

Oberfläche A_O: $A_O = \pi r\left(2h + \sqrt{h(2r - h)}\right)$

Volumen V: $V = \frac{2}{3}\pi r^2 h$

Radius R: $R = \sqrt{h(2r - h)}$

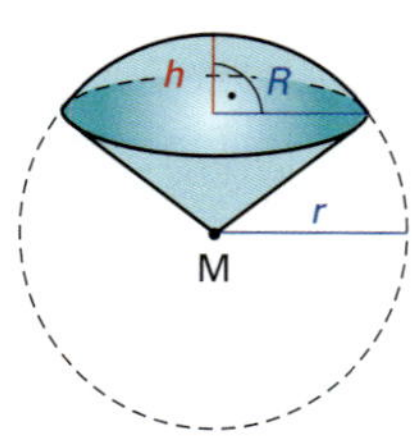

r Kugelradius
R Radius
h Höhe
M Mittelpunkt

Kugel (Fortsetzung)

Kugelabschnitt (Kugelsegment)

Kappenmantel A_M: $A_M = 2\pi rh = \pi(R^2 + h^2)$

Oberfläche A_O: $A_O = \pi R^2 + 2\pi rh = \pi h(4r - h)$

$= \pi(2R^2 + h^2)$

Volumen V: $V = \frac{1}{3}\pi h^2 (3r - h)$

$= \frac{1}{6}\pi h(3R^2 + h^2)$

Radius R: $R = \sqrt{h(2r - h)}$

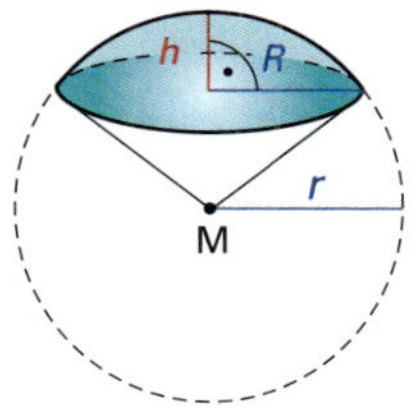

r Kugelradius
R Radius
h Höhe
M Mittelpunkt

Kugelzweieck

Oberfläche A_O: $A_O = \frac{\varphi}{360°} 4\pi R^2 = \frac{\varphi}{90°} \pi R^2$

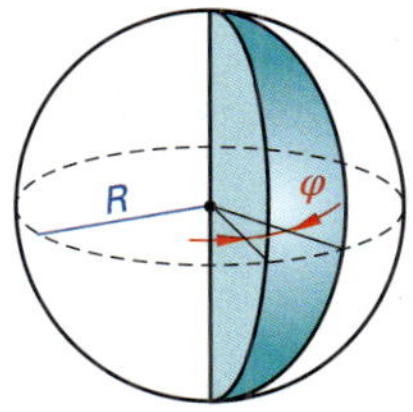

R Radius
φ Winkel

Reguläre Polyeder

Reguläre Polyeder (Vielflächner) haben reguläre *n*-Ecke als Begrenzungsflächen. Sie sind alle einer Kugel mit dem Radius *R* einschreibbar. Es gibt genau fünf reguläre Polyeder.

Tetraeder	Würfel	Oktaeder	Dodekaeder	Ikosaeder
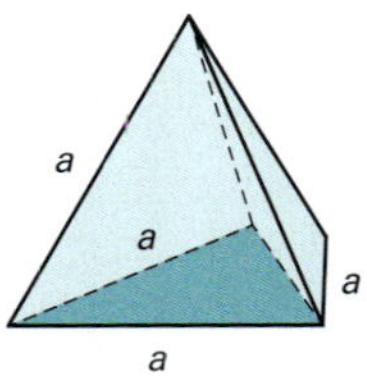	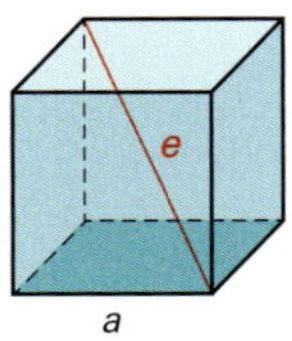	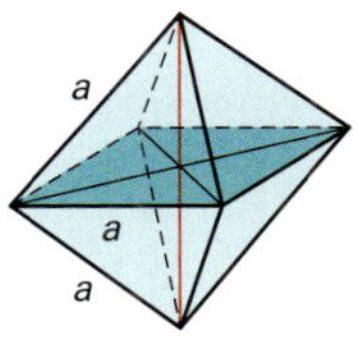	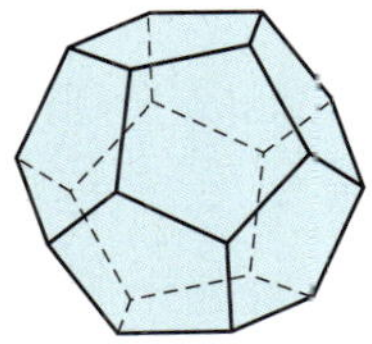	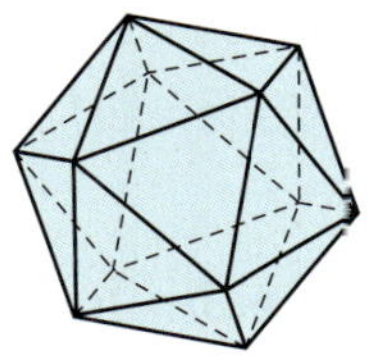

Tabelle der regulären fünf Polyeder				
Körper Kantenlänge a	Begrenzung durch:	Volumen $V =$	Oberfläche $A_O =$	Umkreisradius $R =$
Tetraeder	4 Dreiecke	$\frac{a^3}{12}\sqrt{2}$	$a^2\sqrt{3}$	$\frac{a}{4}\sqrt{6}$
Würfel	6 Quadrate	a^3	$6a^2$	$\frac{a}{2}\sqrt{3}$
Oktaeder	8 Dreiecke	$\frac{a^3}{3}\sqrt{2}$	$2a^2\sqrt{3}$	$\frac{a}{2}\sqrt{2}$
Dodekaeder	12 Fünfecke	$\frac{a^3}{4}\left(15 + 7\sqrt{5}\right)$	$3a^2\sqrt{5\left(5 + 2\sqrt{5}\right)}$	$\frac{a}{4}\sqrt{3}\left(1 + \sqrt{5}\right)$
Ikosaeder	20 Dreiecke	$\frac{5}{12}a^3\left(3 + \sqrt{5}\right)$	$5a^2\sqrt{3}$	$\frac{a}{4}\sqrt{2\sqrt{5}\left(1 + \sqrt{5}\right)}$

Trigonometrie in der Ebene

Winkelmaße

In der Trigonometrie werden Winkel üblicherweise in Grad (°), Bogenmaß (Radiant) oder Gon gemessen.

Gradmaß (°)

Das Gradmaß ist ein Winkelmaß (Bezeichnung mit griechischen Buchstaben α, β, γ usw.). Das Einheitenzeichen ist ein kleiner hochgestellter Kreis, ° (lies: „Grad"). Ein Vollwinkel hat das Gradmaß 360°, also hat ein gestreckter Winkel 180° und ein rechter Winkel 90°.

Weitere Einheiten bei Winkelmaßen:

1 Bogenminute (1′): $1' = \frac{1}{60°}$ bzw. $60' = 1°$

1 Bogensekunde (1″): $1'' = \frac{1}{60'}$ bzw. $60'' = 1'$

Gon (1^g)

Gon (Neugrad) ist eine andere Maßeinheit für Winkel. Ein Vollwinkel entspricht 400^g, ein rechter Winkel entspricht 100^g.

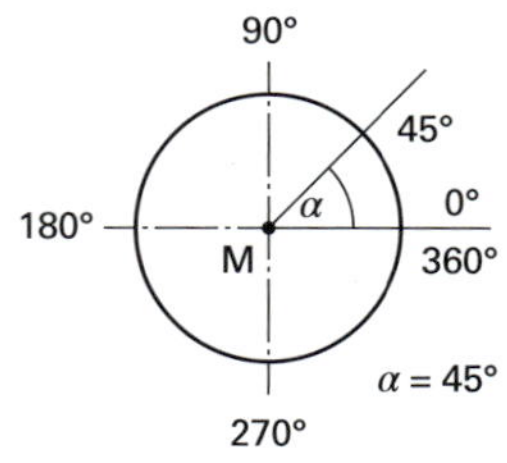

Bogenmaß oder Radiant (rad)

Das Bogenmaß ist eine Maßeinheit für Winkel, die auf dem Radius eines Kreises basiert.

Ein Radiant ist definiert als der Winkel, der durch einen Kreisbogen (arc) gebildet wird, dessen Länge gleich dem Radius des Kreises ist.

Bezogen auf den Winkel α im Einheitskreis gilt: $\text{arc}\,\alpha = \frac{b}{r}$

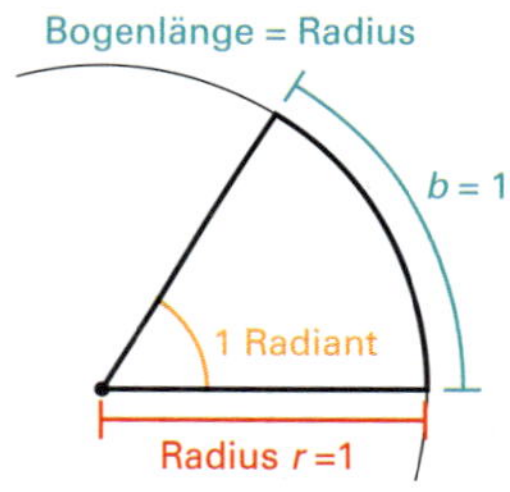

Umrechnungen zwischen Grad und Bogenmaß

IQB-Seite-5

Bezogen auf den Einheitskreis besteht folgender Zusammenhang:

$2\pi\,\text{rad} = 360°$

$1\,\text{rad} = \frac{360°}{2\pi} = \frac{180°}{\pi} \approx 57{,}29577951°$

Zwischen dem Gradmaß und dem Bogenmaß eines Winkels α bestehen folgende Zusammenhänge:

$\frac{\alpha}{360°} = \frac{\text{arc}\,\alpha}{2\pi}$ bzw. $\frac{\alpha}{\text{arc}\,\alpha} = \frac{180°}{\pi}$

Umrechnung von Grad- in Bogenmaß: $\text{arc}\,\alpha = \frac{\alpha \cdot \pi}{180°}$; $1° \approx 0{,}01745\,\text{rad}$

Umrechnung von Bogen- in Gradmaß: $\alpha = \frac{180° \cdot \text{arc}\,\alpha}{\pi}$

Maße spezieller Winkel											
Grad	0°	15°	30°	45°	60°	90°	120°	150°	180°	270°	360°
Rad	0	$\frac{\pi}{12}$	$\frac{\pi}{6}$	$\frac{\pi}{4}$	$\frac{\pi}{3}$	$\frac{\pi}{2}$	$\frac{2\pi}{3}$	$\frac{5\pi}{6}$	π	$\frac{3\pi}{2}$	2π

Die Winkelfunktionen Sinus (sin), Kosinus (cos), Tangens (tan) und Kotangens (cot)

IQB-Seite-4

Winkelfunktionen im rechtwinkligen Dreieck

$$\sin\alpha = \frac{a}{c} = \frac{\text{Gegenkathete}}{\text{Hypotenuse}}$$

$$\cos\alpha = \frac{b}{c} = \frac{\text{Ankathete}}{\text{Hypothenuse}}$$

$$\tan\alpha = \frac{a}{b} = \frac{\text{Gegenkathete}}{\text{Ankathete}} = \frac{\sin\alpha}{\cos\alpha}$$

$$\cot\alpha = \frac{b}{a} = \frac{\text{Ankathete}}{\text{Gegenkathete}} = \frac{\cos\alpha}{\sin\alpha}$$

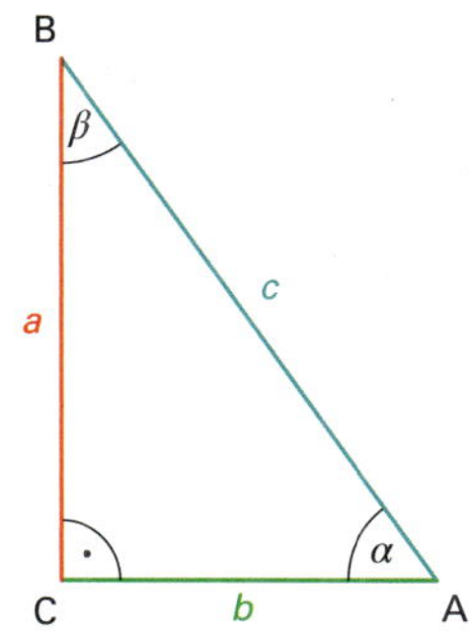

Bezogen auf den Winkel α gilt im rechtwinkligen Dreieck:

- a Gegenkathete
- b Ankathete
- c Hypotenuse

Winkelfunktion im Kreis mit dem Radius r

$$\sin x = \frac{v}{r}$$

$$\cos x = \frac{u}{r}$$

$$\tan x = \frac{v}{u} \quad (\text{für alle } x \neq \frac{\pi}{2} + z\pi \wedge z \in \mathbb{Z})$$

$$\cot x = \frac{u}{v} \quad (\text{für alle } x \neq z\pi \wedge z \in \mathbb{Z})$$

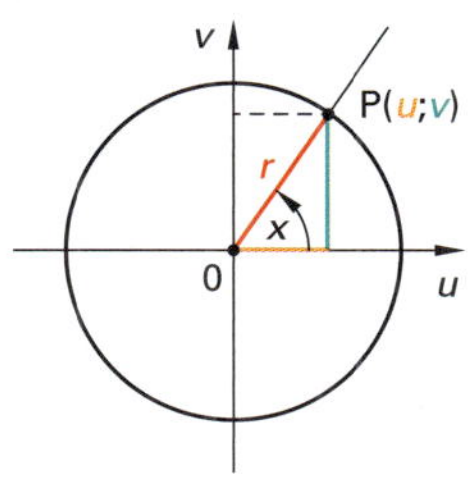

- x Winkel
- r Radius
- 0 Ursprung
- P Schnittpunkt
- u Horizontale Achse
- v Vertikale Achse

Beziehungen zwischen den Winkelfunktionen

Trigonometrischer Pythagoras $\sin^2\alpha + \cos^2\alpha = 1$

Grundbeziehungen

$$\tan\alpha = \frac{\sin\alpha}{\cos\alpha} \qquad 1 + \tan^2\alpha = \frac{1}{\cos^2\alpha}$$

$$\cot\alpha = \frac{\cos\alpha}{\sin\alpha} \qquad 1 + \cot^2\alpha = \frac{1}{\sin^2\alpha}$$

$$\tan\alpha \cdot \cot\alpha = 1$$

Vorzeichen in den vier Quadranten

	I	II	III	IV
$\sin x$	+	+	−	−
$\cos x$	+	−	−	+
$\tan x$	+	−	+	−
$\cot x$	+	−	+	−

Quadrantenbeziehungen

$90° \pm \alpha$	$180° \pm \alpha$	$270° \pm \alpha$	$360° \pm \alpha$	$-\alpha$
$+\cos\alpha$	$\mp\sin\alpha$	$-\cos\alpha$	$\pm\sin\alpha$	$-\sin\alpha$
$\mp\sin\alpha$	$-\cos\alpha$	$\pm\sin\alpha$	$+\cos\alpha$	$+\cos\alpha$
$\mp\cot\alpha$	$\pm\tan\alpha$	$\mp\cot\alpha$	$\pm\tan\alpha$	$-\tan\alpha$
$\mp\tan\alpha$	$\pm\cot\alpha$	$\mp\tan\alpha$	$\pm\cot\alpha$	$-\cot\alpha$

Additionstheoreme

Additionstheoreme für Winkelfunktionen sind Formeln, durch die die Funktionswerte von Summen und Differenzen von Winkeln auf die Werte der trigonometrischen Funktionen einzelner Winkel zurückgeführt werden.

Summen und Differenzen

$$\sin(\alpha \pm \beta) = \sin\alpha\cos\beta \pm \cos\alpha\sin\beta \qquad \cos(\alpha \pm \beta) = \cos\alpha\cos\beta \mp \sin\alpha\sin\beta$$

$$\tan(\alpha \pm \beta) = \frac{\tan\alpha \pm \tan\beta}{1 \mp \tan\alpha\tan\beta} \qquad \cot(\alpha \pm \beta) = \frac{\cot\alpha\cot\beta \mp 1}{\cot\beta \pm \cot\alpha}$$

$$\sin\alpha + \sin\beta = 2\sin\frac{\alpha+\beta}{2}\cos\frac{\alpha-\beta}{2} \qquad \sin\alpha - \sin\beta = 2\cos\frac{\alpha+\beta}{2}\sin\frac{\alpha-\beta}{2}$$

$$\cos\alpha + \cos\beta = 2\cos\frac{\alpha+\beta}{2}\cos\frac{\alpha-\beta}{2} \qquad \cos\alpha - \cos\beta = -2\sin\frac{\alpha+\beta}{2}\sin\frac{\alpha-\beta}{2}$$

$$\tan\alpha \pm \tan\beta = \frac{\sin(\alpha \pm \beta)}{\cos\alpha\cos\beta}$$

Vielfache und halbe Winkel

$$\sin 2\alpha = 2\sin\alpha\cos\alpha = \frac{2\tan\alpha}{1+\tan^2\alpha} \qquad \sin 3\alpha = 3\sin\alpha - 4\sin^3\alpha \qquad \sin\frac{\alpha}{2} = \sqrt{1 - \frac{\cos\alpha}{2}}$$

$$\cos 2\alpha = \cos^2\alpha - \sin^2\alpha = 2\cos^2\alpha - 1 = 1 - 2\sin^2\alpha = \frac{1-\tan^2\alpha}{1+\tan^2\alpha}$$

$$\cos 3\alpha = 4\cos^3\alpha - 3\cos\alpha \qquad \cos\frac{\alpha}{2} = \sqrt{\frac{1+\cos\alpha}{2}}$$

$$\tan 2\alpha = \frac{2\tan\alpha}{1-\tan^2\alpha} = \frac{2}{\cot\alpha - \tan\alpha} \qquad \tan\frac{\alpha}{2} = \frac{\sin\alpha}{1+\cos\alpha} = \frac{1-\cos\alpha}{\sin\alpha} = \sqrt{\frac{1-\cos\alpha}{1+\cos\alpha}}$$

$$\cot 2\alpha = \frac{\cot^2\alpha - 1}{2\cot\alpha} = \frac{\cot\alpha - \tan\alpha}{2}$$

Produkte und Potenzen

$$\sin\alpha\sin\beta = \frac{1}{2}\left[\cos(\alpha-\beta) - \cos(\alpha+\beta)\right] \qquad \cos\alpha\cos\beta = \frac{1}{2}\left[\cos(\alpha-\beta) + \cos(\alpha+\beta)\right]$$

$$\tan\alpha\tan\beta = \frac{\tan\alpha + \tan\beta}{\cot\alpha + \cot\beta} \qquad \cot\alpha\cot\beta = \frac{\cot\alpha + \cot\beta}{\tan\alpha + \tan\beta}$$

$$\sin^2\alpha = \frac{1}{2}(1 - \cos 2\alpha) \qquad \cos^2\alpha = \frac{1}{2}(1 + \cos 2\alpha)$$

Winkelbeziehungen im Komplexen

$$(\cos\alpha \pm \mathrm{i}\sin\alpha)^n = \cos n\alpha \pm \mathrm{i}\sin n\alpha \qquad e^{\mathrm{i}\alpha} = \cos\alpha + \mathrm{i}\sin\alpha \qquad e^{-\mathrm{i}\alpha} = \cos\alpha - \mathrm{i}\sin\alpha$$

$$\sin\alpha = \frac{e^{\mathrm{i}\alpha} - e^{-\mathrm{i}\alpha}}{2\mathrm{i}} \qquad \cos\alpha = \frac{e^{\mathrm{i}\alpha} + e^{-\mathrm{i}\alpha}}{2}$$

Berechnungen am allgemeinen Dreieck

Sinussatz

$$\frac{a}{\sin\alpha} = \frac{b}{\sin\beta} = \frac{c}{\sin\gamma}$$

Kosinussatz

$$c^2 = a^2 + b^2 - 2ab\cos\gamma$$
$$a^2 = b^2 + c^2 - 2bc\cos\alpha$$
$$b^2 = a^2 + c^2 - 2ac\cos\beta$$

Flächeninhalt des Dreiecks

$$A = \frac{1}{2}ab\sin\gamma = \frac{1}{2}ac\sin\beta = \frac{1}{2}bc\sin\alpha$$

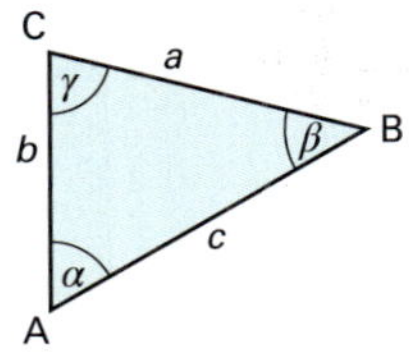

a, b, c	Seiten
α, β, γ	Winkel

Höhen im Dreieck

$$h_a = b\sin\gamma = c\sin\beta$$
$$h_b = a\sin\gamma = c\sin\alpha$$
$$h_c = b\sin\alpha = a\sin\beta$$

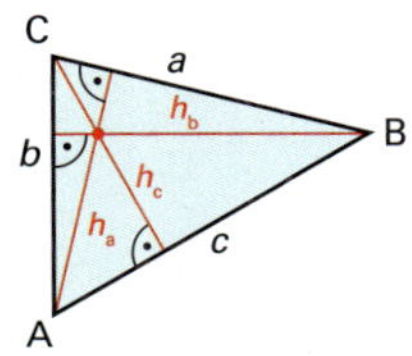

a, b, c	Seiten
$h_a, \ldots$	Höhen

Umkreisradius

$$r = \frac{a}{2\sin\alpha} = \frac{b}{2\sin\beta} = \frac{c}{2\sin\gamma}$$

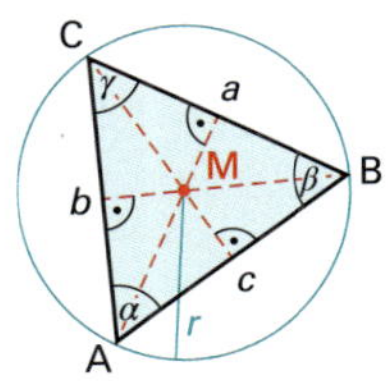

a, b, c	Seiten
α, β, γ	Winkel
M	Mittelpunkt
r	Umkreisradius

Winkelhalbierende und Innkreisradius

$$w_\alpha = \frac{2bc\cos\frac{\alpha}{2}}{b+c} \qquad w_\beta = \frac{2ac\cos\frac{\beta}{2}}{a+c}$$

$$w_\gamma = \frac{2ab\cos\frac{\gamma}{2}}{a+b}$$

$$\rho = (s-a)\tan\frac{\alpha}{2} = (s-b)\tan\frac{\beta}{2} = (s-c)\tan\frac{\gamma}{2}$$

$$\text{mit } s = \frac{u}{2} = \frac{a+b+c}{2}$$

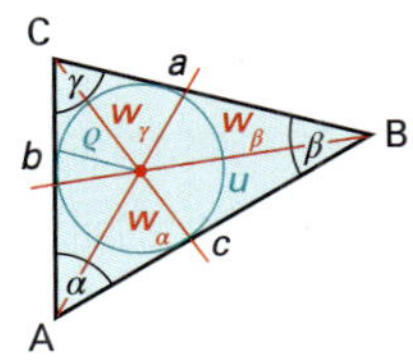

a, b, c	Seiten
α, β, γ	Winkel
$w_\alpha, \ldots$	Winkelhalbierende
ρ	Innkreisradius
u:	Innenkreisumfang

Seitenhalbierende im Dreieck

$$s_a = \frac{1}{2}\sqrt{b^2 + c^2 + 2bc\cos\alpha}$$

$$s_b = \frac{1}{2}\sqrt{a^2 + c^2 + 2ac\cos\beta}$$

$$s_c = \frac{1}{2}\sqrt{a^2 + b^2 + 2ab\cos\gamma}$$

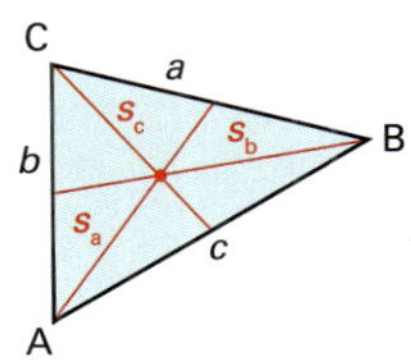

a, b, c	Seiten
$s_a, \ldots$	Seitenhalbierende

Winkelfunktionen

IQB-Seite-5

Winkelfunktionen beschreiben Beziehungen zwischen den Seiten und Winkeln eines rechtwinkligen Dreiecks. Die wichtigsten Winkelfunktionen sind **Sinus (sin), Kosinus (cos)** und **Tangens (tan),** die in Bezug auf einen Winkel in einem rechtwinkligen Dreieck definiert sind.

Sinusfunktion

Einheitskreis

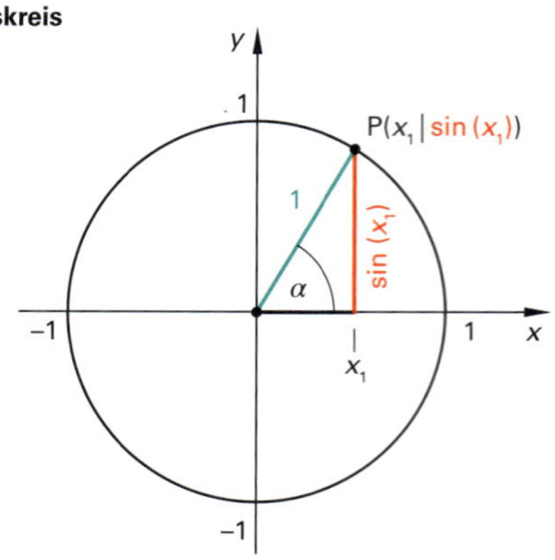

$\sin(x) = \frac{\text{Gegenkathete}}{\text{Hypotenuse}} = \frac{\text{Gegenkathete}}{1} = \text{Gegenkathete}$

Kosinusfunktion

Einheitskreis

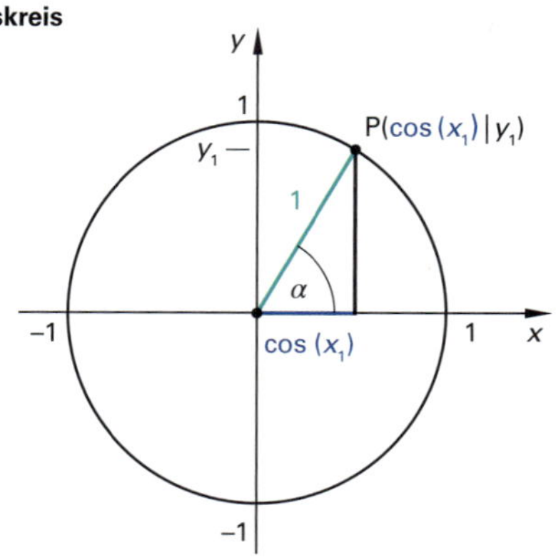

$\cos(x) = \frac{\text{Ankathete}}{\text{Hypotenuse}} = \frac{\text{Ankathete}}{1} = \text{Ankathete}$

Graphen der Sinusfunktion und der Kosinusfunktion

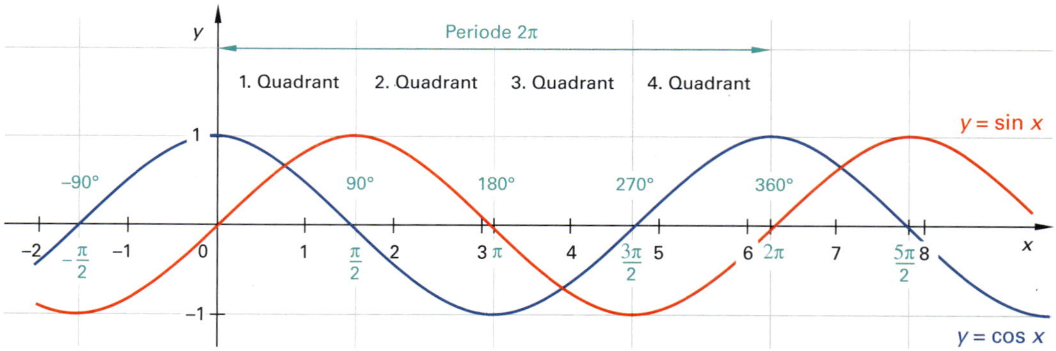

	Eigenschaften der Sinusfunktion	Eigenschaften der Kosinusfunktion
Definitionsbereich	$D = \mathbb{R}$	$D = \mathbb{R}$
Wertebereich	$W = [-1;1]$	$W = [-1;1]$
Periode	$p = 2\pi$	$p = 2\pi$
Amplitude	Die Amplitude a ist 1.	Die Amplitude a ist 1.
Nullstellen	$x_n = q \cdot \pi$ mit $q \in \mathbb{Z}$	$x_n = \frac{\pi}{2} + q \cdot \pi$ mit $q \in \mathbb{Z}$
Symmetrie	Punktsymmetrisch zum Koordinatenursprung: $\sin(-x) = -\sin(x)$	Achsensymmetrie zur y-Achse: $\cos(-x) = \cos(x)$

Tangensfunktion

Einheitskreis

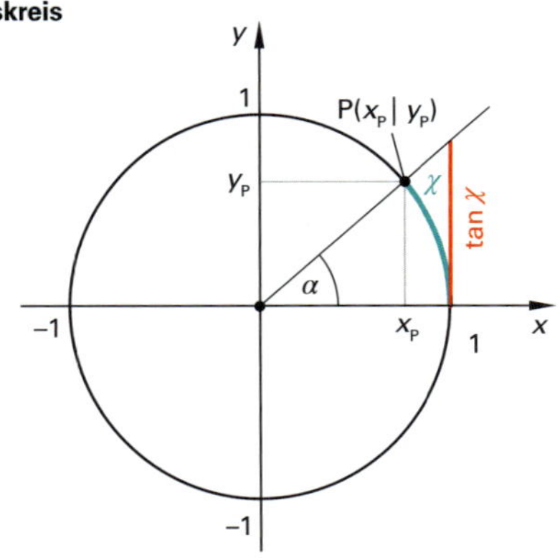

$\tan(x) = \frac{\text{Gegenkathete}}{\text{Ankathete}} = \frac{\sin(x)}{\cos(x)}$

Kotangensfunktion

Einheitskreis

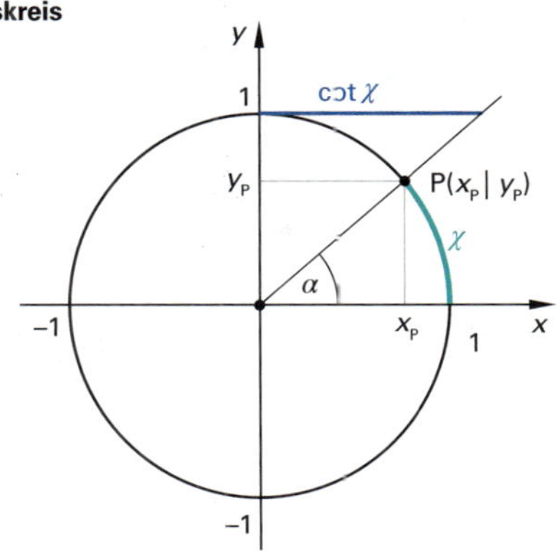

$\cot\text{an}(x) = \frac{\text{Ankathete}}{\text{Gegenkathete}} = \frac{\cos(x)}{\sin(x)}$

Graphen der Tangensfunktion und der Kotangensfunktion

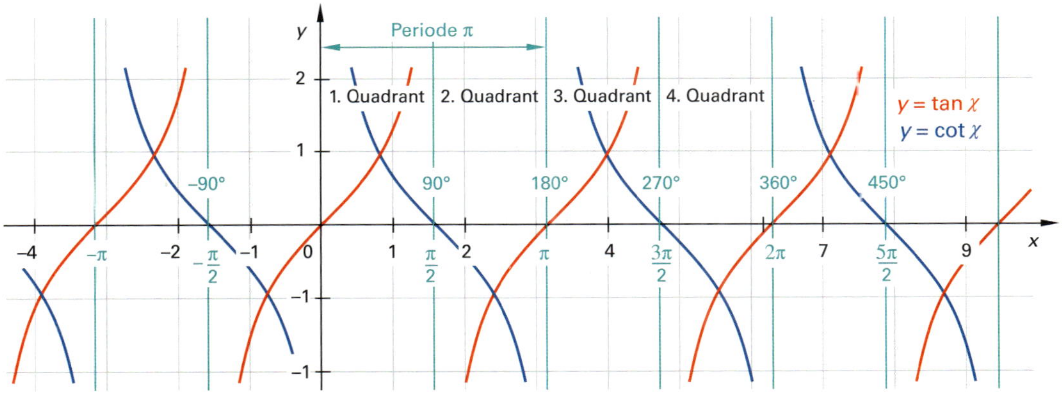

	Eigenschaften der Tangensfunktion	Eigenschaften der Kotangensfunktion
Definitionsbereich	$\mathbb{R}\setminus\left\{(2k+1)\cdot\frac{\pi}{2}\right\}$, $k\in\mathbb{Z}$	$\mathbb{R}\setminus\{k\cdot\pi\}$, $k\in\mathbb{Z}$
Wertebereich	$\mathbb{R}$	$\mathbb{R}$
Periode	Periode 180° bzw. π: $\tan x = \tan(x + k\cdot 180°)$, wobei $k\in\mathbb{Z}$	Periode 180° bzw. π: $\cot x = \cot(x + k\cdot 180°)$, wobei $k\in\mathbb{Z}$
Nullstellen	$k\cdot 180°$ bzw. $k\cdot\pi$, wobei $k\in\mathbb{Z}$	$90° + k\cdot 180°$ bzw. $\frac{\pi}{2} + k\cdot\pi$, wobei $k\in\mathbb{Z}$
Symmetrie	Punktsymmetrisch zum Koordinatenursprung: $\tan(-x) = -\tan(x)$	Punktsymmetrisch zum Koordinatenursprung: $\cot(-x) = -\cot(x)$

Allgemeine Sinusfunktion $f(x) = a \cdot \sin(b \cdot x + c) + d;\ a, b \neq 0$

Die Variable a ist ein **Streckungs- bzw. Stauchungsfaktor** in **y-Richtung** bezüglich $y = \sin(x)$
Die Variable b ist ein **Streckungs- bzw. Stauchungsfaktor** in **x-Richtung** bezüglich $y = \sin(x)$
Die Variable c ist ein **Verschiebungsfaktor** in **x-Richtung** bezüglich $y = \sin(x)$
Die Variable d ist ein **Verschiebungsfaktor** in **y-Richtung** bezüglich $y = \sin(x)$

$f(x) = a \cdot \sin(x)$

$|a| > 1$: Streckung
$|a| < 1$: Stauchung
Nullstellen: $k \cdot \pi;\ k \in \mathbb{Z}$
Wertebereich: $[-a;a]$

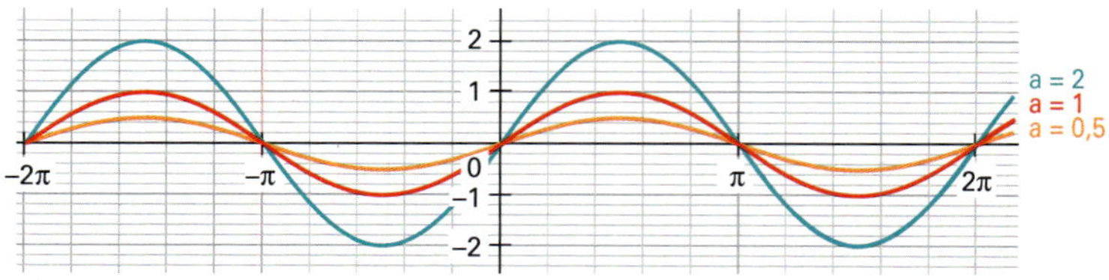

$f(x) = \sin(b \cdot x)$

$|b| > 1$: Stauchung
$|b| < 1$: Streckung
Nullstellen: $k \cdot \frac{\pi}{b};\ k \in \mathbb{Z}$

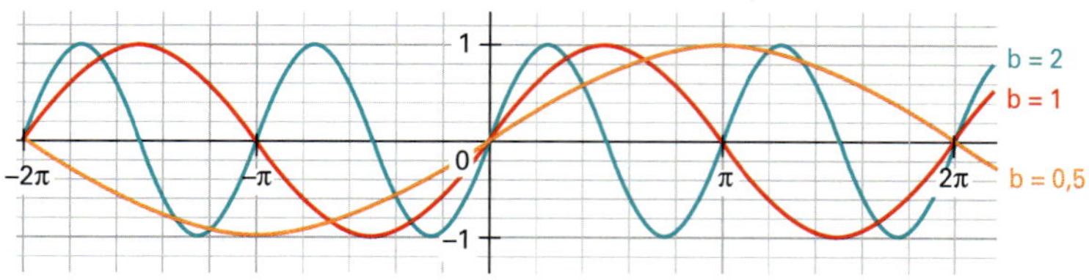

$f(x) = \sin(x + c)$

$c > 0$: Verschiebung in negative Richtung
$c < 0$: Verschiebung in positive Richtung
Nullstellen: $k \cdot \pi - c;\ k \in \mathbb{Z}$

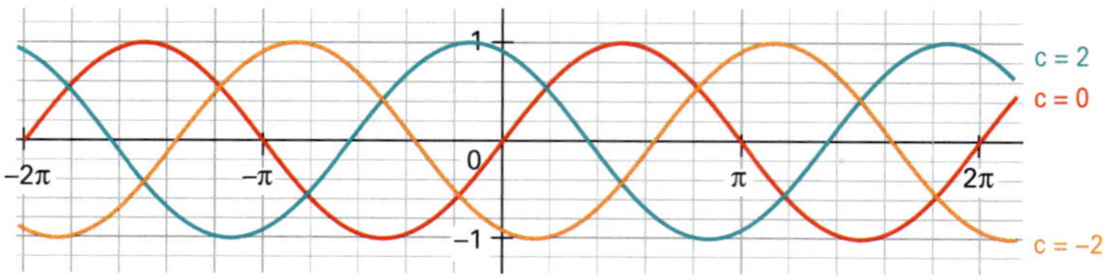

$f(x) = \sin(x) + d$

$d > 0$: Verschiebung in positive Richtung
$d < 0$: Verschiebung in negative Richtung
Nullstellen: $|d| > 1$ keine

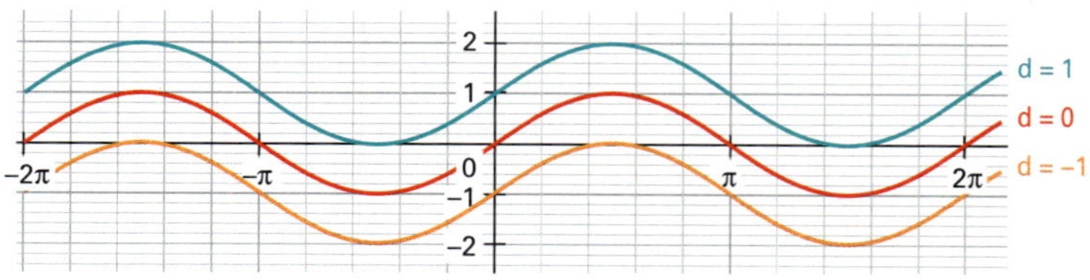

Umkehrfunktionen der Winkelfunktionen

Wird der Definitionsbereich der Winkelfunktionen so weit eingeschränkt, dass sie streng monoton sind, so sind die eingeschränkten Funktionen umkehrbar. Die Umkehrfunktionen werden **Arkusfunktionen** genannt.

Arkussinusfunktion $y = f(x) = \arcsin x$

$D_f = [-1;1]$ $W_f = \left[-\frac{\pi}{2}, \frac{\pi}{2}\right]$ Nullstelle: $x_0 = 0$

Arkuskosinusfunktion $y = f(x) = \arccos x$

$D_f = [-1;1]$ $W_f = [0;\pi]$ Nullstelle: $x_0 = 1$

Arkustangensfunktion $y = f(x) = \arctan x$

$D_f = \mathbb{R}$ $W_f = \left]-\frac{\pi}{2}, \frac{\pi}{2}\right[$ Nullstelle: $x_0 = 0$

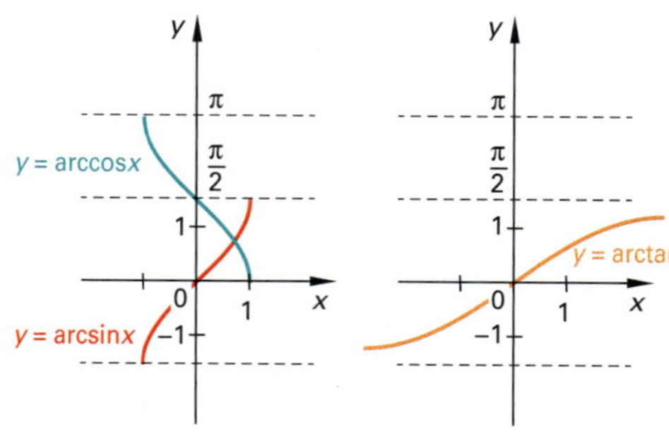

1.2 Analysis

► Funktionen

Definitionen

Funktion *f* Eine Funktion *f* ordnet jedem Element *x* (unabhängige Variable) aus dem Definitionsbereich *D* genau ein Element *y* (abhängige Variable) aus dem Wertebereich *W* zu.	$f: x \mapsto f(x)$ $f: f(x) = y$	f Name der Funktion x unabhängige Variable y abhängige Variable $f(x)$ Funktionswert an der Stelle x
Umkehrfunktion $f^{-1} = g$ Eine Funktion *f* hat eine Umkehrfunktion *g*, wenn jedem *y* von W_f genau ein *x* von D_g zugeordnet wird. Die Graphen der Funktionen *f* und *g* werden an der Winkelhalbierenden $y = x$ gespiegelt.	$W_f \mapsto D_g$ $P(x\|y) \mapsto P'(y\|x)$ $g: g(x) = f^{-1}(x)$	P_i Menge aller Punkte $x_i \in D_f$ $y_i \in W_f$
Graph der Funktion *f* Der Graph einer Funktion *f* ist eine Darstellung, die die Zuordnung zwischen $x \in D_f$ und $y \in W_f$ in einem Koordinatensystem darstellt.	$P_i(x_i\|y_i)$	P_i Menge aller Punkte $x_i \in D_f$ $y_i \in W_f$
Schnittpunkt mit den Koordinatenachsen Schnittpunkte mit der x-Achse ($y = 0$) werden als Nullstellen bezeichnet. An der Stelle $x = 0$ schneidet der Graph von *f* die y-Achse.	$f(x) = 0 \rightarrow N_x(x_0\|0)$ $f(0) = y_S \rightarrow S_y(0\|y_s)$	N_x Schnittpunkt mit der x-Achse S_y Schnittpunkt mit der y-Achse
Spiegelung an der y-Achse Spiegeln an der y-Achse bedeutet, dass der y-Wert an der Stelle *x* dem y-Wert an der Stelle –*x* entspricht.	$f(x) = f(-x)$	$f(x)$ Funktionswert an der Stelle x $f(-x)$ Funktionswert an der Stelle $-x$
Spiegelung am Ursprung Spiegeln am Koordinatenursprung bedeutet, dass der y-Wert an der Stelle *x* dem negativen y-Wert an der Stelle –*x* entspricht.	$f(x) = -f(-x)$ $f(-x) = -f(x)$	$f(x)$ Funktionswert an der Stelle x $f(-x)$ Funktionswert an der Stelle $-x$
Ganzrationale Funktion vom Grad *n* $f(x) = a_n x^n + a_{n-1} x^{n-1} + \ldots + a_0$ Der Grad *n* gibt den Namen der Funktion an. Es können maximal *n* Nullstellen vorkommen.	$f(x) = a_n x^n + \ldots + a_0$ $a_n \in \mathbb{R}\setminus\{0\};\ n \in \mathbb{N}$	a_n Koeffizienten n Grad der Funktion
Gebrochenrationale Funktion Sie besteht aus einem Zählerpolynom $u(x)$ und einem Nennerpolynom $v(x)$.	$f(x) = \frac{u(x)}{v(x)}$ $v(x) \neq 0$	$u(x)$ Zählerpolynom $v(x)$ Nennerpolynom

Mathematik

Lineare Funktionen

Funktionsgleichung und Graph

Eine lineare Funktion hat eine geradlinige graphische Darstellung im kartesischen Koordinatensystem. Die Gerade verläuft mit einer konstanten Steigung entlang der x-Achse und trifft die y-Achse bei $y = b$.

Die graphische Darstellung einer linearen Funktion ist eine gerade Linie

Funktionsgleichung

$f\colon\ f(x) = y = mx + b;\ m, b \in \mathbb{R};\ m \neq 0$

Definitionsmenge: $D_f = \mathbb{R}$
Wertemenge: $W_f = \mathbb{R}$

Steigung m:

$$m = \tan\alpha = \frac{f(x_2) - f(x_1)}{x_2 - x_1} = \frac{y_2 - y_1}{x_2 - x_1}$$

$m > 0 \Rightarrow$ positive Steigung
$m < 0 \Rightarrow$ negative Steigung

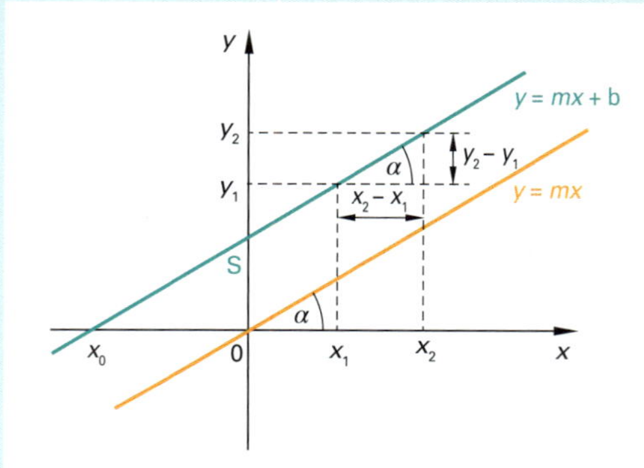

Nullstelle: $x_0 = -\frac{b}{m} \Rightarrow N_x\left(-\frac{b}{m} \,|\, 0\right)$

Schnittpunkt mit der y-Achse: $S(0\,|\,b)$

f	Name der Funktion
$f(x)$, y	Ordinatenwert
x	Abszissenwert
m	Steigung
α	Steigungswinkel
b	y-Achsenabschnitt

Lagebeziehungen von Graphen linearer Funktionen

Parallele Geraden sind zwei Geraden, die zueinander den gleichen Abstand haben, was bedeutet, dass sie sich nicht schneiden. Es wird das Zeichen || verwendet, um die Parallelität von zwei Geraden zu beschreiben.

$g\colon\ g(x) = m_1x + b_1;\ m_1, b_1 \in \mathbb{R};\ m_1 \neq 0$
$h\colon\ h(x) = m_2x + b_2;\ m_2, b_2 \in \mathbb{R};\ m_2 \neq 0$

- parallel: $m_1 = m_2$
- senkrecht zueinander: $m_1 \cdot m_2 = -1$
- Schnittpunkt: $S(x_s|y_s)$ mit

  $$x_s = \frac{b_1 - b_2}{m_2 - m_1};\ y_s = \frac{m_2 \cdot b_1 - m_1 \cdot b_2}{m_2 - m_1}$$

- Schnittwinkel φ falls $m_1 \cdot m_2 \neq -1$:

  $$\tan\varphi = \frac{m_2 - m_1}{1 + m_1 \cdot m_2}$$

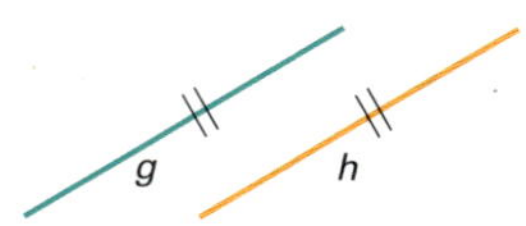

Parallele Geraden

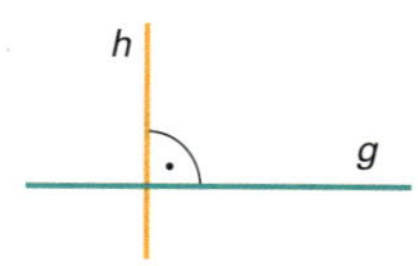

Senkrechte Geraden

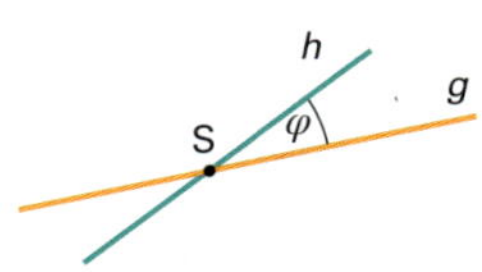

Schneidende Geraden

Konstante Funktion

Eine konstante Funktion ist eine spezielle Art von Funktion, bei der der Funktionswert für alle Eingabewerte konstant bleibt.

Funktionsgleichung

f: $f(x) = y = c$; mit $c \in \mathbb{R}$

Definitionsmenge: $D_f = \mathbb{R}$
Wertemenge: $W_f = \{c\}$
Steigung: $m = 0$
Graph: Parallele Gerade zur x-Achse

f	Name der Funktion
$f(x)$, y	Ordinatenwert
x	Abszissenwert
c	y-Achsenabschnitt

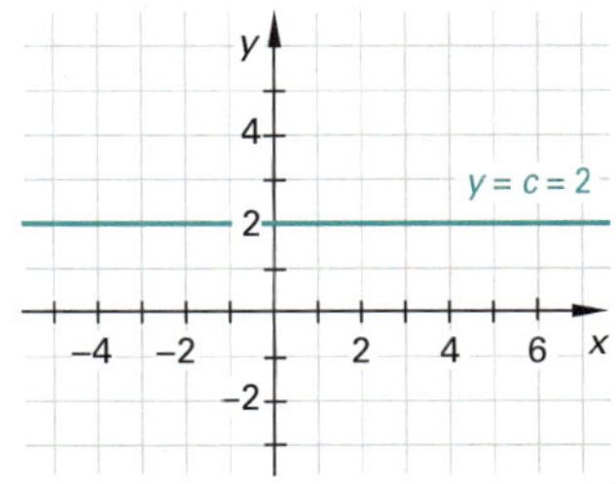

Konstante Funktion

Betragsfunktion

Eine Betragsfunktion ist eine Funktion, die den Betrag (Absolutwert) einer Variablen verwendet. Der Betrag ist immer eine positive Zahl.

$$f: f(x) = y = |x| = \begin{cases} x \text{ für } x \geq 0 \\ -x \text{ für } x \leq 0 \end{cases}$$

Definitionsmenge: $D_f = \mathbb{R}$;
Wertemenge: $W_f = \mathbb{R}_0^+$

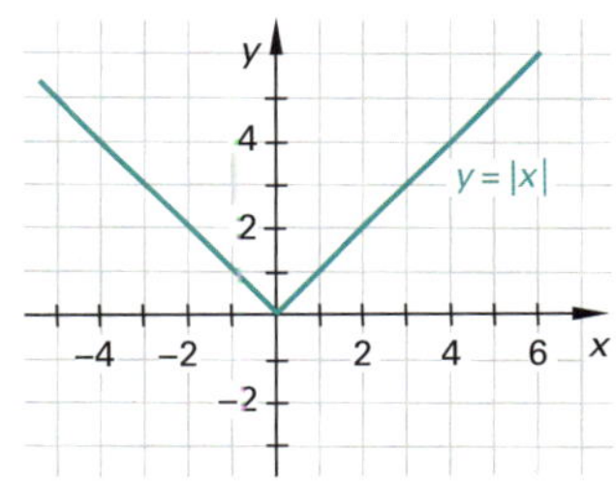

Betragsfunktion

Zweipunkteform einer Geraden

Die Zweipunkteform einer Geraden ist eine Methode zur Beschreibung einer linearen Funktion, die durch zwei gegebene Punkte im kartesischen Koordinatensystem verläuft.

Gerade durch $P_1(x_1|y_1)$ und $P_2(x_2|y_2)$ gilt:

$$m = \frac{y - y_1}{x - x_1} = \frac{y_2 - y_1}{x_2 - x_1} = \frac{\Delta y}{\Delta x}$$

Funktionsgleichung

$$y = \frac{y_2 - y_1}{x_2 - x_1}(x - x_1) + y_1$$

$$y = m(x - x_1) + y_1$$

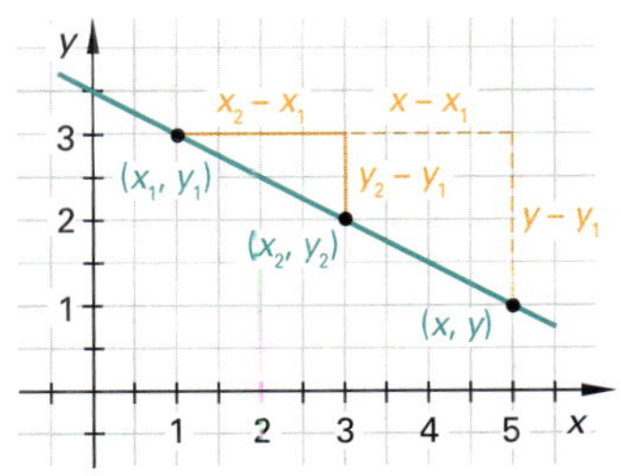

Gerade durch zwei Punkte

Achsenabschnittsform einer Geraden

Mit der Achsenabschnittsform wird die Gleichung einer Geraden beschrieben, wenn der y-Achsenabschnitt und die Steigung der Geraden bekannt sind.

Die Gerade g schneidet die x-Achse in $P_1(a|0)$ und die y-Achse in Punkt P_2 $(0|b)$, so kann die Achsenabschnittsform der Geraden g gebildet werden und es gilt:

$$\frac{x}{a} + \frac{y}{b} = 1 \quad \text{mit } a \neq 0;\ b \neq 0$$

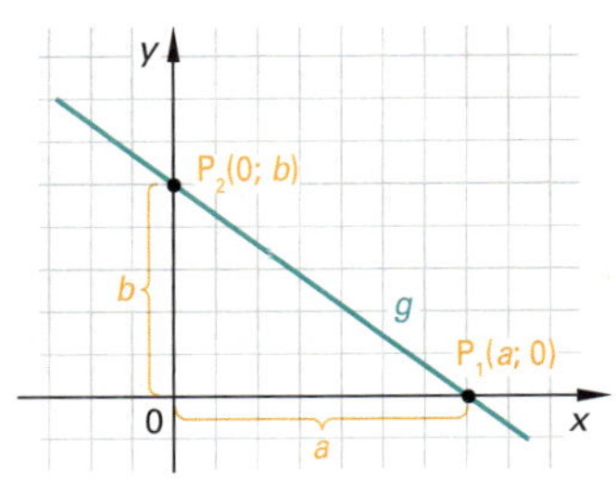

Achsenabschnittsform

Quadratische Funktionen

Allgemeine Form der Funktionsgleichung

Eine quadratische Funktion wird durch ein quadratisches Polynom dargestellt.

Darstellungsweise:

- Allgemeine Form
- Scheitelpunktform
- Nullstellenform

Markante Punkte:

- Scheitelpunkt
- Nullstellen
- Diskriminante
- Parabelöffnung

Funktionsgleichung

$f\colon\ f(x) = y = ax^2 + bx + c;\ a, b, c \in \mathbb{R};\ a \neq 0$

Scheitelpunkt $S(x_s|y_s)$

mit $x_s = -\dfrac{b}{2a}$ und $y_s = \dfrac{4ac - b^2}{4a} = f(x_s)$

Nullstellen

$$x_{1;2} = \frac{-b \pm \sqrt{b^2 - 4ac}}{2a}$$

Diskriminante

$$\sqrt{b^2 - 4ac} = \sqrt{D}$$

$D > 0 \Rightarrow$ Zwei Nullstellen
$D = 0 \Rightarrow$ Eine Nullstelle (doppelte Nullstelle)
$D < 0 \Rightarrow$ Keine Nullstellen

Schnittpunkte mit der x-Achse:
$N_1(x_1|0);\ N_2(x_2|0)$

Schnittpunkt mit der y-Achse:
$S_y(0|c)$

Faktor *a*

Er bestimmt die Richtung, in der die Parabel öffnet, sowie die Steilheit des Graphen

$a > 0 \Rightarrow$ Parabelöffnung nach oben
$a < 0 \Rightarrow$ Parabelöffnung nach unten
$0 < a < 1 \Rightarrow$ Breite Parabelöffnung
$|a| > 1 \Rightarrow$ Schmale Parabelöffnung

Scheitelpunktform

In dieser Darstellungsform kann der Scheitel direkt abgelesen werden.

$f\colon\ f(x) = y = a(x - x_s)^2 + y_s;\ a \in \mathbb{R};\ a \neq 0$

Scheitelpunkt S: $S(x_s|y_s)$

Nullstellenform (Produktform)

In dieser Darstellungsform können die Nullstellen (Schnittpunkte mit der x-Achse) direkt abgelesen werden.

$f\colon\ f(x) = y = a(x - x_1) \cdot (x - x_2);\ a \in \mathbb{R};\ a \neq 0$

Nullstellen: $x_1;\ x_2$

f	Name der Funktion
$f(x)$, y	Ordinatenwert
x	Abszissenwert
a, b, c	Koeffizienten
a	Streckungs-/Stauchungsfaktor
S	Scheitelpunkt
x_s	x-Koordinate des Scheitelpunkts
y_s	y-Koordinate des Scheitelpunkts
x_1; x_2	Nullstellen
D	Diskriminante
c	y-Achsenabschnitt

Graphen und Normalform quadratischer Funktionen

Der **Graph** einer quadratischen Funktion heißt **Parabel.**

Für $a > 0$ ist die Parabel **nach oben geöffnet** und der Scheitelpunkt S der tiefste Punkt der Parabel, für $a < 0$ ist die Parabel **nach unten geöffnet** und der Scheitelpunkt der höchste Punkt der Parabel.

Abhängig von der Diskriminante D existieren zwei, eine oder keine (in $\mathbb{R}$) Nullstellen.

Graphen

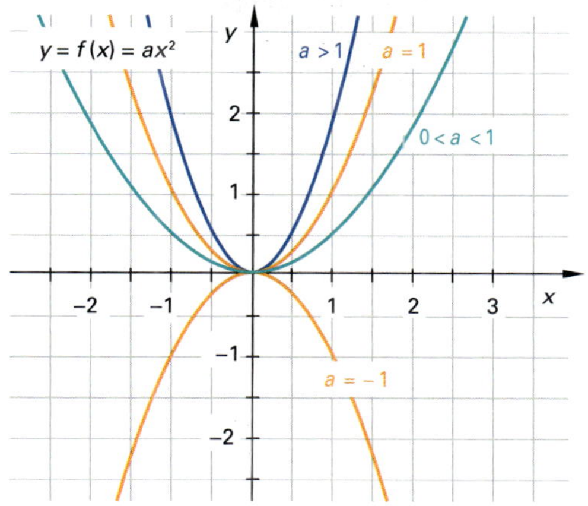

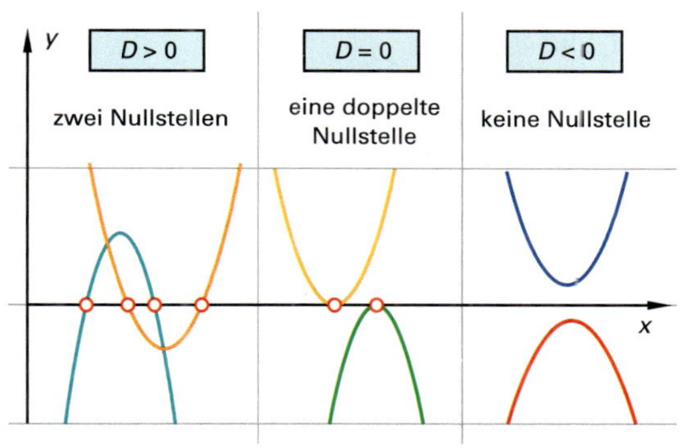

Bei der Normalform der quadratischen Funktionsgleichung ist der Wert vor dem quadratischen Glied immer eins. Die allgemeine Form der Funktionsgleichung kann in die Normalform übergeführt werden.

Markante Punkte:

- Scheitelpunkt
- Nullstellen

Normalform

$f\colon\ f(x) = y = ax^2 + bx + c$

$f\colon\ f(x) = y = x^2 + px + q; \quad p, q \in \mathbb{R}$

Umrechnung bezüglich der allgemeinen Form:

$p = \frac{b}{a}; \quad q = \frac{c}{a}; \quad a \neq 0$

Scheitelpunktform

$f\colon\ f(x) = y = (x - x_s)^2 + y_s$

Scheitelpunkt $S(x_s | y_s)$

mit $x_s = -\frac{p}{2}$ und $y_s = -\frac{p^2}{4} + q = f(x_s)$

Nullstellen

$x_{1;2} = -\frac{p}{2} \pm \sqrt{\frac{p^2}{4} - q}$

f	Name der Funktion
$f(x)$, y	Ordinatenwert
x	Abszissenwert
a, b, c	Koeffizienten
a	Streckungs-/Stauchungsfaktor
S	Scheitelpunkt
x_s	x-Koordinate des Scheitelpunkts
y_s	y-Koordinate des Scheitelpunkts
x_1; x_2	Nullstellen
D	Diskriminante
p, q	Koeffizienten
q	y-Achsenabschnitt

Potenzfunktionen

$f(x) = x^n$ mit $n \in \mathbb{N}$ ***n* geradzahlig** Für $n = 0$ ergibt sich eine konstante Funktion.	Definitionsbereich: $D_f = \mathbb{R}$ Wertebereich: $W_f = [0; +\infty[$ Nullstelle: $x_0 = 0$ Gemeinsame Punkte: $P_{-1}(-1\|1)$; $N_0(0\|0)$; $P_1(1\|1)$ Es gilt: $x < 0 \Rightarrow$ Graph streng **monoton fallend** $x > 0 \Rightarrow$ Graph streng **monoton steigend** Graphen sind **achsensymmetrisch** zur y-Achse	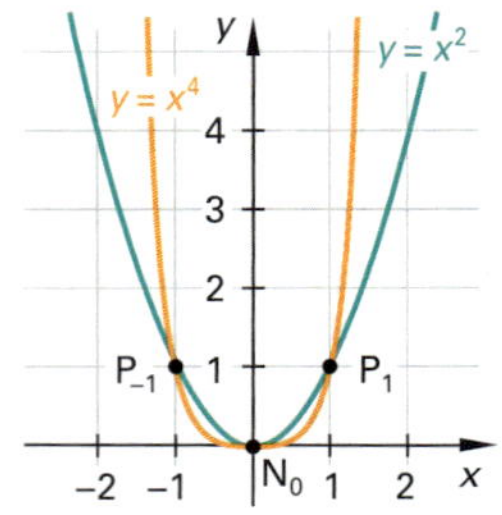
$f(x) = x^n$ mit $n \in \mathbb{N}$ ***n* ungeradzahlig** Für $n = 1$ ergibt sich eine lineare Funktion.	Definitionsbereich: $D_f = \mathbb{R}$ Wertebereich: $W_f = \mathbb{R}$ Nullstelle: $x_0 = 0$ Gemeinsame Punkte: $P_{-1}(-1\|-1)$; $N_0(0\|0)$; $P_1(1\|1)$ – Die Graphen sind streng **monoton steigend** für alle $x \in \mathbb{R}$ – Graphen sind **punktsymmetrisch** zum Ursprung	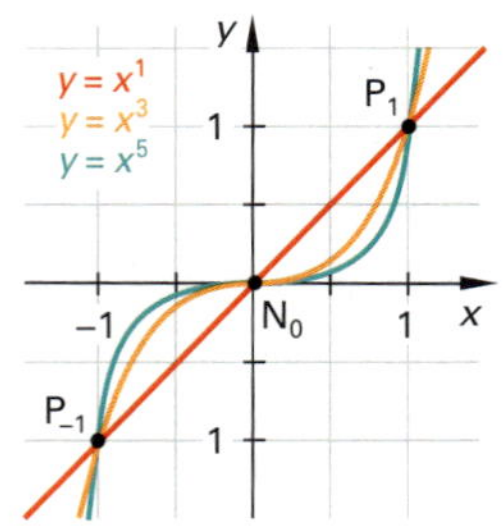
$f(x) = x^{-n} = \frac{1}{x^n}$ mit $n \in \mathbb{N}$ ***n* geradzahlig** Die Graphen von *f* sind Hyperbeln.	Definitionsbereich: $D_f = \mathbb{R}\backslash\{0\}$ Wertebereich: $W_f =]0; +\infty[$ Nullstelle: $x_0 = 0$ Gemeinsame Punkte: $P_{-1}(-1\|1)$; $P_1(1\|1)$ Es gilt: $x < 0 \Rightarrow$ Graph streng **monoton steigend** $x > 0 \Rightarrow$ Graph streng **monoton fallend** Graphen sind **achsensymmetrisch** zur y-Achse	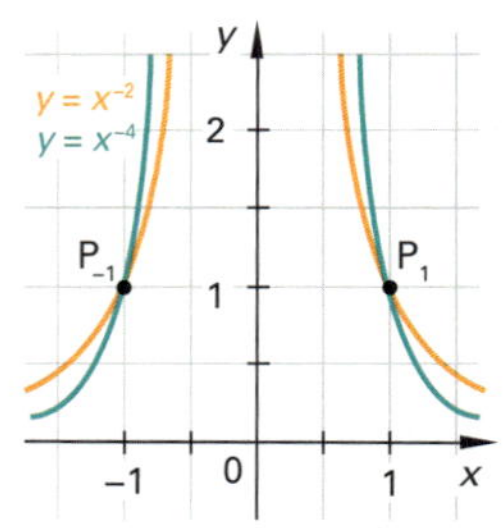
$f(x) = x^{-n} = \frac{1}{x^n}$ mit $n \in \mathbb{N}$ ***n* ungeradzahlig** Die Graphen von *f* sind Hyperbeln.	Definitionsbereich: $D_f = \mathbb{R}\backslash\{0\}$ Wertebereich: $W_f = \mathbb{R}\backslash\{0\}$ *f* hat keine Nullstellen Gemeinsame Punkte: $P_{-1}(-1\|-1)$; $P_1(1\|1)$ Es gilt: $x < 0 \Rightarrow$ Graph streng **monoton fallend** $x > 0 \Rightarrow$ Graph streng **monoton fallend** Graphen sind **punktsymmetrisch** zum Ursprung	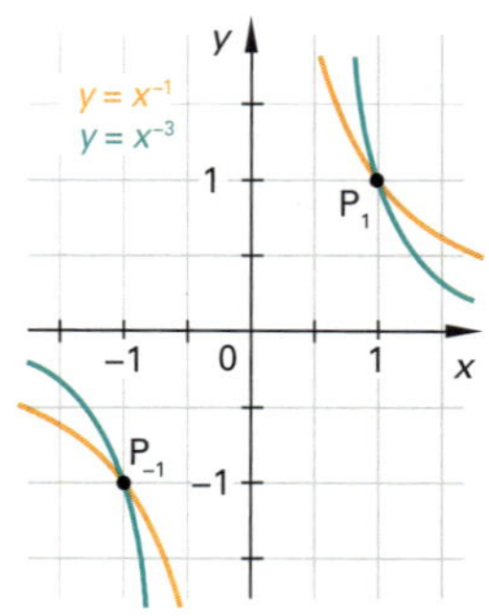
$f(x) = x^m$ mit $m = \frac{p}{q}$; $p \in \mathbb{Z}$; $q \in \mathbb{N}$ und $p \neq q$ Die Funktionen werden als **Wurzelfunktionen** bezeichnet.	Definitionsbereich: $D_f = [0; +\infty[$ Wertebereich: $W_f = [0; +\infty[$ Nullstelle: $x_0 = 0$ Gemeinsame Punkte: $P_0(0\|0)$; $P_1(1\|1)$ Die Graphen sind streng **monoton steigend** in D_f.	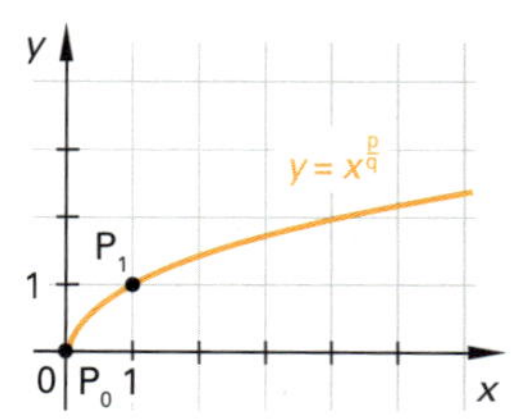

Rationale Funktionen

Ganzrationale Funktion

Der Grad n einer ganzrationalen Funktion gibt den Namen der Funktion an.	f: $\mathbf{f(x) = y = a_n x^n + \ldots + a_2 x^2 + a_1 x + a_0}$ mit $n \in \mathbb{N}$, $a_i \in \mathbb{R}$, $a_i \neq 0$ heißt **ganzrationale Funktion** oder Polynomfunktion ***n*-ten Grades.** Eine ganzrationale Funktion vom **Grad *n*** hat **maximal *n* Nullstellen.** Definitionsbereich: $D_f = \mathbb{R}$ Wertebereich W_f ist abhängig von den Extremwerten der Funktion.	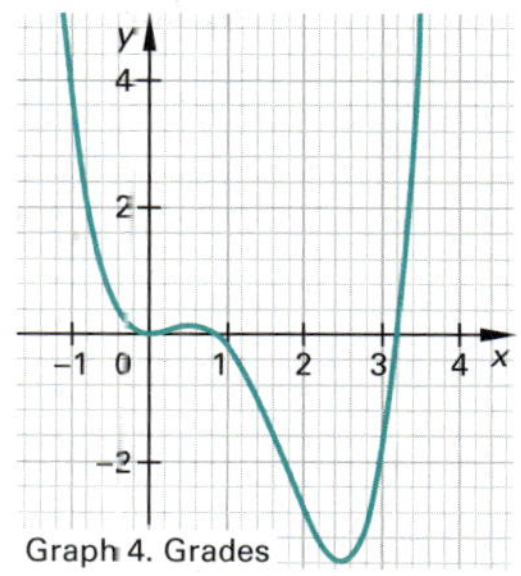 Graph 4. Grades
Ganzrationale Funktion mit nur geraden Potenzen. Beispiel: $f(x) = ax^4 + bx^2$	Definitionsmenge: $D_f = \mathbb{R}$ Wertemenge W_f ist abhängig von den Extremwerten der Funktion. Graphen sind **achsensymmetrisch** zur **y-Achse.** Es gilt: $f(-x) = f(x)$	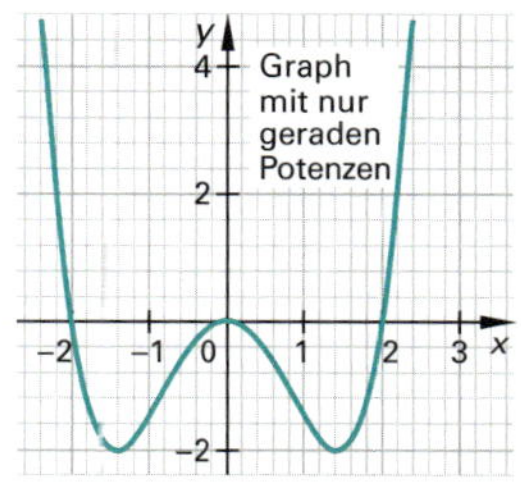 Graph mit nur geraden Potenzen
Ganzrationale Funktion mit nur ungeraden Potenzen. Beispiel: $f(x) = ax^3 + bx$	Definitionsbereich: $D_f = \mathbb{R}$ Wertebereich: $W_f = \mathbb{R}$ Gemeinsamer Punkt: $N_0(0\|0)$ Graphen sind **punktsymmetrisch** zum **Ursprung.** Es gilt: $f(-x) = -f(x)$	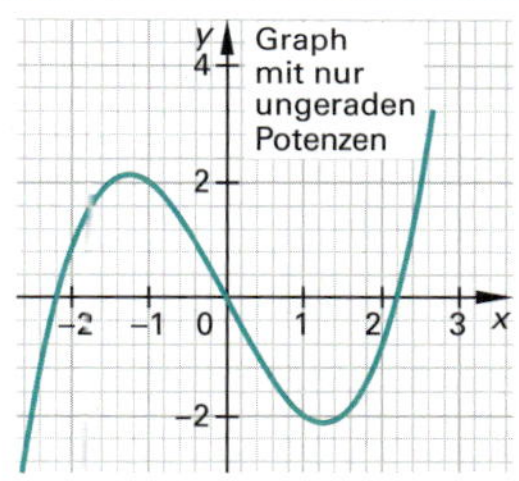 Graph mit nur ungeraden Potenzen

Gebrochenrationale Funktion

Als gebrochenrationale Funktion wird eine Funktion f bezeichnet, die aus einem Zählerpolynom ***u*(*x*)** mit dem **Grad *n*** und aus einem Nennerpolynom ***v*(*x*)** mit dem **Grad *m*** besteht.

Echtgebrochene Funktion: $n < m$

Scheingebrochene Funktion: $n > m$

$$f\colon f(x) = \frac{u(x)}{v(x)} = \frac{a_n x^n + \ldots + a_2 x^2 + a_1 x + a_0}{b_m x^m + \ldots + b_2 x^2 + b_1 x + b_0}$$

Definitionsbereich: $D_f = \mathbb{R}$, mit $v(x) \neq 0$

Nullstelle: $u(x_0) = 0 \wedge v(x_0) \neq 0$
Polstelle: $v(x_0) = 0 \wedge u(x_0) \neq 0$
Lücke: $v(x_0) = 0 \wedge u(x_0) = 0$

Asymptoten gebrochenrationaler Funktionen

Polynomgrad	Funktionsbeispiel	Asymptote
$n < m$	$f(x) = \frac{a \cdot x}{b \cdot x^2} \Rightarrow \frac{n = 1}{m = 2}$	waagerecht $y = 0$
$n = m$	$f(x) = \frac{1 - 2x^2}{1 + 2x^2} \Rightarrow \frac{n = 2}{m = 2}$	waagerecht $y = -1$
$n = m + 1$ $n > m$	$f(x) = \frac{mx^2 + tx}{x} \Rightarrow \frac{n = 2}{m = 1}$	schräg $y = mx + t$

n Grad des Zählerpolynoms; m Grad des Nennerpolynoms

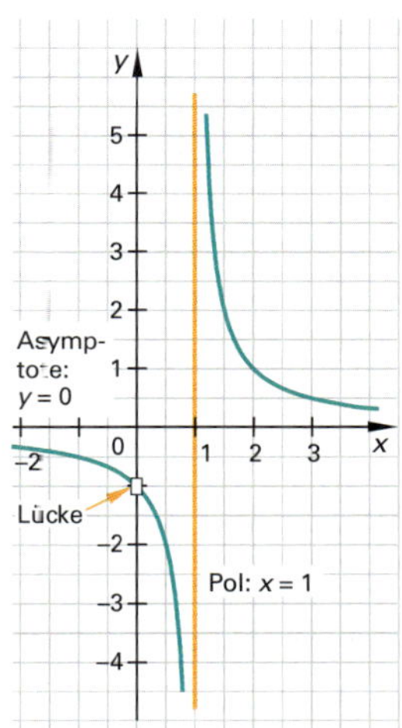

Graph mit Pol, Asymptote und Lücke

Durch Polynomdivision kann eine scheingebrochen rationale Funktion in eine rationale Funktion (Asymptote) und eine echtgebrochen rationale Funktion (Restglied) übergeführt werden.

Exponentialfunktion

Im Gegensatz zu Potenzfunktionen, bei denen die Variable x die Basis ist ($f(x) = x^a$), steht bei der Exponentialfunktion die Variable x im Exponenten ($f(x) = a^x$). Exponentialfunktionen zeichnen sich durch exponentielles Wachstum oder exponentielle Schrumpfung aus. Je nachdem, ob die **Basis *a*** größer als 1 oder zwischen 0 und 1 liegt, nimmt die Funktion entweder exponentiell mit x zu oder ab.

Exponentielle Zunahme: *a* > 1 $f(x) = a^x$ mit $a \in \mathbb{R}^+$ Die Funktion nimmt bei gleichen Abständen (z. B. $\Delta x = 1$) stets um den gleichen Prozentsatz zu.	Definitionsbereich: $D_f = \mathbb{R}$ Wertebereich: $W_f =]0; +\infty[$ f hat **keine Nullstellen** Gemeinsamer Punkt: $S_y(0\|1)$ – Die Graphen sind streng **monoton steigend** für alle $x \in \mathbb{R}$ – $\lim\limits_{x \to -\infty} a^x = 0$ – $\lim\limits_{x \to \infty} a^x = \infty$ – Asymptote: $y = 0$ (x-Achse)	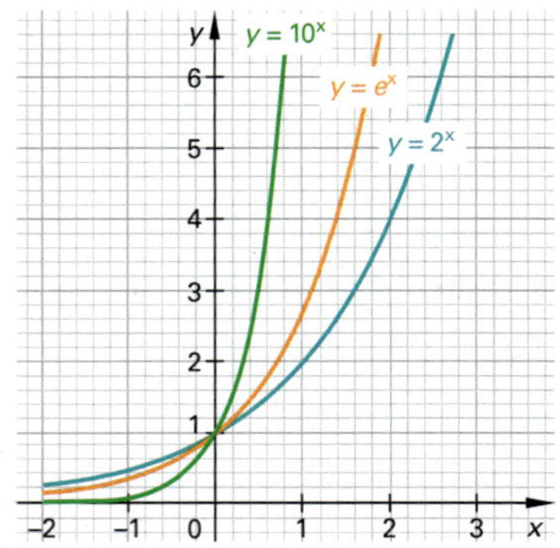
Exponentielle Abnahme: 0 < *a* < 1 $f(x) = a^x$ mit $a \in \mathbb{R}^+$ Die Funktion nimmt bei gleichen Abständen (z. B. $\Delta x = 1$) stets um den gleichen Prozentsatz ab.	Definitionsbereich: $D_f = \mathbb{R}$ Wertebereich: $W_f =]0; +\infty[$ f hat **keine Nullstellen** Gemeinsamer Punkt: $S_y(0\|1)$ – Die Graphen sind streng **monoton fallend** für alle $x \in \mathbb{R}$ – $\lim\limits_{x \to -\infty} a^x = \infty$ – $\lim\limits_{x \to \infty} a^x = 0$ – Asymptote: $y = 0$ (x-Achse)	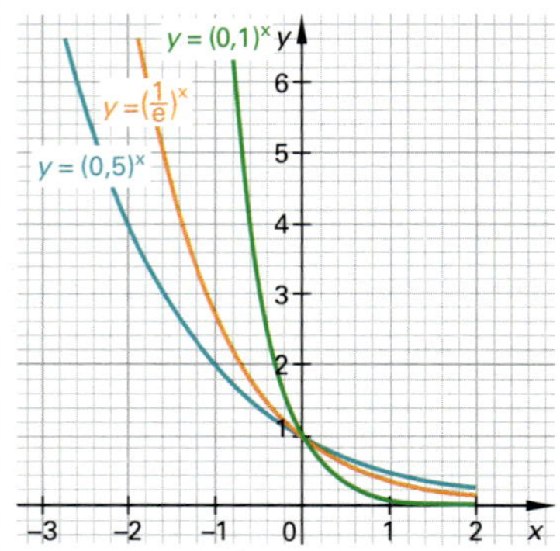
$f(x) = S_0 \cdot a^x$ **Halbwertszeit $T_{1/2}$** Mit der Basis **$a = 0{,}5$** halbiert sich der Funktionswert mit jeder Halbwertszeit $T_{1/2}$.	$\boldsymbol{f(x) = 64 \cdot \left(\frac{1}{2}\right)^x}$ Definitionsbereich: $D_f = [0; \infty[$ Wertebereich: $W_f =]0; 64]$ f hat **keine Nullstellen** Startpunkt: $S_y(0\|64)$ – $\lim\limits_{x \to \infty} 64 \cdot \left(\frac{1}{2}\right)^x = 0$	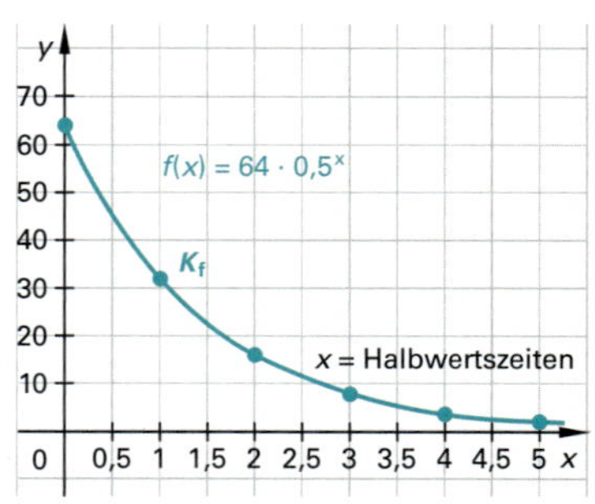
$f(x) = S_0 \cdot a^x$ **Verdoppelungszeit T_2** Mit der Basis **$a = 2$** verdoppelt sich der Funktionswert S_0 mit jeder Verdoppelungszeit T_2.	$\boldsymbol{f(x) = 4 \cdot (2)^x}$ Definitionsbereich: $D_f = [0; \infty[$ Wertebereich: $W_f = [4; \infty[$ f hat **keine Nullstellen** Startpunkt: $S_y(0\|4)$ – $\lim\limits_{x \to \infty} 4 \cdot (2)^x = \infty$	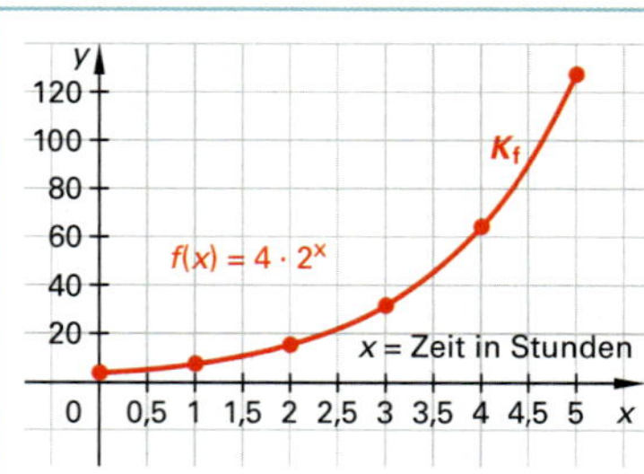
Exponentialgleichungen	Die Gleichung $\boldsymbol{a^x = b}$ mit $a, b \in \mathbb{R}^+$, $a \neq 1$ heißt Exponentialgleichung. Lösung dieser Gleichung: $\boldsymbol{x = \log_a b}$.	

Logarithmusfunktionen

Die Logarithmusfunktion ist die Umkehrung einer Exponentialfunktion. Sie gibt an, zu welcher Potenz eine bestimmte Basis erhoben werden muss, um einen bestimmten Wert zu erhalten.

<table>
<tr>
<td>Allgemeine Logarithmusfunktion
Die Logarithmusfunktion $f(x) = \log_a x$ ist die Umkehrfunktion der Exponentialfunktion $f(x) = a^x$ mit $a \in \mathbb{R}^+, a \neq 0$

$y = \log_{10} x \Leftrightarrow x = 10^y$
$y = \log_2 x \Leftrightarrow x = 2^y$</td>
<td>f: $f(x) = y = \log_a x$
Definitionsbereich: $D_f =]0; +\infty[$
Wertebereich: $W_f = \mathbb{R}$
Gemeinsamer Punkt: $S_x(1|0)$
– Die Graphen sind streng monoton steigend für $a > 1$
– Die Graphen sind streng monoton fallend für $0 < a < 1$
– $\lim\limits_{x\to\infty} \log_a x = \infty$ für $a > 1$
– $\lim\limits_{x\to\infty} \log_a x = -\infty$ für $0 < a < 1$
– $\lim\limits_{x\to 0^+} \log_a x = -\infty$ für $a > 1$
– $\lim\limits_{x\to 0^+} \log_a x = \infty$ für $0 < a < 1$
– Asymptote: $x = 0$ (y-Achse)</td>
<td>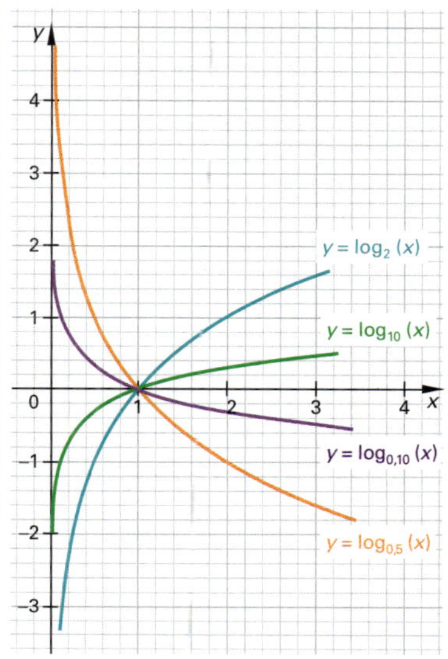
</td>
</tr>
<tr>
<td>Natürliche Logarithmusfunktion
Der Logarithmus zur Basis e wird natürlicher Logarithmus genannt. Die Funktionsgleichung des natürlichen Logarithmus ist $f(x) = \ln x$

$y = \ln x \quad \Leftrightarrow \quad x = e^y$</td>
<td>f: $f(x) = y = \log_e x = \ln x$
Definitionsbereich: $D_f =]0; +\infty[$
Wertebereich: $W_f = \mathbb{R}$
Schnittpunkt mit der x-Achse: $S_x(1|0)$
– Graph ist streng monoton steigend
– $\lim\limits_{x\to\infty} \ln x = \infty$
– $\lim\limits_{x\to 0^+} \ln x = -\infty$
– Asymptote: $x = 0$ (y-Achse)</td>
<td>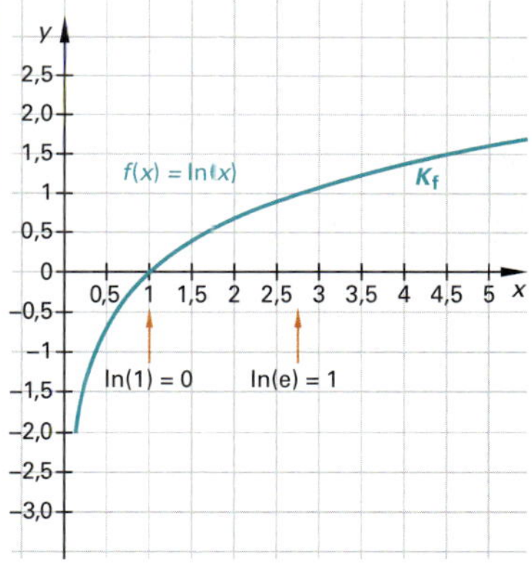
</td>
</tr>
<tr>
<td>Logarithmusgleichungen</td>
<td colspan="2">Die Gleichung $\log_a x = b$ heißt Logarithmusgleichung. Lösung dieser Gleichung: $x = a^b$.</td>
</tr>
<tr>
<td>Lösungsmethode von Gleichungen mit dem natürlichen Logarithmus
In einer Exponentialgleichung steht die Variable x im Exponenten, deshalb kann durch Logarithmieren die Lösung ermittelt werden.</td>
<td>Gegeben ist die Gleichung $15 = e^x$. Zu ermitteln ist der Exponent x, sodass die Gleichung erfüllt ist.
$15 = e^x$ | ln
$\ln(15) = \ln(e^x)$ | Potenzgesetz
$\ln(15) = x \cdot \ln(e)$ | $\ln(e) = 1$
$x = \ln(15)$
$x \approx 2{,}708$
Die Lösung der exakten Gleichung lautet:
$15 = e^{\ln(15)} = 15$</td>
<td>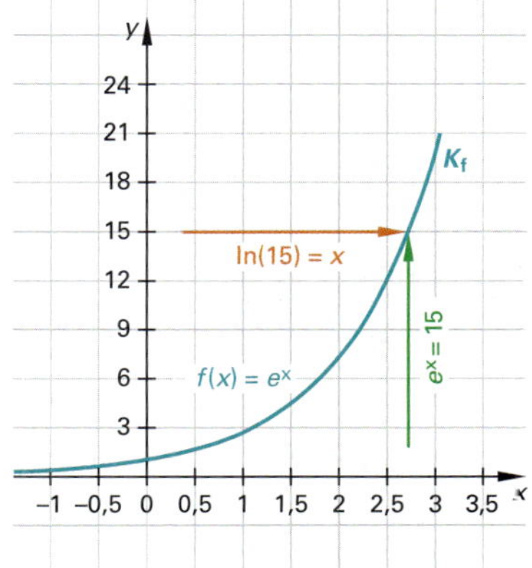
</td>
</tr>
</table>

Mathematik

Folgen – Reihen – Grenzwerte: Stetigkeit

Folgen

Eine **Folge** ist eine geordnete Liste von Zahlen/Objekten. Jedes Element einer Folge wird als „Glied“ bezeichnet. Die Position eines Elements in der Folge wird durch seinen „Index“ bestimmt.

Zahlenfolge a_n Das Glied a_n gibt eine Bildungsvorschrift der Folge (a_n) an.	$f\colon\ a_n = f(n)$ $D_f = \mathbb{N}\setminus\{0\};\ W_f \subseteq \mathbb{R}$ $\{a_n\} = \{a_1, a_2, \ldots, a_n\}$ streng monoton wachsend: $a_{n+1} > a_n$ streng monoton fallend: $a_{n+1} < a_n$	f: Name der Folge a_n: n-tes Glied der Folge a_1: erstes Folgeglied D_f: Definitionsmenge W_f: Wertemenge
Arithmetische Folge Bei einer arithmetischen Folge wird jedes Element durch Addition eines konstanten Wertes zum vorherigen Element erhalten.	$a_n = a_1 + (n-1)\cdot d;\quad a_{n+1} = a_n + d$ $s_n = \frac{n}{2}(a_1 + a_n)$ $s_n = na_1 + \frac{1}{2}n(n-1)d$ **Rekursives Bildungsgesetz:** $a_{n+1} = a_n + d$ **Explizites Bildungsgesetz:** $a_n = a_1 + (n-1)\cdot d$	a_n: n-tes Glied der Folge a_1: erstes Folgeglied d: konstante Differenz s_n: Summe der ersten n-Glieder der Folge $\{a_n\}$
Geometrische Folge Bei einer geometrischen Folge ist der Quotient zweier aufeinanderfolgender Glieder konstant.	$a_n = a_1 \cdot q^{n-1};\quad a_{n+1} = a_n \cdot q;\quad q = \frac{a_n}{a_{n-1}}$ $s_n = a_1\frac{1-q^n}{1-q}$ falls $q < 1$ $s_n = a_1\frac{q^n-1}{q-1}$ falls $q > 1$ **Rekursives Bildungsgesetz:** $a_{n+1} = a_n \cdot q$ **Explizites Bildungsgesetz:** $a_n = a_1 \cdot q^{n-1}$	a_n: n-tes Glied der Folge a_1: erstes Folgeglied q: konstanter Quotient s_n: Summe der ersten n-Glieder der Folge $\{a_n\}$
Monotonie Folgen können monoton fallen oder steigen.	Die Folge $\{a_n\}$ heißt **monoton steigend,** wenn für alle $n \in \mathbb{N}$ gilt: $a_{n+1} > a_n$ Die Folge $\{a_n\}$ heißt **monoton fallend,** wenn für alle $n \in \mathbb{N}$ gilt: $a_{n+1} < a_n$	
Beschränktheit Folgen können nach oben oder nach unten beschränkt sein.	Die Folge $\{a_n\}$ heißt **nach oben beschränkt,** wenn es eine Zahl $S \in \mathbb{R}$ gibt, für die gilt: $a_n \leq S;\ n \in \mathbb{N}$. Die Zahl S heißt **obere Schranke.** Die Folge $\{a_n\}$ heißt **nach unten beschränkt,** wenn es eine Zahl $S \in \mathbb{R}$ gibt, für die gilt: $a_n \geq S;\ n \in \mathbb{N}$. Die Zahl S heißt **untere Schranke.** Die Folge $\{a_n\}$ heißt **beschränkt,** wenn sie nach oben und nach unten beschränkt ist.	
Konvergenz einer Folge Bei Konvergenz existiert ein Grenzwert.	Eine Folge a_n konvergiert gegen g: $\lim\limits_{n\to\infty} a_n = g$ genau dann, wenn für alle $\varepsilon > 0$ ein $n_0(\varepsilon)$ existiert mit $\lvert a_n - g\rvert < \varepsilon$ für $n \geq n_0(\varepsilon)$ ($\{a_n\}$ ist konvergent gegen g; g ist Grenzwert)	
Divergenz einer Folge Bei Divergenz existiert kein Grenzwert.	Jede nicht konvergente Zahlenfolge ist divergent.	

Reihen

Reihen sind **die Summen einer Folge.** Sie können konvergent sein, mit einem endlichen Wert, oder divergent, wenn die Summe gegen unendlich geht oder keinen Grenzwert hat.

***n*-te Partialsumme** Summe von *n* Gliedern	$s_n = a_1 + a_2 + \ldots + a_n = \sum_{i=1}^{n} a_i$	s_n: Partialsumme a_i: Summenglieder
Unendliche Reihe Summe aller Glieder	$s_\infty = a_1 + a_2 + \ldots + a_n + \ldots = \sum_{i=1}^{\infty} a_i$ Eine Reihe ist konvergent, wenn ihre Partialsummenfolge s_n gegen s konvergiert.	s_∞: Summe der Glieder s_n: Partialsumme s: Summe der Reihe a_i: Summenglieder
Geometrische Reihe Die Addition der geometrischen Folgeglieder ergibt die geometrische Reihe.	$s_n = a_1 \cdot q + a_1 \cdot q^2 + a_1 \cdot q^3 + a_1 \cdot q^4 + \ldots$ Für die Summe s_n der geometrischen Reihe mit n Gliedern gilt für $q \neq 1$: $s_n = a_1 \frac{q^n - 1}{q - 1}$ für $\lvert q \rvert > 1$ $s_n = a_1 \frac{1 - q^n}{1 - q}$ für $0 < \lvert q \rvert < 1$	s_n: Summe der geometrischen Reihe a_1: Erster Term der Reihe q: gemeinsamer Multiplikator
Arithmetische Reihe Die Addition der arithmetischen Folgeglieder ergibt die arithmetische Reihe.	$a_n = a_1 + (n-1) \cdot d$ Summe s_n der arithmetischen Reihe mit n Gliedern: $s_n = \frac{n}{2}(a_1 + a_n)$ $s_n = \frac{n}{2}\left(2a_1 + (n-1) \cdot d\right)$	a_n: n-tes Glied der Reihe a_1: Erster Term der Reihe d: konstante Differenz s_n: Summe der ersten n-Glieder der Reihe n: Position des Glieds in der Reihe
Konvergente Reihe Reihen können konvergent sein	$\lim_{n \to \infty} s_n = \sum_{i=1}^{n} \lvert a_i \rvert$	lim: Grenzwert s_n: Grenzwert der Summe a_i: Summenglieder
Divergente Reihe Reihen können divergent sein	$\lim_{n \to \infty} s_n = \infty$ $\lim_{n \to \infty} s_n = -\infty$	lim: Grenzwert s_n: Grenzwert der Summe
Konvergenzkriterien Es gilt eine notwendige Bedingung für das Konvergenzkriterium	**Notwendige Bedingung:** $\lim_{n \to \infty} a_n = 0$ **Allgemeines Konvergenzkriterium:** Für alle $\varepsilon > 0$ existiert ein $a_0(\varepsilon)$, sodass $\lvert s_m - s_n \rvert = \lvert a_{n+1} + a_{n+2} + \ldots + a_m \rvert < \varepsilon$ für $m > n \geq a_0(\varepsilon)$	lim: Grenzwert s_m, s_n: Grenzwert der Summe a_n: n-tes Glied der Reihe ε: Umgebungsbereich

Spezielle Summen

$1 + 2 + 3 + \ldots + n = \frac{1}{2}(n^2 + n)$

$1 + 3 + 5 + \ldots + (2n - 1) = n^2$

$1^2 + 2^2 + 3^2 + \ldots + n^2 = \frac{1}{6}(n^2 + n)(2n + 1)$

$1^3 + 2^3 + 3^3 + \ldots + n^3 = \frac{1}{4} n^2 (n + 1)^2$

Grenzwerte

Der Begriff **„Grenzwert"** bezeichnet den Wert, den eine Folge, eine Reihe oder eine Funktion annimmt, wenn sich ihr **Argument** oder ihr Index **einem bestimmten Wert nähert.**

Grenzwerte von Folgen	
Grenzwert 0 (Nullfolge) Bei einer Nullfolge geht der Grenzwert gegen null.	$\lim\limits_{n\to\infty} a_n = 0$ Eine Folge a_n hat den Grenzwert 0, wenn es zu jeder noch so kleinen Zahl $\varepsilon > 0$ eine Zahl S gibt, sodass $\lvert a_n \rvert < \varepsilon$ für alle $n > S$. 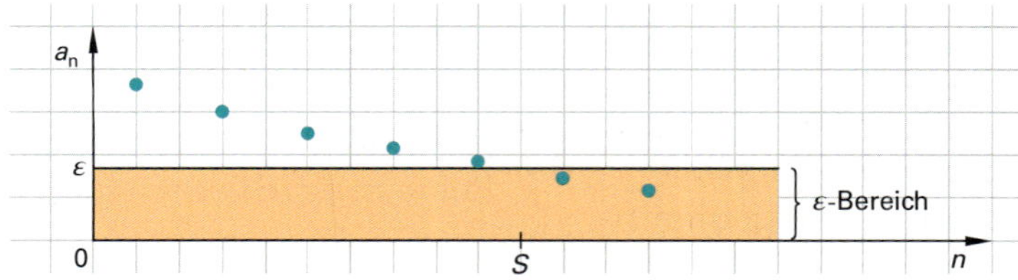
Grenzwert *g* Der Grenzwert g ist der Wert, dem die Elemente der Folge immer näherkommen.	$\lim\limits_{n\to\infty} a_n = g$ Eine Folge a_n hat den Grenzwert g, wenn es zu jeder noch so kleinen Zahl $\varepsilon > 0$ eine Zahl S gibt, sodass $\lvert g - a_n \rvert < \varepsilon$ für alle $n > S$. – Eine Folge a_n, die einen Grenzwert besitz, heißt konvergent. – Eine Folge a_n, die keinen Grenzwert besitz, heißt divergent.
Grenzwertsätze Folge a_n mit Grenzwert a Folge b_n mit Grenzwert b	Wenn $\lim\limits_{n\to\infty} a_n = a$ und $\lim\limits_{n\to\infty} b_n = b$, so gilt: **Grenzwertsatz für Summenfolgen** $\lim\limits_{n\to\infty}(a_n + b_n) = a + b$ **Grenzwertsatz für Differenzenfolgen** $\lim\limits_{n\to\infty}(a_n - b_n) = a - b$ **Grenzwertsatz für Produktfolgen** $\lim\limits_{n\to\infty}(a_n \cdot b_n) = a \cdot b$ **Grenzwertsatz für Quotientenfolgen** $\lim\limits_{n\to\infty}\frac{a_n}{b_n} = \frac{a}{b}$ mit $b_n, b \neq 0$

Grenzwerte von Funktionen		
Grenzwert für $x \to x_0$ Grenzwert gegen eine reelle Zahl x_0	$\lim\limits_{x\to x_0} f(x) = g$ Eine Zahl g heißt Grenzwert der Funktion f für x gegen x_0, wenn es zu jeder vorgegebenen positiven Zahl ε eine Zahl $\delta > 0$ gibt, sodass $\lvert f(x) - g \rvert < \varepsilon$ für alle x mit $\lvert x - x_0 \rvert < \delta$ und $x \neq x_0$.	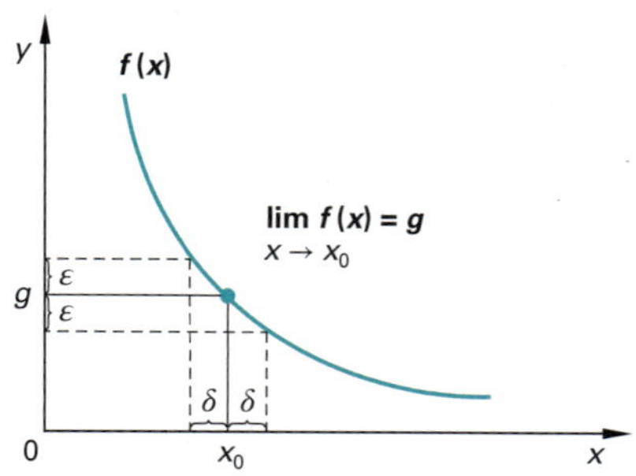

Grenzwerte von Funktionen (Fortsetzung)	**IQB Seite 6**
Grenzwert für $x \to \infty$ Grenzwert gegen unendlich	$\lim\limits_{x\to\infty} f(x) = g$ Eine Zahl g heißt Grenzwert der Funktion f für x gegen $+\infty$ (oder gegen $-\infty$), wenn es zu jeder vorgegebenen positiven Zahl ε eine Stelle x_1 gibt, sodass $\lvert f(x) - g\rvert < \varepsilon$ für alle $x > x_1$ ($x < x_1$).
Grenzwertsätze Funktion $f(x)$ mit Grenzwert u Funktion $g(x)$ mit Grenzwert v	Wenn $\lim\limits_{n\to a} f(x) = u$ und $\lim\limits_{n\to a} g(x) = v$, so gilt: **Grenzwertsatz für Summenfunktionen:** $\lim\limits_{x\to a} [f(x) + g(x)] = u + v$ **Grenzwertsatz für Differenzfunktionen:** $\lim\limits_{x\to a} [f(x) - g(x)] = u - v$ **Grenzwertsatz für Produktfunktionenn:** $\lim\limits_{x\to a} [f(x) \cdot g(x)] = u \cdot v$ **Grenzwertsatz für Quotientenfunktionen:** $\lim\limits_{x\to a} \frac{f(x)}{g(x)} = \frac{u}{v}$ mit $v \neq 0$ Diese Grenzwertsätze gelten auch für $\lim\limits_{x\to\pm\infty} f(x) = u$ und $\lim\limits_{x\to\pm\infty} g(x) = v$
Spezielle Grenzwerte	$\lim\limits_{x\to 0} \frac{\sin x}{x} = 1$ $\quad \lim\limits_{x\to 0} \frac{\cos x}{x} = 0$ $\quad \lim\limits_{x\to 0} \frac{\tan x}{x} = 1$ $\lim\limits_{x\to 1} \frac{\ln x}{x-1} = 1$ $\quad \lim\limits_{x\to 0} \frac{a^x - 1}{x} = \ln a \ (a > 0)$ $\quad \lim\limits_{x\to 0} (x^n \cdot \ln x) = 0 \ (n > 0)$ $\lim\limits_{x\to\infty} \frac{x^n}{e^x} = 0 \ (n > 0)$ $\quad \lim\limits_{x\to\infty} \frac{\ln x}{x^n} = 0 \ (n > 0)$ $\quad \lim\limits_{x\to\infty} \left(1 + \frac{1}{n}\right)^n = e \ (n > 0)$
Stetigkeit	Eine Funktion f heißt **an der Stelle $x_0 \in D_f$ stetig,** wenn der Grenzwert von f an der Stelle x_0 existiert und mit dem Funktionswert $f(x_0)$ übereinstimmt.
Regel von L'HOSPITAL Die Regel von L'HOSPITAL ist besonders nützlich in Situationen, in denen direktes Einsetzen in den Grenzwert zu einer unbestimmten Form $\frac{0}{0}$ oder $\frac{\infty}{\infty}$ führt.	Für **zwei** an der Stelle a **stetige Funktionen** f und g gilt: Ist $\lim\limits_{x\to a} f(x) = 0$ sowie $\lim\limits_{x\to a} g(x) = 0$ und existieren in einer Umgebung von a sowohl die Ableitungen von f und g als auch $\lim\limits_{x\to a} \frac{f'(x)}{g'(x)}$, so gilt: $\lim\limits_{x\to a} \frac{f(x)}{g(x)} = \lim\limits_{x\to a} \frac{f'(x)}{g'(x)}$ $\quad$ **Beispiel:** $\lim\limits_{x\to 0} \frac{\sin x}{x} = \lim\limits_{x\to 0} \frac{\cos x}{1} = \frac{1}{1} = 1$ Die Regel ist ebenfalls anwendbar, wenn für $x \to a$ sowohl $f(x) \to \infty$ als auch $g(x) \to \infty$, sofern die oben angegebenen weiteren Bedingungen erfüllt sind. **Beispiel:** $\lim\limits_{x\to\infty} \frac{x^4}{e^x} = \lim\limits_{x\to\infty} \frac{4x^3}{e^x} = \lim\limits_{x\to\infty} \frac{12x^2}{e^x} = \lim\limits_{x\to\infty} \frac{24x}{e^x} = \lim\limits_{x\to\infty} \frac{24}{e^x} = 0$ Auch andere unbestimmte Ausdrücke (wie „$0 \cdot \infty$", „$0 \cdot (-\infty)$") lassen sich mit der Regel von L'HOSPITAL behandeln, indem man die darin enthaltenen Funktionen vorher so umformt, dass sie an der zu untersuchenden Stelle auf die Ausdrücke „$\frac{0}{0}$" oder „$\frac{\infty}{\infty}$" führen.

Differenzialrechnung

Grundlagen

IQB Seite 5

Differenzenquotient Der Differenzenquotient ist eine Maßzahl für die durchschnittliche **Änderungsrate** einer Funktion über ein bestimmtes Intervall.	**Definition:** Für die über dem Intervall $[a;b]$ definierte Funktion f heißt der Quotient $\frac{f(b)-f(a)}{b-a}=\frac{\Delta y}{\Delta x}$ **Differenzenquotient** und sein Wert **mittlere Änderungsrate** von f **im Intervall** $[a; b]$. Der Wert des Differenzenquotienten ist die Steigung m der Sekante durch zwei Punkte des Graphen.	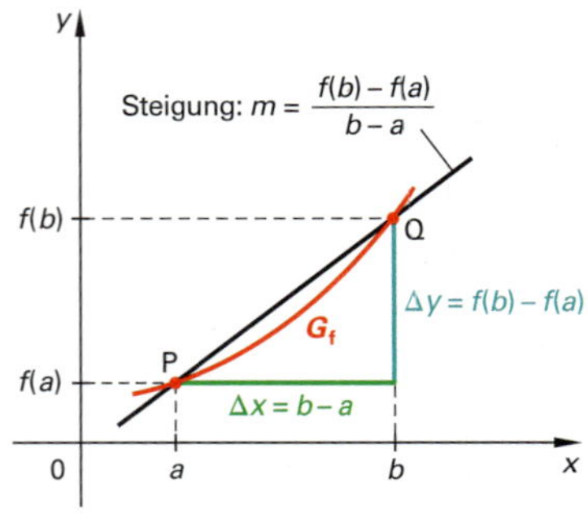
Differenzialquotient Der Differenzialquotient beschreibt die Änderungsrate einer Funktion an einem bestimmten Punkt.	**Definition:** Existiert für die Funktion f an der Stelle x_0 der Grenzwert $\lim\limits_{h\to 0}\frac{f(x_0+h)-f(x_0)}{h}=f'(x_0)=y'$, so ist dies der **Differenzialquotient.** $\boldsymbol{f'(x_0)}$ wird auch als 1. Ableitung von f an der Stelle x_0 bezeichnet und ist dort die Steigung des Graphen. Es gilt: $\boldsymbol{f'(x_0) = m = \tan(\alpha)}$	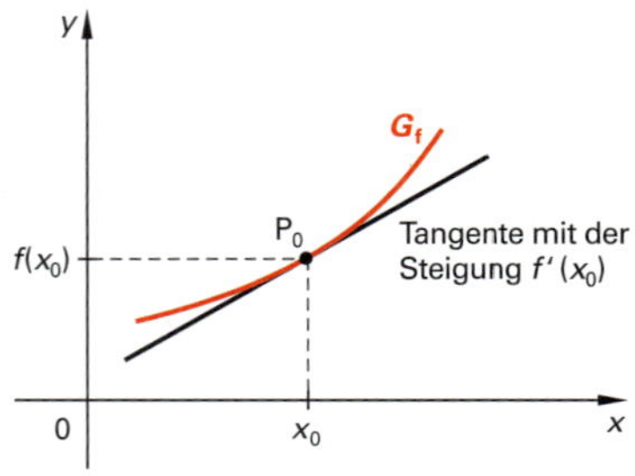
Differenzierbarkeit Es existieren Stellen x_0, an denen die Funktion nicht differenzierbar ist, z. B. an Ecken oder Unstetigkeiten.	**Definition:** Existiert für eine Funktion f an der Stelle $x = x_0 \in D_f$ der Differenzialquotient $\lim\limits_{h\to 0}\frac{f(x_0+h)-f(x_0)}{h}$, so heißt die Funktion f an der Stelle x_0 **differenzierbar.** Sind der links- und rechtsseitige **Grenzwert** an der Stelle x_0 **verschieden,** so ist die Funktion an dieser Stelle **nicht differenzierbar.**	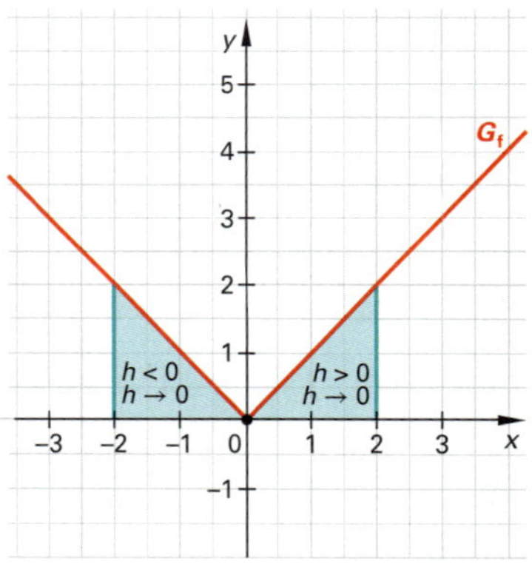
Höhere Ableitungen Höhere Ableitungen sind Ableitungen höherer Ordnung einer Funktion.	**Erste Ableitung** $\boldsymbol{f'(x) = y' = \frac{dy}{dx}}$: Sie gibt die Rate der Änderung der Funktion f und entspricht der Steigung der Funktion an jedem Punkt des Graphen. **Zweite Ableitung** $\boldsymbol{f''(x) = [f'(x)]' = y'' = \frac{d^2y}{dx^2}}$: Sie ist die Ableitung ihrer ersten Ableitung und gibt die Rate der Änderung der Steigung der Funktion. Sie kann Informationen über die Konvexität und Wendepunkte der Funktion liefern. ***n*-te Ableitung** $\boldsymbol{f^{(n)}(x) = y^{(n)} = \frac{d^ny}{dx^n}}$: Die n-te Ableitung ist die Ableitung der $(n-1)$-ten Ableitung.	

Ableitungsregeln

IQB Seite 5

Ableitungsregeln machen es möglich, die Ableitung einer Funktion effizient und korrekt zu bestimmen, ohne jedes Mal von Grund auf neu anfangen zu müssen.

Allgemeine Ableitungsregeln	**Beispiel**
Konstante Funktion	
$f(x) = y = C$ $f'(x) = y' = 0$	$f(x) = y = 3$ $f'(x) = y' = 0$
Funktion $u(x)$ mit Summanden C	
$f(x) = y = u(x) + C$ $f'(x) = y' = u'(x)$	$f(x) = y = u(x) + 3$ $f'(x) = y' = u'(x)$
Faktorregel	
$f(x) = y = k \cdot u(x)$ $f'(x) = y' = k \cdot u'(x)$	$f(x) = y = 3 \cdot u(x)$ $f'(x) = y' = 3 \cdot u'(x)$
Potenzfunktion	**Beispiel**
$f(x) = y = x^r$ $f'(x) = y' = r \cdot x^{r-1}$ $f''(x) = y'' = r \cdot (r-1) \cdot x^{r-2}$	$f(x) = y = x^4$ $f'(x) = y' = 4 \cdot x^3$ $f''(x) = y'' = 4 \cdot 3 \cdot x^2 = 12 \cdot x^2$
Summenregel	**Beispiel**
$f(x) = y = u(x) \pm v(x)$ $f'(x) = y' = u'(x) \pm v'(x)$	$f(x) = y = x^2 \pm x^3$ $f'(x) = y' = 2 \cdot x \pm 3 \cdot x^2$
Produktregel	**Beispiel**
$f(x) = y = u(x) \cdot v(x)$ $f'(x) = y' = u'(x) \cdot v(x) + u(x) \cdot v'(x)$	$f(x) = y = x^2 \cdot x^3$ $f'(x) = y' = 2x \cdot x^3 + x^2 \cdot 3x^2$
Quotientenregel	**Beispiel**
$f(x) = y = \frac{u(x)}{v(x)};\ v(x) \neq 0$ $f'(x) = y' = \frac{u'(x) \cdot v(x) - u(x) \cdot v'(x)}{v(x)^2}$	$f(x) = y = \frac{x^3}{x^2}$ $f'(x) = y' = \frac{3x^2 \cdot x^2 - x^3 \cdot 2x}{(x^2)^2}$
Kettenregel	**Beispiel**
Äußere Funktion $u(x)$; Innere Funktion $v(x)$	
$f(x) = y = u(v(x))$ $f'(x) = y' = u'(v(x)) \cdot v'(x)$	$f(x) = y = (2x^2 + x)^3$ $f'(x) = y' = 3(2x^2 + x)^2 \cdot (4x + 1)$
Differenziation der Umkehrfunktion f^{-1}	**Beispiel**
$f^{-1}(y) = x$ $(f^{-1})'(y) = \frac{1}{f'(x)}$	$f(x) = 2x \Rightarrow f'(x) = 2; \quad f^{-1}(y) = \frac{x}{2}$ $(f^{-1})'(y) = \frac{1}{2}$

Mathematik

Ableitung der Grundfunktionen $f(x) = y;\ D_f = D_{f(x)}$

IQB Seite 5

Funktion	$D_{f(x)}$	1. Ableitung	2. (n-te) Ableitung
$f(x) = y = x^r$	r-abhängig	$f'(x) = y' = r \cdot x^{r-1}$	$f''(x) = y'' = r \cdot (r-1) \cdot x^{r-2}$
$f(x) = \frac{1}{x}$	$\mathbb{R}\backslash\{0\}$	$f'(x) = \frac{-1}{x^2}$	$f''(x) = \frac{2}{x^3}$
$f(x) = \sqrt{x}$	$[0; \infty[$	$f'(x) = \frac{1}{2\sqrt{x}}$	$f''(x) = \frac{-1}{4\sqrt{x^3}}$
$f(x) = \sin x$	$\mathbb{R}$	$f'(x) = \cos x$	$f''(x) = -\sin x$
$f(x) = \cos x$	$\mathbb{R}$	$f'(x) = -\sin x$	$f''(x) = -\cos x$
$f(x) = \tan x$	x-abhängig	$f'(x) = \frac{1}{\cos^2(x)}$	$f''(x) = 2 \tan x(1 + \tan^2 x)$
$f(x) = \arcsin x$	$[-1; 1]$	$f'(x) = \frac{1}{\sqrt{1-x^2}}$	$f''(x) = \frac{x}{(1-x^2) \cdot \sqrt{1-x^2}}$
$f(x) = \arccos x$	$[-1; 1]$	$f'(x) = \frac{-1}{\sqrt{1-x^2}}$	$f''(x) = \frac{-x}{(1-x^2) \cdot \sqrt{1-x^2}}$
$f(x) = \arctan x$	$\mathbb{R}$	$f'(x) = \frac{1}{1+x^2}$	$f''(x) = \frac{-2x}{(1+x^2)^2}$
$f(x) = e^x$	$\mathbb{R}$	$f'(x) = e^x$	$f^n(x) = e^x$
$f(x) = e^{kx}$	$\mathbb{R}$	$f'(x) = k \cdot e^{kx}$	$f^n(x) = k^n \cdot e^{kx}$
$f(x) = a^x, \begin{cases} a > 0 \\ a \neq 1 \end{cases}$	$\mathbb{R}$	$f'(x) = a^x \cdot \ln a$	$f^n(x) = (\ln a)^n \cdot a^x$
$f(x) = a^{kx}, \begin{cases} a > 0 \\ a \neq 1 \end{cases}$	$\mathbb{R}$	$f'(x) = a^{kx} \cdot (k \cdot \ln a)$	$f^n(x) = (k \cdot \ln a)^n \cdot a^{kx}$
$f(x) = \ln x$	$]0;\infty[$	$f'(x) = \frac{1}{x}$	$f^n(x) = (-1)^{n-1}(n-1)! \cdot \frac{1}{x^n}$
$f(x) = \log_a x, \begin{cases} a > 0 \\ a \neq 1 \end{cases}$	$]0;\infty[$	$f'(x) = \frac{1}{x \cdot \ln a}$	$f^n(x) = (-1)^{n-1} \frac{(n-1)!}{\ln a} \cdot \frac{1}{x^n}$

Zwischenwertsatz

Ist die Funktion f auf einem Intervall $[a, b]$ eine stetige Funktion mit $f(a) \neq f(b)$, dann nimmt f in diesem Intervall jeden Funktionswert zwischen $f(a)$ und $f(b)$ mindestens einmal an.

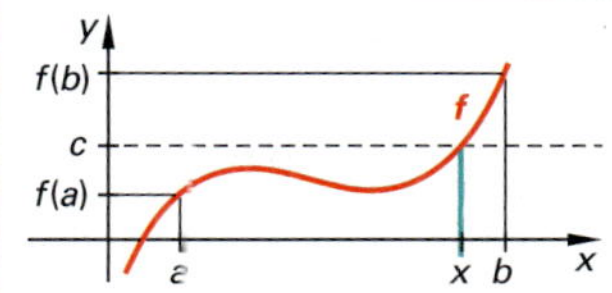

Mittelwertsatz der Differenzialrechnung

Der **Mittelwertsatz** der Differenzialrechnung **besagt, dass** für eine Funktion f, die auf $[a, b]$ stetig und in (a, b) differenzierbar ist, **ein Punkt** $P(c|f(c))$ in (a, b) **existiert, an dem die Tangentensteigung gleich der durchschnittlichen Steigung von** f auf $[a, b]$ **ist.**

Es gilt: $f'(c) = \dfrac{f(b) - f(a)}{b - a}$;

$f'(c)$ ist die durchschnittliche Änderungsrate im Intervall $[a, b]$ und hat **die gleiche Steigung** wie die Sekante **durch P_1 und P_2.**

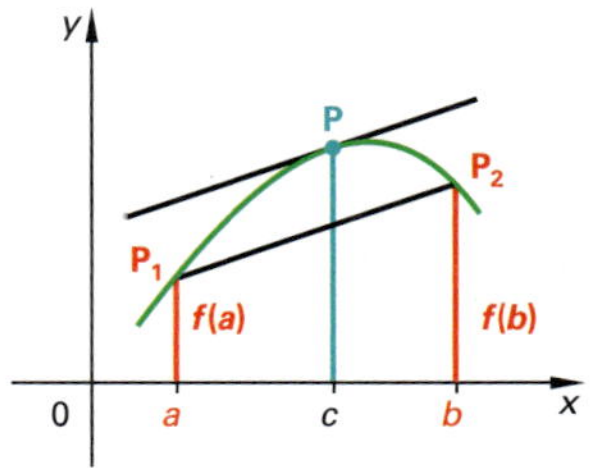

Mittelwertsatz der Integralrechnung

Der **Mittelwertsatz der Integralrechnung besagt, dass** für eine stetige Funktion f, die auf einem Intervall $[a, b]$ stetig ist, **es** mindestens **eine Stelle** c im offenen Intervall $a < c < b$ **gibt, an dem der Funktionswert gleich dem Durchschnittswert der Funktion** über das Intervall $[a, b]$ ist.

Es gilt: $f(c) = \dfrac{1}{b - a} \displaystyle\int_a^b f(x)\mathrm{d}x$;

Es ist $\displaystyle\int_a^b f(x)\mathrm{d}x$ das bestimmte Integral von f über $[a, b]$.

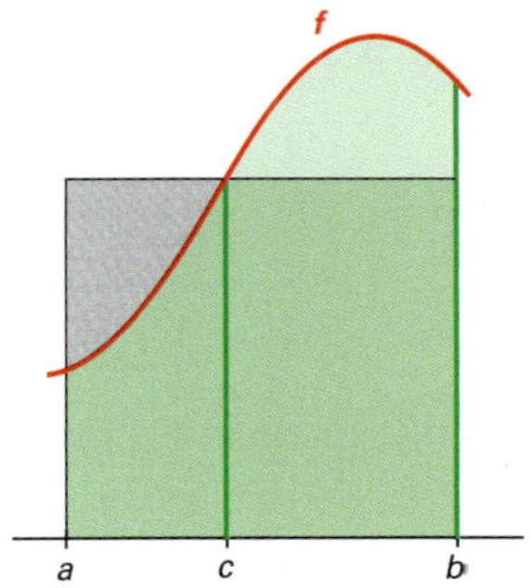

Näherungsverfahren zur Berechnung von Nullstellen

Regula falsi

Es handelt sich um eine Methode zur numerischen Lösung von Gleichungen durch Intervallhalbierung und lineare Interpolation. Sind a und b Näherungswerte für x_0, wobei $f(a) < 0$ und $f(b) > 0$ sind, so ergibt sich eine bessere **Näherung für x_s:**

$$\mathbf{x_s = a - \frac{f(a) \cdot (b - a)}{f(b) - f(a)}}$$

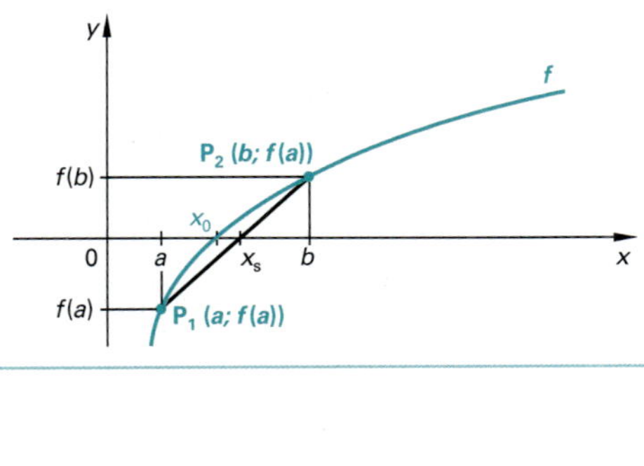

Newtonsches Näherungsverfahren

Es ist ein numerisches Verfahren zur Approximation von Nullstellen von nichtlinearen Gleichungen. Die Methode basiert auf dem Konzept der Tangenten an den Funktionsgraphen. Ist x_n eine erste Näherung für x_0, so gilt:

$$\mathbf{x_{n+1} = x_n - \frac{f(x_n)}{f'(x_n)};\ f'(x_n) \neq 0}$$

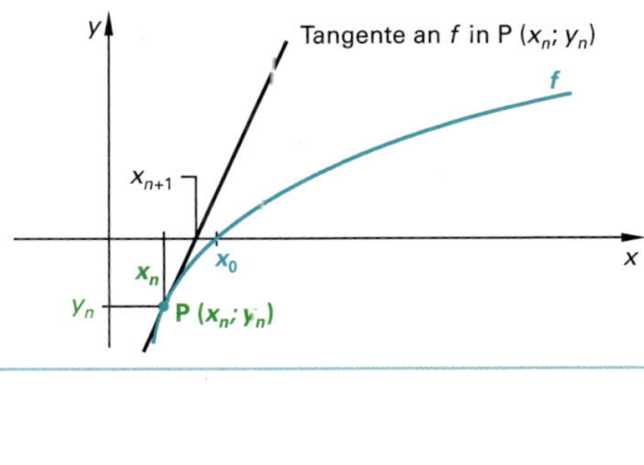

Mathematik

Kurvendiskussion

Die Analyse von Funktionen bezeichnet man als Kurvendiskussion. Dabei werden verschiedene Eigenschaften wie Definitionsbereich, Wertebereich, Symmetrie, Schnittpunkt mit den Koordinatenachsen, Monotonie, Extrempunkte, Wendepunkte, Grenzwertuntersuchungen und Asymptoten einer Funktion untersucht.

Definitionsbereich D_f

Der Definitionsbereich D_f ist der Bereich, in dem die Funktion f definiert ist. Er beinhaltet alle x-Werte, die in die Funktionsgleichung eingesetzt werden dürfen, ohne dass ein Rechengesetz verletzt wird.

Wertebereich W_f

Der Wertebereich W_f einer Funktion sind alle y-Werte, die sich ergeben, wenn die x-Werte aus D_f in die Funktionsgleichung eingesetzt werden.

Symmetrie

Symmetrie zur y-Achse

Der Graph G_f der Funktion f mit $x \in D_f$ ist genau dann symmetrisch zur y-Achse, wenn gilt:

$\boldsymbol{f(-x) = f(x)}$

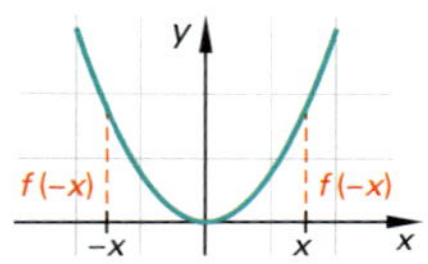

f heißt **gerade Funktion**

Punktsymmetrie zum Ursprung

Der Graph G_f der Funktion f mit $x \in D_f$ ist genau dann punktsymmetrisch zum Ursprung, wenn gilt:

$\boldsymbol{f(-x) = -f(x)}$

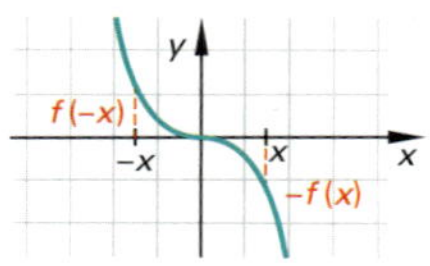

f heißt **ungerade Funktion**

Schnittpunkt mit den Koordinatenachsen

Schnittpunkt mit den Koordinatenachsen bedeutet Schnittpunkt mit der x-Achse und Schnittpunkt mit der y-Achse.

- **Schnittpunkt** mit der **x-Achse** (Nullstellen) bedeutet $\boldsymbol{f(x) = y = 0}$; $N(x_0|0)$
- **Schnittpunkt** mit der **y-Achse** bedeutet $\boldsymbol{x = 0} \Rightarrow \boldsymbol{f(0)}$; $S_y(0|y_s)$

Monotoniekriterien

Streng monoton steigend

Für eine im Intervall I definierte Funktion f heißt die Funktion **streng monoton steigend** in I, wenn für alle $x_1, x_2 \in I$ mit $x_1 < x_2$ gilt: $f(x_1) < f(x_2)$

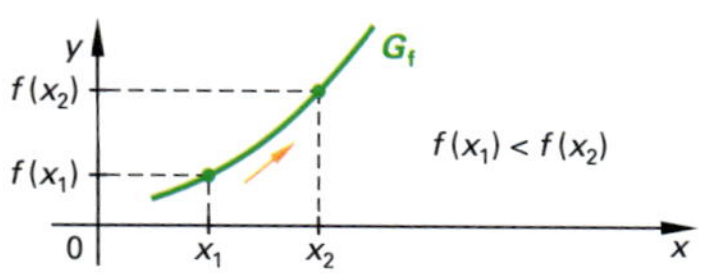

Es gilt auch: Ist $\boldsymbol{f'(x) > 0}$ für alle $x \in I$, so ist f **streng monoton steigend.**

Streng monoton fallend

Für eine im Intervall I definierte Funktion f heißt die Funktion **streng monoton fallend** in I, wenn für alle $x_1, x_2 \in I$ mit $x_1 < x_2$ gilt: $f(x_1) > f(x_2)$

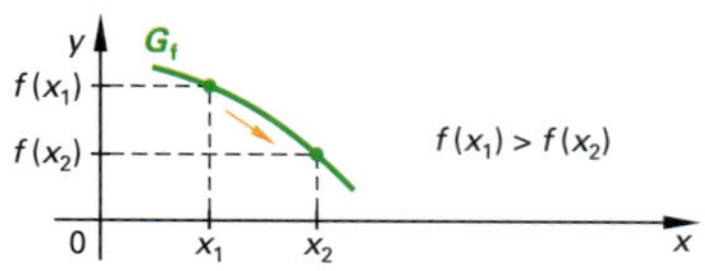

Es gilt auch: Ist $\boldsymbol{f'(x) < 0}$ für alle $x \in I$, so ist f **streng monoton fallend.**

Extremwerte

Lokales (relatives) Maximum

Bei einer Funktion f liegt an der Stelle $x_0 \in D_f$ ein **lokales Maximum** vor, wenn es eine Umgebung $U(x_0)$ gibt, sodass für alle $x \in D_f$ gilt:

$\boldsymbol{f(x) \leq f(x_0)}$

Den Punkt $H(x_0|f(x_0))$ bezeichnet man als **Hochpunkt H** des Graphen von f.

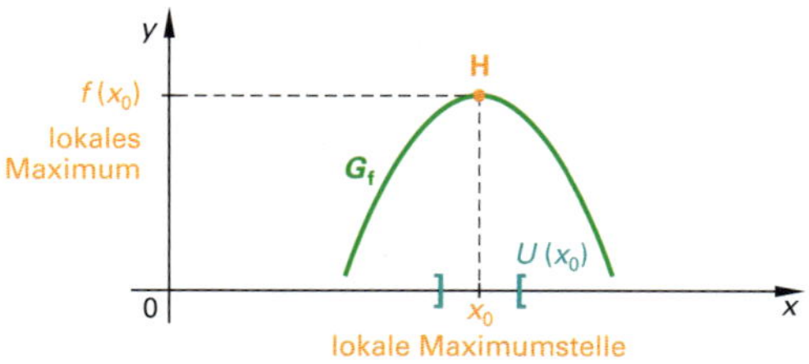

Satz: Ist eine Funktion f im Intervall $I =]a,b[$ differenzierbar und x_0 eine innere Stelle von I, dann existiert ein **lokales Maximum bei x_0,** wenn gilt:

$f'(x_0) = 0$ und f' hat bei x_0 einen Vorzeichenwechsel von „+" nach „–".

Der Punkt $H(x_0|f(x_0))$ ist dann **Hochpunkt H** des Graphen von f.

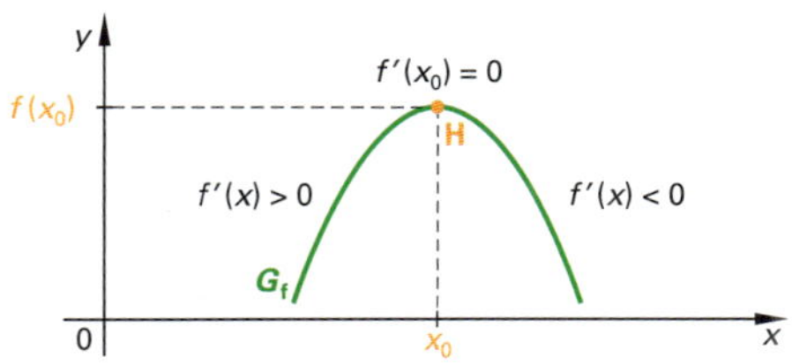

Satz: Ist eine Funktion f im Intervall $I =]a,b[$ zweimal differenzierbar und x_0 eine innere Stelle von I, dann existiert ein **lokales Maximum bei x_0,** wenn gilt:

$f'(x_0) = 0$ und $f''(x_0) < 0$

Der Punkt $H(x_0|f(x_0))$ ist dann **Hochpunkt H** des Graphen von f.

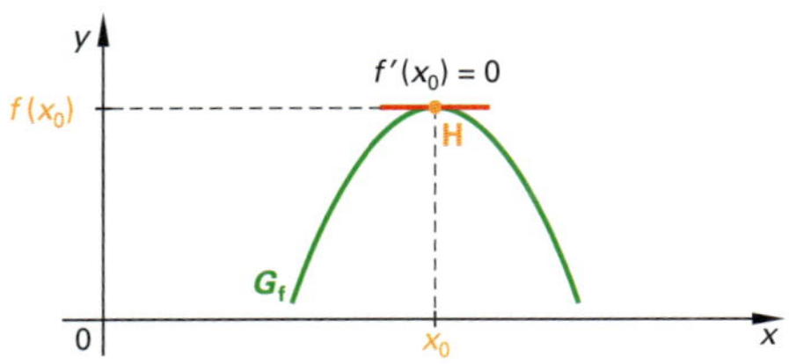

$f''(x) < 0$, Rechtskrümmung

Lokales (relatives) Minimum

Bei einer Funktion f liegt an der Stelle $x_0 \in D_f$ ein **lokales Minimum** vor, wenn es eine Umgebung $U(x_0)$ gibt, sodass für alle $x \in D_f$ gilt:

$\boldsymbol{f(x) \geq f(x_0)}$

Den Punkt $T(x_0|f(x_0))$ bezeichnet man als **Tiefpunkt T** des Graphen von f.

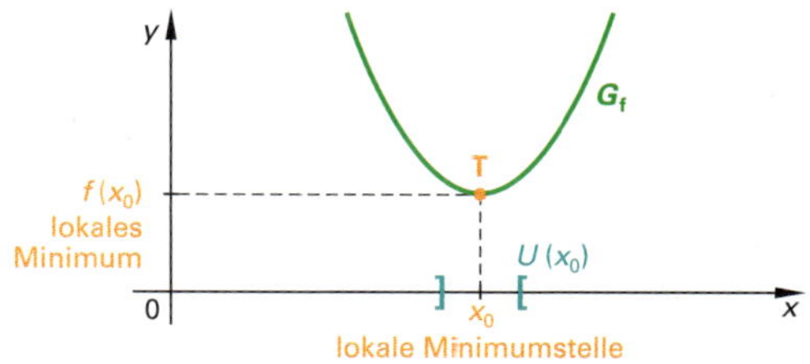

Satz: Ist eine Funktion f im Intervall $I =]a,b[$ differenzierbar und x_0 eine innere Stelle von I, dann existiert ein **lokales Minimum bei x_0,** wenn gilt:

$f'(x_0) = 0$ und f' hat bei x_0 einen Vorzeichenwechsel von „–" nach „+".

Der Punkt $T(x_0|f(x_0))$ ist dann **Tiefpunkt T** des Graphen von f.

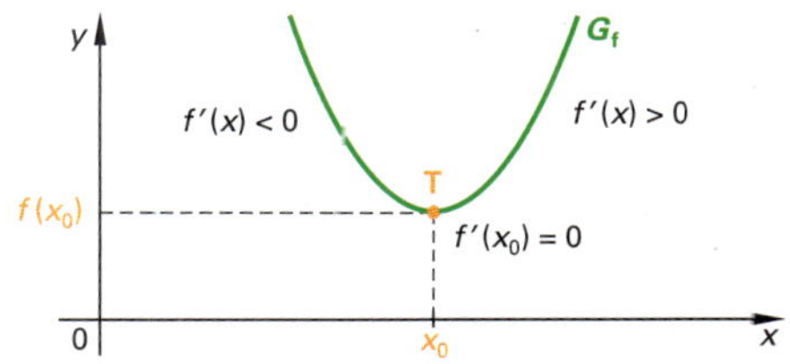

Satz: Ist eine Funktion f im Intervall $I =]a,b[$ zweimal differenzierbar und x_0 eine innere Stelle von I, dann existiert ein **lokales Minimum bei x_0,** wenn gilt:

$f'(x_0) = 0$ und $f''(x_0) > 0$

Der Punkt $T(x_0|f(x_0))$ ist dann **Tiefpunkt T** des Graphen von f.

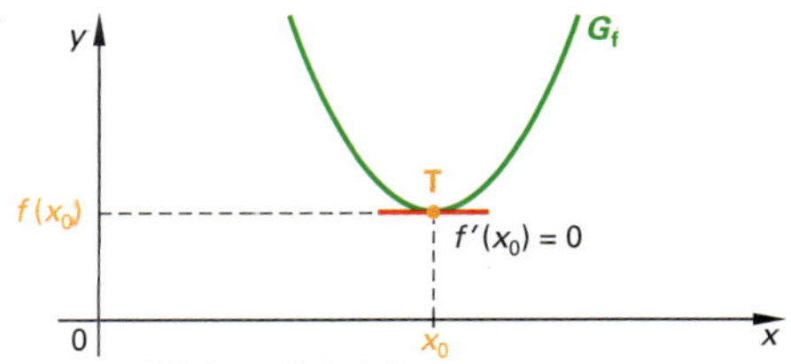

$f''(x) > 0$, Linkskrümmung

Krümmungsverhalten

Linkskrümmung

Bewegt man sich auf dem Graphen einer Funktion f in positiver x-Richtung und beschreibt man dabei eine Linkskurve, so heißt der Graph G_f von f in diesem Bereich linksgekrümmt (konkav).

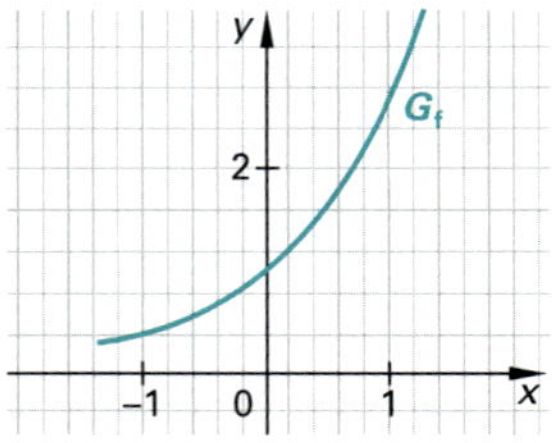

Satz: Ist eine Funktion f im Intervall $I =]a,b[$ zweimal differenzierbar, so gilt:

Ist $\boldsymbol{f''(x) > 0}$ (positiv) für alle $x \in I$, dann ist $f'(x)$ monoton zunehmend in I und der **Graph G_f** von f ist **linksgekrümmt** in I.

Rechtskrümmung

Bewegt man sich auf dem Graphen einer Funktion f in positiver x-Richtung und beschreibt man dabei eine Rechtskurve, so heißt der Graph G_f von f in diesem Bereich rechtsgekrümmt (konvex).

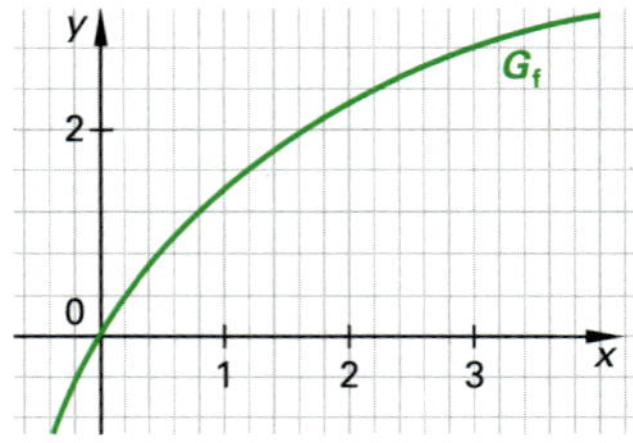

Satz: Ist eine Funktion f im Intervall $I =]a,b[$ zweimal differenzierbar, so gilt:

Ist $\boldsymbol{f''(x) < 0}$ (negativ) für alle $x \in I$, dann ist $f'(x)$ monoton abnehmend in I und der **Graph G_f** von f ist **rechtsgekrümmt** in I.

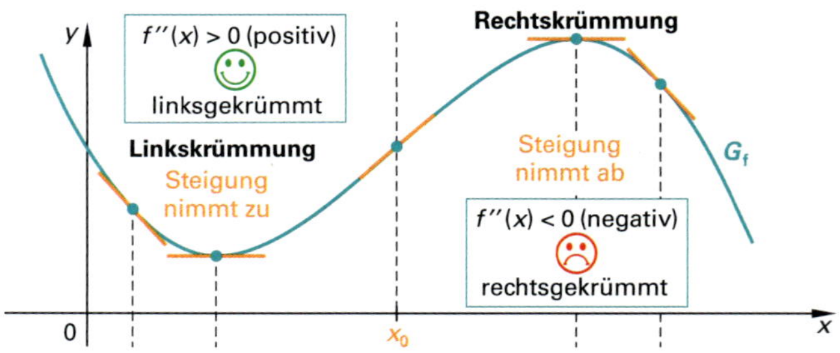

Wendestellen und Wendepunkte

Satz: Ist eine Funktion f im Intervall $I =]a,b[$ differenzierbar und **ändert der Graph G_f** der Funktion f bei $x_0 \in I$ **sein Krümmungsverhalten,** dann **heißt diese Stelle Wendestelle** von f. Der **zugehörige Punkt** $W(x_0|f(x_0))$ **heißt Wendepunkt** von $f(x)$.

Kriterien für einen Wendepunkt:

- $\boldsymbol{f''(x_0) = 0 \wedge}$ **VZW von $\boldsymbol{f''}$ bei $\boldsymbol{x_0}$**
- $\boldsymbol{f''(x_0) = 0 \wedge f'''(x_0) \neq 0}$

Die **Tangente** an G_f im Wendepunkt **heißt Wendetangente *t*.**

t: $y = f'(x_0) \cdot (x - x_0) + f(x_0)$

Ist an der Wendestelle x_0 zusätzlich noch $f'(x_0) = 0$, so liegt in W ein **Terrassenpunkt** vor.

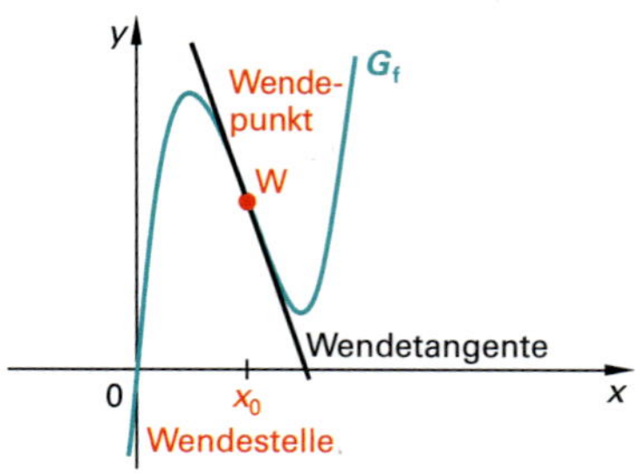

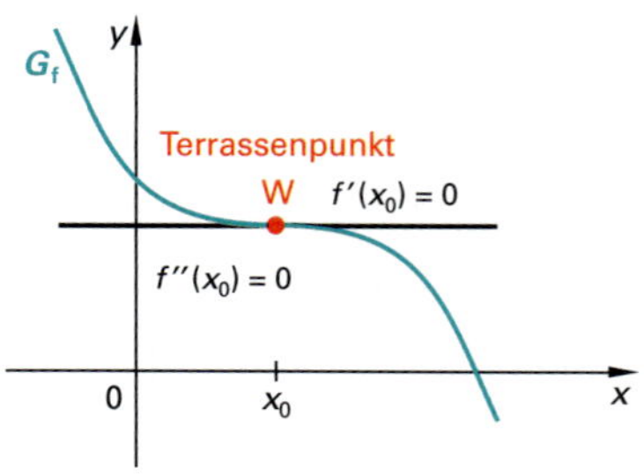

Integralrechnung

Ein Integral ist im Wesentlichen eine **Summe von** unendlich kleinen **Flächenstreifen** zwischen zwei Graphen einer Funktion über ein bestimmtes Intervall.

Stammfunktion

Wenn eine Funktion f gegeben ist, dann ist ihre Stammfunktion F eine Funktion, deren Ableitung gleich f ist, dabei müssen f und F im Intervall I definiert und in diesem Intervall auch differenzierbar sein. Es gilt: $F'(x) = f(x)$ für alle $x \in \mathrm{I}$.

Das Bilden der Stammfunktion ist die Umkehrung der Ableitung.

Unbestimmtes Integral

Das unbestimmte Integral der Funktion f ist die Menge aller Stammfunktionen von $f(x)$. Ist $F(x)$ irgendeine Stammfunktion von $f(x)$, so wird mit

$\int f(x)dx = F(x) + C$ **die Menge aller Stammfunktionen**

beschrieben. Dabei steht $f(x)$ für den Integrand, dx für ein infinitesimales Element der unabhängigen Variable x, $C \in \mathbb{R}$ ist eine Integrationskonstante und das Symbol $\int$ steht für das Integral.

Die Graphen der verschiedenen Stammfunktionen sind zueinander in y-Richtung verschoben $\Rightarrow$ $(F(x) + C)' = f(x)$

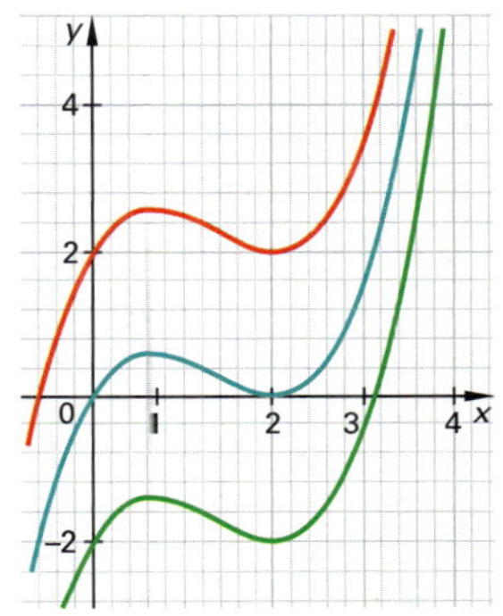

Integralfunktion

IQB-Seite 6

Besitzt das Integral eine feste untere Grenze a und eine variable obere Grenze x, so entsteht eine Integralfunktion

$\mathrm{I}(x) = \int_a^x f(t)dt = [F(t)]_a^x = F(x) - F(a)$

wobei $F(x)$ eine beliebige Stammfunktion von $f(x)$ ist. Da $F(a)$ ein fester Wert ist, gilt: $\mathrm{I}'(x) = F'(x) = f(x)$.

Merke:

Wenn x die obere Grenze (und somit die Variable der Integralfunktion) ist, wird der Name der Variable im Argument von f in t (oder eine andere Variable) geändert.

Bestimmtes Integral

IQB-Seite 6

Ist f eine differenzierbare Funktion auf dem abgeschlossenen Intervall $[a, b]$, so ist das bestimmte Integral $\int_a^b f(x)dx$ eine reelle Zahl. Diese reelle Zahl wird mit der Integrationsformel $\int_a^b f(x)dx = [F(x)]_a^b = F(b) - F(a)$ berechnet. Die berechnete Zahl ist die Summe der von f und der x-Achse über dem Intervall $[a, b]$ eingeschlossenen Flächen, genannt **Flächenbilanz. Flächen oberhalb der x-Achse** zählen **positiv, darunter negativ.** Die untere Integrationsgrenze ist a, die obere ist b. Sind die **Flächen** ober- und unterhalb der x-Achse **gleich groß,** ist das bestimmte **Integral 0.**

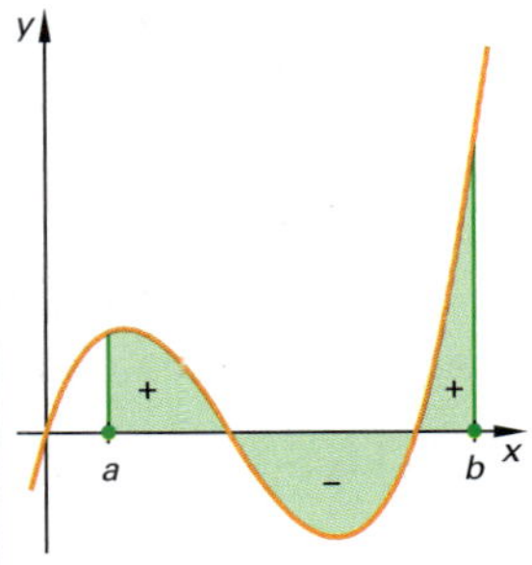

Eigenschaften des bestimmten Integrals

Es seien *f* und *g* auf dem Intervall $\mathrm{I} = [a, b]$ integrierbare Funktionen, dann gilt:	
$\int_a^b f(x)\mathrm{d}x = -\int_b^a f(x)\mathrm{d}x$	Vertauschen der Integrationsgrenzen
$\int_a^a f(x)\mathrm{d}x = 0$	Untergrenze = Obergrenze
$\int_a^b f(x)\mathrm{d}x = \int_a^c f(x)\mathrm{d}x + \int_c^b f(x)\mathrm{d}x;\ c \in [a,b]$	Additivität des Integrals
$\int_a^b k \cdot f(x)\mathrm{d}x = k \cdot \int_a^b f(x)\mathrm{d}x \quad (k \in \mathbb{R})$ $\int_a^b [f(x) + g(x)]\mathrm{d}x = \int_a^b f(x)\mathrm{d}x + \int_a^b g(x)\mathrm{d}x$	Linearität des Integrals
$f(x) < g(x)$ für alle $x \in \mathrm{I} \Rightarrow \int_a^b f(x)\mathrm{d}x < \int_a^b g(x)\mathrm{d}x$	Monotonie des Integrals
$\int_a^b f(x)\mathrm{d}x = (b-a) \cdot f(c) = \frac{1}{b-a}\int_a^b f(x)\mathrm{d}x$	Mittewertsatz der Integralrechnung

Integrationsregeln

Konstanter Faktor	$\int k \cdot f(x)\mathrm{d}x = k \cdot \int f(x)\mathrm{d}x$
Summe	$\int [f(x) + g(x)]\mathrm{d}x = \int f(x)\mathrm{d}x + \int g(x)\mathrm{d}x$
Differenz	$\int [f(x) - g(x)]\mathrm{d}x = \int f(x)\mathrm{d}x - \int g(x)\mathrm{d}x$
Substitution	$\int \mathrm{f}[\varphi(t)] \cdot \varphi'(t)\mathrm{d}t = \int f(x)\mathrm{d}x$ mit $x = \varphi(t)$ und $\mathrm{d}x = \varphi'(t)$
Partielle Integration	$\int u(x) \cdot v'(x)\mathrm{d}x = u(x) \cdot v(x) - \int v(x) \cdot u'(x)\mathrm{d}x$
logarithmische Ableitung	$\int \frac{f'(x)}{f(x)}\mathrm{d}x = \ln\lvert f(x)\rvert$

Uneigentliche Integrale

Integrationsbereich nach rechts bzw. links nicht beschränkt.

Ist $f(x)$ für $x \geq a$ bzw. $x \leq b$ integrierbar, so gilt:

$$\int_a^{\infty} f(x)\mathrm{d}x := \lim_{b\to\infty}\int_a^b f(x)\mathrm{d}x; \quad \int_{-\infty}^b f(x)\mathrm{d}x := \lim_{a\to-\infty}\int_a^b f(x)\mathrm{d}x; \quad \int_{-\infty}^{\infty} f(x)\mathrm{d}x := \int_{-\infty}^0 f(x)\mathrm{d}x + \int_0^{\infty} f(x)\mathrm{d}x$$

Grundintegrale

$\int x^n dx = \frac{x^{n+1}}{n+1} + c$ mit $n \in \mathbb{Z}, n \neq -1$ und $\begin{cases} x \in \mathbb{R}, \text{ falls } n \geq 0 \\ x \in \mathbb{R}, x \neq 0 \text{ falls } n < 0 \end{cases}$
$\int \frac{1}{x} dx = \int x^{-1} dx = \ln\lvert x\rvert + c = \begin{cases} \ln x + c, \text{ falls } x > 0 \\ \ln(-x) + c, \text{ falls } x < 0 \end{cases}$
$\int e^x dx = e^x + c \ (x \in \mathbb{R})$
$\int a^x dx = \frac{1}{\ln a} a^x + c = a^x \cdot \log_a e + c$ mit $a \in \mathbb{R}, a > 0, a \neq 1$ und $x \in \mathbb{R}$
$\int \sin x dx = -\cos x + c \ (x \in \mathbb{R})$
$\int \cos x dx = \sin x + c \ (x \in \mathbb{R})$
$\int \frac{dx}{\sin^2 x} = -\cot x + c$
$\int \frac{dx}{\cos^2 x} = \tan x + c$ mit $x \neq (2k+1)\frac{\pi}{2}, k \in \mathbb{Z}$
$\int \frac{dx}{1 + x^2} = \arctan x + c$
$\int \frac{dx}{\sqrt{1 - x^2}} = \arcsin x + c$

Besondere Integrale

$\int \tan x dx = -\ln\lvert\cos x\rvert + c$ mit $x \neq (2k+1) \cdot \frac{\pi}{2}$, wobei $k \in \mathbb{Z}$	
$\int \cot x dx = \ln\lvert\sin x\rvert + c$ mit $x \neq k + \pi$, wobei $k \in \mathbb{Z}$	
$\int \ln x dx = x \cdot \ln(x) - x + c \ (x > 0)$	
$\int x \cdot \ln x dx = x^2 \left(\frac{\ln(x)}{2} - \frac{1}{4}\right) + c \ (x > 0)$	
$\int \frac{dx}{a^2 + x^2} = \frac{1}{a}\arctan\frac{x}{a} + c \ (a \neq 0)$	
$\int \sqrt{a^2 - x^2} dx = \frac{x}{2}\sqrt{a^2 - x^2} + \frac{a^2}{2}\arcsin\frac{x}{a} + c$	(Kreisintegral)
$\int \sqrt{a^2 + x^2}\, dx = \frac{x}{2}\sqrt{a^2 + x^2} + \frac{a^2}{2}\ln\left(x + \sqrt{a^2 + x^2}\right) + c$	

Geometrische Anwendung der Integralrechnung

Die Integralrechnung wird in der Geometrie verwendet, um Flächen unter Kurven, Längen und Bögen, Volumen und Oberflächen von Rotationskörpern sowie Schwerpunkte von gleichmäßigen Rotationskörpern zu berechnen.

Flächenberechnung durch Integration

Fläche oberhalb der x-Achse

Für die Fläche, die eine Funktion f mit der x-Achse für $x \in [a,b]$ einschließt, gilt:

$$A = \int_a^b f(x)\mathrm{d}x = F(b) - F(a)$$

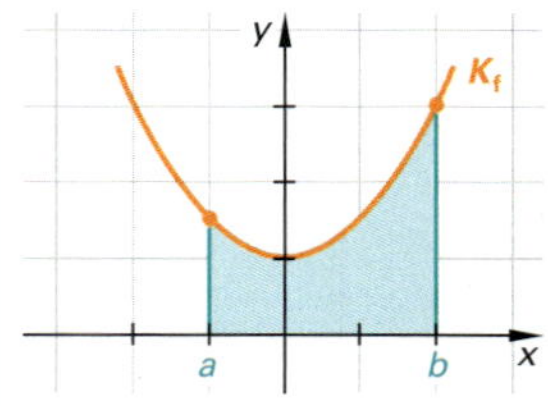

Fläche unterhalb der x-Achse

Für die Fläche, die eine Funktion f mit der x-Achse für $x \in [a,b]$ einschließt, gilt:

$$A = \left| \int_a^b f(x)\ \mathrm{d}x \right| = |F(b) - F(a)|$$

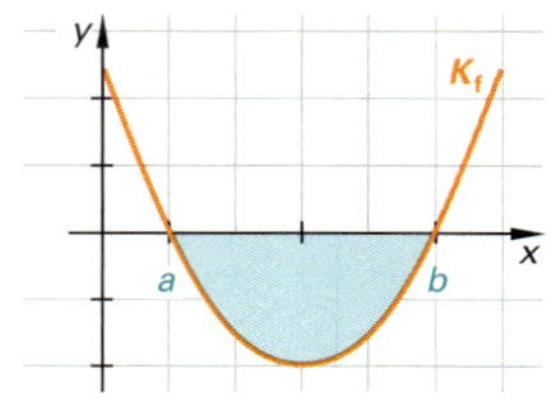

Fläche oberhalb und unterhalb der x-Achse

Für die Fläche, die eine Funktion f mit der x-Achse für $x \in [a,b]$ einschließt, müssen erst die Schnittpunkte mit der x-Achse (Nullstellen) berechnet und dann die Teilflächen aufsummiert werden.

$$A = A_1 + A_2 + A_3 = \left| \int_a^c f(x)\mathrm{d}x \right| + \int_c^d f(x)\mathrm{d}x + \left| \int_d^b f(x)\mathrm{d}x \right|$$

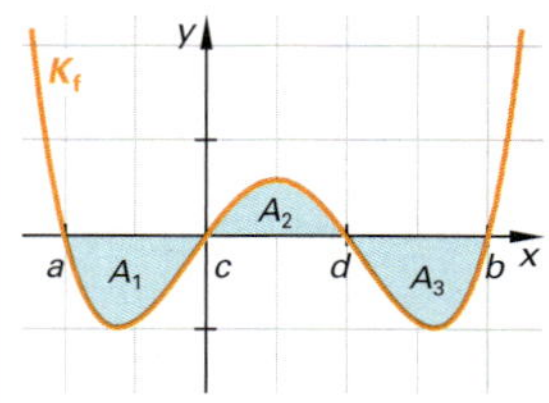

Fläche zwischen zwei Graphen

Für die Fläche, die zwei Funktionen f und g für $x \in [a,b]$ einschließen, gilt, falls $f(x) > g(x)$ bzw. mit der Differenzfunktion $d(x) = f(x) - g(x)$:

$$A = \int_a^b [f(x) - g(x)]\mathrm{d}x = \int_a^b d(x)\mathrm{d}x$$

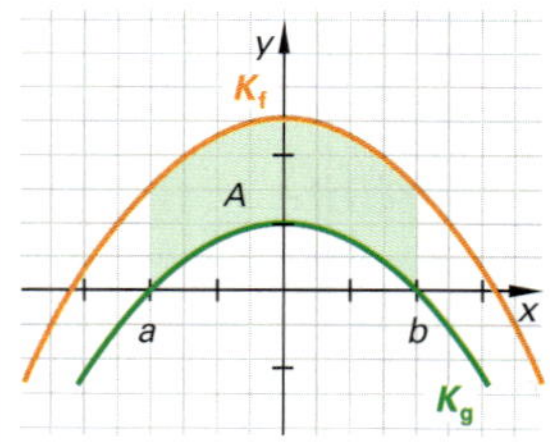

Berechnung von Bogenlängen ebener Kurven durch Integration

Bogenlänge eines Funktionsgraphen

Für die Maßzahl s der Länge des Bogens einer differenzierbaren Funktion f im Intervall $[a,b]$ gilt:

$$s = \int_a^b \sqrt{1 + [f'(x)]^2}\mathrm{d}x$$

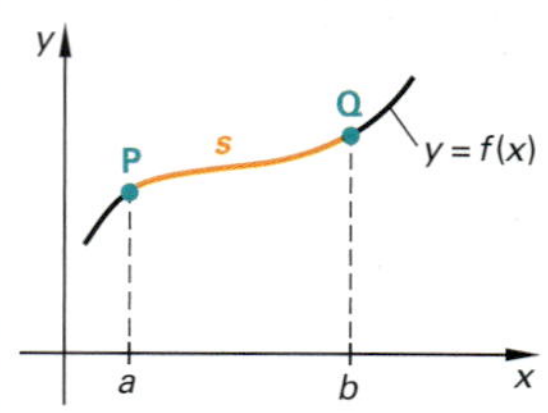

Bogenlänge einer Parameterkurve

Für die Maßzahl s der Länge des Bogens differenzierbarer Funktionen x und y im Intervall $[a,b]$ gilt:

$$s = \int_{t_1}^{t_2} \sqrt{[x'(t)]^2 + [y'(t)]^2}\mathrm{d}t$$

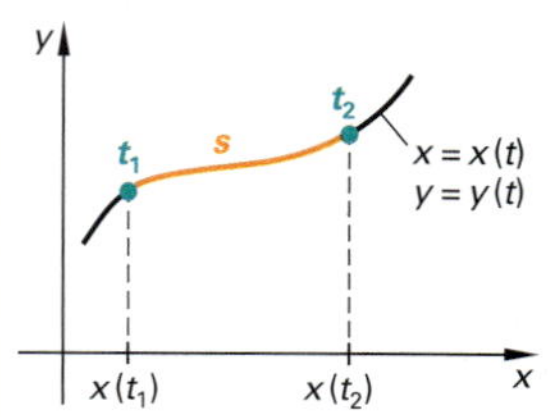

Volumenberechnung durch Integration

IQB-Seite 6

Rotationskörper entstehen, wenn eine ebene Fläche oder eine Kurve um eine Achse rotiert. Diese Rotation erzeugt einen dreidimensionalen Körper, der als Rotationskörper bezeichnet wird und dessen Volumen mit der Integralrechnung ermittelt werden kann.

Rotation um die x-Achse

Für das Volumen *V*, das entsteht, wenn die Funktion *f* um die x-Achse für $x \in [a,b]$ rotiert, gilt:

$$V_x = \pi \cdot \int_a^b [f(x)]^2 dx$$

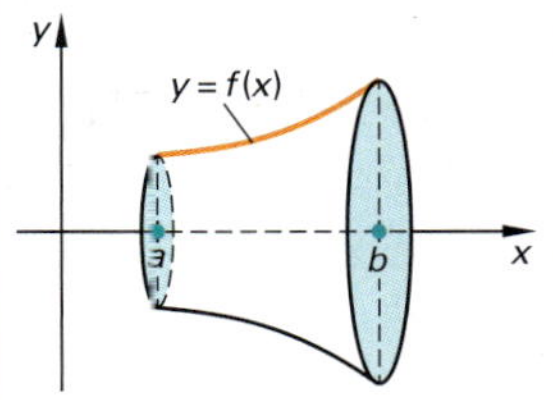

Rotation um die y-Achse in kartesischen Koordinaten

Für das Volumen *V*, das entsteht, wenn die Funktion *g* um die y-Achse für $y \in [c,d]$ rotiert, gilt:

$V_y = \pi \cdot \int_c^d [g(y)]^2\, dy$; $g(y)$ ist die Umkehrfunktion von $f(x)$.

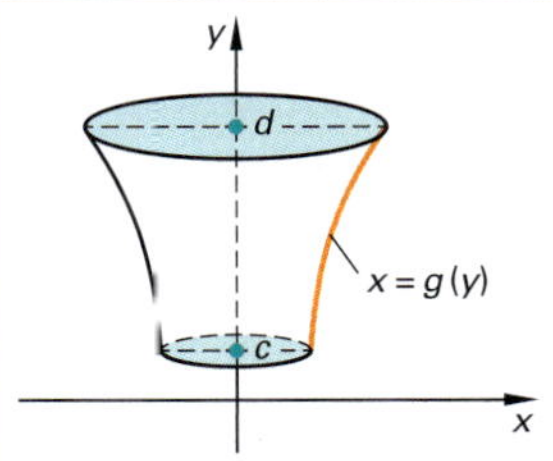

Mantelfläche (Rotationsfläche) eines Rotationskörpers

Rotation um die x-Achse

Für die Mantelfläche *M*, die entsteht, wenn die differenzierbare Funktion *f* um die x-Achse für $x \in [a,b]$ rotiert, gilt:

$$M_x = 2\pi \cdot \int_a^b f(x)\sqrt{1 + [f'(x)]^2}\, dx$$

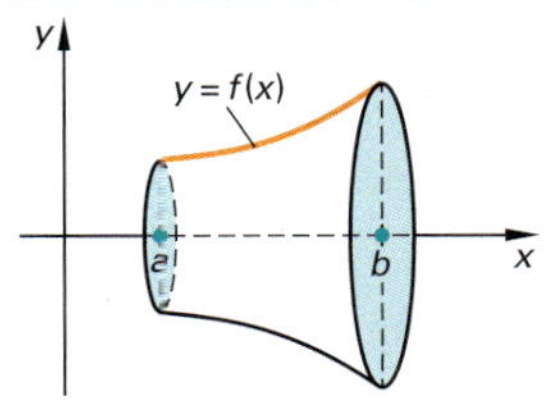

Rotation um die y-Achse

Für die Mantelfläche *M*, die entsteht, wenn die differenzierbare Funktion *g* um die y-Achse für $y \in [c,d]$ rotiert, gilt:

$M_y = 2\pi \cdot \int_c^d g(y)\sqrt{1 + [g'(y)]^2}\, dy$; $g(y)$ ist die Umkehrfunktion von $f(x)$.

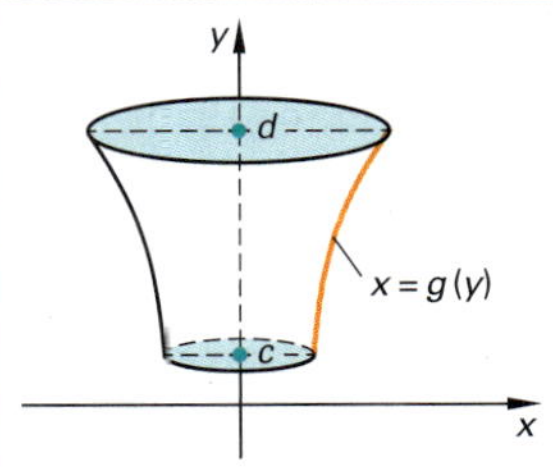

Schwerpunkt eines homogenen Rotationskörpers

Rotation um die x-Achse

Für den Schwerpunkt S des Rotationskörpers der Funktion *f* um die x-Achse im Intervall $[a,b]$ gilt:

$s_x = \frac{\pi}{V_x} \cdot \int_a^b x \cdot f(x)^2 dx$; V_x: Rotationsvolumen um die x-Achse

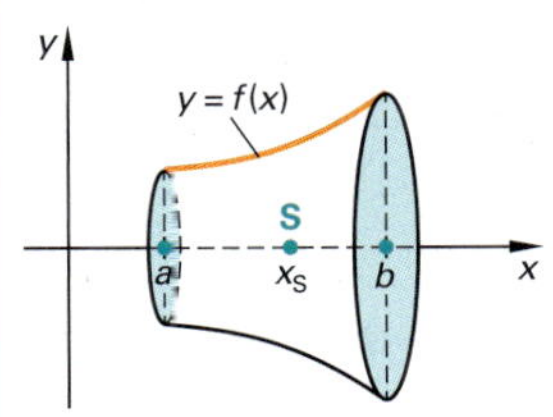

Rotation um die y-Achse

Für den Schwerpunkt S des Rotationskörpers der Funktion *g* um die y-Achse im Intervall $[c,d]$ gilt:

$s_y = \frac{\pi}{V_y} \cdot \int_c^d y \cdot g(y)^2 dy$; V_y: Rotationsvolumen um die y-Achse

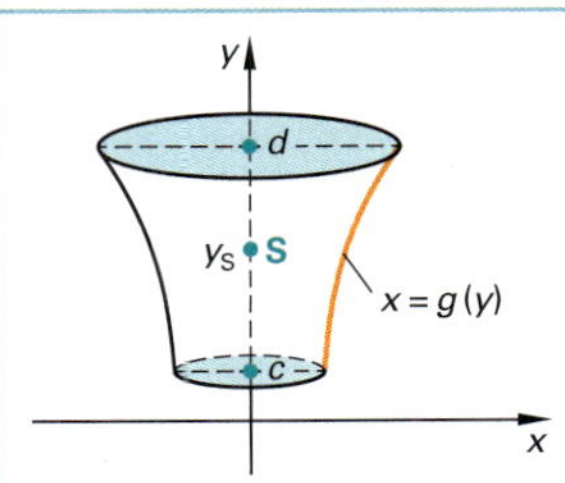

1.3 Analytische Geometrie/lineare Algebra

► Analytische Geometrie der Ebene

Koordinatensysteme

Kartesisches Koordinatensystem

0: Ursprung, Nullpunkt

x: Abszisse (x-Achse) x_1: Abszissenwert des Punktes P_1

y: Ordinate (y-Achse) y_1: Ordinatenwert des Punktes P_1

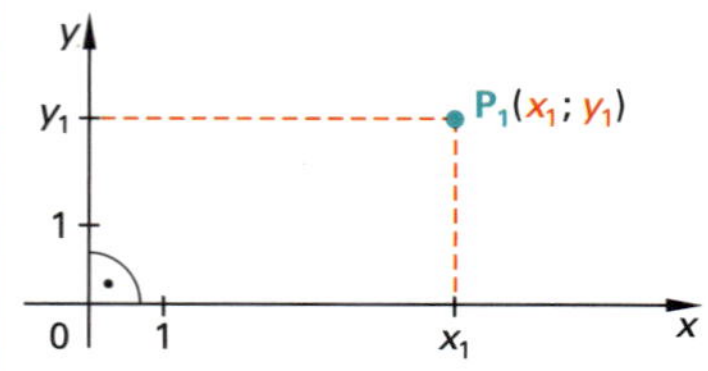

Polarkoordinatensystem

0: Pol

r_1: Abstand des Punktes P_1 vom Pol 0

φ_1: Winkel zwischen dem Strahl $\overline{0P_1}$ und der Polarachse

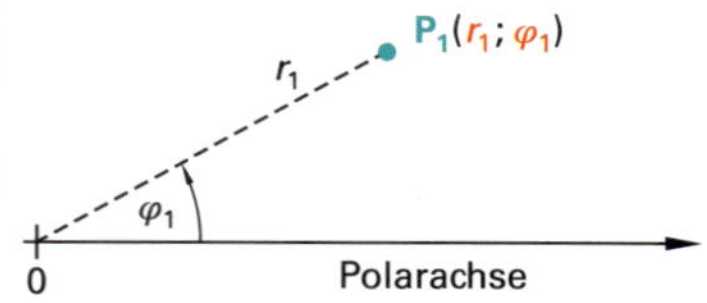

Koordinatentransformation

Parallelverschiebung eines kartesischen Koordinatensystems (KS)

Das neue (*x*′, *y*′)-System geht durch Parallelverschiebung aus dem alten (*x*, *y*)-System hervor:

(*x*, *y*): Koordinaten des Punktes P im alten KS

(*x*′, *y*′): Koordinaten des Punktes P im neuen KS

(*c*, *d*): Koordinaten des neuen Nullpunktes 0′

c: Verschiebung der y-Achse

d: Verschiebung der x-Achse

$$x = x' + c \qquad x' = x - c$$
$$y = y' + d \qquad y' = y - d$$

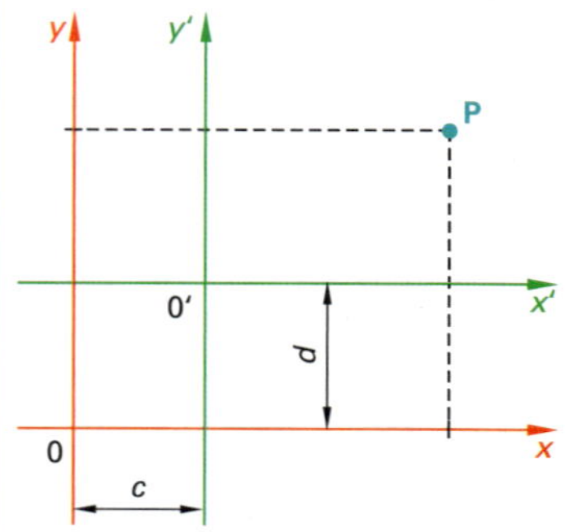

Transformation von Polarkoordinaten in kartesische Koordinaten und umgekehrt

Pol: Koordinatenursprung 0 Polarachse: *x*-Achse

Polarkoordinaten → Kartesische Koordinaten

$$x = r \cdot \cos\varphi \qquad y = x = r \cdot \sin\varphi$$

Kartesische Koordinaten → Polarkoordinaten

$$r = \sqrt{x^2 + y^2} \qquad \tan\varphi = \frac{y}{x}$$

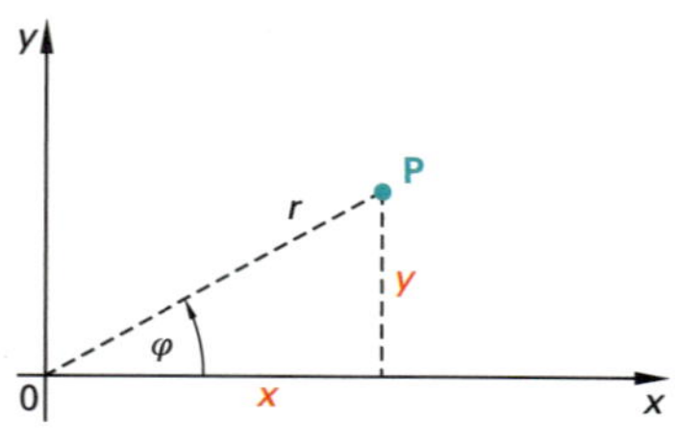

Drehung eines kartesischen Koordinatensystems

0 = 0′: Ursprung, Nullpunkt

x, *y*: Koordinaten von P im alten System

x′, *y*′: Koordinaten von P im neuen System

$$x = x' \cdot \cos\varphi - y' \cdot \sin\varphi \qquad x' = x \cdot \cos\varphi + y \cdot \sin\varphi$$
$$y = x' \cdot \sin\varphi + y' \cdot \cos\varphi \qquad y' = -x \cdot \sin\varphi + y \cdot \cos\varphi$$

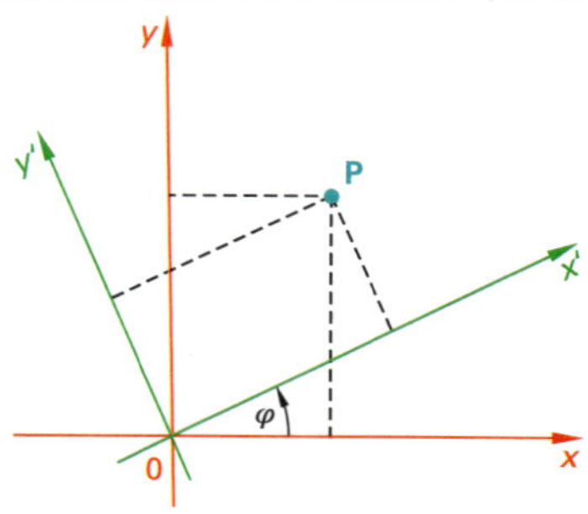

Strecken

Länge ℓ einer Strecke

$\overline{P_1 P_2}$: Strecke von P_1 bis P_2

$|\overline{P_1 P_2}|$: Länge ℓ der Strecke

$$\ell = \overline{P_1 P_2} = |\overline{P_1 P_2}| = \sqrt{(x_2 - x_1)^2 + (y_2 - y_1)^2}$$

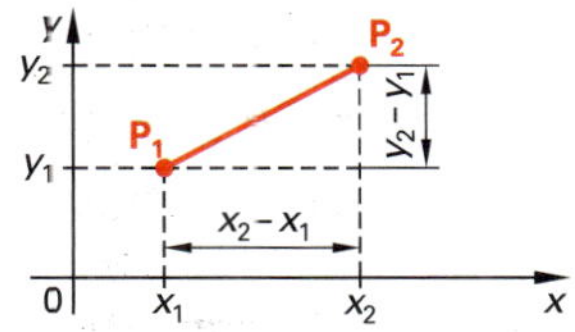

Anstieg m einer Strecke

$\overline{P_1 P_2}$: Strecke von P_1 bis P_2

m: Steigung der Strecke

α: Winkel der Steigung

$$m = \tan\alpha = \frac{\Delta y}{\Delta x} = \frac{y_2 - y_1}{x_2 - x_1}$$

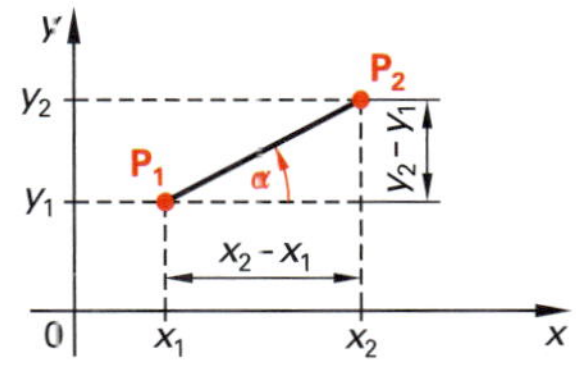

Mittelpunkt M einer Strecke

$\overline{P_1 P_2}$: Strecke von P_1 bis P_2

x_1, x_2: x-Koordinaten der Punkte P_1 und P_2

y_1, y_2: y-Koordinaten der Punkte P_1 und P_2

M: Mittelpunkt der Strecke $\overline{P_1 P_2}$

x_M, y_M: Koordinaten des Punktes M

$$x_M = \frac{x_1 + x_2}{2}; \quad y_M = \frac{y_1 + y_2}{2}$$

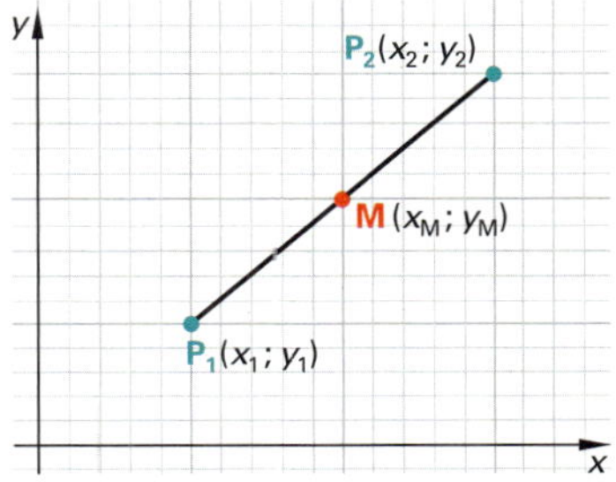

Teilung einer Strecke

$\overline{P_1 P_2}$: Strecke von P_1 bis P_2

x_1, x_2: x-Koordinaten der Punkte P_1 und P_2

y_1, y_2: y-Koordinaten der Punkte P_1 und P_2

T: Teilpunkt der Strecke $\overline{P_1 P_2}$

x_T, y_T: Koordinaten des Punktes T

Für einen Teilpunkt T mit $\overline{P_1 T} = \lambda \overline{TP_2}$ gilt:

$$x_T = \frac{x_1 + \lambda x_2}{1 + \lambda}; \quad y_T = \frac{y_1 + \lambda y_2}{1 + \lambda};$$

(λ Teilverhältnis mit $\lambda \in \mathbb{R}$ und $\lambda \neq -1$)

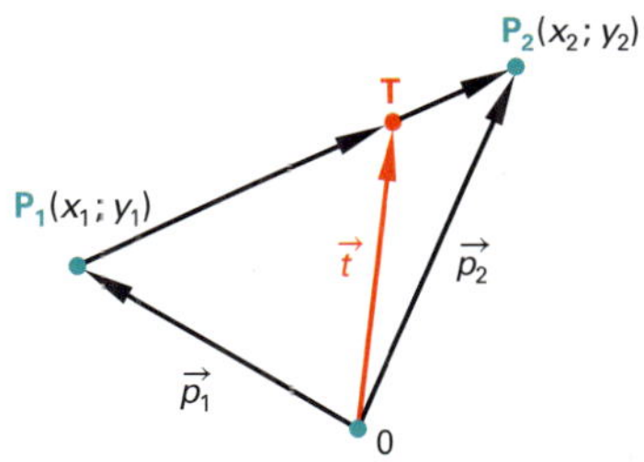

Dreiecke

Flächeninhalt A eines Dreiecks

P_1, P_2, P_3: Eckpunkte des Dreiecks

A: Maßzahl der Fläche

$$A = \frac{1}{2}\left|x_1(y_2 - y_3) + x_2(y_3 - y_1) + x_3(y_1 - y_2)\right|$$

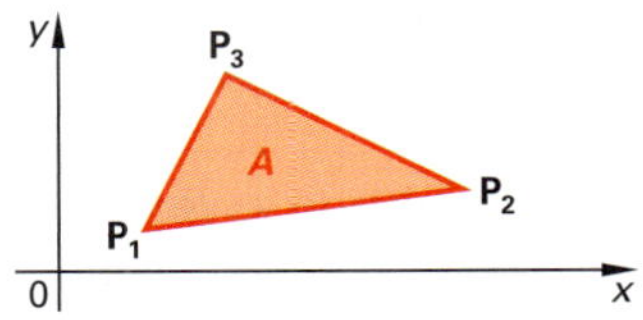

Schwerpunkt S des Dreiecks ABC

x_1, x_2, x_3: x-Koordinaten der Punkte A, B, C

$y_1, y_2\ y_3$: y-Koordinaten der Punkte A, B, C

S: Schwerpunkt des Dreiecks

x_S, y_S: Koordinaten des Punktes S

$$x_S = \frac{x_1 + x_2 + x_3}{3}; \quad y_S = \frac{y_1 + y_2 + y_3}{3};$$

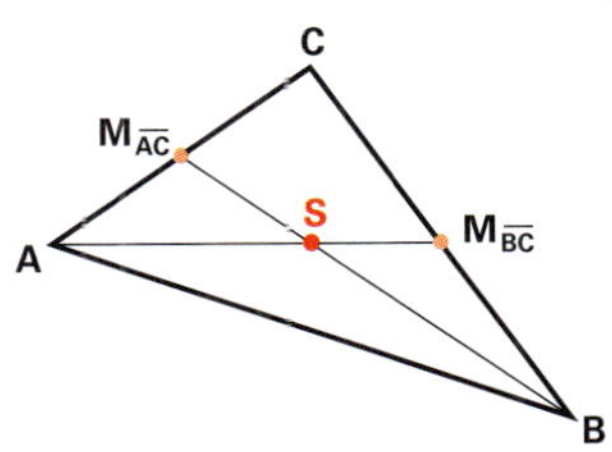

Geraden

IQB-Seite 6

Punktrichtungsgleichung

Die Punktrichtungsgleichung beschreibt eine Gerade g, bei der die Steigung m die Richtung vorgibt und die den Punkt $P_0(x_0|y_0)$ enthält.

$$y - y_0 = m(x - x_0) \qquad m = \tan\alpha \qquad (\alpha \neq 90°)$$

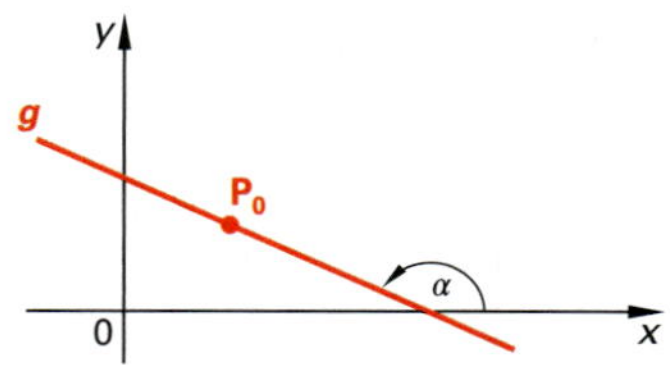

Zweipunktegleichung

Durch zwei Punkte $P_1(x_1|y_1)$ und $P_2(x_2|y_2)$ ist die Gerade g eindeutig festgelegt und somit auch ihre Steigung m.

$$y - y_1 = \frac{y_2 - y_1}{x_2 - x_1}(x - x_1)$$

$$m = \tan\alpha = \frac{y_2 - y_1}{x_2 - x_1} \qquad (x_2 \neq x_1)$$

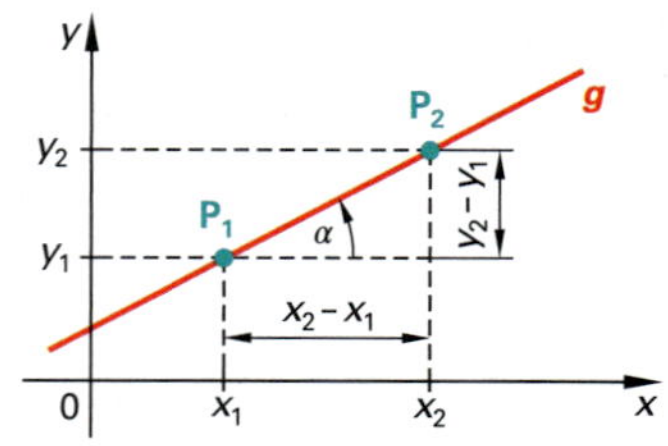

Kartesische Normalenform der Geradengleichung

Gerade durch den Ordinatenschnittpunkt $S_y(0|b)$ mit der Steigung m.

$$y = m \cdot x + b \qquad m = \tan\alpha \qquad (\alpha \neq 90°)$$

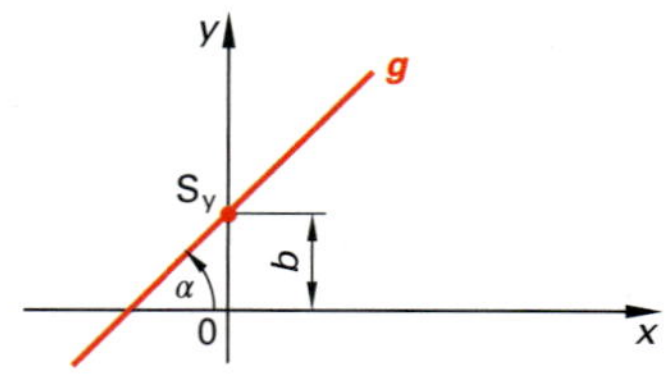

Achsenabschnittsgleichung

Die Gerade g schneidet die Abszissenachse (x-Achse) im Punkt $N(a|0)$ und die Ordinatenachse (y-Achse) im Punkt $S(0|b)$.

Geradengleichung: $\frac{x}{a} + \frac{y}{b} = 1$

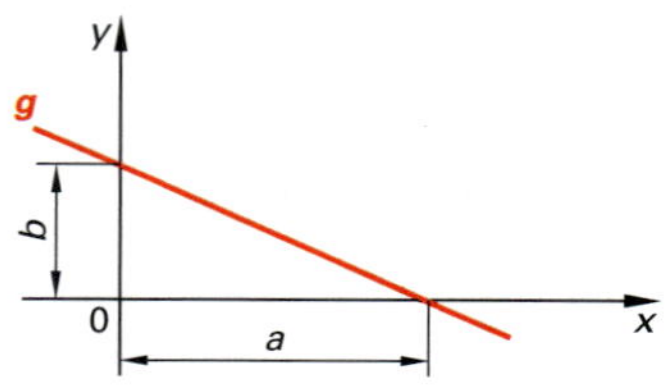

Geradengleichung in allgemeiner Form

Die Geradengleichung in allgemeiner Form wird auch als Hesse'sche Normalform bezeichnet.

Gleichung: $ax + by + c = 0$

a, b und c sind Konstanten, wobei a und b nicht gleichzeitig Null sein dürfen.

$a = 0 \;\Rightarrow\;$ g parallel zur x-Achse

$b = 0 \;\Rightarrow\;$ g parallel zur y-Achse

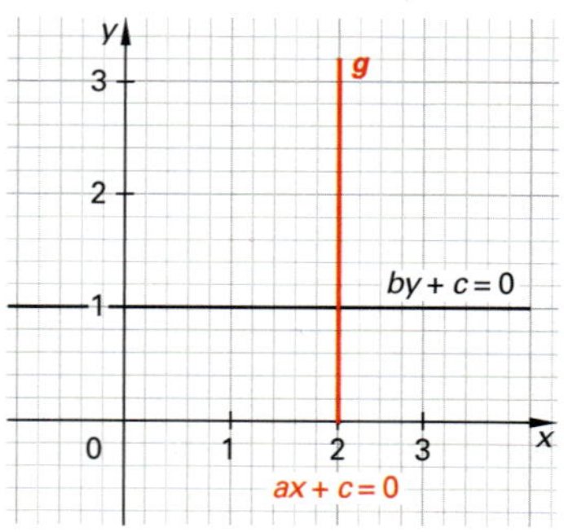

Lagebeziehung zweier Geraden

Zwei Geraden g_1 und g_2 können parallel sein oder sich schneiden.

$$g_1\!: \; y = m_1x + n_1 \qquad g_2\!: \; y = m_2x + n_2$$

Schnittwinkel α: $\tan\alpha = \frac{m_2 - m_1}{1 + m_1m_2}$ $\qquad (\alpha \neq 90°)$

$$m_1 = m_2 \;\Rightarrow\; g_1 \parallel g_2$$

$$m_1 \cdot m_2 = -1 \;\Rightarrow\; g_1 \perp g_2 \qquad (m_2 \neq 0)$$

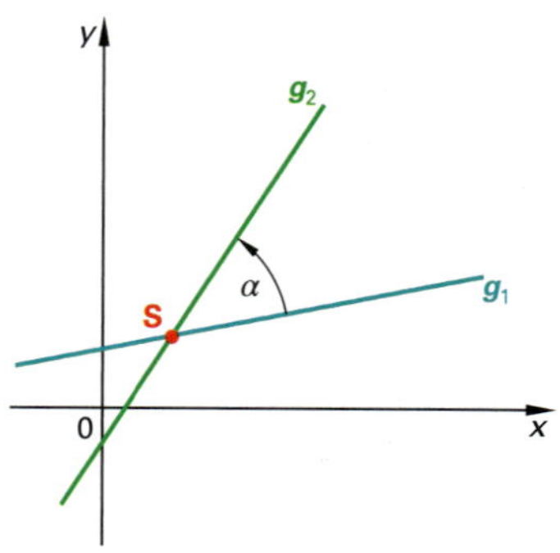

Kreis

Kreisgleichung

Ein Kreis ist die Menge aller Punkte, die einen festen Abstand von einem festen Punkt haben.

Mittelpunkt: M(0|0); Radius *r*

Koordinatenform: $x^2 + y^2 = r^2$

Mittelpunkt: M(x_M|y_M); Radius *r*

Koordinatenform: $(x - x_M)^2 + (y - y_M)^2 = r^2$

Mittelpunkt: M(x_M|y_M); Radius *r*

Parameterform: $\begin{cases} x = x_M + r \cdot \cos t \\ y = y_M + r \cdot \sin t \end{cases}$ $(t \leq 0 < 2\pi)$

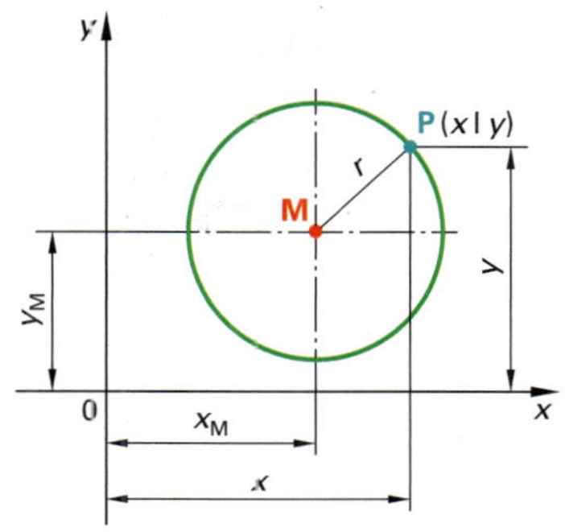

Tangente an den Kreis im Punkt P

Die Tangente *t* ist immer orthogonal zum Radius des Kreises am Berührungspunkt.

Mittelpunkt: M(0|0)

$$x \cdot x_1 + y \cdot y_1 = r^2$$

Mittelpunkt: M(x_M|y_M)

$$(x - x_M)(x_1 - x_M) + (y - y_M)(y_1 - y) = r^2$$

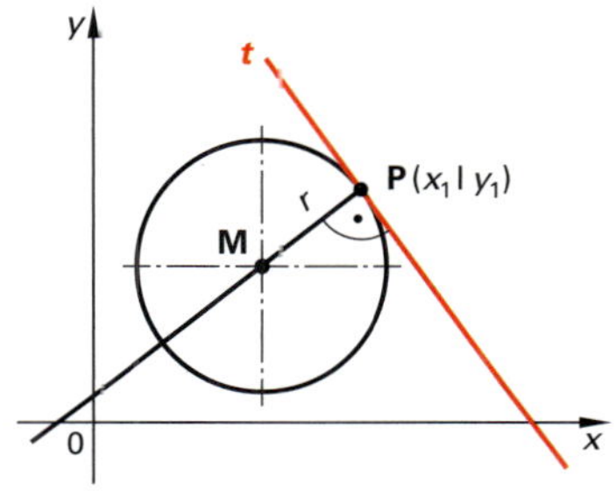

Normale im Punkt P

Die Normale *n* steht senkrecht auf der Tangente im Punkt P.

Mittelpunkt: M(0|0)

$$y - y_1 = \frac{y_1}{x_1} \cdot (x - x_1)$$

Mittelpunkt: M(x_M|y_M)

$$y - y_1 = \frac{y_1 - y_M}{x_1 - x_M} \cdot (x - x_1)$$

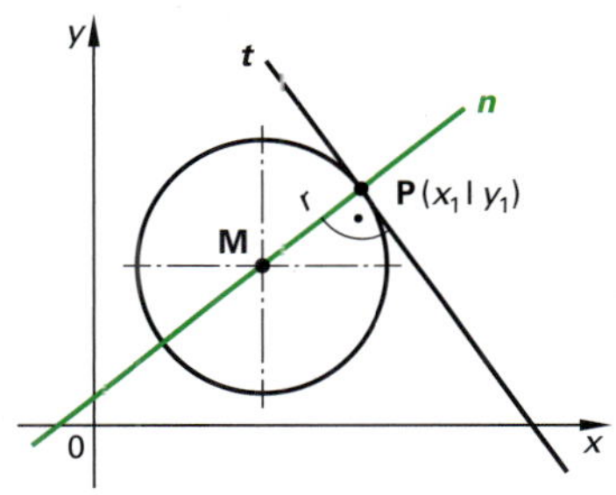

Kegelschnitte

Parabel

Die Parabel ist der geometrische Ort aller Punkte, die den gleichen Abstand von einem festen Punkt F (Brennpunkt) und einer Linie L **(Leitlinie)** haben. Die Entfernung von F zu L heißt **Halbparameter *p*.**

Es gilt: $\overline{\mathbf{PF}} = \overline{\mathbf{PL}}$;

Entfernung Brennpunkt – Scheitel: $\overline{SF} = d = \frac{p}{2}$

Brennpunkt F: $F\left(\frac{p}{2} \middle| 0\right)$

Leitlinienabstand zum Scheitel: $d = \frac{p}{2}$

Scheitelgleichung: $y^2 = 2px$; S(0|0)

Scheitelgleichung: $(y - y_S)^2 = 2p(x - x_S)$; S($x_S$|$y_S$)

Tangente an P(x_P|y_P): $yy_P = p(x + x_P)$

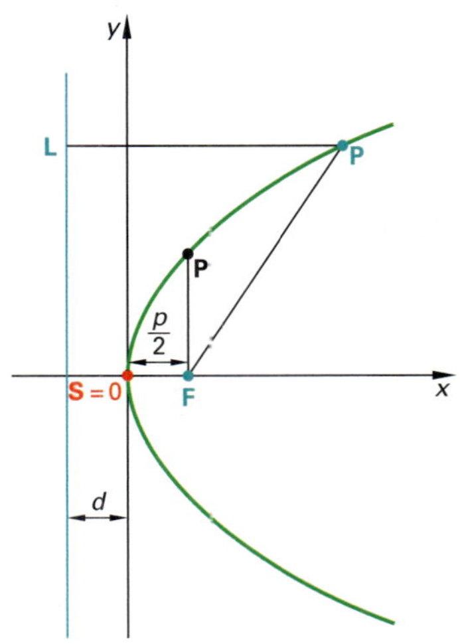

Ellipse

Die Ellipse, mit der großen Halbachse a und der kleinen Halbachse b, ist der geometrische Ort aller Punkte, bei denen die Summe der Entfernungen von zwei festen Punkten $\mathbf{F_1}$ **und** $\mathbf{F_2}$, den **Brennpunkten,** konstant ist.

Es gilt: $\overline{PF_1} + \overline{PF_2} = 2a$; $\overline{F_1M} = \overline{F_2M} = e$

Hauptstrahlen: $r_1 = \overline{F_1P}$; $r_2 = \overline{F_2P}$;

Mittelpunkt: $M(0|0)$: $\dfrac{x^2}{a^2} + \dfrac{y^2}{b^2} = 1$

Mittelpunkt: $M(x_M|y_M)$: $\dfrac{(x - x_M)^2}{a^2} + \dfrac{(y - y_M)^2}{b^2} = 1$

Brennpunkte: $F_1\left(\sqrt{a^2 - b^2}|0\right)$; $F_2\left(-\sqrt{a^2 - b^2}|0\right)$

Lineare Exzentrizität *e*: $e = \sqrt{a^2 - b^2}$

Scheitelgleichung: $y^2 = 2px - \dfrac{p}{a}x^2$ mit $p = \dfrac{b^2}{a}$

Tangente mit M(0|0): $\dfrac{xx_1}{a^2} + \dfrac{yy_1}{b^2} = 1$

Normale mit M(0|0): $\dfrac{x - x_1}{b^2x_1} = \dfrac{y - y_1}{a^2y_1}$

Fläche: $A = a \cdot b \cdot \pi$

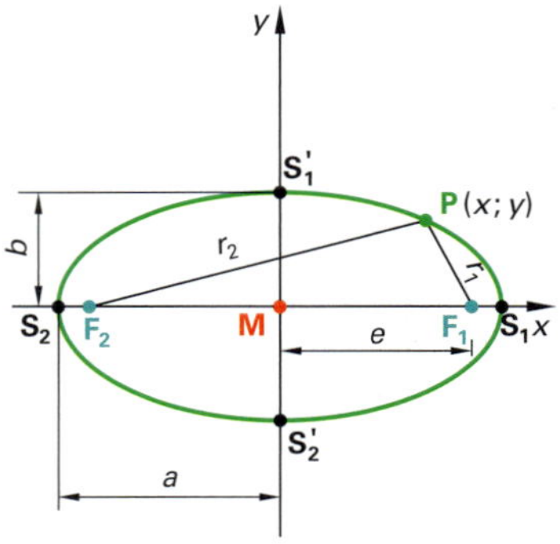

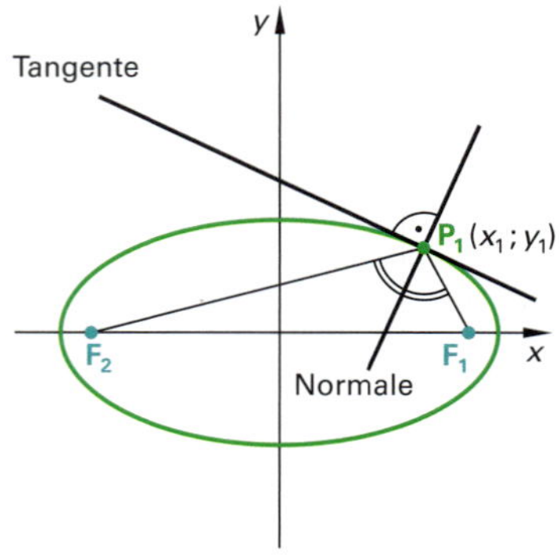

Hyperbel

Die Hyperbel, mit der großen Halbachse a und der kleinen Halbachse b, ist der geometrische Ort aller Punkte, bei denen die Differenz der Entfernungen von zwei festen Punkten $\mathbf{F_1}$ **und** $\mathbf{F_2}$, den **Brennpunkten**, konstant ist.

Es gilt: $\overline{PF_2} - \overline{PF_1} = 2a$; $\overline{F_1M} = \overline{F_2M} = e$

Hauptstrahlen: $r_1 = \overline{F_1P}$; $r_2 = \overline{F_2P}$

Mittelpunkt: $M(0|0)$: $\dfrac{x^2}{a^2} - \dfrac{y^2}{b^2} = 1$

Mittelpunkt: $M(x_M|y_M)$: $\dfrac{(x - x_M)^2}{a^2} - \dfrac{(y - y_M)^2}{b^2} = 1$

Brennpunkte: $F_1\left(\sqrt{a^2 + b^2}\,|0\right)$; $F_2\left(-\sqrt{a^2 + b^2}\,|0\right)$

Lineare Exzentrizität *e*: $e = \sqrt{a^2 + b^2}$

Scheitelgleichung: $y^2 = 2px + \dfrac{p}{a}x^2$ mit $p = \dfrac{b^2}{a}$

Tangente mit M(0|0): $\dfrac{xx_1}{a^2} - \dfrac{yy_1}{b^2} = 1$

Normale mit M(0|0): $\dfrac{x - x_1}{b^2x_1} = -\dfrac{y - y_1}{a^2y_1}$

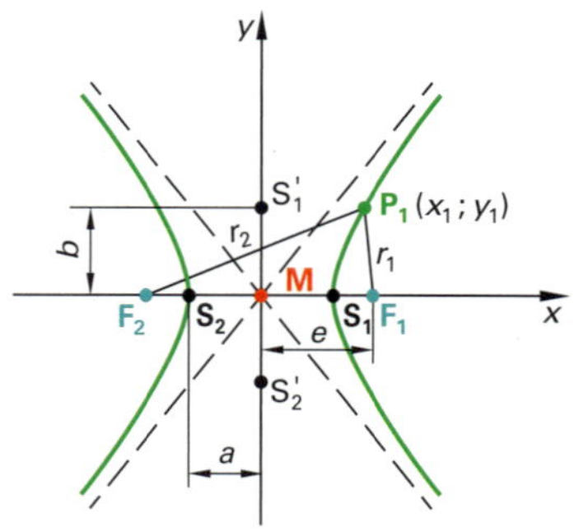

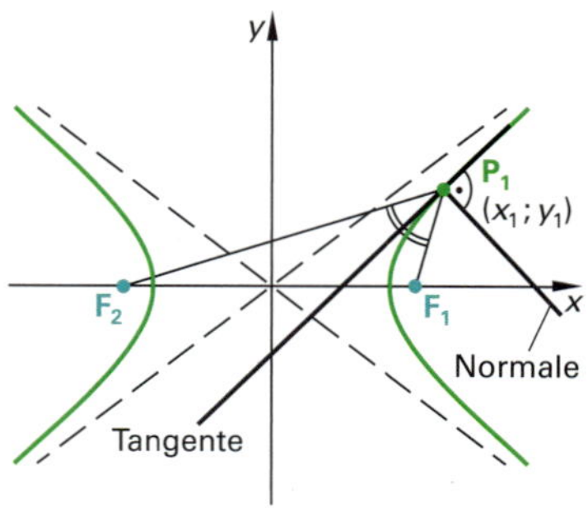

► Analytische Geometrie des Raumes

Die analytische Geometrie des Raumes befasst sich u. a. mit der Untersuchung von **Vektoren** und deren **Operationen,** wie die **Vektoraddition**, die **Skalarmultiplikation,** das **Skalarprodukt** und das **Vektorprodukt,** in einem dreidimensionalen Raum.

Koordinatensysteme

Kartesisches Koordinatensystem

Die drei **Koordinatenachsen** (x-Achse, y-Achse und z-Achse) **stehen** paarweise **senkrecht aufeinander.** Die Lage des **Raumpunktes P** wird durch die drei kartesischen **Abstandskoordinaten *x, y* und *z*** beschrieben.

0: Ursprung, Nullpunkt

x, y, z: Senkrechte Abstände von den Koordinatenachsen

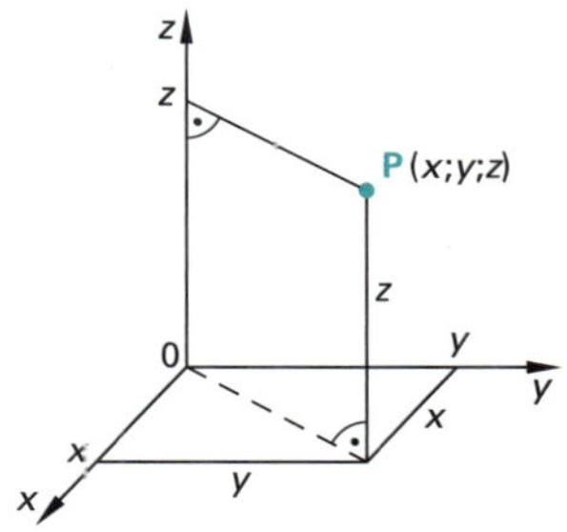

Polarkoordinatensystem

Die geometrische Lage des Raumpunktes P wird durch zwei **Abstandskoordinaten ρ und *z*,** sowie der **Winkelkoordinate φ** beschrieben.

0: Pol, Ursprung, Nullpunkt

φ, ρ: Polarkoordinaten des Projektionspunktes P' in der (*x, y*)-Ebene.

z: Kartesische Höhenkoordinate

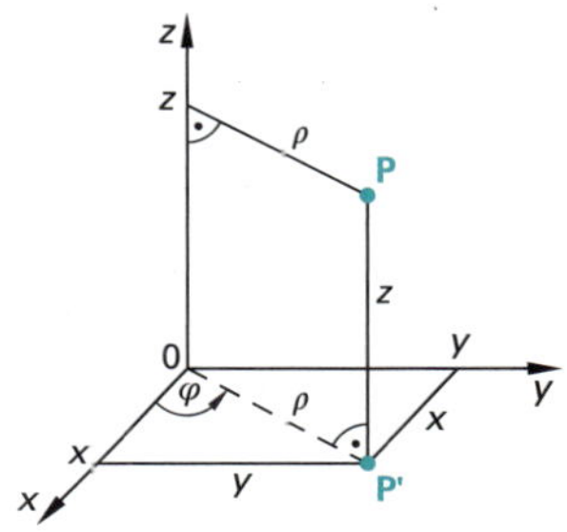

Vektoren und Skalar

Vektor

Der Vektor wird durch **Betrag** (Maßzahl) und **Richtung** vollständig beschrieben. Die **Darstellung** erfolgt **durch** einen **Pfeil,** wobei die Spitze die Richtung angibt. Er kann aber auch durch einen Anfangspunkt P und einen Endpunkt Q festgelegt werden: $\vec{a} = \overrightarrow{PQ}$. Ein Vektor ist **frei im Raum verschiebbar.**

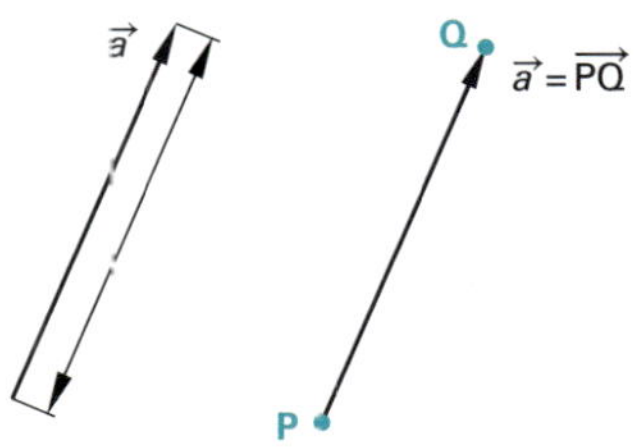

Betrag (Länge) eines Vektors

Die **Länge** des Vektors $\vec{a}$ heißt **Betrag** $|\vec{a}| = a$ des Vektors und kann mit dem Satz des Pythagoras berechnet werden.

$$|\vec{a}| = \left|\begin{pmatrix} a_1 \\ a_2 \\ a_3 \end{pmatrix}\right| = \sqrt{a_1^2 + a_2^2 + a_3^2} = a$$

Die **skalare Größe *a*** ist eine Maßzahl und ist die **Länge des Vektors** $\vec{a}$.

Nullvektor $\vec{0}$: Hat die Länge 0 (richtungslos)

Einheitsvektor $\vec{e}$: Hat die Länge 1.

Ortsvektor $\overrightarrow{0A}$: Vom Ursprung 0 zum Punkt A

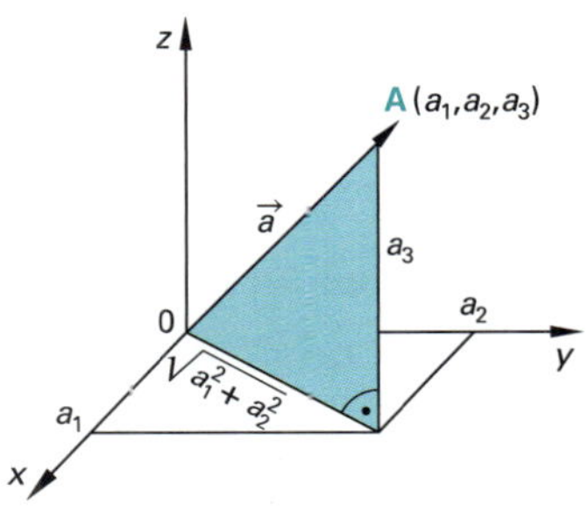

Gleichheit von Vektoren

Zwei Vektoren $\vec{a}$ und $\vec{b}$ sind gleich, wenn sie in **Betrag und Richtung übereinstimmen.**

$$\vec{a} = \vec{b} \quad \Leftrightarrow \quad \begin{pmatrix} a_1 = b_1 \\ a_2 = b_2 \\ a_3 = b_3 \end{pmatrix}$$

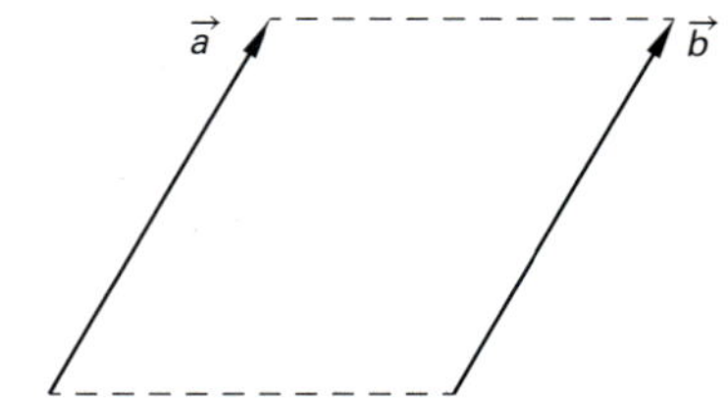

Parallele (kollineare) und inverse Vektoren

Parallele Vektoren haben **gleiche Richtung:** $\vec{a} \uparrow\uparrow \vec{b}$. **Anti-parallele** Vektoren haben **entgegengesetzte Richtung:** $\vec{a} \uparrow\downarrow \vec{b}$.

Zu jedem Vektor $\vec{a}$ gibt es einen **inversen Vektor** (Gegenvektor) $-\vec{a}$.

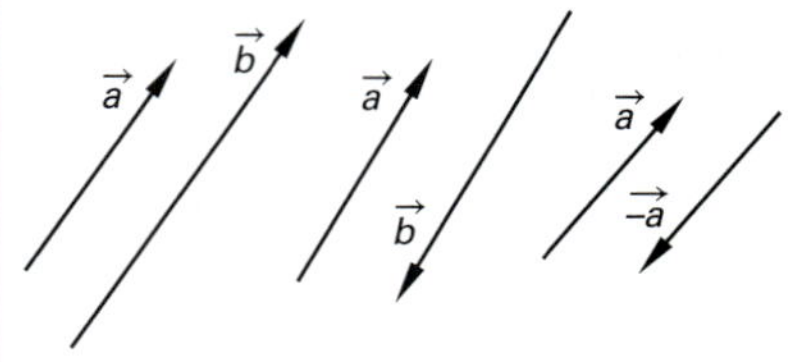

parallel anti-parallel invers

Vektoroperationen

Addition und Subtraktion von Vektoren

Geometrische Addition und Subtraktion

Zwei Vektoren $\vec{a}$ und $\vec{b}$ werden addiert (subtrahiert), indem man einen Vektor als Basis festlegt und den anderen parallel an die Spitze des Basisvektors verschiebt. Der Summenvektor $\vec{a} \pm \vec{b}$ geht dann vom Anfangspunkt des ersten Vektors zur Spitze des zweiten Vektors.

Komponentendarstellung

$$\vec{a} \pm \vec{b} = \begin{pmatrix} a_1 \\ a_2 \\ a_3 \end{pmatrix} \pm \begin{pmatrix} b_1 \\ b_2 \\ b_3 \end{pmatrix} = \begin{pmatrix} a_1 \pm b_1 \\ a_2 \pm b_2 \\ a_3 \pm b_3 \end{pmatrix}$$

Rechenregeln

Kommutativgesetz: $\vec{a} + \vec{b} = \vec{b} + \vec{a}$

Assoziativgesetz: $\vec{a} + (\vec{b} + \vec{c}) = (\vec{a} + \vec{b}) + \vec{c}$

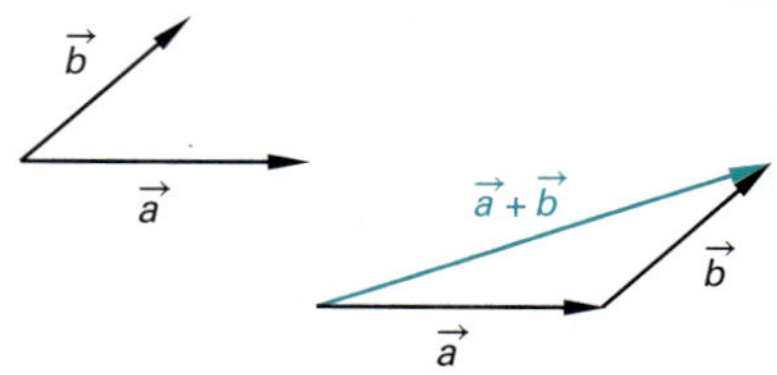

Geometrische Addition von Vektoren

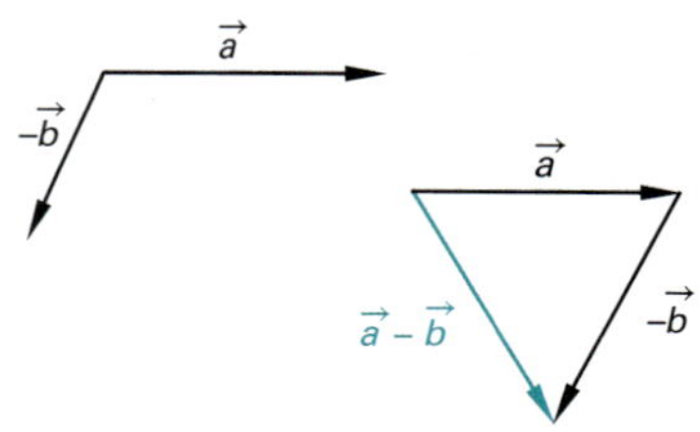

Geometrische Subtraktion von Vektoren

Multiplikation eines Vektors mit einem Skalar

Geometrische Darstellung

$\lambda\vec{a}$: Vektor mit der Länge $|\lambda| \cdot |\vec{a}|$ und der Richtung oder Gegenrichtung des Vektors $\vec{a}$:

$\lambda > 0$: $\lambda\vec{a} \uparrow\uparrow \vec{a}$

für $\lambda < 0$: $\lambda\vec{a} \uparrow\downarrow \vec{a}$

$\lambda = 0$: $\lambda\vec{a} = \vec{0}$

Komponentendarstellung

Jede Komponente wird mit dem Skalar multipliziert.

$$\lambda \cdot \vec{a} = \lambda \cdot \begin{pmatrix} a_1 \\ a_2 \\ a_3 \end{pmatrix} = \begin{pmatrix} \lambda \cdot a_1 \\ \lambda \cdot a_2 \\ \lambda \cdot a_3 \end{pmatrix}; \quad \lambda \in \mathbb{R}$$

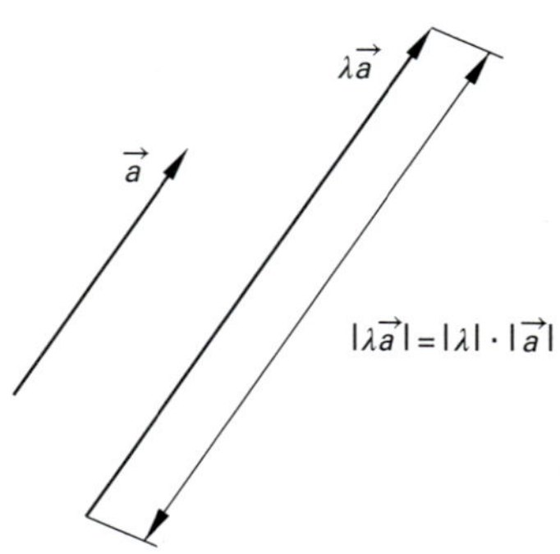

Lineare Abhängigkeit und lineare Unabhängigkeit von Vektoren

Lineare Abhängigkeit

Zwei Vektoren $\vec{a}$, $\vec{b}$ sind genau dann *linear abhängig (kollinear),*

wenn $\lambda\vec{a} + \mu\vec{b} = \vec{0}$

wobei $\lambda^2 + \mu^2 > 0$

Drei Vektoren $\vec{a}$, $\vec{b}$, $\vec{c}$ sind genau dann *linear abhängig (komplanar),*

wenn $\lambda\vec{a} + \mu\vec{b} + \nu\vec{c} = \vec{0}$

wobei $\lambda^2 + \mu^2 + \nu^2 > 0$

Lineare Unabhängigkeit

Zwei Vektoren $\vec{a}$, $\vec{b}$ sind genau dann *linear unabhängig,*

wenn aus $\lambda\vec{a} + \mu\vec{b} = \vec{0}$

folgt: $\lambda = 0,\ \mu = 0$

Drei Vektoren $\vec{a}$, $\vec{b}$, $\vec{c}$ sind genau dann *linear unabhängig,*

wenn aus $\lambda\vec{a} + \mu\vec{b} + \nu\vec{c} = \vec{0}$

folgt: $\lambda = 0,\ \mu = 0,\ \nu = 0$

Vektormultiplikationen und Anwendungen

IQB-Seite 6

Skalarprodukt von Vektoren

Definition

Zwei Vektoren $\vec{a}$ und $\vec{b}$ ist genau eine reelle Zahl $\vec{a} \circ \vec{b}$ zugeordnet:

$$\vec{a} \circ \vec{b} = |\vec{a}| \cdot |\vec{b}| \circ \cos\varphi = a \cdot b \circ \cos\varphi; \quad 0° \leq \varphi \leq 180°$$

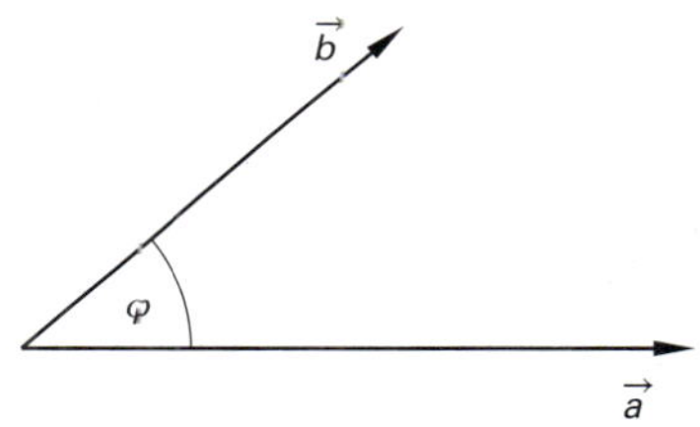

Komponentendarstellung

$$\vec{a} \circ \vec{b} = \begin{pmatrix} a_1 \\ a_2 \\ a_3 \end{pmatrix} \circ \begin{pmatrix} b_1 \\ b_2 \\ b_3 \end{pmatrix} = a_1 \cdot b_1 + a_2 \cdot b_2 + a_3 \cdot b_3$$

Rechenregeln

Kommutativgesetz: $\vec{a} \circ \vec{b} = \vec{b} \circ \vec{a}$

Assoziativgesetz: $(\lambda\vec{a}) \circ \vec{b} = \lambda(\vec{a} \circ \vec{b})$ mit $\lambda \in \mathbb{R}$

Distributivgesetz: $(\vec{a} + \vec{b}) \circ \vec{c} = \vec{a} \circ \vec{c} + \vec{b} \circ \vec{c}$

Schnittwinkel zweier Vektoren

Für den Schnittwinkel φ zweier vom Nullvektor verschiedener Vektoren für $0° \leq \varphi \leq 180°$ gilt:

$$\cos\varphi = \frac{\vec{a} \circ \vec{b}}{|\vec{a}| \cdot |\vec{b}|} = \frac{a_1 \cdot b_1 + a_2 \cdot b_2 + a_3 \cdot b_3}{\sqrt{a_1^2 + a_2^2 + a_3^2} \cdot \sqrt{b_1^2 + b_2^2 + b_3^2}}$$

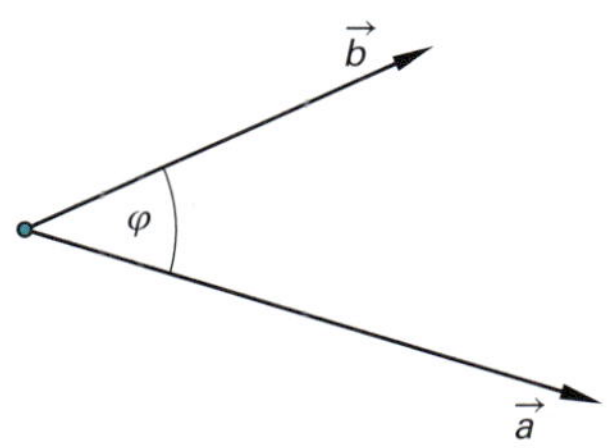

Orthogonalität zweier Vektoren

Zwei vom Nullvektor verschiedene Vektoren stehen genau dann senkrecht aufeinander, wenn das Skalarprodukt Null ergibt:

$$\vec{a} \circ \vec{b} = 0 \Leftrightarrow \vec{a} \perp \vec{b} \qquad (\vec{a} \neq 0, \vec{b} \neq 0)$$

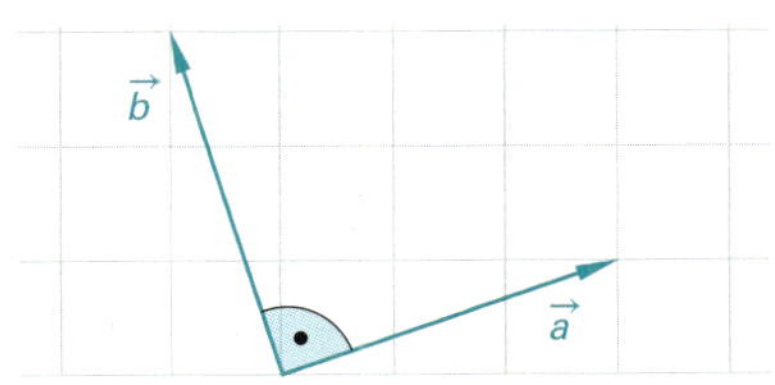

Projektion eines Vektors

Für die Projektion des Vektors $\vec{b}$ auf den Vektor $\vec{a}$ gilt:

$$\vec{b}_{\vec{a}} = \left(\frac{\vec{a} \circ \vec{b}}{|\vec{a}|^2}\right) \cdot \vec{a}$$

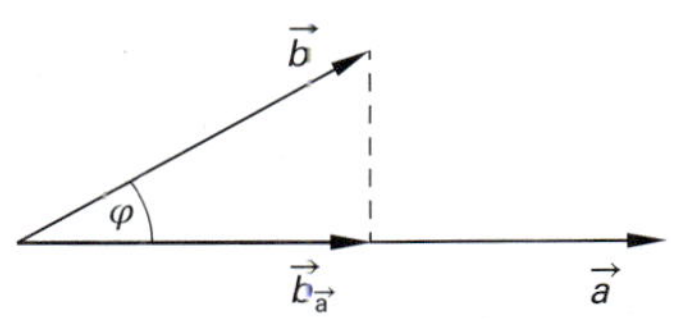

Vektorprodukt (Kreuzprodukt)

Definition

Zwei Vektoren $\vec{a}$ und $\vec{b}$ ist genau ein Vektor $\vec{a} \times \vec{b}$ zugeordnet, sodass

1. $\vec{a} \times \vec{b}$ senkrecht steht auf $\vec{a}$ und $\vec{b}$
2. $\vec{a}, \vec{b}, \vec{a} \times \vec{b}$ ein Rechtssystem bilden

Komponentendarstellung:

$$\vec{a} \times \vec{b} = \begin{pmatrix} a_1 \\ a_2 \\ a_3 \end{pmatrix} \times \begin{pmatrix} b_1 \\ b_2 \\ b_3 \end{pmatrix} = \begin{pmatrix} a_2b_3 - a_3b_2 \\ a_3b_1 - a_1b_3 \\ a_1b_2 - a_2b_1 \end{pmatrix}$$

Rechenregeln

Alternativgesetz: $\vec{b} \times \vec{a} = -(\vec{a} \times \vec{b})$

Assoziativgesetz: $\lambda(\vec{a} \times \vec{b}) = (\lambda\vec{a}) \times \vec{b} = \vec{a} \times (\lambda\vec{b})$

Distributivgesetz: $(\vec{a} + \vec{b}) \times \vec{c} = \vec{a} \times \vec{c} + \vec{b} \times \vec{c}$

Kollineare Vektoren

$\vec{a} \times \vec{b} = 0 \quad \Leftrightarrow \quad \vec{a} \uparrow\uparrow \vec{b}$ oder $\vec{a} \uparrow\downarrow \vec{b} \qquad (\vec{a} \neq 0, \vec{b} \neq 0)$

Geometrische Deutung

Der Betrag des Vektorprodukts $|\vec{a} \times \vec{b}|$ ist gleich dem Flächeninhalt des von den Vektoren $\vec{a}$ und $\vec{b}$ aufgespannten Parallelogramms (bzw. Dreiecks).

$$A_{\text{Parallelogramm}} = |\vec{a} \times \vec{b}| = |\vec{a}| \cdot |\vec{b}| \cdot \sin\varphi \quad (0° \leq \varphi \leq 180°)$$

$$A_{\text{Dreieck}} = \frac{1}{2}|\vec{a} \times \vec{b}|$$

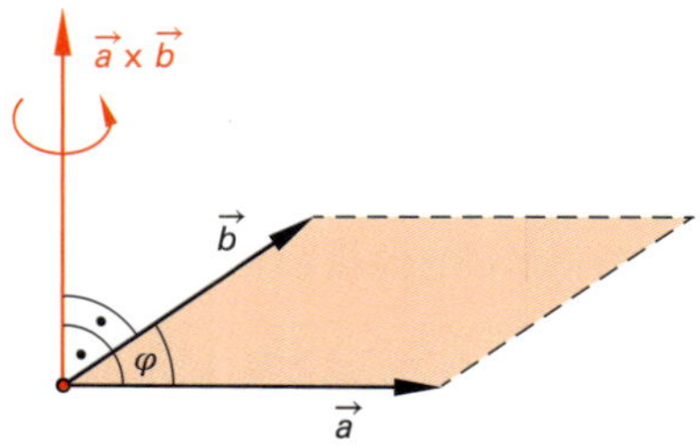

Spatprodukt (gemischtes Produkt)

Das Spatprodukt der drei Vektoren $\vec{a}$, $\vec{b}$, und $\vec{c}$ ist das Produkt aus den Vektoren $\vec{a} \times \vec{b}$ und $\vec{c}$. Das Ergebnis ist ein Skalar $s \in \mathbb{R}$.

Komponentendarstellung

$$(\vec{a} \times \vec{b}) \circ \vec{c} = \begin{pmatrix} a_2b_3 - a_3b_2 \\ a_3b_1 - a_1b_3 \\ a_1b_2 - a_2b_1 \end{pmatrix} \circ \begin{pmatrix} c_1 \\ c_2 \\ c_3 \end{pmatrix}$$

$$= (a_2b_3 - a_3b_2)\, c_1 + (a_3b_1 - a_1b_3)\, c_2 + (a_1b_2 - a_2b_1)\, c_3 = s$$

Geometrische Deutung

Das Spatprodukt $|(\vec{a} \times \vec{b}) \circ \vec{c}|$ ist das Volumen des von den Vektoren $\vec{a}$, $\vec{b}$,und $\vec{c}$ aufgespannten Spats (Parallelflach).

$$V_{\text{Spat}} = |(\vec{a} \times \vec{b}) \circ \vec{c}|$$

Volumen einer vierseitigen Pyramide:

$$V_{\text{Pyramide}} = \frac{1}{3}\, |(\vec{a} \times \vec{b}) \circ \vec{c}|$$

Volumen eines Vierflachs: $V_{\text{Vierflach}} = \frac{1}{6}\, |(\vec{a} \times \vec{b}) \circ \vec{c}|$

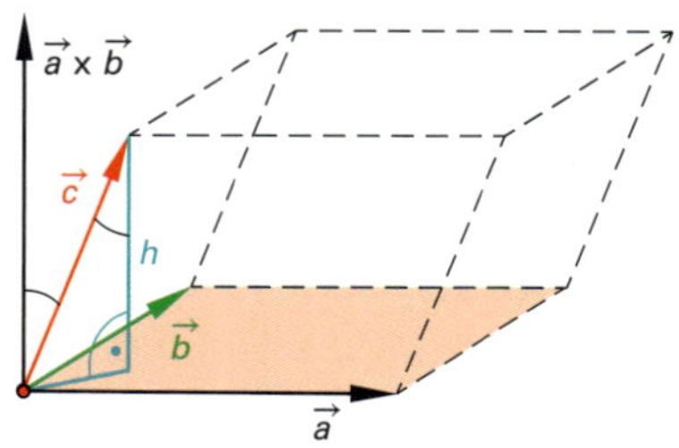

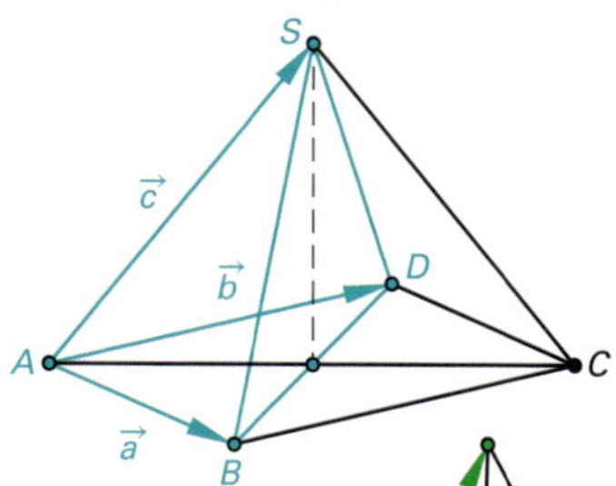

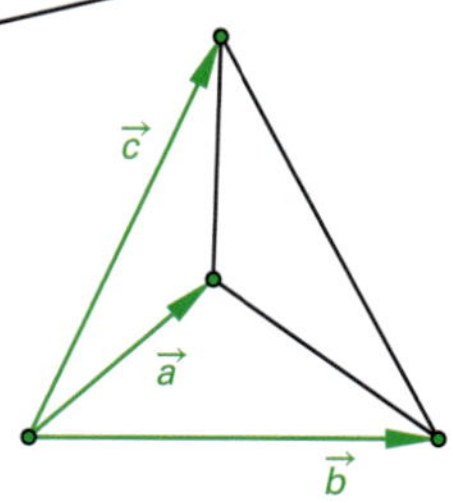

Anwendung der Analytischen Geometrie

Durch die Verwendung von Vektoren können **spezielle Punkte, Geraden** und **Ebenen im Raum** beschrieben werden, **Abstände zwischen Punkten** im Raum berechnet, sowie **Winkel zwischen Geraden** bestimmt werden. Des Weiteren können der **Schnittpunkt zweier Geraden** oder der **Schnittpunkt** einer **Geraden mit** einer **Ebene,** sowie die **Schnittgerade zweier Ebenen** ermittelt werden.

Punkte im Raum

Abstand zweier Punkte

Eine Strecke im Raum kann durch eine Parameterdarstellung beschrieben werden, um jeden Punkt entlang der Strecke eindeutig zu identifizieren.

Teilverhältnis λ

Es definiert den Teilpunkt T auf einer Strecke

$\overrightarrow{AT} = \lambda \cdot \overrightarrow{TB}$ $\qquad$ $(A \neq B, \lambda \in \mathbb{R})$

T ist innerer Teilpunkt, wenn $\lambda > 0$;
äußerer Teilpunkt, wenn $\lambda < 0$;
Mittelpunkt, wenn $\lambda = 1$.

$$\lambda = \frac{t_1 - a_1}{b_1 - t_1} = \frac{t_2 - a_2}{b_2 - t_2} = \frac{t_3 - a_3}{b_3 - t_3} \qquad (b_i - t_i \neq 0,\ i = 1, 2, 3)$$

Ortsvektor $\vec{t}$ des Teilpunktes T

$$\vec{t} = \frac{\vec{a} + \lambda \vec{b}}{1 + \lambda}; \quad t_i = \frac{a_i + \lambda b_i}{1 + \lambda} \qquad (i = 1, 2, 3, \lambda \neq -1)$$

Ortsvektor $\vec{m}$ des Mittelpunktes M

$$\vec{m} = \frac{\vec{a} + \vec{b}}{2}; \quad m_i = \frac{a_i + b_i}{2} \qquad (i = 1, 2, 3)$$

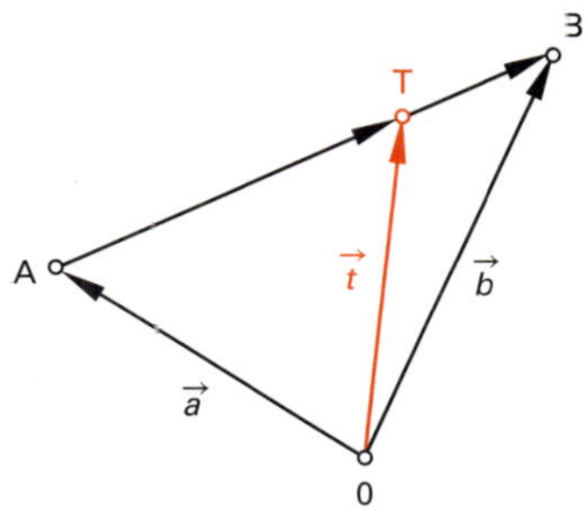

Schwerpunkt eines Dreiecks

Der **Ortsvektor $\vec{s}$** des Schwerpunkts **S eines Dreiecks** kann mit den zugehörigen **Ortsvektoren $\vec{a}$, $\vec{b}$ und $\vec{c}$ berechnet** werden.

$$\vec{s} = \frac{\vec{a} + \vec{b} + \vec{c}}{3}; \quad s_i = \frac{a_i + b_i + c_i}{3} \qquad (i = 1, 2, 3)$$

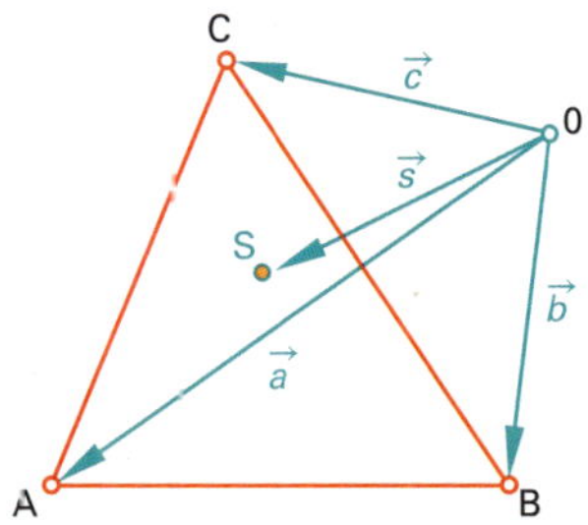

Abstand zweier Punkte

Der Abstand der Punkte A und B ist der Betrag des Vektors $\overrightarrow{AB}$, der als Differenzvektoren der Ortsvektoren erstellt werden kann.

$$\left|\overrightarrow{AB}\right| = \left|\vec{b} - \vec{a}\right| = \left|\begin{pmatrix} b_1 \\ b_2 \\ b_3 \end{pmatrix} - \begin{pmatrix} a_1 \\ a_2 \\ a_3 \end{pmatrix}\right| = \left|\begin{pmatrix} b_1 - a_1 \\ b_2 - a_2 \\ b_3 - a_3 \end{pmatrix}\right|$$

$$= \sqrt{(b_1 - a_1)^2 + (b_2 - a_2)^2 + (b_3 - a_3)^2}$$

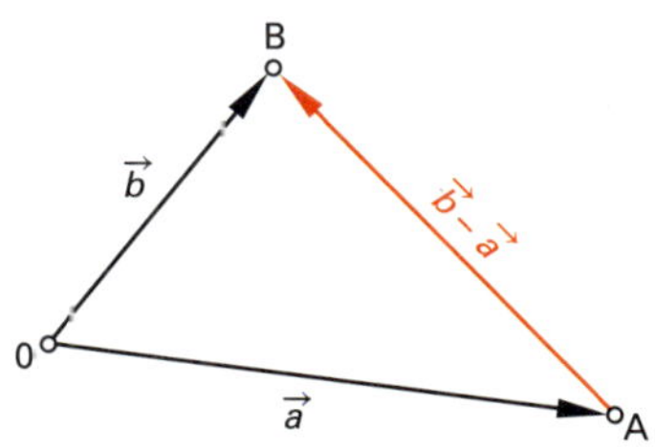

Geraden im Raum

Punkt-Richtungsform in Parameterform

Gerade g wird durch den **Punkt A** und den **Richtungsvektor $\vec{u}$** dargestellt.

g: $\vec{x} = \vec{a} + \lambda \cdot \vec{u}$; $\lambda \in \mathbb{R}$

$\vec{x}$: Ortsvektor zum Punkt X auf der Geraden
$\vec{a}$: Ortsvektor zum Aufpunkt A auf der Geraden
λ: Streckungsfaktor des Richtungsvektors
$\vec{u}$: Richtungsvektor der Geraden

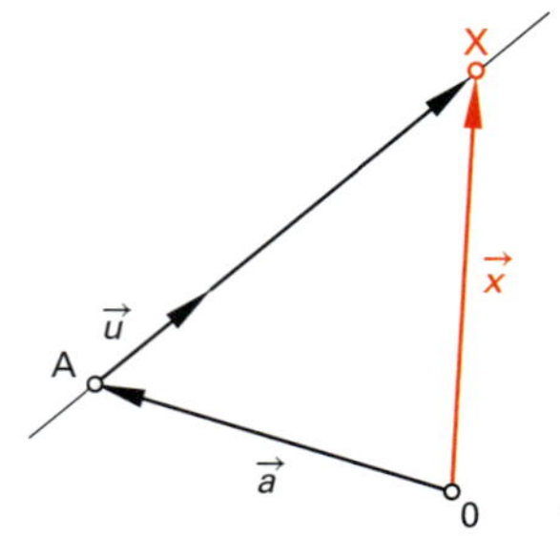

Zwei-Punkte-Form in Parameterform

Gerade **g durch** zwei **Punkte A** und **B.**

g: $\vec{x} = \vec{a} + \lambda \cdot \overrightarrow{AB} = \vec{a} + \lambda \cdot \left(\vec{b} - \vec{a}\right)$; $\lambda \in \mathbb{R}$

$\vec{x}$: Ortsvektor zum Punkt X auf der Geraden
$\vec{a}$: Ortsvektor zum Aufpunkt A auf der Geraden
λ: Streckungsfaktor des Richtungsvektors
$\overrightarrow{AB}$: Richtungsvektor der Geraden

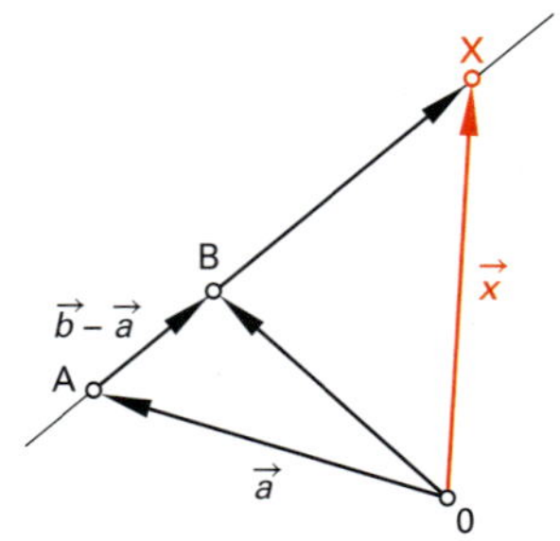

Ebenen im Raum

IQB-Seite 7

Ebene in Parameterform (1)

Ebene **E durch einen Punkt** und **zwei linear unabhängige Richtungsvektoren.**

E: $\vec{x} = \vec{a} + \lambda \cdot \vec{u} + \mu \cdot \vec{v}$; $\lambda, \mu \in \mathbb{R}$

$\vec{x}$: Ortsvektor zum Punkt X auf der Ebene
$\vec{a}$: Ortsvektor zum Aufpunkt A auf der Ebene
λ, μ: Streckungsfaktor der Richtungsvektoren
$\vec{u}, \vec{v}$: Richtungsvektoren der Ebene

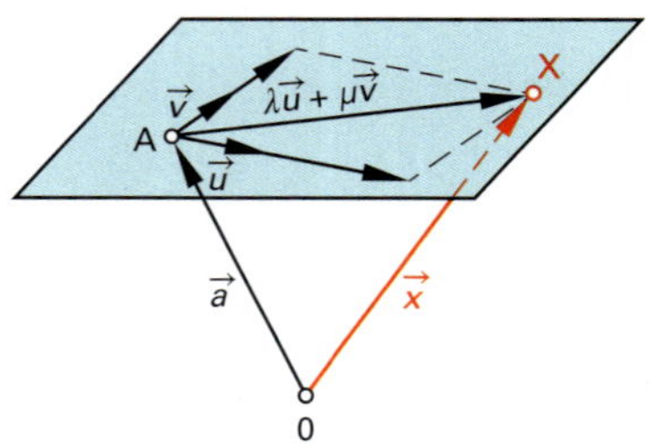

Ebene in Parameterform (2)

Ebene **E durch drei** nichtkollineare **Punkte.**

E: $\vec{x} = \vec{a} + \lambda \cdot \overrightarrow{AB} + \mu \cdot \overrightarrow{AC}$
$= \vec{a} + \lambda \cdot \left(\vec{b} - \vec{a}\right) + \mu \cdot \left(\vec{c} - \vec{a}\right)$; $\lambda, \mu \in \mathbb{R}$

$\vec{x}$: Ortsvektor zum Punkt X auf der Ebene
$\vec{a}$: Ortsvektor zum Aufpunkt A auf der Ebene
λ, μ: Streckungsfaktor der Richtungsvektoren
$\overrightarrow{AB}$: Richtungsvektoren zwischen den Punkten A und B
$\overrightarrow{AC}$: Richtungsvektoren zwischen den Punkten A und C

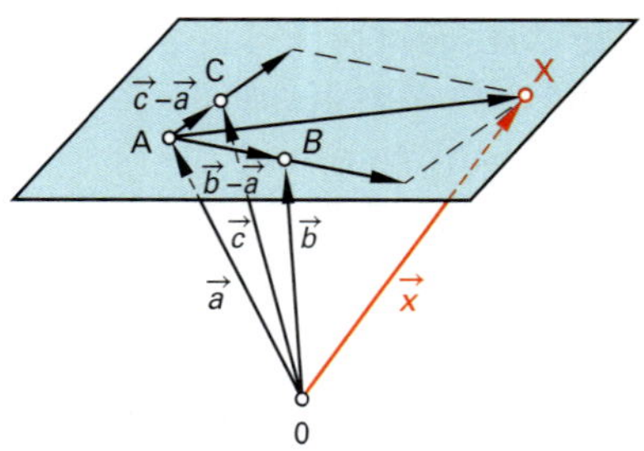

Ebene in Achsenabschnittsform

Ebene **E** kann **durch die drei Achsenschnittpunkte** bestimmt werden.

$\frac{x_1}{s} + \frac{x_2}{t} + \frac{x_3}{u} = 1$ $(s \neq 0, t \neq 0, u \neq 0)$

x_1, x_2, x_3: Koordinatenachsen
S, T, U: Achsenschnittpunkte

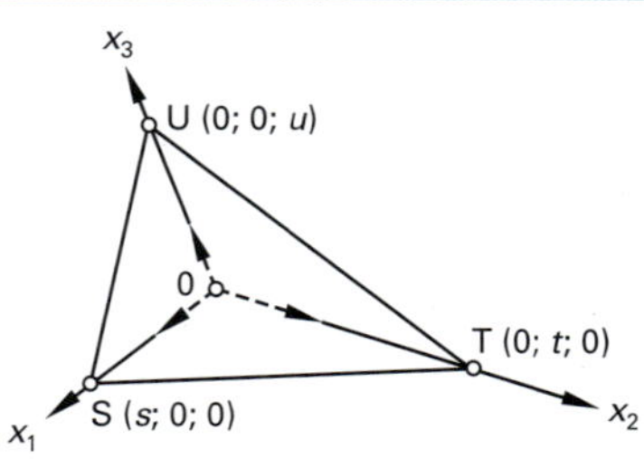

Ebene in Normalenform

Ebene **E** kann mit einem Vektor $\vec{n}$, der senkrecht auf der Ebene steht, ausgedrückt werden.

Vektorielle Darstellung

E: $\vec{n} \circ \left(\vec{x} - \vec{a}\right) = 0$

E: Name der Ebene
$\vec{n}$: Normalenvektor der Ebene
$\vec{x}$: Ortsvektor zum Punkt X auf der Ebene
$\vec{a}$: Ortsvektor zum Punkt A auf der Ebene

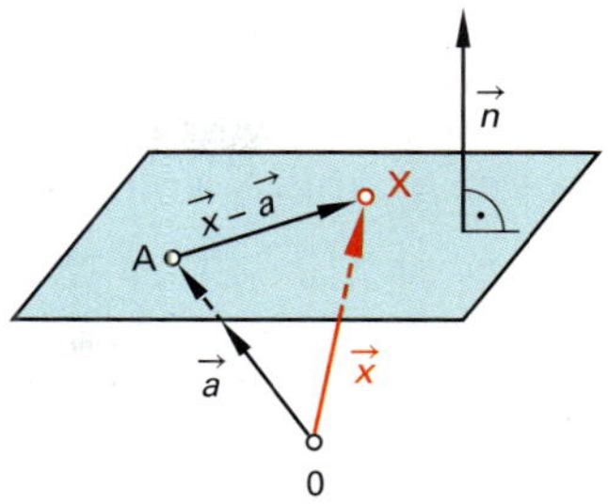

Koordinatendarstellung

E: $n_1x_1 + n_2x_2 + n_3x_3 - n_0 = 0$
$\left(n_1^2 + n_2^2 + n_3^2 > 0,\ n_i \in \mathbb{R}\right)$

$\vec{n} = \begin{pmatrix} n_1 \\ n_2 \\ n_3 \end{pmatrix}$ ist der Normalenvektor der Ebene

Es gilt:

$\vec{n} = \lambda\left(\vec{u} \times \vec{v}\right), \lambda \neq 0$

$\vec{n} \circ \vec{u} = \vec{n} \circ \vec{v} = 0$

$\vec{u}$, $\vec{v}$: Richtungsvektoren der Ebene

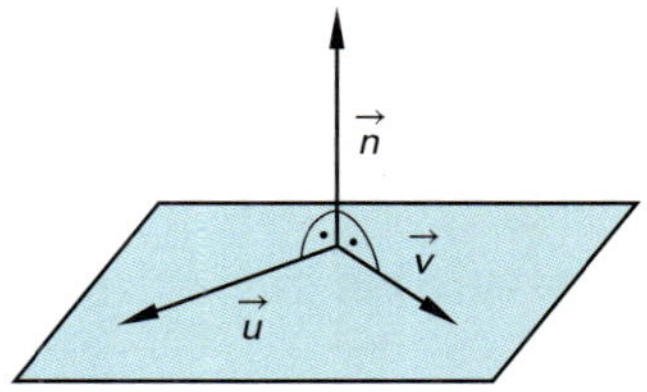

Hesseform der Ebene

Hier ist der Normalenvektor auf die Länge 1 normiert.

E: $\vec{n}^0 \circ \left(\vec{x} - \vec{a}\right) = 0;\quad \vec{n}^0 = \frac{\vec{n}}{\left|\vec{n}\right|}$

$\frac{n_1x_1 + n_2x_2 + n_3x_3 - n_0}{\sqrt{n_1^2 + n_2^2 + n_3^2}} = 0$

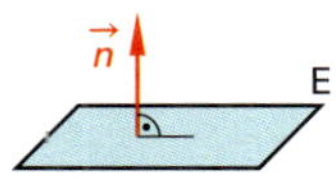

$\vec{n}$ beliebige Länge

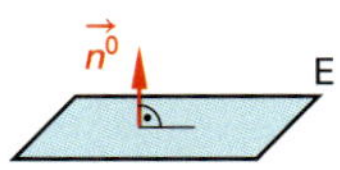

$\vec{n}^0$ Länge 1

Abstand eines Punktes bzw. einer parallelen Geraden von der Ebene

Abstand *d* des Punktes P von der Ebene E

$d(\text{P}, \text{E}) = \vec{n}^0 \circ \left(\vec{p} - \vec{a}\right)$

$d > 0$: Ursprung und P liegen auf verschiedenen Seiten von E
$d = 0$: $\text{P} \in \text{E}$
$d < 0$: Ursprung und P liegen auf derselben Seite von E

d: Abstand des Punktes P von der Ebene E
$\vec{n}^0$: Einheitsvektor des Normalenvektors
$\vec{a}$: Ortsvektor zum Punkt A auf der Ebene
$\vec{p}$: Ortsvektor zum Punkt P

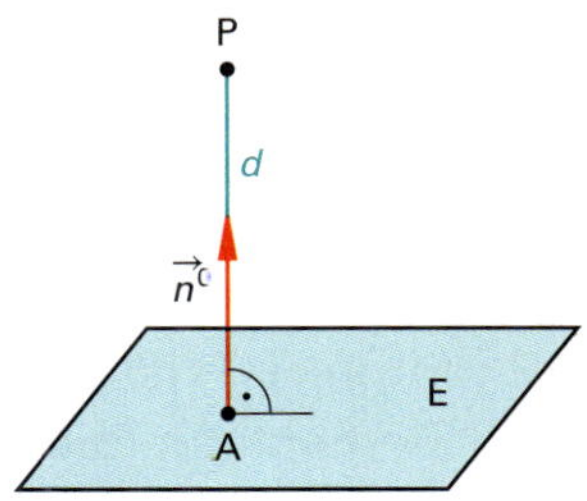

Abstand *d* der parallelen Geraden *g* von der Ebene E

Es wird ein beliebiger Punkt P von der Geraden *g* bestimmt und dann der Abstand *d* des Punktes P von der Ebene E berechnet.

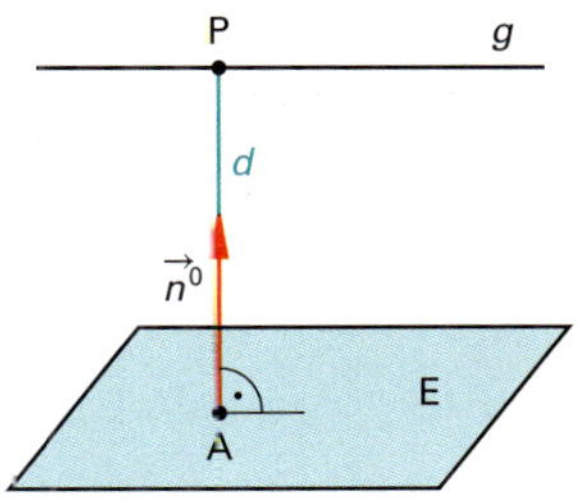

Zwei Ebenen

Abstand d der parallelen Ebenen E_1 und E_2

Zwei Ebenen sind dann parallel, wenn ihre Normalenvektoren $\overrightarrow{n_1}$ und $\overrightarrow{n_2}$ kollinear sind $\left(\overrightarrow{n_1} \circ \overrightarrow{n_2} = 0\right)$.

$$d(E_1, E_2) = \overrightarrow{n_1}^0 \circ \left(\overrightarrow{p_2} - \overrightarrow{p_1}\right) = \overrightarrow{n_2}^0 \circ \left(\overrightarrow{p_2} - \overrightarrow{p_1}\right)$$

E_1, E_2: Name der Ebenen
$\overrightarrow{n_1}, \overrightarrow{n_2}$: Normalenvektoren der Ebenen
$\overrightarrow{p_1}, \overrightarrow{p_2}$: Ortsvektoren zu den Punkten P_1 und P_2
Q_1, Q_2: Punkte auf den Ebenen E_1 und E_2

Identität zweier Ebenen

Ist E_1: $a_1x_1 + a_2x_2 + a_3x_3 - a_0 = 0$ und
E_2: $b_1x_1 + b_2x_2 + b_3x_3 - b_0 = 0$, so gilt:

$$E_1 \equiv E_2 \Leftrightarrow P_1 \in E_2 \wedge P_2 \in E_1$$

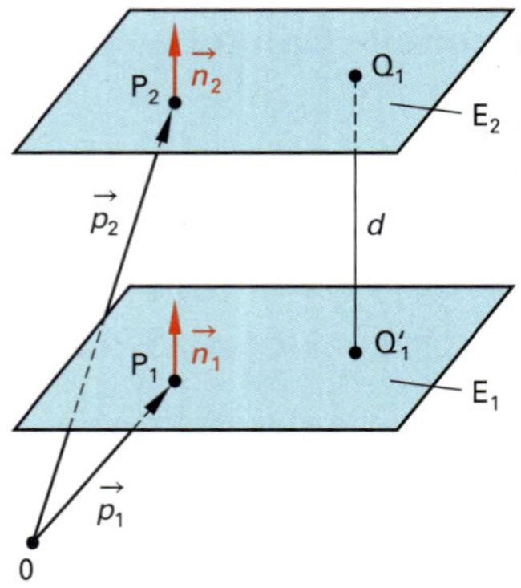

Schnittwinkel zwischen Geraden

Schnittwinkel φ zwischen Geraden g und h

Der Schnittwinkel ist der Winkel zwischen den Richtungsvektoren der Geraden g und h.

$$\cos\varphi = \frac{\vec{u} \circ \vec{v}}{|\vec{u}| \cdot |\vec{v}|} = \frac{\begin{pmatrix} u_1 \\ u_2 \\ u_3 \end{pmatrix} \circ \begin{pmatrix} v_1 \\ v_2 \\ v_3 \end{pmatrix}}{\left|\begin{pmatrix} u_1 \\ u_2 \\ u_3 \end{pmatrix}\right| \cdot \left|\begin{pmatrix} v_1 \\ v_2 \\ v_3 \end{pmatrix}\right|}$$

$$= \frac{u_1v_1 + u_2v_2 + u_3v_3}{\sqrt{u_1^2 + u_2^2 + u_3^2} \cdot \sqrt{v_1^2 + v_2^2 + v_3^2}}$$

$$\varphi = \arccos\left(\frac{\vec{u} \circ \vec{v}}{|\vec{u}| \cdot |\vec{v}|}\right)$$

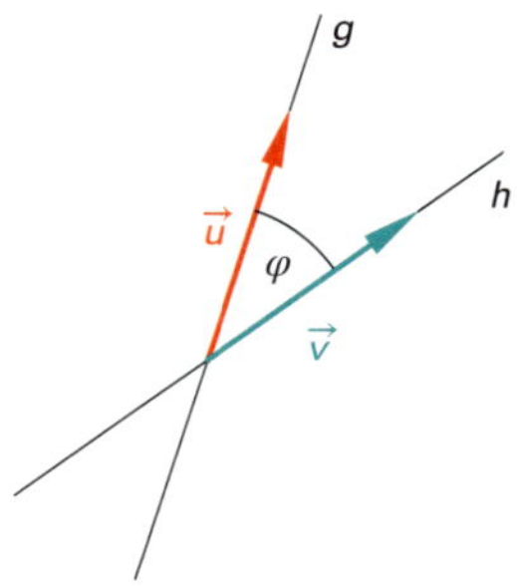

Schnittpunkt Gerade mit Ebene

Schnittpunkt S der Geraden g mit der Ebene E

Der Schnittpunkt S ist sowohl Element der Geraden g als auch Element der Ebene E.

g: $\vec{x} = \vec{a} + \lambda \cdot \vec{u}$; $\lambda \in \mathbb{R}$

$$g: \begin{pmatrix} x_1 \\ x_2 \\ x_3 \end{pmatrix} = \begin{pmatrix} a_1 \\ a_2 \\ a_3 \end{pmatrix} + \lambda \cdot \begin{pmatrix} u_1 \\ u_2 \\ u_3 \end{pmatrix}; \quad \lambda \in \mathbb{R}$$

E: $n_1x_1 + n_2x_2 + n_3x_3 - n_0 = 0$

$g \cap E = \{S\} \Rightarrow g$ in E

$n_1(a_1 + \lambda u_1) + n_2(a_2 + \lambda u_2) + n_3(a_3 + \lambda u_3) - n_0 = 0$

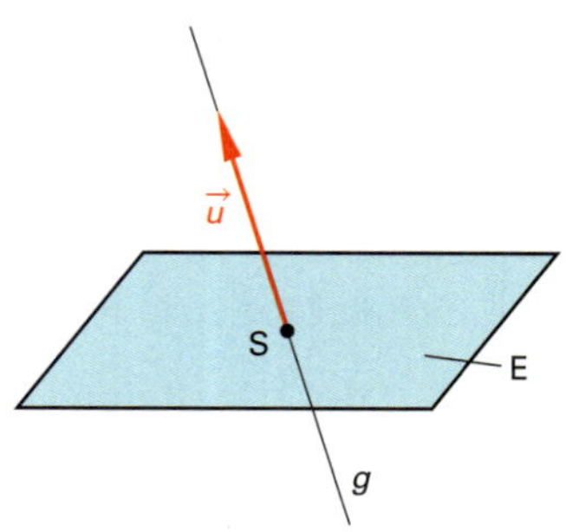

Schnittwinkel zwischen Gerade und Ebene

Schnittwinkel α

Der Winkel φ zwischen dem Normalenvektor $\vec{n}$ der Ebene E und dem Richtungsvektor $\vec{u}$ der Geraden g kann mithilfe des Skalarprodukts $\cos\varphi = \frac{\vec{n} \circ \vec{u}}{|\vec{n}| \cdot |\vec{u}|}$ berechnet werden. Der Winkel zwischen diesen beiden Vektoren ist jedoch nicht der Schnittwinkel α zwischen Ebene E und Gerade g, sondern der Ergänzungswinkel von α zu 90°. Der gesuchte Winkel α ist somit

$$\alpha = (90° - \varphi)$$

Es gilt jedoch $\cos(90° - \alpha) = \sin\alpha$, so kann der Schnittwinkel α mithilfe der Sinusfunktion berechnet werden.

$$\sin\alpha = \frac{\vec{n} \circ \vec{u}}{|\vec{n}| \cdot |\vec{u}|} = \frac{\begin{pmatrix} n_1 \\ n_2 \\ n_3 \end{pmatrix} \circ \begin{pmatrix} u_1 \\ u_2 \\ u_3 \end{pmatrix}}{\left|\begin{pmatrix} n_1 \\ n_2 \\ n_3 \end{pmatrix}\right| \cdot \left|\begin{pmatrix} u_1 \\ u_2 \\ u_3 \end{pmatrix}\right|}$$

$$= \frac{n_1u_1 + n_2u_2 + n_3u_3}{\sqrt{n_1^2 + n_2^2 + n_3^2} \cdot \sqrt{u_1^2 + u_2^2 + u_3^2}}$$

$$\alpha = \arcsin\left(\frac{\vec{n} \circ \vec{u}}{|\vec{n}| \cdot |\vec{u}|}\right)$$

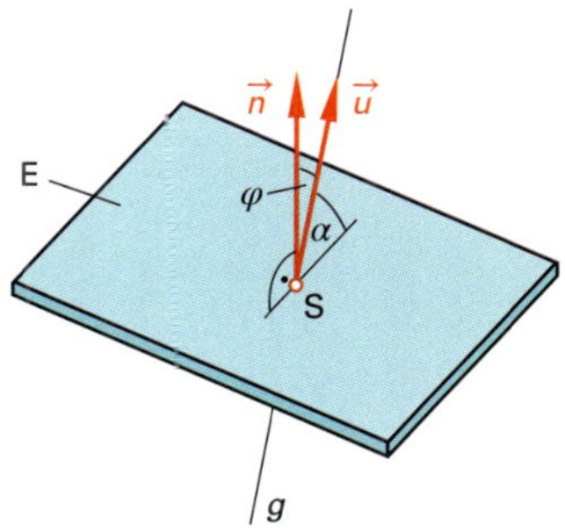

Schnittwinkel zwischen Ebenen

Schnittwinkel φ zwischen Ebene E und Ebene F

Der Schnittwinkel φ ist der Winkel zwischen den Normalenvektoren $\vec{n_E}$ und $\vec{n_F}$ der Ebenen E und Ebene F.

$$\cos\varphi = \frac{\vec{n_E} \circ \vec{n_F}}{|\vec{n_E}| \cdot |\vec{n_F}|} = \frac{\begin{pmatrix} n_{E1} \\ n_{E2} \\ n_{E3} \end{pmatrix} \circ \begin{pmatrix} n_{F1} \\ n_{F2} \\ n_{F3} \end{pmatrix}}{\left|\begin{pmatrix} n_{E1} \\ n_{E2} \\ n_{E3} \end{pmatrix}\right| \cdot \left|\begin{pmatrix} n_{F1} \\ n_{F2} \\ n_{F3} \end{pmatrix}\right|}$$

$$= \frac{n_{E1}n_{F1} + n_{E2}n_{F2} + n_{E3}n_{F3}}{\sqrt{n_{E1}^2 + n_{E2}^2 + n_{E3}^2} \cdot \sqrt{n_{F1}^2 + n_{F2}^2 + n_{F3}^2}}$$

$$\varphi = \arccos\left(\frac{\vec{n_E} \circ \vec{n_F}}{|\vec{n_E}| \cdot |\vec{n_F}|}\right)$$

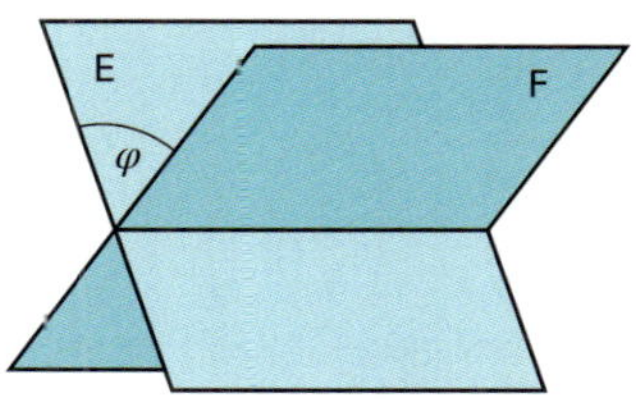

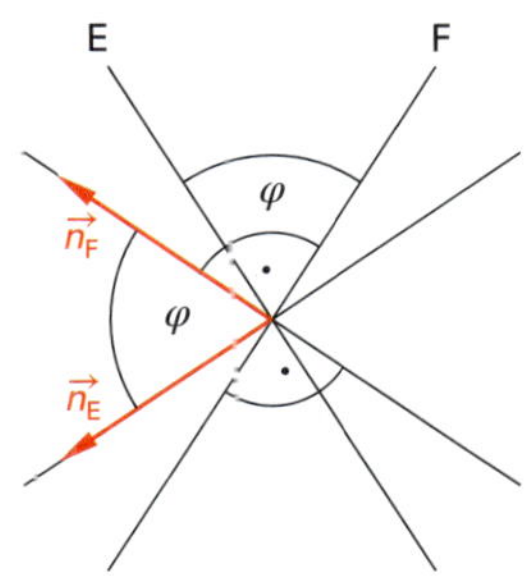

Lagebeziehungen zwischen Ebenen

Es gibt insgesamt drei Möglichkeiten, wie zwei Ebenen zueinanderstehen können: Sie können identisch, parallel oder schneidend sein.

Identische Ebenen E und F

Sind zwei Ebenen E und F identisch, liegen sie aufeinander und jeder Punkt der ersten Ebene ist auch Punkt der zweiten Ebene. Die identischen Ebenen sind gleich.

$$E \equiv F \quad \Leftrightarrow \quad P_{E_i} \in P_{F_i}; \qquad i \in \mathbb{R}$$

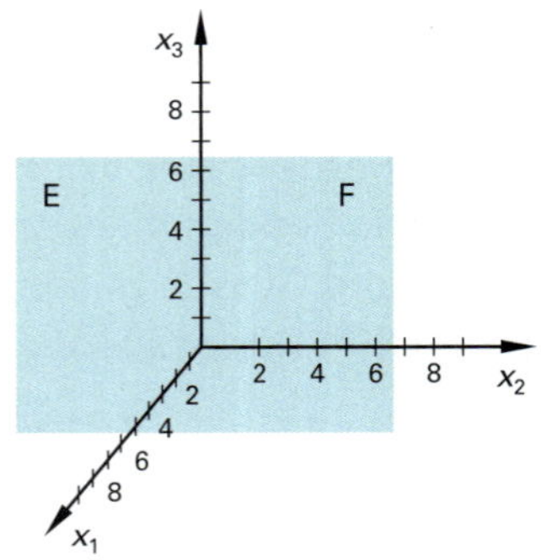

Parallele Ebenen E und F

Zwei Ebenen E und F können auch parallel sein. In diesem Fall haben die beiden Ebenen keine gemeinsamen Punkte. Jeder Punkt, der in der Ebene E liegt, kann nicht Element der Ebene F sein. Des Weiteren müssen die Normalenvektoren der Ebenen kollinear sein.

$$E \parallel F \quad \Leftrightarrow \quad P_{E_i} \notin P_{F_i}; \qquad i \in \mathbb{R}$$

$$\vec{n}_E \times \vec{n}_F = \vec{0}$$

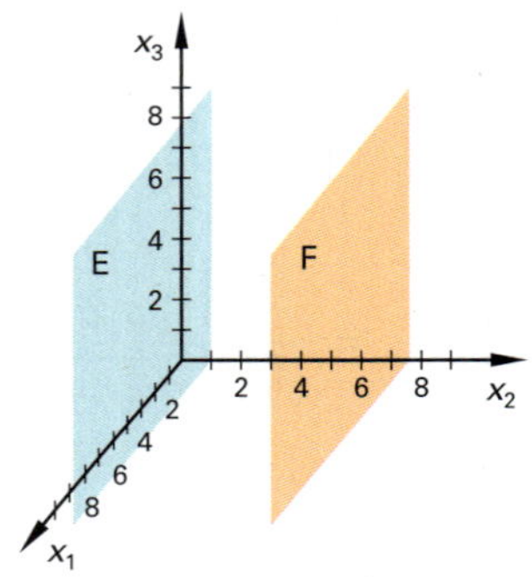

Sich schneidende Ebenen E und F

Zuletzt können sich zwei Ebenen E und F auch schneiden. Dabei liegen alle Punkte, die auf der **Schnittgeraden *g* zweier Ebenen** liegen, sowohl in der Ebene E als auch der Ebene F.

$$E: \begin{pmatrix} x_1 \\ x_2 \\ x_3 \end{pmatrix} = \begin{pmatrix} a_1 \\ a_2 \\ a_3 \end{pmatrix} + \lambda \cdot \begin{pmatrix} u_1 \\ u_2 \\ u_2 \end{pmatrix} + \mu \cdot \begin{pmatrix} v_1 \\ v_2 \\ v_3 \end{pmatrix}; \qquad \lambda, \mu \in \mathbb{R}$$

$$F: \; n_1x_1 + n_2x_2 + n_3x_3 - n_0 = 0$$

$$E \cap F = \{g\} \quad \Rightarrow \quad \text{E in F einsetzen}$$

$$n_1(x_{1E}) + n_2(x_{2E}) + n_3(x_{3E}) - n_0 = 0$$

Die Lösung ergibt eine Gleichung, die nur von λ und μ abhängt. Diese Gleichung nach einem der beiden Parameter umstellen und in die Ebene E einsetzen, ergibt dann g.

$$g: \; \vec{x} = \vec{a} + \lambda \cdot \vec{u}; \qquad \lambda \in \mathbb{R}$$

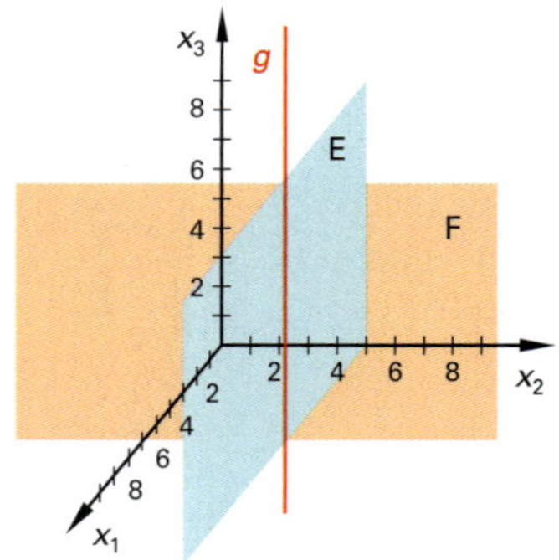

Kugel und Ebene

Zwischen einer Kugel und einer Ebene kann es zu verschiedenen Konstellationen, wie z. B. berühren, schneiden, Orthogonalität, Distanz oder Potenz kommen.

Kugelkoordinaten

Ein Raumpunkt P kann mit der **Abstandskoordinate *r***, der **Breitenkoordinate ϑ** und der **Längenkoordinate φ** beschrieben werden.

r: Länge des Ortsvektors = $\overrightarrow{0P}$; $r \geq 0$

ϑ: Winkel zwischen dem Ortsvektor $\vec{r}$ und der positiven z-Achse

φ: Winkel zwischen der Projektion des Ortsvektors $\vec{r}$ auf die x, y-Ebene und der positiven x-Achse.

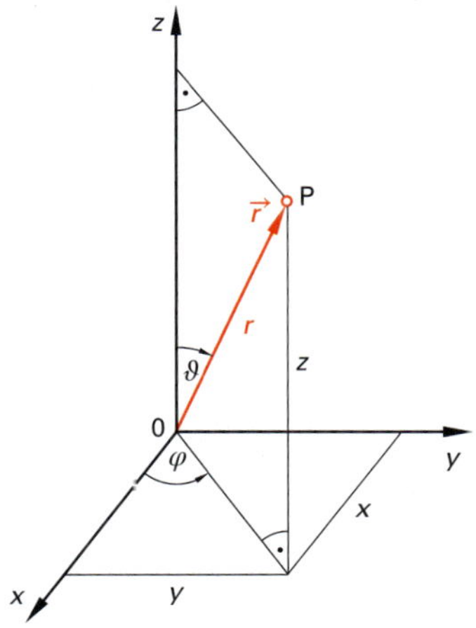

Koordinatenflächen

Ist jeweils eine der drei Kugelkoordinaten konstant, so entstehen Koordinatenflächen.

r = konstant: Kugeloberfläche (Kugelschale)

ϑ = konstant: Mantelfläche eines Kegels (Kegelspitze in 0)

φ = konstant: Halbebene durch die z-Achse

Die Koordinatenflächen stehen in jedem Punkt paarweise senkrecht aufeinander.

Kugelgleichung um M

Vektorform: $\left(\vec{x} - \vec{m}\right)^2 = r^2$

Koordinatenform: $(x_1 - m_x)^2 + (x_2 - m_y)^2 + (x_3 - m_z)^2 = r^2$

Parameterform:
$$\left| \begin{array}{l} x_1 = m_1 + r\cos\varphi\cos\theta \\ x_2 = m_2 + r\cos\varphi\sin\theta \\ x_3 = m_3 + r\sin\varphi \end{array} \right| \quad \left(\begin{array}{c} -\frac{\pi}{2} \leq \varphi \leq +\frac{\pi}{2} \\ 0 \leq \theta < 2\pi \end{array} \right)$$

M: Mittelpunkt

m_x, m_y, m_z: Mittelpunktkoordinaten

r, φ, θ: Kugelkoordinaten

x, y, z: Koordinatenachsen

Tangentialebene (Polarebene) in P

Vektorform: $\left(\vec{p} - \vec{m}\right)^2 \circ \left(\vec{x} - \vec{m}\right)^2 = r^2$

$\vec{p}$: Ortsvektor zum Punkt P

$\vec{m}$: Ortsvektor zum Kugelmittelpunkt

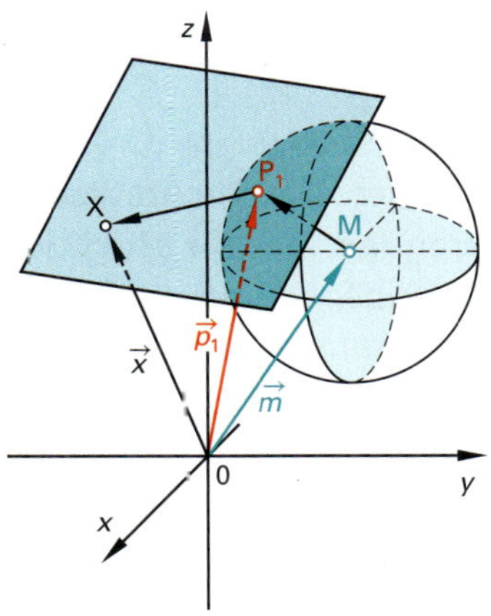

Potenz K(P) des Punktes P bezüglich der Kugel k

Die Potenz eines Punktes P bezüglich einer Kugel k ist ein Maß dafür, wie nahe der Punkt an der Kugel liegt.

$K(\mathrm{P}) = \left(\vec{p} - \vec{m}\right)^2 - r^2$

$K(\mathrm{P}) > 0 \Rightarrow$ P außerhalb k,
$K(\mathrm{P}) = 0 \Rightarrow \mathrm{P} \in k$,
$K(\mathrm{P}) > 0 \Rightarrow$ P innerhalb k.

1.4 Stochastik

► Beschreibende Statistik

Die beschreibende Statistik befasst sich mit der **Organisation, Darstellung** und **Zusammenfassung von Daten.** Ihr Hauptziel besteht darin, Informationen aus Daten zu extrahieren, indem sie diese in eine leicht verständliche Form umwandelt. Dazu gehören Methoden wie die **Berechnung von Mittelwerten, Medianen, Standardabweichungen, Diagramme, Tabellen** und andere Techniken zur Visualisierung von Daten.

Auswerten von Daten

Rohdaten

Bei statistischen Erhebungen wird die Fragestellung nur an einen **Teil der Gesamtheit** gerichtet. Diesen Teil **nennt man Stichprobe.** Das Ergebnis wird **in einer Urliste** eingetragen.

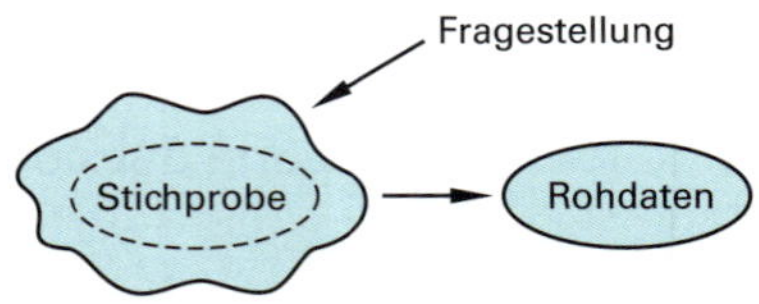

Stichprobe: Teil der Gesamtheit

Verdichtete Daten

Die **Rohdaten** werden nach Kriterien der Fragestellung **sortiert** und zusammengefasst, dies ergibt dann eine **Menge von verdichteten Daten.**

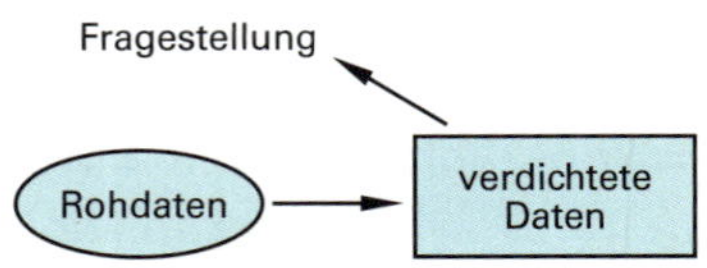

verdichtete Daten: verarbeitete Rohdaten

Strichliste

In einer Strichliste werden die verdichteten Daten (Merkmal) eingetragen. Sie besteht im Wesentlichen aus einer **Reihe von Strichen,** die verwendet werden, um das Auftreten eines bestimmten Ereignisses zu **zählen.**

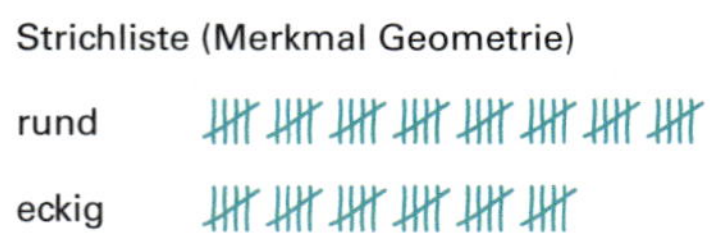

Diagramme

Stabdiagramm

Beim Stabdiagramm werden Koordinatenachsen verwendet. **Die Rechtswertachse trägt die Merkmalausprägung** und **die Hochwertachse zeigt die Häufigkeiten** (absolute oder relative) an. Dabei gibt die Stablänge die Häufigkeit an.

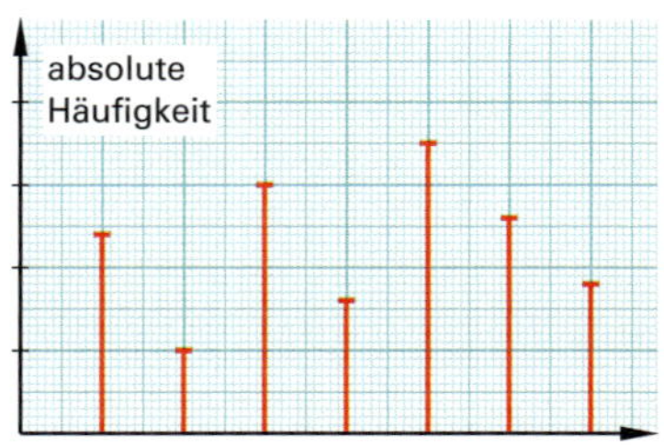

Säulendiagramm

Ein Säulendiagramm ist ähnlich wie ein Stabdiagramm und wird verwendet, um quantitative Daten darzustellen. Es besteht aus **rechteckigen Säulen,** deren **Höhe proportional zur Größe der darzustellenden Datenmenge** ist. Dabei steht jede einzelne Säule für eine Merkmalsausprägung. Die Säulen repräsentieren verschiedene Kategorien oder Gruppen.

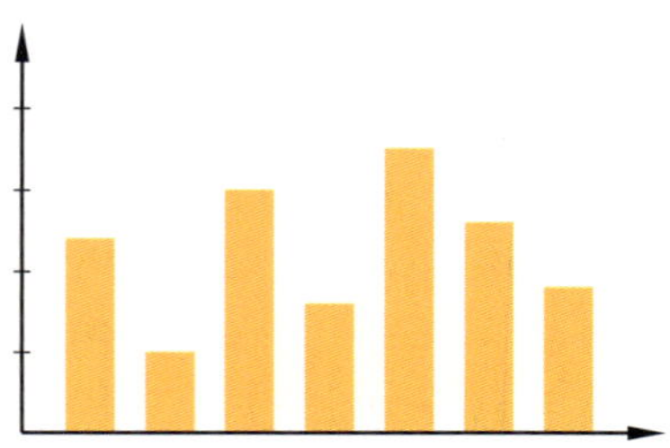

Histogramm

Ein **Histogramm** ist eine **grafische Darstellung von Daten,** die in verschiedenen Kategorien gruppiert sind. Es besteht aus einer Reihe von vertikalen Balken, wobei **die Höhe jedes Balkens die Häufigkeit oder Anzahl von Datenpunkten** in der jeweiligen Kategorie repräsentiert. Die Kategorien werden auf der horizontalen Achse dargestellt, während die Häufigkeit oder Anzahl auf der vertikalen Achse dargestellt wird.

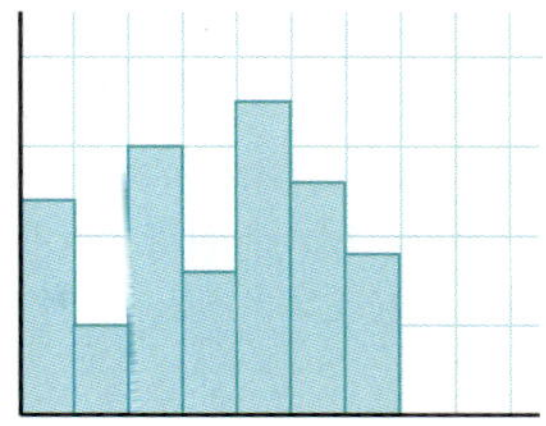

Pareto-Diagramm

Eine besondere Form des Säulendiagramms ist das Pareto-Diagramm. Hier werden in Säulenform die einzelnen Werte der Größe nach geordnet aufgereiht. Es **ordnet die Balken in absteigender Reihenfolge der Höhe, wobei die häufigsten Kategorien links und die weniger häufigen rechts angeordnet sind.** Auftretende Häufigkeiten können somit direkt abgelesen werden. Die Kurve ergibt sich durch das Aufsetzen der Säulen auf die Spitze der jeweils vorausgegangenen Säule.

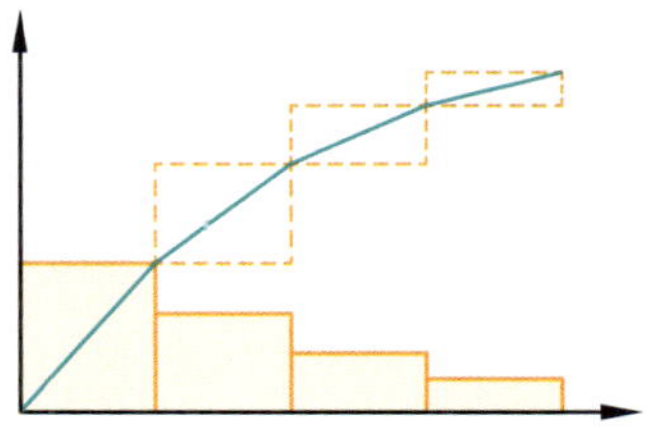

Kreisdiagramm

Ein Kreisdiagramm (Kreissektor-Diagramm oder Tortendiagramm) **wird verwendet, um die prozentuale Verteilung von Kategorien innerhalb einer Gesamtheit darzustellen.** Es besteht aus einem Kreis, der in Sektoren unterteilt ist, wobei jeder Sektor eine Kategorie repräsentiert. **Die Größe jedes Sektors entspricht dem prozentualen Anteil dieser Kategorie an der Gesamtheit.**

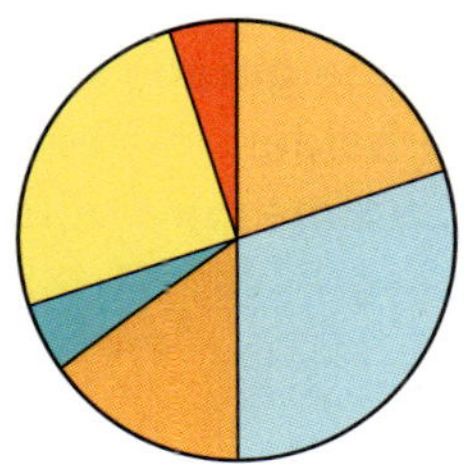

Boxplot

Ein Boxplot (Box-and-Whisker-Plot) zeigt **fünf wichtige Kennzahlen: Minimum, Quartil Q_1** (25. Perzentil), **Median** (50. Perzentil), **Quartil Q_3** (75. Perzentil) **und Maximum.** Die dargestellte Box repräsentiert den Bereich zwischen dem ersten und dem dritten Quartil (Quartilabstand). **Der Abstand ist ein Maß dafür, wie dicht die Daten in der mittleren Hälfte liegen.** Die „Whiskers" erstrecken sich von den Rändern der Box zu den minimalen und maximalen Werten.

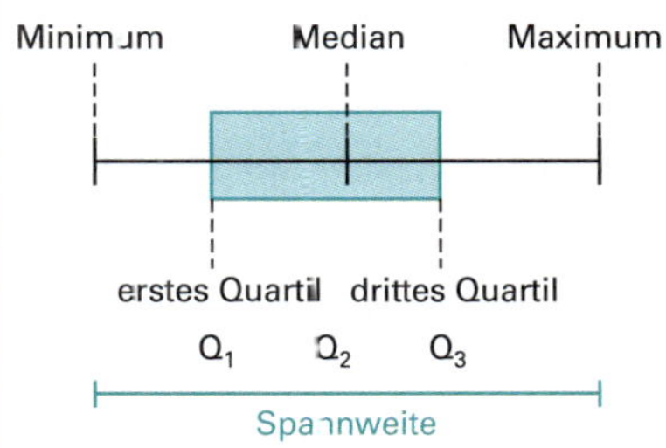

Streudiagramm

Ein Streudiagramm (Scatterplot) ist eine grafische Darstellung, die die Beziehung zwischen zwei Variablen visualisiert. In einem Streudiagramm werden die Werte einer Variablen entlang der horizontalen Achse und die Werte einer anderen Variablen entlang der vertikalen Achse aufgetragen.

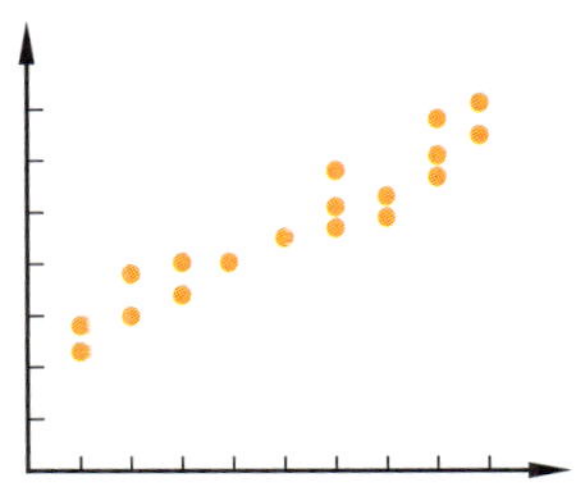

Lagemaße (Mittelwerte)

Arithmetisches Mittel

Bei der Berechnung des Mittelwerts werden **alle Ausprägungen einer Variable addiert** und **die Summe** schließlich durch die **Anzahl der Merkmalsausprägungen geteilt**.

$$\overline{x} = \frac{x_1 + x_2 + x_3 + \ldots + x_n}{n} = \frac{1}{n}\sum_{i=1}^{n} x_i$$

$\overline{x}$: Mittelwert
n: Anzahl der Werte
x_i: Datenwert an der i-ten Stelle

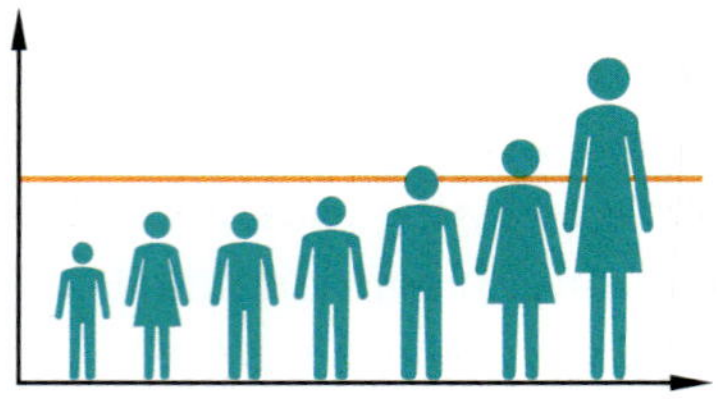

Median x_{med}

Bei einer geordneten Reihe ist der **Median** der Wert, der die Reihe in einen gleich großen unteren und oberen Bereich aufteilt.

Gibt es eine **ungerade Anzahl** an Merkmalsträgern, dann ist der Median ein Wert, der tatsächlich vorkommt.

$$x_{med} = x_{\frac{n+1}{2}}$$

Gibt es eine **gerade Anzahl** an Merkmalsträgern, werden die beiden mittleren Ausprägungen addiert und deren Summe wird durch zwei dividiert.

$$x_{med} = \frac{1}{2}\left(x_{\frac{n}{2}} + x_{\frac{n}{2}+1}\right)$$

x_{med}: Median
n: Anzahl der Werte

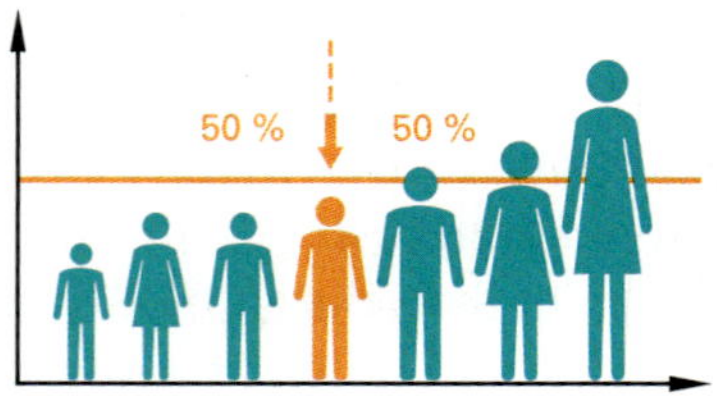

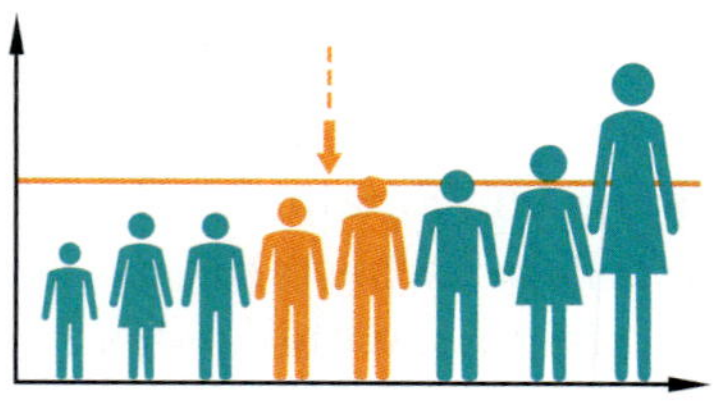

Modalwert m

Der **Modalwert** ist der Wert einer Verteilung, der **am häufigsten** vorkommt. **Existieren zwei bzw. mehr Punkte mit größter Häufigkeit,** dann gibt es mehrere Modalwerte. In diesem Fall spricht man dann von einer **bimodalen bzw. multimodalen Verteilung.**

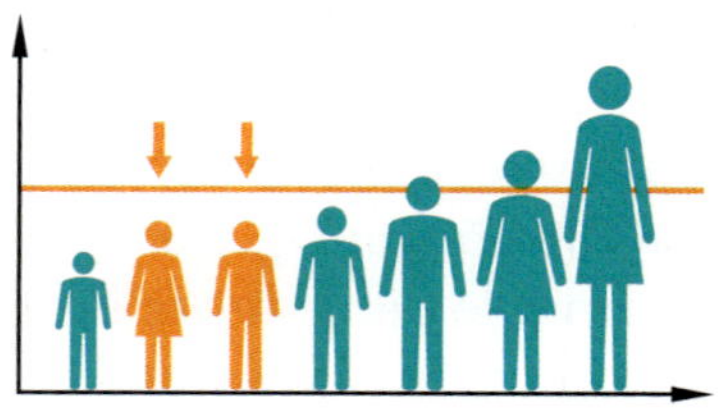

Streuungsmaße

Spannweite w

Die Spannweite ist die **Differenz zwischen dem höchsten Wert und dem niedrigsten Wert in einem Datensatz.**

$$w = x_{max} - x_{min}$$

w: Spannweite
x_{min}: kleinster Beobachtungswert
x_{max}: größter Beobachtungswert

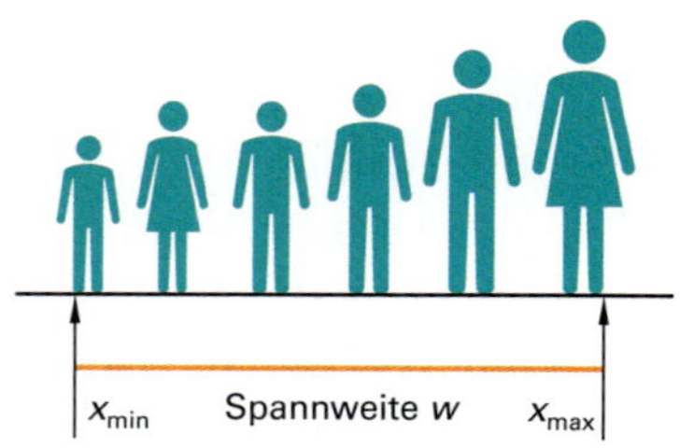

Mittlere quadratische Abweichung

Die mittlere quadratische Abweichung s^2 wird verwendet, um die durchschnittliche Streuung oder Abweichung von einem Mittelwert in einer Datenmenge zu messen. Sie wird oft als MSE (Mean Squared Error) bezeichnet. Um die **mittlere quadratische Abweichung** zu berechnen, nimmt man den **quadratischen Unterschied zwischen jedem Datenpunkt und dem Mittelwert, summiert diese Quadrate und teilt die Summe durch die Anzahl der Datenpunkte minus Eins.**

$$\text{MSE} = s^2 = \frac{1}{n-1} \sum_{i=1}^{n} (x_i - \overline{x})^2 = \frac{(x_1 - \overline{x})^2 + (x_2 - \overline{x})^2 + \ldots + (x_n - \overline{x})^2}{n-1}$$

s^2: Quadratischer Mittelwert
$\overline{x}$: Mittelwert der Datenwerte
n: Anzahl der Werte
x_i: Datenwert an der i-ten Stelle

Standardabweichung

Die **Standardabweichung *s*** ist eine Kennzahl, die die **Streuung** oder Variation **der Werte in einer Datenmenge** misst. Sie gibt an, wie weit die einzelnen Datenpunkte im Durchschnitt vom Mittelwert der Daten entfernt sind.

$$s = \sqrt{s^2} = \sqrt{\frac{1}{n-1} \sum_{i=1}^{n} (x_i - \overline{x})^2} = \sqrt{\frac{(x_1 - \overline{x})^2 + (x_2 - \overline{x})^2 + \ldots + (x_n - \overline{x})^2}{n-1}}$$

s: Standardabweichung
$\overline{x}$: Mittelwert der Datenwerte
n: Anzahl der Werte
x_i: Datenwert an der i-ten Stelle

Quadratischer Mittelwert

Der **quadratische Mittelwert** ist eine statistische Kennzahl, die verwendet wird, um die **durchschnittliche Größe von Werten in einer Datenmenge** zu beschreiben. Er wird häufig als RMS (Root Mean Square) bezeichnet.

$$\text{RMS} = \sqrt{\frac{1}{n} \sum_{i=1}^{n} x_i^2} = \overline{x}_{\text{QM}} = \sqrt{\frac{x_1^2 + x_2^2 + \ldots + x_n^2}{n}}$$

$\overline{x}_{\text{QM}}$: Quadratischer Mittelwert
n: Anzahl der Datenwerte
x_i: Datenwert an der i-ten Stelle

Geometrischer Mittelwert

Der **geometrische Mittelwert** wird verwendet, um den **zentralen Wert einer Datenreihe** zu berechnen. Wenn n positive Zahlen vorliegen, dann ergibt sich das geometrische Mittel durch die n-te Wurzel aus dem Produkt der n Werte.

$$\overline{x}_{\text{geom}} = \sqrt[n]{x_1 \cdot x_2 \cdot \ldots \cdot x_n}$$

$\overline{x}_{\text{geom}}$: Geometrischer Mittelwert
n: Anzahl der Datenwerte

Mathematik

Normalverteilung

Verteilungen von Datenwerten, die in ihrer **grafischen** Darstellung die **Form einer Glockenkurve** aufweisen, heißen Normalverteilungen. Sie sind **eingipflig** und annähernd **symmetrisch** um einen Mittelwert $\overline{x}$ verteilt. Eingipflige Verteilungen zeigen einen Kurvenverlauf mit einem maximalen Extremwert.

Bei jeder Normalverteilung liegen:

rund 68 % aller Werte in dem Bereich einer Standardabweichung links und rechts vom Mittelwert, d. h. in dem Intervall $[\overline{x} - s; \overline{x} + s]$,

rund 95 % aller Werte in dem Intervall $[\overline{x} - 2s; \overline{x} + 2s]$,

mehr als 99 % aller Werte in dem Intervall $[\overline{x} - 3s; \overline{x} + 3s]$.

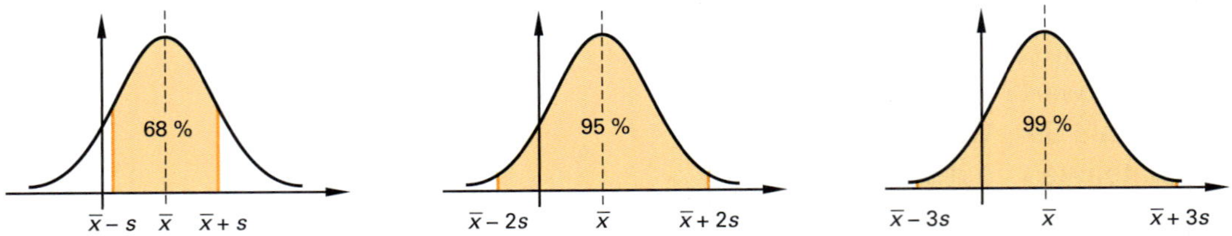

$\overline{x}$: Mittelwert der Datenwerte

s: Standardabweichung

Regressionsgerade

Eine Regressionsgerade ist eine Linie, die durch eine Reihe von Datenpunkten verläuft und die Beziehung zwischen zwei Variablen darstellt. Sie modelliert die Beziehung zwischen einer unabhängigen Variablen (x) und einer abhängigen Variablen (y). Die Regressionsgerade wird so angepasst, dass sie die Datenpunkte möglichst gut abbildet, indem sie den quadratischen Abstand zu den Datenpunkten minimiert.

$$y = \frac{s_{xy}}{s_x^2}(x - \overline{x}) + \overline{y}$$ (Ausgleichsgerade für die Messpunkte $(x_1; y_1), (x_2; y_2), \ldots, (x_n; y_n)$)

Es gilt:

$$s_{xy} = \frac{1}{n} \cdot [(y_1 - \overline{y})(x_1 - \overline{x}) + (y_2 - \overline{y})(x_2 - \overline{x}) + \ldots + (y_n - \overline{y})(x_n - \overline{x})]$$

$$s_x^2 = \frac{1}{n} \cdot \left[(x_1 - \overline{x})^2 + (x_2 - \overline{x})^2 + \ldots + (x_n - \overline{x})^2\right]$$

$$r_{xy} = \frac{s_{xy}}{s_x s_y} = \frac{(x_1 - \overline{x})(y_1 - \overline{y}) + (x_2 - \overline{x})(y_2 - \overline{y}) + \ldots + (x_n - \overline{x})(y_n - \overline{y})}{\sqrt{(x_1 - \overline{x})^2 + (x_2 - \overline{x})^2 + \ldots + (x_n - \overline{x})^2} \cdot \sqrt{(y_1 - \overline{y})^2 + (y_2 - \overline{y})^2 + \ldots + (y_n - \overline{y})^2}}$$

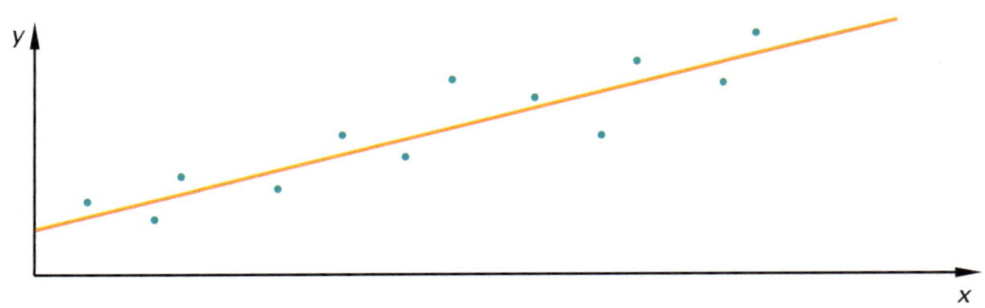

$\overline{x}$: Mittelwert der Datenwerte
x_i: Datenwert an der i-ten Stelle
n: Anzahl der Datenwerte
s_x: Standardabweichung in x-Richtungen
s_y: Standardabweichung in y-Richtungen
s_{xy}: Standardabweichung in beide Richtungen
s_x^2: mittlere quadratische Abweichung in x-Richtung
r_{xy}: Korrelationskoeffizient

Stochastik

Stochastik **befasst sich mit Zufallsereignissen** und **Wahrscheinlichkeiten.** Sie **untersucht** die mathematischen Modelle, die verwendet werden, um das **Verhalten von zufälligen Phänomenen** zu beschreiben, sowie die **Methoden zur Analyse und Vorhersage dieser Ereignisse.** Die Stochastik **bietet Werkzeuge** und Techniken zur **Modellierung von zufälligen Prozessen** und zur **Bewertung der Wahrscheinlichkeit** verschiedener Ergebnisse.

Kombinatorik

IQB-Seite 7

Fakultät

$n!$ (n-Fakultät) gibt die Anzahl der möglichen Anordnungen von Elementen oder die Anzahl der möglichen Permutationen von Objekten an.

$$n! = 1 \cdot 2 \cdot 3 \cdot \ldots \cdot (n-1) \cdot n = \prod_{k=1}^{n} k \qquad (n > 1)$$

$$0! = 1 \qquad 1! = 1$$

Es gilt: $(n+1)! = (n+1) \cdot n!$

Binomialkoeffizienten

Binomialkoeffizienten werden verwendet, um die Anzahl der möglichen Kombinationen von k Elementen aus einer Menge von n Elementen zu berechnen. Der Binomialkoeffizient wird als $\binom{n}{k}$ dargestellt und liest sich als „n über k".

$$\binom{n}{k} = \frac{n \cdot (n-1) \cdot (n-2) \cdot \ldots \cdot [n-(k-1)]}{1 \cdot 2 \cdot 3 \cdot \ldots \cdot k} = \frac{n!}{k!(n-k)!} \qquad (0 < k \leq n)$$

Es gilt: $\binom{n}{0} = 1$

$$\binom{n}{k} = \binom{n}{n-k}$$

$$\binom{n}{k} + \binom{n}{k+1} = \binom{n+1}{k+1}$$

Binomischer Satz

Der binomische Satz beschreibt die Potenzierung eines Binoms und besagt, wie man einen binomischen Ausdruck der Form $(a+b)^n$ ausmultiplizieren kann.

$$(a+b)^n = \sum_{k=0}^{n} \binom{n}{k} a^{n-k} b^k$$

$$(a+b)^n = \binom{n}{0}a^n + \binom{n}{1}a^{n-1}b + \binom{n}{2}a^{n-2}b^2 + \ldots + \binom{n}{n-1}ab^{n-1} + \binom{n}{n}b^n$$

$(a \pm b)^0 = 1$

$(a \pm b)^1 = a \pm b$

$(a \pm b)^2 = a^2 \pm 2ab + b^2$

$(a \pm b)^3 = a^3 \pm 3a^2b + 3ab^2 \pm b^3$

$(a \pm b)^4 = a^4 \pm 4a^3b + 6a^2b^2 \pm 4ab^3 + b^4$

$(a \pm b)^5 = a^5 \pm 5a^4b + 10a^3b^2 \pm 10a^2b^3 + 5ab^4 \pm b^5$

…

1
1 1
1 2 1
1 3 3 1
1 4 6 4 1
…

pascalsches Zahlendreieck

Permutation

Eine **Permutation** ist eine geordnete **Anordnung von Objekten.** Stellt man eine Gruppe von Elementen in einer bestimmten Reihenfolge um, erzeugt man eine Permutation.

- Anzahl der Permutationen, wenn bei den n Elementen keine gleichen sind: $P_n = n!$

  Beispiel: Permutationen mit den Buchstaben ABC:

  ABC, ACB, BAC, BCA, CAB und CBA $\Rightarrow$ $P_n = 3! = 6.$

- Anzahl der Permutationen, wenn es unter den n Elementen gleiche Elemente gibt:

  Beispiel: AAA BB C

  $n_1 = 3, n_2 = 2, n_3 = 1 \Rightarrow n = (3 + 2 + 1) = 6 \Rightarrow P_n = \frac{6!}{3! \cdot 2! \cdot 1!} = 60$

Variationen

Variationen sind **ähnlich wie Permutationen,** aber sie berücksichtigen zusätzlich, **wie viele Elemente** aus **einer Menge ausgewählt werden** und **wie oft sie verwendet werden** können.

Es gibt zwei Hauptarten:

- **Variationen ohne Wiederholung**

  Jede mögliche Anordnung (mit Berücksichtigung der Reihenfolge) aus je k von n Elementen heißt Variation dieser Elemente (Variation von n Elementen zur k-ten Klasse)

  $$V_n^k = \frac{n!}{(n-k)!} = \binom{n}{k} \cdot k! \qquad (k \leq n)$$

  V_n^k gibt die Anzahl der Möglichkeiten an, die eine geordnete Stichprobe ohne Zurücklegen vom Umfang k ergibt.

- **Variationen mit Wiederholung**

  Anzahl der Variationen k-ter Klasse von n verschiedenen Elementen mit Wiederholung:

  $$V_n^k = n^k$$

  V_n^k gibt die Anzahl der Möglichkeiten an, die eine geordnete Stichprobe mit Zurücklegen vom Umfang k ergibt.

Kombinationen

Ist eine Menge mit n verschiedenen Elementen gegeben, so bezeichnet man die möglichen Anordnungen aus je k Elementen dieser Menge ohne Berücksichtigung ihrer Reihenfolge als Kombinationen.

- Anzahl der Kombinationen **ohne** Wiederholung:

  $$C_n^k = \binom{n}{k} \qquad (k \leq n)$$

  C_n^k gibt die Anzahl der Möglichkeiten an, die eine geordnete Stichprobe ohne Zurücklegen vom Umfang k ergibt.

- Anzahl der Kombinationen **mit** Wiederholung:

  $$'C_n^k = \binom{n+k-1}{k}$$

  C_n^k gibt die Anzahl der Möglichkeiten an, die eine geordnete Stichprobe mit Zurücklegen vom Umfang k ergibt.

Wahrscheinlichkeitsrechnung

Ereignisse und Ergebnisse

Ein Ereignis bezieht sich auf das Eintreten eines bestimmten Ergebnisses oder einer bestimmten Kombination von Ergebnissen bei einem **Zufallsexperiment**.

Bei der Durchführung des Zufallsexperiments gilt:

1. Es wird genau **ein Ergebnis** von mehreren möglichen Ergebnissen eintreten.
2. **Welches Ergebnis** eintreten wird, **lässt sich nicht vorhersagen**.

Die **Menge aller** möglichen Ergebnisse eines Zufallsexperiments **heißt Ergebnismenge Ω**. Die einzelnen Ergebnisse bezeichnet man mit $x_1, x_2, x_3, \ldots, x_n$.

Ergebnismenge Ω: $\Omega = \{x_1, x_2, x_3, \ldots, x_n\}$

Teilmenge *E*
Jede Teilmenge E der Ergebnismenge Ω eines Zufallsexperiments nennt man **Ereignis** ($E \subseteq \Omega$). Man sagt: Das Ereignis E ist eingetreten, wenn bei einer Durchführung des Zufallsexperiments ein Ergebnis aus E auftritt.

Gegenereignis $\overline{E}$
Das **Gegenereignis $\overline{E}$** (Komplementärmenge) zu einem Ereignis E ist die Menge aller Ergebnisse aus Ω, die nicht zu E gehören.

Sicheres Ereignis
Ereignis, das bei jeder Versuchsdurchführung eintritt ($E = \Omega$)

Unmögliches Ereignis
Ereignis, das bei keiner Versuchsdurchführung eintritt ($E = \{\}$)

Elementarereignis
Ereignis mit genau einem Ergebnis $x (E = \{x\})$

Häufigkeiten

Der Begriff „Häufigkeiten" bezieht sich darauf, wie oft ein bestimmtes Ereignis oder eine bestimmte Eigenschaft in einer Stichprobe oder einem Datensatz vorkommt.

Absolute Häufigkeit
Die Absolute Häufigkeit $H_n(x_i)$ bzw. $H_n(E)$ gibt an, wie oft das Ergebnis x_i bzw. des Ereignisses E bei n Versuchsdurchführungen eintritt.

Relative Häufigkeit
Relative Häufigkeit $h_n(x_i)$ ist der Anteil, den eine bestimmte Häufigkeit im Verhältnis zur Gesamtzahl der Beobachtungen oder Ereignisse ausmacht.

$$h_n(x_i) = \frac{H_n(x_i)}{n} \quad \text{bzw.} \quad h_n(E) = \frac{H_n(E)}{n}$$

Bernoulli-Experiment
Es ist ein zufälliges Experiment mit zwei möglichen Ergebnissen.

- Es gibt nur zwei mögliche Ergebnisse, die als Erfolg und Misserfolg bezeichnet werden.
- Die Ergebnisse sind unabhängig voneinander.
- Die Wahrscheinlichkeit für Erfolg (oder Misserfolg) bleibt für jedes einzelne Experiment konstant.

Verknüpfung von Ereignissen

Verbalisierung	**Symbol**	**Venn-Diagramm**	**Beispiel**
A und B sind **unvereinbar (disjunkt).** Wenn A eintritt, tritt B nicht ein.	$A \cap B = \{\}$	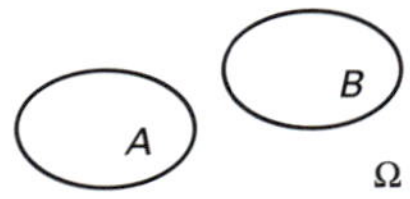	$\Omega = \{1; 2; 3; 4; 5; 6\}$ $A = \{1\}$, $B = \{2; 4; 6\}$ A und B haben keine gemeinsamen Elemente.
$\overline{A}$ ist das **Gegenereignis** bzw. Komplementärereignis. **$\overline{A}$** tritt ein, wenn Ereignis A nicht eintritt.	$\overline{A} = \Omega \setminus A$	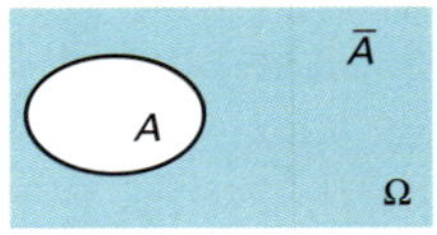	$\Omega = \{1; 2; 3; 4; 5; 6\}$ $A = \{2; 4; 6\}$, $\overline{A} = \{1; 3; 5\}$ Es gilt: $A \cap \overline{A} = \{\}$; $A \cup \overline{A} = \Omega$
B ist **Teilmenge** von A. Tritt A ein, so tritt auch B ein.	$B \subset A$	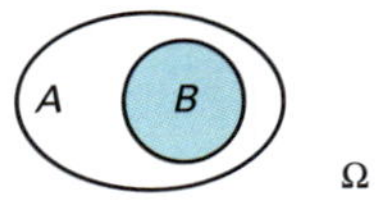	$\Omega = \{1; 2; 3; 4; 5; 6\}$ $A = \{5; 6\}$, $B = \{5\}$
A geschnitten B tritt ein, wenn A und (zugleich) B eintreten. Ist die **Schnittmenge** leer, so sind A und B **unvereinbar**.	$A \cap B$	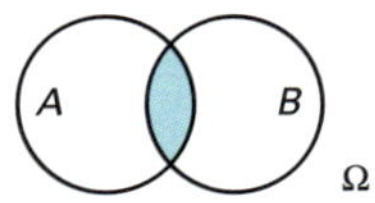	$\Omega = \{1; 2; 3; 4; 5; 6\}$ $A = \{2; 4\}$, $B = \{1; 4\}$ $A \cap B = \{4\}$
A vereinigt B tritt ein, wenn A oder B (oder beide) eintreten. **(Vereinigungsmenge)**	$A \cup B$	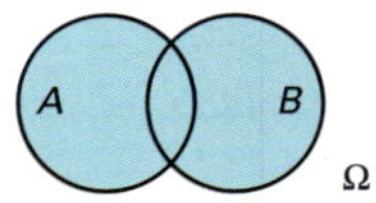	$\Omega = \{1; 2; 3; 4; 5; 6\}$ $A = \{2; 4\}$, B $= \{1; 4; 5\}$ $A \cup B = \{1; 2; 4; 5\}$
A ohne B tritt ein, wenn A eintritt und gleichzeitig aber nicht B.	$A \setminus B = A \cap \overline{B}$	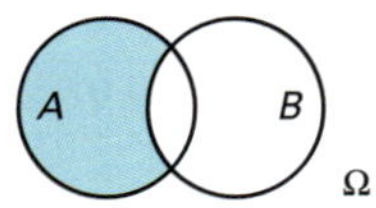	$\Omega = \{1; 2; 3; 4; 5; 6\}$ $A = \{2; 4\}$, $B = \{1; 4\}$ $A \setminus B = \{2\}$
Weder A noch B tritt ein, wenn keines der beiden Ereignisse A und B eintritt.	$\overline{A} \cap \overline{B}$	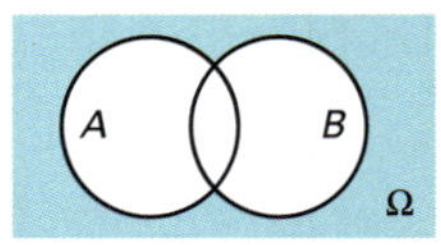	$\Omega = \{1; 2; 3; 4; 5; 6\}$ $A = \{2; 4\}$, $B = \{1; 4\}$ $\overline{A} \cap \overline{B} = \{3; 5; 6\}$
A und B treten nicht zugleich ein, wenn **höchstens eines** der beiden Ereignisse eintritt.	$\overline{A \cap B}$	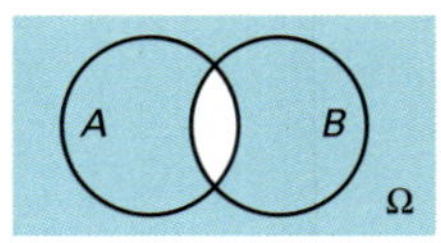	$\Omega = \{1; 2; 3; 4; 5; 6\}$ $A = \{2; 4\}$, B $= \{1; 4\}$ $\overline{A} \cup \overline{B} = \{1; 2; 3; 5; 6\}$
Entweder A oder B tritt ein, wenn genau eines der beiden Ereignisse eintritt.	$(A \cap \overline{B}) \cup (\overline{A} \cap B)$	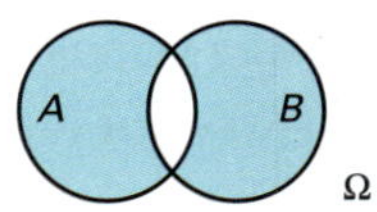	$\Omega = \{1; 2; 3; 4; 5; 6\}$ $A = \{2; 4\}$, $B = \{1; 4; 5\}$ $(A \cap \overline{B}) \cup (\overline{A} \cap B)$ $= \{1; 2; 5\}$

Wahrscheinlichkeit

Die Wahrscheinlichkeit eines Ereignisses basiert auf der Grundlage von Daten. Dabei kann bei einer hinreichend großen Anzahl von Versuchen die relative Häufigkeit des Eintreffens eines Ereignisses *E* als Maß für dessen Wahrscheinlichkeit herangezogen werden.

Die Maßzahl für die Wahrscheinlichkeit eines Ereignisses *E* wird mit *P*(*E*) bezeichnet.

Es ist ein Maß dafür, wie wahrscheinlich es ist, dass ein bestimmtes Ereignis eintritt, und wird als eine **Zahl zwischen 0 und 1 ausgedrückt,** wobei **0 bedeutet, dass das Ereignis unmöglich ist, 1 bedeutet, dass das Ereignis sicher ist.**

$$0 \leq P(E) \leq 1$$

Laplace-Wahrscheinlichkeit

Bei der Laplace-Wahrscheinlichkeit werden **alle möglichen Ergebnisse eines Experiments als gleich wahrscheinlich betrachtet.** Dies bedeutet, dass jedes mögliche Ergebnis die gleiche Chance hat, einzutreten.

Um die **Laplace-Wahrscheinlichkeit *P*(*E*)** eines Ereignisses zu berechnen, wird **die Anzahl der günstigen Fälle *n*(*E*) durch die Anzahl aller möglichen Fälle *n*(Ω) dividiert.**

$$P(E) = \frac{\text{Anzahl für das Ereignis } E \text{ günstigsten Ergebnisse}}{\text{Anzahl für das Ereignis möglichen Ergebnisse}} = \frac{|E|}{|\Omega|}$$

Regeln und Sätze (Grundeigenschaften)

Summenregel für Elementarereignisse

$$E = \{x_1, x_2, \ldots, x_n\} \subseteq \Omega \quad \Rightarrow \quad P(E) = P(x_1) + P(x_2) + \ldots + P(x_n)$$

Wahrscheinlichkeit des sicheren Ereignisses

$$P(\Omega) = 1$$

Wahrscheinlichkeit des unmöglichen Ereignisses

$$P(\varnothing) = 0$$

Wahrscheinlichkeit des Gegenereignisses

$$\overline{E} = \Omega \backslash E$$
$$P(\overline{E}) = 1 - P(E)$$

Wahrscheinlichkeit bei Teilmengen

$$E_1 \subseteq E_2 \quad \Rightarrow \quad P(E_1) \leq P(E_2)$$

Additionssatz für zwei Ereignisse

$$P(E_1 \cup E_2) = P(E_1) + P(E_2) - P(E_1 \cap E_2)$$

Mehrstufige Zufallsexperimente

Baumdiagramm

In einem Baumdiagramm repräsentiert jeder Zweig des Baumes eine bestimmte Entscheidung oder ein bestimmtes Ereignis, wobei **die** daraus resultierenden möglichen **Ergebnisse** oder Folgen **an den Enden der Zweige dargestellt** werden. Die Ergebnisse ergeben sich, wenn vom „Start" entlang der Pfade „gegangen" wird.

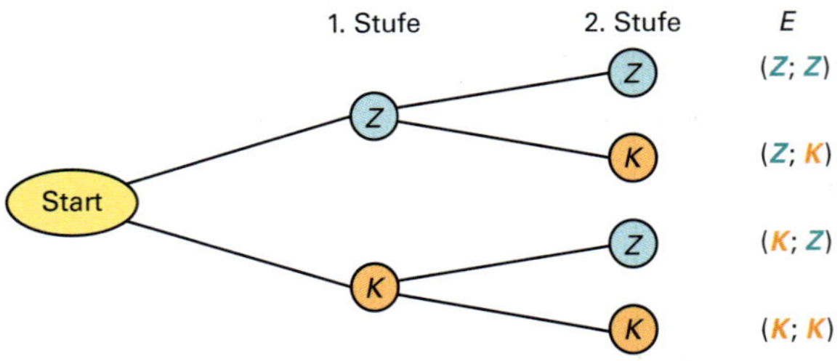

Pfadregeln

Pfadregeln ermöglichen das Berechnen von Wahrscheinlichkeiten entlang der Pfade in einem Baumdiagramm.

1. **Pfadregel (Produktregel)**

   Bei einem mehrstufigen Zufallsexperiment erhält man die **Wahrscheinlichkeit eines Ergebnisses,** indem man die Wahrscheinlichkeiten **längs des zugehörigen Pfades** im Baumdiagramm **multipliziert.**

   Beispiel im Bild: $P(r;s) = \frac{1}{3} \cdot \frac{2}{3} = \frac{2}{9} \approx 22\%$

2. **Pfadregel (Summenregel)**

   Bei einem mehrstufigen Zufallsexperiment erhält man die Wahrscheinlichkeit eines **Ereignisses,** indem man die Wahrscheinlichkeiten aller Ergebnisse addiert, die zu den Pfaden dieses Ereignisses gehören.

   Beispiel im Bild:

   $P(r;s) = P(r;s) + P(s;r) = \frac{2}{9} + \frac{2}{9} = \frac{4}{9} \approx 44\%$

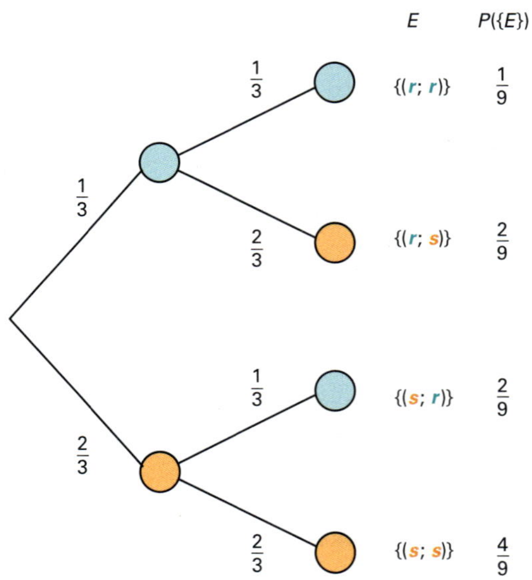

Bernoulli-Kette

Wird ein **Bernoulli-Experiment,** bei dem die Wahrscheinlichkeit für jedes mögliche Ergebnis konstant bleibt, ***n*-mal nacheinander durchgeführt,** so spricht man von einer **Bernoulli-Kette der Länge *n*.**

Bernoulli-Formel

Die Bernoulli-Formel beschreibt die Wahrscheinlichkeit $P(X = k)$ für k Erfolge in n unabhängigen Bernoulli-Versuchen, wobei p die Wahrscheinlichkeit für einen Erfolg ist.

$$P(X = k) = \binom{n}{k} \cdot p^k \cdot (1 - p)^{n-k}$$

Wahrscheinlichkeiten

IQB-Seite 7

Bedingte Wahrscheinlichkeit

Die **bedingte Wahrscheinlichkeit** ist die Wahrscheinlichkeit, dass **ein Ereignis *B* eintritt,** unter der **Bedingung,** dass ein anderes **Ereignis *A* bereits eingetreten ist.** Sie wird oft als $P(B|A)$ geschrieben und ausgedrückt als das Verhältnis der Wahrscheinlichkeit des gemeinsamen Eintretens von A und B zur Wahrscheinlichkeit von A allein.

$$P(B|A) = P_A(B) = \frac{P(A \cap B)}{P(A)}$$

Die **Wahrscheinlichkeiten** können sowohl in einem **Baumdiagramm** als auch in einer **Vierfeldertafel** dargestellt werden.

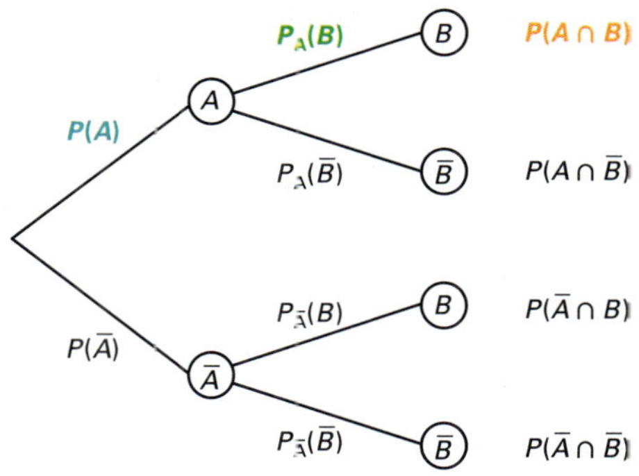

	A	$\overline{A}$	Summen
B	$P(A \cap B)$	$P(\overline{A} \cap B)$	$P(B)$
$\overline{B}$	$P(A \cap \overline{B})$	$P(\overline{A} \cap \overline{B})$	$P(\overline{B})$
Summen	$P(A)$	$P(\overline{A})$	$P(\Omega) = 1$

Multiplikationssatz

Der **Multiplikationssatz** besagt, dass die Wahrscheinlichkeit des **gemeinsamen Eintretens zweier Ereignisse *A* und *B*** das Produkt der Wahrscheinlichkeit von A und der bedingten Wahrscheinlichkeit von B ist unter der Bedingung, dass A bereits eingetreten ist.

$$P(A \cap B) = P(A) \cdot P(A|B) = P(B) \cdot P(B|A)$$

Spezialfall für zwei unabhängige Ereignisse A und B:

$$P(A \cap B) = P(A) \cdot P(B)$$

Totale Wahrscheinlichkeit

Bilden die Ereignisse B_1 und B_2 eine Zerlegung, d. h. gilt $B_1 \cup B_2 = \Omega$ und $B_1 \cap B_2 = \emptyset$, so gilt für jedes Ereignis A die Formel $P(A) = P(A|B_1) \cdot P(B_1) + P(A|B_2) \cdot P(B_2)$.

Totale Wahrscheinlichkeit bedeutet, dass die Wahrscheinlichkeit eines Ereignisses A gleich der Summe der Wahrscheinlichkeiten von A unter der Bedingung, dass jedes der Ereignisse B_i eintritt, multipliziert mit der Wahrscheinlichkeit von B_i ist.

$$P(A) = \sum_{i=1}^{n} P(A \cap B_i) = \sum_{i=1}^{n} P(A|B_i) \cdot P(B_i)$$

Satz von Bayes

Bilden die Ereignisse B_1 und B_2 eine Zerlegung, gilt also $B_1 \cup B_2 = \Omega$ und $B_1 \cap B_2 = \emptyset$, und ist A ein Ereignis mit $P(A) > 0$, so gilt

$$P(B_1|A) = \frac{P(A|B_1) \cdot P(B_1)}{P(A|B_1) \cdot P(B_1) + P(A|B_2) \cdot P(B_2)}$$

$$P(B_2|A) = \frac{P(A|B_2) \cdot P(B_2)}{P(A|B_1) \cdot P(B_1) + P(A|B_2) \cdot P(B_2)}$$

Zufallsgrößen und ihre Wahrscheinlichkeitsverteilung

Wahrscheinlichkeitsverteilung einer diskreten Zufallsgröße X — **IQB-Seite 7**

Die Wahrscheinlichkeitsverteilung einer diskreten Zufallsgröße X beschreibt, wie die Wahrscheinlichkeiten auf verschiedene mögliche Werte von x verteilt sind.

Es seien x_i ($i = 1, 2,3, \ldots, k$) die Werte, die eine diskrete Zufallsgröße X annehmen kann, und p_i die zugeordneten Wahrscheinlichkeiten für das Eintreten der x_i.

Es ist $E(X) = \sum_{i=1}^{k} x_i \cdot p_i = \mu$ der **Erwartungswert** (Mittelwert) der Zufallgröße X,

$Var(X) = \sum_{i=1}^{k} (x_i - \mu)^2 \cdot p_i$ die **Varianz** der Zufallsgröße X und

$\sigma(X) = \sqrt{Var(X)}$ die **Standardabweichung** von X

Bernoulli-Versuch

Ein **Bernoulli-Versuch ist ein Experiment,** das **zwei mögliche Ergebnisse** hat: **Erfolg oder Misserfolg.**

Eine **Bernoulli-Kette** ist eine Serie unabhängiger Bernoulli-Versuche.

Wenn p die **Trefferwahrscheinlichkeit (Erfolgswahrscheinlichkeit)** ist und der Zufallsversuch n-mal wiederholt wird, dann gilt:

Die Wahrscheinlichkeit für genau k Treffer ist: $P(X = k) = \binom{n}{k} p^k \cdot (1-p)^{n-k}$

Die Wahrscheinlichkeit für mindestens einen Treffer ist: $P(X \geq 1) = 1 - (1-p)^n$

Soll die Wahrscheinlichkeit für mindesten einen Treffer größer oder gleich a ($0 < a < 1$) sein, so gilt für die Länge n der Kette: $n \geq \frac{\ln(1-a)}{\ln(1-p)}$

Binomialverteilung — **IQB-Seite 7**

Die Binomialverteilung ist eine **Wahrscheinlichkeitsverteilung,** die sich aus einer **Serie von unabhängigen und identisch verteilten Bernoulli-Versuchen** ergibt. Sie **beschreibt die Wahrscheinlichkeit,** dass **in einer bestimmten Anzahl von Versuchen** einer binären Entscheidung (Erfolg/Misserfolg) **eine bestimmte Anzahl von Erfolgen auftritt.**

Eine Zufallsgröße heißt **binomialverteilt** mit den Parametern n und p, wenn für alle k ($k = 0, 1, \ldots, n$) gilt:

$$P(X = k) = \binom{n}{k} \cdot p^k \cdot (1-p)^{n-k}$$

Für eine Binomialverteilung mit n Versuchen und einer Erfolgswahrscheinlichkeit p bei jedem Versuch gelten folgende Größen:

Erwartungswert $E(X) = n \cdot p$

Der Erwartungswert ist ein Maß für den durchschnittlichen Erfolg oder die durchschnittliche Anzahl von Erfolgen in einer Serie von binären Versuchen.

Varianz $Var(X) = n \cdot p \cdot (1-p)$

Die Varianz ein Maß für die Streuung oder die Abweichung der Zufallsvariable von ihrem Erwartungswert.

Standardabweichung $\sigma(X) = \sqrt{Var(X)} = \sqrt{n \cdot p \cdot (1-p)}$

Die Standardabweichung gibt an, wie weit die Anzahl der Erfolge in einer Serie von binären Versuchen von ihrem Erwartungswert entfernt ist.

Gleichverteilung

Die Gleichverteilung ist eine spezifische Wahrscheinlichkeitsverteilung, die besagt, dass alle möglichen Ergebnisse eines Experiments mit derselben Wahrscheinlichkeit auftreten. Dies bedeutet, dass jedes Ereignis innerhalb des betrachteten Bereichs gleich wahrscheinlich ist.

Es gibt n verschiedene Werte $x_1, x_2, \dots, x_n$, für die gilt:

$$P(X = x_i) = \frac{1}{n} \quad (i = 1, 2, \dots, n)$$

Erwartungswert *E*(*X*)

Für $x_1 = 1, x_2 = 2, \dots, x_n = n$

gilt: $E(X) = \mu = \frac{n+1}{2}$

Varianz *Var*(*X*)

$$Var(X) = \sigma^2 = \frac{n^2-1}{12}; \quad \sigma(X) = \sqrt{\frac{n^2-1}{12}}$$

Hypergeometrische Verteilung

Die Wahrscheinlichkeitsfunktion der hypergeometrischen Verteilung gibt die Wahrscheinlichkeit an, dass in einer Stichprobe ohne Zurücklegen eine bestimmte Anzahl von Erfolgen beobachtet wird, basierend auf der Anzahl der Erfolge in der Grundgesamtheit und der Größe der Stichprobe.

$$P(X = k) = \frac{\binom{M}{k}\binom{N-M}{n-k}}{\binom{N}{n}}$$

$(k \leq n \leq N;\ k \leq M \leq N)$

N: Gesamtzahl der Elemente in der Grundgesamtheit
M: Anzahl der Erfolge in der Grundgesamtheit
n: Größe der Stichprobe
k: Anzahl der Erfolge in der Stichprobe

Erwartungswert *E*(*X*)

$$E(X) = \mu = n \cdot p = n \cdot \frac{M}{N}$$

Varianz *Var*(*X*)

$$Var(X) = \sigma^2 = n \cdot p \cdot (1-p) \cdot \frac{N-n}{N-1}$$

Die hypergeometrische Verteilung unterscheidet sich von der binomialen Verteilung, da sie die Abhängigkeit der Ziehungen voneinander berücksichtigt, während die binomiale Verteilung auf Ziehungen mit Zurücklegen basiert.

Normalverteilung (Stetige Zufallsgrößen)

IQB-Seite 7

Die Normalverteilung N (Gauß-Verteilung) beschreibt eine kontinuierliche Wahrscheinlichkeitsverteilung für eine stetige Zufallsgröße. Sie ist durch ihre charakteristische Glockenkurve gekennzeichnet, die symmetrisch um ihren Mittelwert herum ist. Der Mittelwert μ bestimmt den Ort des Scheitelpunkts der Kurve, während die Standardabweichung σ die Breite der Kurve angibt.

Eine Normalverteilung einer stetigen Zufallsgröße X liegt vor, wenn für deren Dichtefunktion f gilt:

$$f(x) = \frac{1}{\sigma\sqrt{2\pi}} e^{-\frac{(x-\mu)^2}{2\sigma^2}}; \quad x \in \mathbb{R}$$

Erwartungswert *E*(*X*)

$E(X) = \mu$

Varianz *Var*(*X*)

$Var(X) = \sigma^2$

Es gilt: $X \sim N(\mu; \sigma^2)$

Die Gesamtwahrscheinlichkeit (Fläche unter der Glockenkurve) für alle möglichen Werte der Zufallsvariable x ist 1.

Standardnormalverteilung

IQB-Seite 8

Bei der Standardnormalverteilung ist der **Mittelwert $\mu = 0$** und die **Standardabweichung $\sigma = 1$.**

Sie wird mit dem griechischen Buchstaben Z bezeichnet.

$$f(Z) = \frac{1}{\sqrt{2\pi}} e^{-\frac{Z^2}{2}}$$

Transformation:

$$Z = \frac{X - \mu}{\sigma}$$

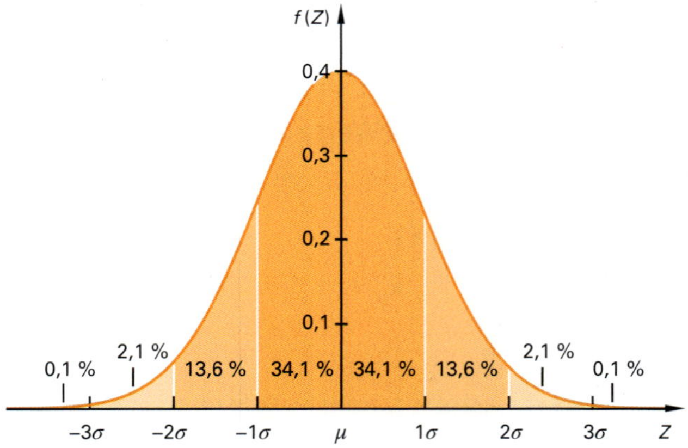

Sigma-Regeln

$P(\mu - \sigma \leq X \leq \mu + \sigma) \approx 68{,}3\ \%$

$P(\mu - 1{,}64\sigma \leq X \leq \mu + 1{,}64\sigma) \approx 90{,}0\ \%$

$P(\mu - 1{,}96\sigma \leq X \leq \mu + 1{,}96\sigma) \approx 95{,}0\ \%$

$P(\mu - 2\sigma \leq X \leq \mu + 2\sigma) \approx 95{,}4\ \%$

$P(\mu - 2{,}58\sigma \leq X \leq \mu + 2{,}58\sigma) \approx 99{,}0\ \%$

$P(\mu - 3\sigma \leq X \leq \mu + 3\sigma) \approx 99{,}7\ \%$

Näherungsformeln für die Binomialverteilung

Wenn die Anzahl der Versuche groß und die Erfolgswahrscheinlichkeit klein ist, dann ist es schwierig, die exakte Binominialverteilung zu berechnen. Dann können Näherungsformeln für die Binominialverteilung verwendert werden. Zwei häufig verwendete Näherungsformeln sind die Poisson-Approximation und die Normalapproximation.

Näherungsformel von Poisson

Wenn die Anzahl der Versuche n groß ist und die Erfolgswahrscheinlichkeit p sehr klein ist, kann die Binomialverteilung durch eine Poisson-Verteilung approximiert werden.

$$P(X = k) = \binom{n}{k} \cdot p^k \cdot (1 - p)^{n-k} \approx \frac{\mu^k}{k!} \cdot e^{-\mu}; \quad \mu = n \cdot p$$

Wenn $n \cdot p$ und $n(1 - p)$ beide größer als 5 sind, kann die Binomialverteilung durch eine Normalverteilung approximiert werden.

Näherungsformel von Laplace

Für große *n* kann eine Näherungsformel der Binomialverteilung durch die Normalverteilung erfolgen.

Für $\mu = n \cdot p$, $\sigma = \sqrt{n \cdot p \cdot (1 - p)}$ und $n \cdot p \cdot (1 - p) > 9$ gelten für die Binomialverteilung folgende Näherungsformeln von Laplace:

Lokale Näherung

$$P(X = k) \approx \frac{1}{\sigma} \cdot \varphi\left(\frac{k - \mu}{\sigma}\right) \qquad \text{mit} \quad \varphi(Z) = \frac{1}{\sqrt{2\pi}} e^{-\frac{Z^2}{2}}$$

Globale Näherung

$$P(X \leq k) \approx \Phi\left(\frac{k + 0{,}5 - \mu}{\sigma}\right) \qquad \text{mit} \quad \Phi(x) = \int_{-\infty}^{x} \varphi(Z)\,\mathrm{d}Z$$

Intervallwahrscheinlichkeiten normalverteilter Zufallsgrößen **IQB-Seite 7**

Intervallwahrscheinlichkeiten normalverteilter Zufallsgrößen beziehen sich auf die Wahrscheinlichkeit, dass eine normalverteilte Zufallsvariable innerhalb eines bestimmten Intervalls liegt. Eine normalverteilte Zufallsvariable X hat eine Glockenkurvenform, die durch ihre Parameter Mittelwert μ und Standardabweichung σ beschrieben wird.

Normalverteilung der Dichtefunktion

$$f(x) = \frac{1}{\sigma\sqrt{2\pi}} e^{-\frac{(x-\mu)^2}{2\sigma^2}}$$

Intervallwahrscheinlichkeit

Wahrscheinlichkeit, dass die Zufallsvariable X in einem bestimmten Intervall $[a, b]$ liegt:

$$P(a \leq X \leq b) = \int_a^b f(x)\mathrm{d}x$$

Es gilt: $P(a \leq X \leq b) = P\left(\frac{a-\mu}{\sigma} \leq \frac{X-\mu}{\sigma} \leq \frac{b-\mu}{\sigma}\right) = \Phi\left(\frac{b-\mu}{\sigma}\right) - \Phi\left(\frac{a-\mu}{\sigma}\right)$

Prognoseintervall **IQB-Seite 8**

Ein Prognoseintervall gibt an, innerhalb welcher Grenzen zukünftige Beobachtungen einer Zufallsvariable mit einer bestimmten Wahrscheinlichkeit liegen werden.

Die Berechnung eines Prognoseintervalls basiert auf dem Mittelwert μ und der Standardabweichung σ der Stichprobe sowie auf der Annahme, dass die Daten normalverteilt sind. Eine allgemeine Formel für das $(1-a)$-Prognoseintervall für eine zukünftige Beobachtung Y bei einem gegebenen Mittelwert $\hat{y}$ lautet:

$$\hat{y} \pm t_{\alpha/2,n-1} \sqrt{\hat{\sigma}^2\left(1+\frac{1}{n}\right)}$$

wobei $t_{\alpha/2,n-1}$ der kritische Wert der t-Verteilung mit $n-1$ Freiheitsgraden ist und $\hat{\sigma}^2$ die geschätzte Varianz der Fehlerterme ist.

Näherungsweise Berechnung der binomialverteilten Zufallsgröße

Die Grenzen des Prognoseintervalls können näherungsweise mit zwei Termen beschrieben werden. Dabei geben die Terme den Abstand an, den der wahre Anteil p nach unten von der Punktschätzung p aufgrund des Zufalls und der Unsicherheit haben kann. Die binomialverteilte Zufallsgröße ist ein wesentlicher Bestandteil des Konzepts, wie sicher wir uns bezüglich unserer Schätzung sein können, wenn wir eine Stichprobe betrachten.

Untere Grenze: $p - c \cdot \sqrt{\frac{p(1-p)}{n}}$ **Obere Grenze:** $p + c \cdot \sqrt{\frac{p(1-p)}{n}}$

p: Der geschätzte Anteil in der Stichprobe
c: Der Konfidenzfaktor, der von der gewünschten Konfidenzstufe abhängt
n: Größe der Stichprobengröße

$\sqrt{\frac{p(1-p)}{n}}$: Der Standardfehler des Anteils, der die Unsicherheit der Schätzung p quantifiziert.

Mathematik

Konfidenzintervall **IQB-Seite 8**

Ein Konfidenzintervall für einen Parameter (z. B. den Mittelwert μ) ist ein Intervall, das so konstruiert ist, dass es den wahren Wert dieses Parameters mit einer vorgegebenen Wahrscheinlichkeit (dem Konfidenzniveau z. B. 95 %) enthält.

Für den Mittelwert einer normalverteilten Population mit bekannter Varianz gilt:

$$\bar{x} = \pm z\left(\frac{s}{\sqrt{n}}\right)$$

Definition der Variablen

$\bar{x}$: Stichprobenmittelwert
s: Stichprobenstandardabweichung
n: Stichprobengröße
z: z-Wert aus der Standardnormalverteilung, der dem gewünschten Konfidenzniveau entspricht

Näherungsweise Berechnung der binomialverteilten Zufallsgröße

Das Konfidenzintervall kann auch näherungsweise mit folgender Gleichung ausgedrückt werden:

$$|h - p| = c \cdot \sqrt{\frac{p(1-p)}{n}}$$

Die Gleichung beschreibt die Beziehung zwischen dem geschätzten Anteil h, dem tatsächlichen Anteil p der Konfidenzintervallbreite und der Stichprobengröße n.

Definition der Variablen

h: Der beobachtete Anteil in der Stichprobe (auch als Punktschätzung bekannt)
p: Der wahre Anteil in der Grundgesamtheit (Populationsanteil)
c: Der Konfidenzfaktor, der von der gewünschten Konfidenzstufe abhängt
n: Die Stichprobengröße

$\sqrt{\frac{p(1-p)}{n}}$: Die Standardabweichung des Anteils (auch Standardfehler genannt).

Diese Gleichung bedeutet, dass der wahre Anteil p mit einer bestimmten Wahrscheinlichkeit (abhängig von c, also z. B. 95 %) innerhalb des Intervalls liegt, das um den beobachteten Anteil h herum konstruiert wird.

Konfidenzintervall

$$\left[h - c \cdot \sqrt{\frac{p(1-p)}{n}}, h + c \cdot \sqrt{\frac{p(1-p)}{n}}\right]$$

Beurteilende Statistik

Die beurteilende Statistik verwendet Stichprobendaten, um Aussagen über eine Population zu treffen. Durch Methoden wie Schätzung, Hypothesentests und Regression wird versucht, die Unsicherheiten und Zufälligkeiten der Stichprobenziehung zu berücksichtigen, um verlässliche und allgemeingültige Schlüsse zu ziehen.

Testen von Hypothesen

Das Testen von Hypothesen wird verwendet, um statistische Annahmen über eine Population basierend auf Stichprobendaten zu überprüfen. Dieser Prozess hilft festzustellen, ob die beobachteten Daten ausreichend Beweise liefern, um eine bestimmte Annahme über die Population zu bestätigen oder zu widerlegen.

Stichproben als Bernoulli-Versuch

Stichproben als Bernoulli-Versuch bedeutet, dass eine Entnahme aus einer Grundgesamtheit erfolgt. Dieser Versuch ist die Grundlage für die Binomialverteilung, die in vielen statistischen Anwendungen zur Modellierung und Analyse verwendet wird.

Es gelten folgende Entsprechungen:

- Stichprobenumfang n (Elemente durchnummeriert bis n) $\triangleq$ Anzahl der Stufen n
- absolute Häufigkeit H_n eines Merkmals in der Stichprobe $\triangleq$ Anzahl der Erfolge k
- rel. Häufigkeit h_n eines Merkmals in der Stichprobe $\triangleq$ Erfolgswahrscheinlichkeit p
- Standardabweichung s_n in der Stichprobe $\triangleq$ Standardabweichung σ

Testverfahren

Testverfahren in der beurteilenden Statistik sind **Methoden zur Überprüfung von Hypothesen** über Populationsparameter **basierend auf Stichprobendaten.**

Nullhypothese H_0

Die **Nullhypothese H_0** ist eine zentrale Komponente im Hypothesentesten, die **eine Annahme über eine Population** aufstellt, die **durch Stichprobendaten geprüft** wird.

Durch das Testen der Nullhypothese H_0 kann man feststellen, ob die beobachteten Daten genügend Beweise liefern, um die Annahme zu widerlegen und die Gegenhypothese H_1 zu unterstützen.

Ablehnungsbereich

Der Ablehnungsbereich bei der Nullhypothese **ist der Bereich der Teststatistikwerte, bei dem die Nullhypothese H_0 abgelehnt wird.** Er wird durch das Signifikanzniveau und die Verteilung der Teststatistik definiert.

Definition des Ablehnungsbereichs

- **Einseitiger Test:** Der Ablehnungsbereich liegt nur auf einer Seite der Verteilung der Teststatistik. Hier wird getestet, ob ein Parameter entweder größer oder kleiner als ein bestimmter Wert ist.
- **Zweiseitiger Test:** Der Ablehnungsbereich liegt auf beiden Seiten der Verteilung der Teststatistik. Hier wird getestet, ob ein Parameter von einem bestimmten Wert abweicht, sowohl in die positive als auch in die negative Richtung.

Entscheidungsregeln beim Hypothesentest **IQB-Seite 8**

Die Entscheidungsregeln beim Hypothesentest **basieren auf** der Berechnung der Teststatistik und **dem Vergleich** dieser **mit kritischen Werten.** Diese **Regeln bestimmen, ob die Nullhypothese H_0 abgelehnt** wird **oder die Gegenhypothese H_1 angenommen wird, oder H_0 beibehalten und H_1 abgelehnt wird.**

1. **Vergleich mit kritischen Werten**

   Einseitiger Test:

   ▷ **Rechtsseitiger Test:** Wenn der Teststatistikwert größer ist als der kritische Wert (z. B. $z > z_\alpha$), wird die Nullhypothese abgelehnt.

   ▷ **Linksseitiger Test:** Wenn der Teststatistikwert kleiner ist als der kritische Wert (z. B. $z < -z_\alpha$), wird die Nullhypothese abgelehnt.

   Zweiseitiger Test:

   Wenn der Teststatistikwert entweder größer ist als der positive kritische Wert oder kleiner ist als der negative kritische Wert (z. B. $|z| > z_{\alpha/2}$), wird die Nullhypothese abgelehnt.

2. **Vergleich mit *p*-Werten**

   ▷ ***p*-Wert:** Der *p*-Wert ist die Wahrscheinlichkeit, unter der Annahme, dass die Nullhypothese wahr ist, ein Ergebnis zu erhalten, das mindestens so extrem ist wie das tatsächlich beobachtete Ergebnis.

   Entscheidungsregeln basierend auf dem *p*-Wert

   ▷ **Ablehnung der Nullhypothese:** Wenn der *p*-Wert kleiner oder gleich dem Signifikanzniveau α ist (z. B. $p \leq \alpha$), lehnen wir die Nullhypothese ab.

   ▷ **Nicht-Ablehnung der Nullhypothese:** Wenn der *p*-Wert größer als das Signifikanzniveau α ist (z. B. $p > \alpha$), lehnen wir die Nullhypothese nicht ab.

3. **Vergleich mit Konfidenzintervallen**

   ▷ **Konfidenzintervall:** Ein Bereich von Werten, der mit einer bestimmten Wahrscheinlichkeit den wahren Parameter enthält.

   ▷ **Ablehnung der Nullhypothese:** Wenn der unter der Nullhypothese vermutete Wert nicht im Konfidenzintervall liegt, lehnen wir die Nullhypothese ab.

   ▷ **Nicht-Ablehnung der Nullhypothese:** Wenn der unter der Nullhypothese vermutete Wert im Konfidenzintervall liegt, lehnen wir die Nullhypothese nicht ab.

4. **Fehlentscheidungen**

   Da die Entscheidung eines Hypothesentests aufgrund einer Stichprobe erfolgt, kann es zu Fehlentscheidungen kommen:

   ▷ Beim **Fehler 1. Art** wird die Nullhypothese abgelehnt, obwohl sie richtig ist.

   ▷ Beim **Fehler 2. Art** wird die Nullhypothese angenommen, obwohl sie falsch ist.

	Entscheidung für H_0	**Entscheidung für H_1**
H_0 richtig	kein Fehler	**Fehler 1. Art**
H_1 richtig	**Fehler 2. Art**	kein Fehler

Signifikanztest

IQB-Seite 8

Mit einem **Signifikanztest** (Hypothesentest) wird **überprüft, ob die** beobachteten **Daten aus einer Stichprobe** genügend **Beweise liefern, um eine** bestimmte **Hypothese über die Grundgesamtheit abzulehnen.** Im Kontext von Signifikanztests wird üblicherweise eine Nullhypothese (H_0) gegen eine Alternativhypothese (H_1) getestet. Ziel ist es, festzustellen, ob ein beobachteter Effekt oder Unterschied in den Daten statistisch signifikant ist, das heißt, ob er nicht einfach durch Zufall erklärt werden kann.

Schritte eines Signifikanztests

1. **Formulierung der Hypothesen**
   - ▷ **Nullhypothese H_0:** Ist die Hypothese, dass kein Effekt oder Unterschied existiert (Status quo).
   - ▷ **Alternativhypothese H_1:** Ist die Hypothese, dass ein Effekt oder Unterschied existiert.
2. **Festlegen der Testgröße und des Signifikanzniveaus**
   - ▷ **Testgröße:** Wahl einer geeigneten Testgröße mit bekannter Wahrscheinlichkeitsverteilung.
   - ▷ **Signifikanzniveau:** Ist die Schwelle, bei der die Nullhypothese abgelehnt wird. Übliche Werte sind 0,05 (5 %) oder 0,01 (1 %).
3. **Datenerhebung und Berechnung der Teststatistik**
   - ▷ Festlegen des Stichprobenumfangs.
   - ▷ Die Teststatistik (z. B. z-Wert, t-Wert) wird aus den Stichprobendaten berechnet. Die Wahl der Teststatistik hängt von der Art des Tests und der Verteilung der Daten ab.
4. **Festlegen des Ablehnungsbereichs oder des *p*-Werts**
   - ▷ **Kritischer Wert:** Der Wert, der das Signifikanzniveau in der Verteilung der Teststatistik trennt.
   - ▷ ***p*-Wert:** Die Wahrscheinlichkeit, unter der Annahme, dass die Nullhypothese wahr ist, ein Ergebnis zu erhalten, das mindestens so extrem ist wie das beobachtete Ergebnis.
5. **Entscheidung**
   - ▷ **Vergleich mit kritischem Wert:** Wenn die Teststatistik im kritischen Bereich liegt, wird die Nullhypothese abgelehnt.
   - ▷ **Vergleich mit *p*-Wert:** Wenn der p-Wert kleiner oder gleich dem Signifikanzniveau ist, wird die Nullhypothese abgelehnt.

Beispiel: Prüfung, ob ein Medikament die Heilungszeit des Probanden verkürzt

1. **Hypothesen**
   - ▷ H_0: Das Medikament hat keinen Effekt auf die Heilungszeit ($\mu = \mu_0$)
   - ▷ H_1: Das Medikament verkürzt die Heilungszeit ($\mu \neq \mu_0$)
2. **Signifikanzniveaus**
   - ▷ $\alpha = 0{,}05$
3. **Datenerhebung**
   - ▷ Eine Stichprobe von Patienten wird behandelt, und ihre Heilungszeiten werden gemessen.
4. **Berechnung der Teststatistik**
   - ▷ Verwenden eines t-Tests, weil die Stichprobengröße klein ist und die Varianz unbekannt.
5. **Bestimmung des kritischen Wertes**
   - ▷ Kritischer Wert für einen einseitigen t-Test mit $\alpha = 0{,}05$ und entsprechenden Freiheitsgraden
6. **Entscheidung**
   - ▷ Ablehnung der Nullhypothese: Wenn die Teststatistik kleiner ist als der kritische Wert.
   - ▷ Nicht-Ablehnung der Nullhypothese: Wenn die Teststatistik nicht kleiner als der kritische Wert ist.

Mathematik

Signifikanztest für eine Wahrscheinlichkeit p — IQB-Seite 8

Ein Signifikanztest für eine Wahrscheinlichkeit p wird verwendet, um eine Hypothese über den Parameter p in einer binomialverteilten Testgröße zu überprüfen. Dabei gibt es für die Irrtumswahrscheinlichkeit (Fehler 1. Art) Grenzen α (Signifikanzniveau), die üblicherweise 5 % oder 1 % sind.

Folgende Größen werden benötigt:

n: Stichprobengröße
p: Trefferwahrscheinlichkeit
X: Binomialverteilte Prüfgröße der Stichprobe
H_0: Nullhypothese (kritischer Bereich)
H_1: Gegenhypothese

Je nach Konstellation der Gegenhypothese H_1 spricht man von linksseitigem, rechtsseitigem oder zweiseitigem Signifikanztest.

linksseitiger Signifikanztest

H_0: $p = p_0$ H_1: $p < p_0$

Entscheidungsregel:

Ist $X > K$, so wird H_0 angenommen
Ist $X \leq K$, so wird H_1 angenommen

Ablehnungsbereich: $\{0; 1; ...; K\}$

Die Irrtumswahrscheinlichkeit $P(X \leq K)$ ist für $p = p_0$ am größten.

Die **kritische Zahl *K*** ist die größte ganze Zahl, für die die Irrtumswahrscheinlichkeit bei $p = p_0$ höchstens α beträgt, d.h. $P(X \leq K) \leq \alpha$

rechtsseitiger Signifikanztest

H_0: $p = p_0$ H_1: $p > p_0$

Entscheidungsregel:

Ist $X < K$, so wird H_0 angenommen
Ist $X \geq K$, so wird H_1 angenommen

Ablehnungsbereich: $\{K; K + 1; ...; n\}$

Die Irrtumswahrscheinlichkeit $P(X \geq K)$ ist für $p = p_0$ am größten.

Die **kritische Zahl *K*** ist die kleinste ganze Zahl, für die die Irrtumswahrscheinlichkeit bei $p = p_0$ höchstens α beträgt, d.h. $P(X \geq K) = 1 - P(X \leq K - 1) \leq \alpha$

Beispiel: Test, ob eine Münze fair ist, das heißt, ob die Wahrscheinlichkeit p für Kopf 0,5 beträgt. Es wird hundertmal geworfen und dabei ergibt sich 60-mal Kopf.

1. **Hypothesen**
   ▷ H_0: $p = 0{,}5$; H_1: $p \neq 0{,}5$
2. **Signifikanzniveaus**
   ▷ $\alpha = 0{,}05$
3. **Datenerhebung**
   ▷ Stichprobengröße $n = 100$; Anzahl der Erfolge $X = 60$
4. **Berechnung der Teststatistik**
   ▷ Stichprobenanteil $\hat{p} = \frac{60}{100} = 0{,}6$
   ▷ Teststatistik $z = 2\sqrt{100}(0{,}6 - 0{,}5) = 2 \cdot 10 \cdot 0{,}1 = 2$
5. **Bestimmung des kritischen Wertes**
   ▷ Kritischer Wert für $\alpha = 0{,}5$ (zweiseitig) ist $\pm$ 1,96.
6. **Entscheidung**
   ▷ Da $|2| = 2 > 1{,}96$, lehnen wir H_0 ab und schließen, dass die Münze nicht fair ist.

Das Beispiel zeigt, dass es statistisch signifikant ist, die Nullhypothese abzulehnen, da die Wahrscheinlichkeit, dass die Münze fair ist, weniger als 5 % beträgt, wenn wir H_0 als wahr annehmen.

Schätzen von Wahrscheinlichkeiten

IQB-Seite 8

Wahrscheinlichkeiten werden in statistischen Analysen geschätzt. Eine übliche Methode ist die Verwendung von Stichprobenanteilen.

Konfidenzintervall

Ein Konfidenzintervall (oft auch Vertrauensintervall genannt) ist ein Bereich von Werten, der mit einer bestimmten Wahrscheinlichkeit den wahren Parameter einer Testgröße umfasst. Es gibt an, wie genau eine Schätzung ist und wie viel Unsicherheit mit dieser Schätzung verbunden ist.

$[p_1, p_2]$: Intervall p: Wahrscheinlichkeit $1-\alpha$: Konfidenzniveau

Es gilt: $P(p_1 \leq p \leq p_2) = 1 - \alpha$

Laplace-Bedingung für Konfidenzintervalle

Die Laplace-Bedingung dient zur Überprüfung, ob es angemessen ist, Normalverteilungsannahmen bei der Berechnung von Konfidenzintervallen für binomiale Wahrscheinlichkeiten zu verwenden.

h_n: relative Häufigkeit der Stichprobe n: Umfang der Stichprobe

Es gilt: $\sqrt{n \cdot h_n \cdot (1 - h_n)} > 3 \Rightarrow$ Laplace-Bedingung erfüllt

Konfidenzintervall zum Schätzen einer unbekannten Wahrscheinlichkeit p

Das Konfidenzintervall, in dem die Stichprobe die Laplace-Bedingung erfüllt, gibt einen Bereich an, in dem der wahre Populationsanteil p mit einer bestimmten Wahrscheinlichkeit liegt.

h_n: relative Häufigkeit der Stichprobe
p: Wahrscheinlichkeit
n: Umfang der Stichprobe
z: Wert, der den Bereich unter der Normalverteilung angibt

Näherungsformel für Intervallgrenzen:

$$p_1 = h_n - z \cdot \sqrt{\frac{h_n \cdot (1 - h_n)}{n}}, \qquad p_2 = h_n + z \cdot \sqrt{\frac{h_n \cdot (1 - h_n)}{n}}$$

Exaktes Konfidenzintervall: $\{p \in [0; 1] \mid n \cdot (h_n - p)^2 \leq z^2 \cdot p \cdot (1 - p)\}$

Häufig verwendete z-Werte für verschiedene Konfidenzniveaus:

Faktor z	1,645	1,96	2,576
Konfidenzniveau	90 %	95 %	99 %

Mindestgrößen des Stichprobenumfangs

Berechnungen sind erforderlich, um die optimale Stichprobengröße für zuverlässige Schätzungen unter Berücksichtigung von Präzision und Vertrauen zu bestimmen.

Für die Berechnung der Mindeststichprobengröße n gilt: $n = \frac{z^2 \cdot \hat{p} \cdot (1 - \hat{p})}{E^2}$

z: z-Wert, der dem gewünschten Konfidenzniveau entspricht (z. B. 1,96 für 95 % Konfidenzniveau)
$\hat{p}$: Geschätzter Anteil der Population (wenn unbekannt, wird oft 0,5 verwendet)
E: Akzeptable Fehlermarge

Mathematik

Binomiale Wahrscheinlichkeiten $b(n; p; k) = P(X = k) = \binom{n}{k} \cdot p^k \cdot (1-p)^{n-k}$

n	*k*	*p* 0,01	0,05	0,1	$\frac{1}{6}$	0,2	0,25	0,3	$\frac{1}{3}$	0,4	0,5	*k*	*n*
	0	0,9044	0,5987	0,3487	0,1615	0,1074	0,0563	0,0282	0,0173	0,0060	0,0010	*10*	
	1	0,0914	0,3151	0,3874	0,3230	0,2684	0,1877	0,1211	0,0867	0,0403	0,0098	*9*	
	2	0,0042	0,0746	0,1937	0,2907	0,3020	0,2816	0,2335	0,1951	0,1209	0,0439	*8*	
	3	0,0001	0,0105	0,0574	0,1550	0,2013	0,2503	0,2668	0,2601	0,2150	0,1172	*7*	
	4	0,0000	0,0010	0,0112	0,0543	0,0881	0,1460	0,2001	0,2276	0,2508	0,2051	*6*	
10	5		0,0001	0,0015	0,0130	0,0264	0,0584	0,1029	0,1366	0,2007	0,2461	*5*	*10*
	6		0,0000	0,0001	0,0022	0,0055	0,0162	0,0368	0,0569	0,1115	0,2051	*4*	
	7			0,0000	0,0002	0,0008	0,0031	0,0090	0,0163	0,0425	0,1172	*3*	
	8				0,0000	0,0001	0,0004	0,0014	0,0030	0,0106	0,0439	*2*	
	9					0,0000	0,0000	0,0001	0,0003	0,0016	0,0098	*1*	
	10							0,0000	0,0000	0,0001	0,0010	*0*	
	0	0,8179	0,3585	0,1216	0,0261	0,0115	0,0032	0,0008	0,0003	0,0000		*20*	
	1	0,1652	0,3774	0,2702	0,1043	0,0576	0,0211	0,0068	0,0030	0,0005	0,0000	*19*	
	2	0,0159	0,1887	0,2852	0,1982	0,1369	0,0669	0,0278	0,0143	0,0031	0,0002	*18*	
	3	0,0010	0,0596	0,1901	0,2379	0,2054	0,1339	0,0716	0,0429	0,0123	0,0011	*17*	
	4	0,0000	0,0133	0,0898	0,2022	0,2182	0,1897	0,1304	0,0911	0,0350	0,0046	*16*	
	5		0,0022	0,0319	0,1294	0,1746	0,2023	0,1789	0,1457	0,0746	0,0148	*15*	
	6		0,0003	0,0089	0,0647	0,1091	0,1686	0,1916	0,1821	0,1244	0,0370	*14*	
	7		0,0000	0,0020	0,0259	0,0545	0,1124	0,1643	0,1821	0,1659	0,0739	*13*	
	8			0,0004	0,0084	0,0222	0,0609	0,1144	0,1480	0,1797	0,1201	*12*	
	9			0,0001	0,0022	0,0074	0,0271	0,0654	0,0987	0,1597	0,1602	*11*	
20	10			0,0000	0,0005	0,0020	0,0099	0,0308	0,0543	0,1171	0,1762	*10*	*20*
	11				0,0001	0,0005	0,0030	0,0120	0,0247	0,0710	0,1602	*9*	
	12				0,0000	0,0001	0,0008	0,0039	0,0092	0,0355	0,1201	*8*	
	13					0,0000	0,0002	0,0010	0,0028	0,0146	0,0739	*7*	
	14						0,0000	0,0002	0,0007	0,0049	0,0370	*6*	
	15							0,0000	0,0001	0,0013	0,0148	*5*	
	16								0,0000	0,0003	0,0046	*4*	
	17									0,0000	0,0011	*3*	
	18										0,0002	*2*	
	19										0,0000	*1*	
	20											*0*	
	0	0,7778	0,2774	0,0718	0,0105	0,0038	0,0008	0,0001	0,0000			*25*	
	1	0,1964	0,3650	0,1994	0,0524	0,0236	0,0063	0,0014	0,0005	0,0000		*24*	
	2	0,0238	0,2305	0,2659	0,1258	0,0708	0,0251	0,0074	0,0030	0,0004	0,0000	*23*	
	3	0,0018	0,0930	0,2265	0,1929	0,1358	0,0641	0,0243	0,0114	0,0019	0,0001	*22*	
	4	0,0001	0,0269	0,1384	0,2122	0,1867	0,1175	0,0572	0,0313	0,0071	0,0004	*21*	
	5	0,0000	0,0060	0,0646	0,1782	0,1960	0,1645	0,1030	0,0658	0,0199	0,0016	*20*	
	6		0,0010	0,0239	0,1188	0,1633	0,1828	0,1472	0,1096	0,0442	0,0053	*19*	
	7		0,0001	0,0072	0,0645	0,1108	0,1654	0,1712	0,1487	0,0800	0,0143	*18*	
	8		0,0000	0,0018	0,0290	0,0623	0,1241	0,1651	0,1673	0,1200	0,0322	*17*	
	9			0,0004	0,0110	0,0294	0,0781	0,1336	0,1580	0,1511	0,0609	*16*	
	10			0,0001	0,0035	0,0118	0,0417	0,0916	0,1264	0,1612	0,0974	*15*	
25	11			0,0000	0,0010	0,0040	0,0189	0,0536	0,0862	0,1465	0,1328	*14*	*25*
	12				0,0002	0,0012	0,0074	0,0268	0,0503	0,1140	0,1550	*13*	
	13				0,0000	0,0003	0,0025	0,0115	0,0251	0,0760	0,1550	*12*	
	14					0,0001	0,0007	0,0042	0,0108	0,0434	0,1328	*11*	
	15					0,0000	0,0002	0,0013	0,0040	0,0212	0,0974	*10*	
	16						0,0000	0,0004	0,0012	0,0088	0,0609	*9*	
	17							0,0001	0,0003	0,0031	0,0322	*8*	
	18							0,0000	0,0001	0,0009	0,0143	*7*	
	19								0,0000	0,0002	0,0053	*8*	
	20									0,0000	0,0016	*5*	
	21										0,0004	*4*	
	22										0,0001	*3*	
	23										0,0000	*2*	
n	*k*	*p 0,99*	*0,95*	*0,9*	$\frac{5}{6}$	*0,8*	*0,75*	*0,7*	$\frac{2}{3}$	*0,6*	*0,5*	*k*	*n*

Alle freien Plätze dieser Seite würden durch das Runden auf vier Nachkommastellen den Wert 0,0000 enthalten.

Beispiel: $b(n; p; k) = b(20; 0{,}25; 6) = 0{,}1686$

Beispiel: $b(n; p; k) = b(20; 0{,}7; 12) = 0{,}1144$

Binomiale Wahrscheinlichkeiten $b(n; p; k) = P(X = k) = \binom{n}{k} \cdot p^k \cdot (1 - p)^{n-k}$

n	k	p 0,01	0,05	0,1	$\frac{1}{6}$	0,2	0,25	0,3	$\frac{1}{3}$	0,4	0,5	k	n
50	0	0,6050	0,0769	0,0052	0,0001	0,0000						*50*	*50*
	1	0,3056	0,2025	0,0286	0,0011	0,0002	0,0000					*49*	
	2	0,0756	0,2611	0,0779	0,0054	0,0011	0,0001					*48*	
	3	0,0122	0,2199	0,1386	0,0172	0,0044	0,0004	0,0000				*47*	
	4	0,0015	0,1360	0,1809	0,0405	0,0128	0,0016	0,0001	0,0000			*46*	
	5	0,0001	0,0658	0,1849	0,0745	0,0295	0,0049	0,0006	0,0001			*45*	
	6	0,0000	0,0260	0,1541	0,1118	0,0554	0,0123	0,0018	0,0004			*44*	
	7		0,0086	0,1076	0,1405	0,0870	0,0259	0,0048	0,0012	0,0000		*43*	
	8		0,0024	0,0643	0,1510	0,1169	0,0463	0,0110	0,0033	0,0002		*42*	
	9		0,0006	0,0333	0,1410	0,1364	0,0721	0,0220	0,0077	0,0005		*41*	
	10		0,0001	0,0152	0,1156	0,1398	0,0985	0,0386	0,0157	0,0014		*40*	
	11		0,0000	0,0061	0,0841	0,1271	0,1194	0,0602	0,0286	0,0035	0,0000	*39*	
	12			0,0022	0,0546	0,1033	0,1294	0,0838	0,0465	0,0076	0,0001	*38*	
	13			0,0007	0,0319	0,0755	0,1261	0,1050	0,0679	0,0147	0,0003	*37*	
	14			0,0002	0,0169	0,0499	0,1110	0,1189	0,0898	0,0260	0,0008	*36*	
	15			0,0001	0,0081	0,0299	0,0888	0,1223	0,1077	0,0415	0,0020	*35*	
	16			0,0000	0,0035	0,0164	0,0648	0,1147	0,1178	0,0606	0,0044	*34*	
	17				0,0014	0,0082	0,0432	0,0983	0,1178	0,0808	0,0087	*33*	
	18				0,0005	0,0037	0,0264	0,0772	0,1080	0,0987	0,0160	*32*	
	19				0,0002	0,0016	0,0148	0,0558	0,0910	0,1109	0,0270	*31*	
	20				0,0001	0,0006	0,0077	0,0370	0,0705	0,1146	0,0419	*30*	
	21				0,0000	0,0002	0,0036	0,0227	0,0503	0,1091	0,0598	*29*	
	22					0,0001	0,0016	0,0128	0,0332	0,0959	0,0788	*28*	
	23					0,0000	0,0006	0,0067	0,0202	0,0778	0,0960	*27*	
	24						0,0002	0,0032	0,0114	0,0584	0,1080	*26*	
	25						0,0001	0,0014	0,0059	0,0405	0,1123	*25*	
	26						0,0000	0,0006	0,0028	0,0259	0,1080	*24*	
	27							0,0002	0,0013	0,0154	0,0960	*23*	
	28							0,0001	0,0005	0,0084	0,0788	*22*	
	29							0,0000	0,0002	0,0043	0,0598	*21*	
	30								0,0001	0,0020	0,0419	*20*	
	31								0,0000	0,0009	0,0270	*19*	
	32									0,0003	0,0160	*18*	
	33									0,0001	0,0087	*17*	
	34									0,0000	0,0044	*16*	
	35										0,0020	*15*	
	36										0,0008	*14*	
	37										0,0003	*13*	
	38										0,0001	*12*	
	39										0,0000	*11*	
n	k	*p 0,99*	*0,95*	*0,9*	$\frac{5}{6}$	*0,8*	*0,75*	*0,7*	$\frac{2}{3}$	*0,6*	*0,5*	*k*	n

Alle freien Plätze dieser Seite würden durch das Runden auf vier Nachkommastellen den Wert 0,0000 enthalten.

Beispiel: $b(n; p; k) = b(50; 0{,}3; 15) = 0{,}1223$ **Beispiel:** $b(n; p; k) = b(50; 0{,}7; 35) = 0{,}1223$

Mathematik

Binomiale Wahrscheinlichkeiten $b(n; p; k) = P(X = k) = \binom{n}{k} \cdot p^k \cdot (1-p)^{n-k}$

n	k	p 0,01	0,05	0,1	$\frac{1}{6}$	0,2	0,25	0,3	$\frac{1}{3}$	0,4	0,5	k	n
	0	0,3660	0,0059	0,0000								100	
	1	0,3697	0,0312	0,0003								99	
	2	0,1849	0,0812	0,0016								98	
	3	0,0610	0,1396	0,0059	0,0000							97	
	4	0,0149	0,1781	0,0159	0,0001							96	
	5	0,0029	0,1800	0,0339	0,0003	0,0000						95	
	6	0,0005	0,1500	0,0596	0,0009	0,0001						94	
	7	0,0001	0,1060	0,0889	0,0025	0,0002						93	
	8	0,0000	0,0649	0,1148	0,0058	0,0006						92	
	9		0,0349	0,1304	0,0118	0,0015	0,0000					91	
	10		0,0167	0,1319	0,0214	0,0034	0,0001					90	
	11		0,0072	0,1199	0,0350	0,0069	0,0003					89	
	12		0,0028	0,0988	0,0520	0,0128	0,0006					88	
	13		0,0010	0,0743	0,0703	0,0216	0,0014	0,0000				87	
	14		0,0003	0,0513	0,0874	0,0335	0,0030	0,0001				86	
	15		0,0001	0,0327	0,1002	0,0481	0,0057	0,0002	0,0000			85	
	16		0,0000	0,0193	0,1065	0,0638	0,0100	0,0006	0,0001			84	
	17			0,0106	0,1052	0,0789	0,0165	0,0012	0,0001			83	
	18			0,0054	0,0971	0,0909	0,0254	0,0024	0,0003			82	
	19			0,0026	0,0838	0,0981	0,0365	0,0044	0,0006			81	
	20			0,0012	0,0679	0,0993	0,0493	0,0076	0,0013			80	
	21			0,0005	0,0517	0,0946	0,0626	0,0124	0,0024	0,0000		79	
	22			0,0002	0,0371	0,0849	0,0749	0,0190	0,0043	0,0001		78	
	23			0,0001	0,0252	0,0720	0,0847	0,0277	0,0073	0,0001		77	
	24			0,0000	0,0162	0,0577	0,0906	0,0380	0,0117	0,0003		76	
	25				0,0098	0,0439	0,0918	0,0496	0,0178	0,0006		75	
	26				0,0057	0,0316	0,0883	0,0613	0,0256	0,0012		74	
	27				0,0031	0,0217	0,0806	0,0720	0,0351	0,0022		73	
	28				0,0016	0,0141	0,0701	0,0804	0,0458	0,0038		72	
	29				0,0008	0,0088	0,0580	0,0856	0,0569	0,0063		71	
	30				0,0004	0,0052	0,0458	0,0868	0,0673	0,0100	0,0000	70	
	31				0,0002	0,0029	0,0344	0,0840	0,0760	0,0151	0,0001	69	
	32				0,0001	0,0016	0,0248	0,0776	0,0819	0,0217	0,0001	68	
	33				0,0000	0,0008	0,0170	0,0685	0,0844	0,0297	0,0002	67	
100	34					0,0004	0,0112	0,0579	0,0831	0,0391	0,0005	66	100
	35					0,0002	0,0070	0,0468	0,0784	0,0491	0,0009	65	
	36					0,0001	0,0042	0,0362	0,0708	0,0591	0,0016	64	
	37					0,0000	0,0024	0,0268	0,0612	0,0682	0,0027	63	
	38						0,0013	0,0191	0,0507	0,0754	0,0045	62	
	39						0,0007	0,0130	0,0403	0,0799	0,0071	61	
	40						0,0004	0,0085	0,0308	0,0812	0,0108	60	
	41						0,0002	0,0053	0,0225	0,0792	0,0159	59	
	42						0,0001	0,0032	0,0158	0,0742	0,0223	58	
	43						0,0000	0,0019	0,0107	0,0667	0,0301	57	
	44							0,0010	0,0069	0,0576	0,0390	56	
	45							0,0005	0,0043	0,0478	0,0485	55	
	46							0,0003	0,0026	0,0381	0,0580	54	
	47							0,0001	0,0015	0,0292	0,0666	53	
	48							0,0001	0,0008	0,0215	0,0735	52	
	49							0,0000	0,0004	0,0152	0,0780	51	
	50								0,0002	0,0103	0,0796	50	
	51								0,0001	0,0068	0,0780	49	
	52								0,0001	0,0042	0,0735	48	
	53								0,0000	0,0026	0,0666	47	
	54									0,0015	0,0580	46	
	55									0,0008	0,0485	45	
	56									0,0004	0,0390	44	
	57									0,0002	0,0301	43	
	58									0,0001	0,0223	42	
	59									0,0001	0,0159	41	
	60									0,0000	0,0108	40	
	61										0,0071	39	
	62										0,0045	38	
	63										0,0027	37	
	64										0,0016	36	
	65										0,0009	35	
	66										0,0005	34	
	67										0,0002	33	
	68										0,0001	32	
	69										0,0001	31	
n	k	*p 0,99*	*0,95*	*0,9*	$\frac{5}{6}$	*0,8*	*0,75*	*0,7*	$\frac{2}{3}$	*0,6*	*0,5*	k	n

Alle freien Plätze dieser Seite würden durch das Runden auf vier Nachkommastellen den Wert 0,0000 enthalten.

Beispiel: $b(n; p; k) = b(100; 0{,}25; 25) = 0{,}0918$

Beispiel: $b(n; p; k) = b(100; 0{,}7; 66) = 0{,}0579$

Summierte Binomialverteilung $B(n;\, p;\, k) = P(X \le k) = \sum_{i=0}^{k} \binom{n}{i} \cdot p^i \cdot (1-p)^{n-i}$

n	k	p 0,01	0,05	0,1	$\frac{1}{6}$	0,2	0,25	0,3	$\frac{1}{3}$	0,4	0,5	*k*	*n*
	0	0,9044	0,5987	0,3487	0,1615	0,1074	0,0563	0,0282	0,0173	0,0060	0,0010	*9*	
	1	0,9957	0,9139	0,7361	0,4845	0,3758	0,2440	0,1493	0,1040	0,0464	0,0107	*8*	
	2	0,9999	0,9885	0,9298	0,7752	0,6778	0,5256	0,3828	0,2991	0,1673	0,0547	*7*	
	3	1,0000	0,9990	0,9872	0,9303	0,8791	0,7759	0,6496	0,5593	0,3823	0,1719	*6*	
10	4		0,9999	0,9984	0,9845	0,9672	0,9219	0,8497	0,7869	0,6331	0,3770	*5*	*10*
	5		1,0000	0,9999	0,9976	0,9936	0,9803	0,9527	0,9234	0,8338	0,6230	*4*	
	6			1,0000	0,9997	0,9991	0,9965	0,9894	0,9803	0,9452	0,8281	*3*	
	7				1,0000	0,9999	0,9996	0,9984	0,9966	0,9877	0,9893	*2*	
	8					1,0000	1,0000	0,9999	0,9996	0,9983	0,9990	*1*	
	9							1,0000	1,0000	0,9999	0,9990	*0*	
	0	0,8179	0,3585	0,1216	0,0261	0,0115	0,0032	0,0008	0,0003	0,0000	0,0000	*19*	
	1	0,9831	0,7358	0,3917	0,1304	0,0692	0,0243	0,0076	0,0033	0,0005	0,0000	*18*	
	2	0,9990	0,9245	0,6769	0,3287	0,2061	0,0913	0,0355	0,0176	0,0036	0,0002	*17*	
	3	1,0000	0,9841	0,8670	0,5665	0,4114	0,2252	0,1071	0,0604	0,0160	0,0013	*16*	
	4		0,9974	0,9568	0,7687	0,6296	0,4148	0,2375	0,1515	0,0510	0,0059	*15*	
	5		0,9997	0,9887	0,8982	0,8042	0,6172	0,4164	0,2972	0,1256	0,0207	*14*	
	6		1,0000	0,9976	0,9629	0,9133	0,7858	0,6080	0,4793	0,2500	0,0577	*13*	
	7			0,9996	0,9887	0,9679	0,8982	0,7723	0,6615	0,4159	0,1316	*12*	
	8			0,9999	0,9972	0,9900	0,9591	0,8867	0,8095	0,5956	0,2517	*11*	
20	9			1,0000	0,9994	0,9974	0,9861	0,9520	0,9081	0,7553	0,4119	*10*	*20*
	10				0,9999	0,9994	0,9961	0,9829	0,9624	0,8725	0,5881	*9*	
	11				1,0000	0,9999	0,9991	0,9949	0,9870	0,9435	0,7483	*8*	
	12					1,0000	0,9998	0,9987	0,9963	0,9790	0,8684	*7*	
	13						1,0000	0,9997	0,9991	0,9935	0,9423	*6*	
	14							1,0000	0,9998	0,9984	0,9793	*5*	
	15								1,0000	0,9997	0,9941	*4*	
	16									1,0000	0,9987	*3*	
	17										0,9998	*2*	
	18										1,0000	*1*	
	0	0,7778	0,2774	0,0718	0,0105	0,0038	0,0008	0,0001	0,0000	0,0000	0,0000	*24*	
	1	0,9742	0,6424	0,2712	0,0629	0,0274	0,0070	0,0016	0,0005	0,0001	0,0000	*23*	
	2	0,9980	0,8729	0,5371	0,1887	0,0982	0,0321	0,0090	0,0035	0,0004	0,0000	*22*	
	3	0,9999	0,9659	0,7636	0,3816	0,2340	0,0962	0,0332	0,0149	0,0024	0,0001	*21*	
	4	1,0000	0,9928	0,9020	0,5937	0,4207	0,2137	0,0905	0,0462	0,0095	0,0005	*20*	
	5		0,9988	0,9666	0,7720	0,6167	0,3783	0,1935	0,1120	0,0294	0,0020	*19*	
	6		0,9998	0,9905	0,8908	0,7800	0,5611	0,3407	0,2215	0,0736	0,0073	*18*	
	7		1,0000	0,9977	0,9553	0,8909	0,7265	0,5118	0,3703	0,1536	0,0216	*17*	
	8			0,9995	0,9843	0,9532	0,8506	0,6769	0,5376	0,2735	0,0539	*16*	
	9			0,9999	0,9953	0,9827	0,9287	0,8106	0,6956	0,4246	0,1148	*15*	
	10			1,0000	0,9988	0,9944	0,9703	0,9022	0,8220	0,5858	0,2122	*14*	
25	11				0,9997	0,9985	0,9893	0,9558	0,9082	0,7323	0,3450	*13*	*25*
	12				0,9999	0,9996	0,9966	0,9825	0,9585	0,8462	0,5000	*12*	
	13				1,0000	0,9999	0,9991	0,9940	0,9836	0,9222	0,6550	*11*	
	14					1,0000	0,9998	0,9982	0,9944	0,9656	0,7878	*10*	
	15						1,0000	0,9995	0,9984	0,9868	0,8852	*9*	
	16							0,9999	0,9996	0,9957	0,9461	*8*	
	17							1,0000	0,9999	0,9988	0,9784	*7*	
	18								1,0000	0,9997	0,9927	*6*	
	19									0,9999	0,9980	*5*	
	20									1,0000	0,9995	*4*	
	21										0,9999	*3*	
	22										1,0000	*2*	
n	k	*p 0,99*	*0,95*	*0,9*	$\frac{5}{6}$	*0,8*	*0,75*	*0,7*	$\frac{2}{3}$	*0,6*	*0,5*	*k*	*n*

Alle freien Plätze dieser Seite würden durch das Runden auf vier Nachkommastellen den Wert 1,0000 enthalten.

Werden Werte über den gelb hinterlegten, kursiv gedruckten Eingang der Tabelle abgelesen, also für $p \ge 0{,}5$, muss die Differenz 1– (abgelesener Wert) ermittelt werden.

Beispiel: $B(n;\, p;\, k) = B(20;\, 0{,}25;\, 6) = 0{,}7858$

Beispiel: $B(n;\, p;\, k) = B(20;\, 0{,}6;\, 12) = 1 - 0{,}4159 = 0{,}5841$

Summierte Binomialverteilung $B(n; p; k) = P(X \leq k) = \sum_{i=0}^{k} \binom{n}{i} \cdot p^i \cdot (1-p)^{n-i}$

n	k	p 0,01	0,05	0,1	$\frac{1}{6}$	0,2	0,25	0,3	$\frac{1}{3}$	0,4	0,5	k	n
	0	0,6050	0,0769	0,0052	0,0001	0,0000	0,0000	0,0000	0,0000	0,0000	0,0000	*49*	
	1	0,9106	0,2794	0,0338	0,0012	0,0002	0,0000	0,0000	0,0000	0,0000	0,0000	*48*	
	2	0,9862	0,5405	0,1117	0,0066	0,0013	0,0001	0,0000	0,0000	0,0000	0,0000	*47*	
	3	0,9984	0,7604	0,2503	0,0238	0,0057	0,0005	0,0000	0,0000	0,0000	0,0000	*46*	
	4	0,9999	0,8964	0,4312	0,0643	0,0185	0,0021	0,0002	0,0000	0,0000	0,0000	*45*	
	5	1,0000	0,9622	0,6161	0,1388	0,0480	0,0070	0,0007	0,0001	0,0000	0,0000	*44*	
	6		0,9882	0,7702	0,2506	0,1034	0,0194	0,0025	0,0005	0,0000	0,0000	*43*	
	7		0,9968	0,8779	0,3911	0,1904	0,0453	0,0073	0,0017	0,0001	0,0000	*42*	
	8		0,9992	0,9421	0,5421	0,3073	0,0916	0,0183	0,0050	0,0002	0,0000	*41*	
	9		0,9998	0,9755	0,6830	0,4437	0,1637	0,0402	0,0127	0,0008	0,0000	*40*	
	10		1,0000	0,9906	0,7986	0,5836	0,2622	0,0789	0,0284	0,0022	0,0000	*39*	
	11			0,9968	0,8827	0,7107	0,3816	0,1390	0,0570	0,0057	0,0000	*38*	
	12			0,9990	0,9373	0,8139	0,5110	0,2229	0,1035	0,0133	0,0002	*37*	
	13			0,9997	0,9693	0,8894	0,6370	0,3279	0,1715	0,0280	0,0005	*36*	
	14			0,9999	0,9862	0,9393	0,7481	0,4468	0,2612	0,0540	0,0013	*35*	
	15			1,0000	0,9943	0,9692	0,8369	0,5692	0,3690	0,0955	0,0033	*34*	
	16				0,9978	0,9856	0,9017	0,6839	0,4868	0,1561	0,0077	*33*	
	17				0,9992	0,9937	0,9449	0,7822	0,6046	0,2369	0,0164	*32*	
	18				0,9997	0,9975	0,9713	0,8594	0,7126	0,3356	0,0325	*31*	
50	19				0,9999	0,9991	0,9861	0,9152	0,8036	0,4465	0,0595	*30*	*50*
	20				1,0000	0,9997	0,9937	0,9522	0,8741	0,5610	0,1013	*29*	
	21					0,9999	0,9974	0,9749	0,9244	0,6701	0,1611	*28*	
	22					1,0000	0,9990	0,9877	0,9576	0,7660	0,2399	*27*	
	23						0,9996	0,9944	0,9778	0,8438	0,3359	*26*	
	24						0,9999	0,9976	0,9892	0,9022	0,4439	*25*	
	25						1,0000	0,9991	0,9951	0,9427	0,5561	*24*	
	26							0,9997	0,9979	0,9686	0,6641	*23*	
	27							0,9999	0,9992	0,9840	0,7601	*22*	
	28							1,0000	0,9997	0,9924	0,8389	*21*	
	29								0,9999	0,9966	0,8987	*20*	
	30								1,0000	0,9986	0,9405	*19*	
	31									0,9995	0,9675	*18*	
	32									0,9998	0,9836	*17*	
	33									0,9999	0,9923	*16*	
	34									1,0000	0,9967	*15*	
	35										0,9987	*14*	
	36										0,9995	*13*	
	37										0,9998	*12*	
	38										1,0000	*11*	
n	k	*p 0,99*	*0,95*	*0,9*	$\frac{5}{6}$	*0,8*	*0,75*	*0,7*	$\frac{2}{3}$	*0,6*	*0,5*	k	n

Alle freien Plätze dieser Seite würden durch das Runden auf vier Nachkommastellen den Wert 1,0000 enthalten.

Werden Werte über den gelb hinterlegten, kursiv gedruckten Eingang der Tabelle abgelesen, also für $p \geq 0{,}5$, muss die Differenz 1– (abgelesener Wert) ermittelt werden.

Beispiel: $B(n; p; k) = B(50; 0{,}25; 9) = 0{,}1637$

Beispiel: $B(n; p; k) = B(50; 0{,}7; 33) = 1 - 0{,}6839 = 0{,}3161$

Summierte Binomialverteilung $B(n;p;k) = P(X \le k) = \sum_{i=0}^{k} \binom{n}{i} \cdot p^i \cdot (1-p)^{n-i}$

n	k	p 0,01	0,05	0,1	$\frac{1}{6}$	0,2	0,25	0,3	$\frac{1}{3}$	0,4	0,5	k	n
100	0	0,3660	0,0059	0,0000	0,0000	0,0000	0,0000	0,0000	0,0000	0,0000	0,0000	*99*	*100*
	1	0,7358	0,0371	0,0003	0,0000	0,0000	0,0000	0,0000	0,0000	0,0000	0,0000	*98*	
	2	0,9206	0,1183	0,0019	0,0000	0,0000	0,0000	0,0000	0,0000	0,0000	0,0000	*97*	
	3	0,9816	0,2578	0,0078	0,0000	0,0000	0,0000	0,0000	0,0000	0,0000	0,0000	*96*	
	4	0,9966	0,4360	0,0237	0,0001	0,0000	0,0000	0,0000	0,0000	0,0000	0,0000	*95*	
	5	0,9995	0,6160	0,0576	0,0004	0,0000	0,0000	0,0000	0,0000	0,0000	0,0000	*94*	
	6	0,9999	0,7660	0,1172	0,0013	0,0001	0,0000	0,0000	0,0000	0,0000	0,0000	*93*	
	7	1,0000	0,8720	0,2061	0,0038	0,0003	0,0000	0,0000	0,0000	0,0000	0,0000	*92*	
	8		0,9369	0,3209	0,0095	0,0009	0,0000	0,0000	0,0000	0,0000	0,0000	*91*	
	9		0,9718	0,4513	0,0213	0,0023	0,0000	0,0000	0,0000	0,0000	0,0000	*90*	
	10		0,9885	0,5832	0,0427	0,0057	0,0001	0,0000	0,0000	0,0000	0,0000	*89*	
	11		0,9957	0,7030	0,0777	0,0126	0,0004	0,0000	0,0000	0,0000	0,0000	*88*	
	12		0,9985	0,8018	0,1297	0,0253	0,0010	0,0000	0,0000	0,0000	0,0000	*87*	
	13		0,9995	0,8761	0,2000	0,0469	0,0025	0,0001	0,0000	0,0000	0,0000	*86*	
	14		0,9999	0,9274	0,2874	0,0804	0,0054	0,0002	0,0000	0,0000	0,0000	*85*	
	15		1,0000	0,9601	0,3877	0,1285	0,0111	0,0004	0,0000	0,0000	0,0000	*84*	
	16			0,9794	0,4942	0,1923	0,0211	0,0010	0,0001	0,0000	0,0000	*83*	
	17			0,9900	0,5994	0,2712	0,0376	0,0022	0,0002	0,0000	0,0000	*82*	
	18			0,9954	0,6965	0,3621	0,0630	0,0045	0,0005	0,0000	0,0000	*81*	
	19			0,9980	0,7803	0,4602	0,0995	0,0089	0,0011	0,0000	0,0000	*80*	
	20			0,9992	0,8481	0,5595	0,1488	0,0165	0,0024	0,0000	0,0000	*79*	
	21			0,9997	0,8998	0,6540	0,2114	0,0288	0,0048	0,0000	0,0000	*78*	
	22			0,9999	0,9369	0,7389	0,2864	0,0479	0,0091	0,0001	0,0000	*77*	
	23			1,0000	0,9621	0,8109	0,3711	0,0755	0,0164	0,0003	0,0000	*76*	
	24				0,9783	0,8686	0,4617	0,1136	0,0281	0,0006	0,0000	*75*	
	25				0,9881	0,9125	0,5535	0,1631	0,0458	0,0012	0,0000	*74*	
	26				0,9938	0,9442	0,6417	0,2244	0,0715	0,0024	0,0000	*73*	
	27				0,9969	0,9658	0,7224	0,2964	0,1066	0,0046	0,0000	*72*	
	28				0,9985	0,9800	0,7925	0,3768	0,1524	0,0084	0,0000	*71*	
	29				0,9993	0,9888	0,8505	0,4623	0,2093	0,0148	0,0000	*70*	
	30				0,9997	0,9939	0,8962	0,5491	0,2766	0,0248	0,0000	*69*	
	31				0,9999	0,9969	0,9307	0,6331	0,3525	0,0398	0,0001	*68*	
	32				1,0000	0,9984	0,9554	0,7107	0,4344	0,0615	0,0002	*67*	
	33					0,9993	0,9724	0,7793	0,5188	0,0913	0,0004	*66*	
	34					0,9997	0,9836	0,8371	0,6019	0,1303	0,0009	*65*	
	35					0,9999	0,9906	0,8839	0,6803	0,1795	0,0018	*64*	
	36					0,9999	0,9948	0,9201	0,7511	0,2386	0,0033	*63*	
	37					1,0000	0,9973	0,9470	0,8123	0,3068	0,0060	*62*	
	38						0,9986	0,9660	0,8630	0,3822	0,0105	*61*	
	39						0,9993	0,9790	0,9034	0,4621	0,0176	*60*	
	40						0,9997	0,9875	0,9341	0,5433	0,0284	*59*	
	41						0,9999	0,9928	0,9566	0,6225	0,0443	*58*	
	42						0,9999	0,9960	0,9724	0,6967	0,0666	*57*	
	43						1,0000	0,9979	0,9831	0,7635	0,0967	*56*	
	44							0,9989	0,9900	0,8211	0,1356	*55*	
	45							0,9995	0,9943	0,8689	0,1841	*54*	
	46							0,9997	0,9969	0,9070	0,2421	*53*	
	47							0,9999	0,9983	0,9362	0,3086	*52*	
	48							0,9999	0,9991	0,9577	0,3822	*51*	
	49							1,0000	0,9996	0,9729	0,4602	*50*	
	50								0,9998	0,9832	0,5398	*49*	
	51								0,9999	0,9900	0,6178	*48*	
	52								1,0000	0,9942	0,6914	*47*	
	53									0,9968	0,7579	*46*	
	54									0,9983	0,8159	*45*	
	55									0,9991	0,8644	*44*	
	56									0,9996	0,9033	*43*	
	57									0,9998	0,9334	*42*	
	58									0,9999	0,9557	*41*	
	59									1,0000	0,9716	*40*	
	60										0,9824	*39*	
	61										0,9895	*38*	
	62										0,9940	*37*	
	63										0,9967	*36*	
	64										0,9982	*35*	
	65										0,9991	*34*	
	66										0,9996	*33*	
	67										0,9998	*32*	
	68										0,9999	*31*	
	69										1,0000	*30*	
n	k	*p 0,99*	*0,95*	*0,9*	$\frac{5}{6}$	*0,8*	*0,75*	*0,7*	$\frac{2}{3}$	*0,6*	*0,5*	k	n

Alle freien Plätze dieser Seite würden durch das Runden auf vier Nachkommastellen den Wert 1,0000 enthalten.

Werden Werte über den nicht hinterlegten, *kursiv* gedruckten Eingang der Tabelle abgelesen, also für p ≥ 0,5, muss die Differenz 1– (abgelesener Wert) ermittelt werden.

Werden Werte über den gelb hinterlegten, kursiv gedruckten Eingang der Tabelle abgelesen, also für $p \ge 0{,}5$, muss die Differenz 1– (abgelesener Wert) ermittelt werden.

Beispiel: $B(n;p;k) = B(100;0{,}25;18) = 0{,}0630$

Beispiel: $B(n;p;k) = B(100;0{,}6;58) = 1 - 0{,}6225 = 0{,}3775$

Mathematik

Dichtefunktionswerte $\varphi(x)$ der Standardnormalverteilung $\varphi(x) = \frac{1}{\sqrt{2\pi}} \cdot e^{-\frac{1}{2}x^2}$

x	0	1	2	3	4	5	6	7	8	9
0,0	0,3989	3989	3989	3988	3986	3984	3982	3980	3977	3973
0,1	0,3970	3965	3961	3956	3951	3945	3939	3932	3925	3918
0,2	0,3910	3902	3894	3885	3876	3867	3857	3847	3836	3825
0,3	0,3814	3802	3790	3778	3765	3752	3739	3725	3712	3697
0,4	0,3683	3668	3653	3637	3621	3605	3589	3572	3555	3538
0,5	0,3521	3503	3485	3467	3448	3429	3410	3391	3372	3352
0,6	0,3332	3312	3292	3271	3251	3230	3209	3187	3166	3144
0,7	0,3123	3101	3079	3056	3034	3011	2989	2966	2943	2920
0,8	0,2897	2874	2850	2827	2803	2780	2756	2732	2709	2685
0,9	0,2661	2637	2613	2589	2565	2541	2516	2492	2468	2444
1,0	0,2420	2396	2371	2347	2323	2299	2275	2251	2227	2203
1,1	0,2179	2155	2131	2107	2083	2059	2036	2012	1989	1965
1,2	0,1942	1919	1895	1872	1849	1826	1804	1781	1758	1736
1,3	0,1714	1691	1669	1647	1626	1604	1582	1561	1539	1518
1,4	0,1497	1476	1456	1435	1415	1394	1374	1354	1334	1315
1,5	0,1295	1276	1257	1238	1219	1200	1182	1163	1145	1127
1,6	0,1109	1092	1074	1057	1040	1023	1006	0989	0973	0957
1,7	0,0940	0925	0909	0893	0878	0863	0848	0833	0818	0804
1,8	0,0790	0775	0761	0748	0734	0721	0707	0694	0681	0669
1,9	0,0656	0644	0632	0620	0608	0596	0584	0573	0562	0551
2,0	0,0540	0529	0519	0508	0498	0488	0478	0468	0459	0449
2,1	0,0440	0431	0422	0413	0404	0396	0387	0379	0371	0363
2,2	0,0355	0347	0339	0332	0325	0317	0310	0303	0297	0290
2,3	0,0283	0277	0270	0264	0258	0252	0246	0241	0235	0229
2,4	0,0224	0219	0213	0208	0203	0198	0194	0189	0184	0180
2,5	0,0175	0171	0167	0163	0158	0154	0151	0147	0143	0139
2,6	0,0136	0132	0129	0126	0122	0119	0116	0113	0110	0107
2,7	0,0104	0101	0099	0096	0093	0091	0088	0086	0084	0081
2,8	0,0079	0077	0075	0073	0071	0069	0067	0065	0063	0061
2,9	0,0060	0058	0056	0055	0053	0051	0050	0048	0047	0046
3,0	0,0044	0043	0042	0040	0039	0038	0037	0036	0035	0034
3,1	0,0033	0032	0031	0030	0029	0028	0027	0026	0025	0025
3,2	0,0024	0023	0022	0022	0021	0020	0020	0019	0018	0018
3,3	0,0017	0017	0016	0016	0015	0015	0014	0014	0013	0013
3,4	0,0012	0012	0012	0011	0011	0010	0010	0010	0009	0009
3,5	0,0009	0008	0008	0008	0008	0007	0007	0007	0007	0006
3,6	0,0006	0006	0006	0005	0005	0005	0005	0005	0005	0004
3,7	0,0004	0004	0004	0004	0004	0004	0003	0003	0003	0003
3,8	0,0003	0003	0003	0003	0002	0002	0002	0002	0002	0002
3,9	0,0002	0002	0002	0002	0002	0002	0002	0002	0001	0001

Es gilt: $\varphi(-x) = \varphi(x)$

Beispiel: $\varphi(1{,}54) = 0{,}1219$

Beispiel: $\varphi(-2{,}66) = \varphi(2{,}66) = 0{,}0116$

Funktionswerte $\Phi(x)$ der Standardnormalverteilung									$\Phi(x) = \int_{-\infty}^{x} \varphi(z)dz$
x	0	1	2	3	4	5	6	7	8	9
0,0	0,5000	5040	5080	5120	5160	5200	5239	5279	5319	5359
0,1	0,5398	5438	5478	5517	5557	5596	5636	5675	5714	5754
0,2	0,5793	5832	5871	5910	5948	5987	6026	6064	6103	6141
0,3	0,6179	6217	6255	6293	6331	6368	6406	6443	6480	6517
0,4	0,6555	6591	6628	6664	6700	6736	6772	6808	6844	6879
0,5	0,6915	6950	6985	7019	7054	7088	7123	7157	7190	7224
0,6	0,7258	7291	7324	7357	7389	7422	7454	7486	7518	7549
0,7	0,7580	7612	7642	7673	7704	7734	7764	7794	7823	7852
0,8	0,7881	7910	7939	7967	7996	8023	8051	8079	8106	8133
0,9	0,8159	8186	8212	8238	8264	8289	8315	8340	8365	8389
1,0	0,8413	8438	8461	8485	8508	8531	8554	8577	8599	8621
1,1	0,8643	8665	8686	8708	8729	8749	8770	8790	8810	8830
1,2	0,8849	8869	8888	8907	8925	8944	8962	8980	8997	9015
1,3	0,9032	9049	9066	9082	9099	9115	9131	9147	9162	9177
1,4	0,9192	9207	9222	9236	9251	9265	9279	9292	9306	9319
1,5	0,9332	9345	9357	9370	9382	9394	9406	9413	9430	9441
1,6	0,9452	9463	9474	9485	9495	9505	9515	9525	9535	9545
1,7	0,9554	9564	9573	9582	9591	9599	9608	9616	9625	9633
1,8	0,9641	9649	9656	9664	9671	9678	9686	9693	9700	9706
1,9	0,9713	9719	9726	9732	9738	9744	9750	9756	9762	9767
2,0	0,9773	9778	9783	9788	9793	9798	9803	9808	9812	9817
2,1	0,9821	9826	9830	9834	9838	9842	9846	9850	9854	9857
2,2	0,9861	9865	9868	9871	9875	9878	9881	9884	9887	9890
2,3	0,9893	9896	9898	9901	9904	9906	9909	9911	9913	9916
2,4	0,9918	9920	9922	9925	9927	9929	9931	9932	9934	9936
2,5	0,9938	9940	9941	9943	9945	9946	9948	9949	9951	9952
2,6	0,9953	9955	9956	9957	9959	9960	9961	9962	9963	9964
2,7	0,9965	9966	9967	9968	9969	9970	9971	9972	9973	9974
2,8	0,9974	9975	9976	9977	9977	9978	9979	9980	9980	9981
2,9	0,9981	9982	9983	9983	9984	9984	9985	9985	9986	9986
3,0	0,9987	9987	9987	9988	9988	9989	9989	9989	9990	9990
3,1	0,9990	9991	9991	9991	9992	9992	9992	9992	9993	9993
3,2	0,9993	9993	9994	9994	9994	9994	9994	9995	9995	9995
3,3	0,9995	9995	9995	9996	9996	9996	9996	9996	9996	9997
3,4	0,9997	9997	9997	9997	9997	9997	9997	9997	9997	9998

Es gilt: $\Phi(-x) = 1 - \Phi(x)$

Beispiel: $\Phi(1{,}54) = 0{,}9382$

Beispiel: $\Phi(-2{,}66) = 1 - \Phi(2{,}66) = 1 - 0{,}9961 = 0{,}0039$

Mathematik

Einzelwahrscheinlichkeiten der Binomialverteilung $P(X = k) = \binom{n}{k} \cdot p^k \cdot (1 - p)^{n-k}$

n	k	p 0,01	0,05	0,1	$\frac{1}{6}$	0,2	0,25	0,3	$\frac{1}{3}$	0,4	0,5	k	n
	0	0,9044	0,5987	0,3487	0,1615	0,1074	0,0563	0,0282	0,0173	0,0060	0,0010	*10*	
	1	0,0914	0,3151	0,3874	0,3230	0,2684	0,1877	0,1211	0,0867	0,0403	0,0098	*9*	
	2	0,0042	0,0746	0,1937	0,2907	0,3020	0,2816	0,2335	0,1951	0,1209	0,0439	*8*	
	3	0,0001	0,0105	0,0574	0,1550	0,2013	0,2503	0,2668	0,2601	0,2150	0,1172	*7*	
	4	0,0000	0,0010	0,0112	0,0543	0,0881	0,1460	0,2001	0,2276	0,2508	0,2051	*6*	
10	5		0,0001	0,0015	0,0130	0,0264	0,0584	0,1029	0,1366	0,2007	0,2461	*5*	*10*
	6		0,0000	0,0001	0,0022	0,0055	0,0162	0,0368	0,0569	0,1115	0,2051	*4*	
	7			0,0000	0,0002	0,0008	0,0031	0,0090	0,0163	0,0425	0,1172	*3*	
	8				0,0000	0,0001	0,0004	0,0014	0,0030	0,0106	0,0439	*2*	
	9					0,0000	0,0000	0,0001	0,0003	0,0016	0,0098	*1*	
	10							0,0000	0,0000	0,0001	0,0010	*0*	
	0	0,8179	0,3585	0,1216	0,0261	0,0115	0,0032	0,0008	0,0003	0,0000		*20*	
	1	0,1652	0,3774	0,2702	0,1043	0,0576	0,0211	0,0068	0,0030	0,0005	0,0000	*19*	
	2	0,0159	0,1887	0,2852	0,1982	0,1369	0,0669	0,0278	0,0143	0,0031	0,0002	*18*	
	3	0,0010	0,0596	0,1901	0,2379	0,2054	0,1339	0,0716	0,0429	0,0123	0,0011	*17*	
	4	0,0000	0,0133	0,0898	0,2022	0,2182	0,1897	0,1304	0,0911	0,0350	0,0046	*16*	
	5		0,0022	0,0319	0,1294	0,1746	0,2023	0,1789	0,1457	0,0746	0,0148	*15*	
	6		0,0003	0,0089	0,0647	0,1091	0,1686	0,1916	0,1821	0,1244	0,0370	*14*	
	7		0,0000	0,0020	0,0259	0,0545	0,1124	0,1643	0,1821	0,1659	0,0739	*13*	
	8			0,0004	0,0084	0,0222	0,0609	0,1144	0,1480	0,1797	0,1201	*12*	
	9			0,0001	0,0022	0,0074	0,0271	0,0654	0,0987	0,1597	0,1602	*11*	
20	10			0,0000	0,0005	0,0020	0,0099	0,0308	0,0543	0,1171	0,1762	*10*	*20*
	11				0,0001	0,0005	0,0030	0,0120	0,0247	0,0710	0,1602	*9*	
	12				0,0000	0,0001	0,0008	0,0039	0,0092	0,0355	0,1201	*8*	
	13					0,0000	0,0002	0,0010	0,0028	0,0146	0,0739	*7*	
	14						0,0000	0,0002	0,0007	0,0049	0,0370	*6*	
	15							0,0000	0,0001	0,0013	0,0148	*5*	
	16								0,0000	0,0003	0,0046	*4*	
	17									0,0000	0,0011	*3*	
	18										0,0002	*2*	
	19										0,0000	*1*	
	20											*0*	
	0	0,7778	0,2774	0,0718	0,0105	0,0038	0,0008	0,0001	0,0000			*25*	
	1	0,1964	0,3650	0,1994	0,0524	0,0236	0,0063	0,0014	0,0005	0,0000		*24*	
	2	0,0238	0,2305	0,2659	0,1258	0,0708	0,0251	0,0074	0,0030	0,0004	0,0000	*23*	
	3	0,0018	0,0930	0,2265	0,1929	0,1358	0,0641	0,0243	0,0114	0,0019	0,0001	*22*	
	4	0,0001	0,0269	0,1384	0,2122	0,1867	0,1175	0,0572	0,0313	0,0071	0,0004	*21*	
	5	0,0000	0,0060	0,0646	0,1782	0,1960	0,1645	0,1030	0,0658	0,0199	0,0016	*20*	
	6		0,0010	0,0239	0,1188	0,1633	0,1828	0,1472	0,1096	0,0442	0,0053	*19*	
	7		0,0001	0,0072	0,0645	0,1108	0,1654	0,1712	0,1487	0,0800	0,0143	*18*	
	8		0,0000	0,0018	0,0290	0,0623	0,1241	0,1651	0,1673	0,1200	0,0322	*17*	
	9			0,0004	0,0110	0,0294	0,0781	0,1336	0,1580	0,1511	0,0609	*16*	
	10			0,0001	0,0035	0,0118	0,0417	0,0916	0,1264	0,1612	0,0974	*15*	
25	11			0,0000	0,0010	0,0040	0,0189	0,0536	0,0862	0,1465	0,1328	*14*	*25*
	12				0,0002	0,0012	0,0074	0,0268	0,0503	0,1140	0,1550	*13*	
	13				0,0000	0,0003	0,0025	0,0115	0,0251	0,0760	0,1550	*12*	
	14					0,0001	0,0007	0,0042	0,0108	0,0434	0,1328	*11*	
	15					0,0000	0,0002	0,0013	0,0040	0,0212	0,0974	*10*	
	16						0,0000	0,0004	0,0012	0,0088	0,0609	*9*	
	17							0,0001	0,0003	0,0031	0,0322	*8*	
	18							0,0000	0,0001	0,0009	0,0143	*7*	
	19								0,0000	0,0002	0,0053	*8*	
	20									0,0000	0,0016	*5*	
	21										0,0004	*4*	
	22										0,0001	*3*	
n	k	*p 0,99*	*0,95*	*0,9*	$\frac{5}{6}$	*0,8*	*0,75*	*0,7*	$\frac{2}{3}$	*0,6*	*0,5*	k	n

Alle freien Plätze dieser Seite würden durch das Runden auf vier Nachkommastellen den Wert 1,0000 enthalten.

Werden Werte über den gelb hinterlegten, kursiv gedruckten Eingang der Tabelle abgelesen, also für $p \geq 0{,}5$, muss die Differenz 1– (abgelesener Wert) ermittelt werden.

Beispiel: $B(n; p; k) = B(20; 0{,}3; 10) = 0{,}0308$

Beispiel: $B(n; p; k) = B(25; 0{,}6; 16) = 1 - 0{,}1511 = 0{,}8489$

Matrizen und Determinanten

Bei Matrizen handelt es sich um eine rechteckige Anordnung von Zahlen, Symbolen oder Ausdrücken, die in Zeilen und Spalten organisiert sind. Eine Determinante ist eine skalare Größe.

Matrizen dienen zum Lösen linearer Gleichungssysteme, zur Durchführung von Transformationen im Raum und ermöglichen verschiedene andere mathematische Operationen.

Matrix

Definition: Eine Matrix der Größe $m \times n$ hat m Zeilen und n Spalten. Jedes Element einer Matrix wird durch einen Doppelindex bezeichnet, wobei der erste Index die Zeile und der zweite Index die Spalte angibt.

$$A = \begin{pmatrix} a_{11} & a_{12} & \cdots & a_{1n} \\ a_{21} & a_{22} & \dots & a_{2n} \\ \vdots & \vdots & \ddots & \vdots \\ a_{m1} & a_{m2} & \cdots & a_{mn} \end{pmatrix}$$

Hierbei ist a_{ij} das Element in der i-ten Zeile und j-ten Spalte der Matrix A.

Arten von Matrizen

Rechteckige Matrix ($m \neq n$)

$$A = \begin{pmatrix} a_{11} & a_{12} & a_{13} & \cdots & a_{1n} \\ a_{21} & a_{22} & a_{23} & \dots & a_{2n} \\ \vdots & \vdots & \vdots & \ddots & \vdots \\ a_{m1} & a_{m2} & a_{m3} & \cdots & a_{mn} \end{pmatrix} = (a_{ik}) = \boldsymbol{A}_{(m,n)} = (a_{ik})_{(m,n)} = \underline{A}_{(m,n)}$$

Gestürzte (transponierte) Matrix zu A

(Zeilen werden zu Spalten und umgekehrt)

$$A^{\mathrm{T}} = \begin{pmatrix} a_{11} & a_{21} & \cdots & a_{m1} \\ a_{12} & a_{22} & \dots & a_{m2} \\ \vdots & \vdots & \ddots & \vdots \\ a_{1n} & a_{2n} & \dots & a_{mn} \end{pmatrix} = (a_{ki})_{(n,m)}$$

$$(\boldsymbol{A}^{\mathrm{T}})^{\mathrm{T}} = \boldsymbol{A}$$

$$(\boldsymbol{A} + \boldsymbol{B})^{\mathrm{T}} = \boldsymbol{A}^{\mathrm{T}} + \boldsymbol{B}^{\mathrm{T}}$$

$$(\boldsymbol{AB})^{\mathrm{T}} = \boldsymbol{B}^{\mathrm{T}}\boldsymbol{A}^{\mathrm{T}}$$

Quadratische Matrix ($m = n$)

Diagonalmatrix

$$\boldsymbol{D} = \begin{pmatrix} d_{11} & 0 & 0 & \cdots & 0 \\ 0 & d_{22} & 0 & \dots & 0 \\ \vdots & \vdots & \vdots & \ddots & \vdots \\ 0 & 0 & 0 & \cdots & d_{nn} \end{pmatrix} = (d_{ii})$$

Einheitsmatrix

$$\boldsymbol{E} = \begin{pmatrix} 1 & 0 & 0 & \cdots & 0 \\ 0 & 1 & 0 & \dots & 0 \\ \vdots & \vdots & \vdots & \ddots & \vdots \\ 0 & 0 & 0 & \cdots & 1 \end{pmatrix} = (\delta_{ik})$$

Kroneckersymbol: $\delta_{ik} = \begin{cases} 1 & \text{für} \quad i = k \\ 0 & \text{für} \quad i \neq k \end{cases}$

Mathematik

Rechenoperationen mit Matrizen

Addition und Subtraktion:

Zwei Matrizen können addiert oder subtrahiert werden, wenn sie die gleiche Größe haben, indem die entsprechenden Elemente addiert oder subtrahiert werden.

Matrizen gleichen Typs: Addition (Subtraktion) der entsprechenden Elemente
$(a_{ik}) + (b_{ik}) = (a_{ik} + b_{ik})$

$\boldsymbol{A + B = B + A}$ $\boldsymbol{(A + B) + C = A + (B + C) = A + B + C}$

Übermatrizen: Addition (Subtraktion) gleichgelegener Blöcke bei gleichartig unterteilten Blockmatrizen

Multiplikation:

Matrizenmultiplikation ist definiert, wenn die Anzahl der Spalten der ersten Matrix gleich der Anzahl der Zeilen der zweiten Matrix ist.

Verkettete Matrizen $\boldsymbol{A_{(m,\underline{n})}}$ und $\boldsymbol{B_{(\underline{n},p)}}$:

Verkettungsvorschrift: Spaltenzahl der 1. Matrix muss mit der Zeilenzahl der 2. Matrix übereinstimmen

Typ der Produktmatrix: mp-Matrix: $A_{(\underline{m},n)} \cdot B_{(n,\underline{p})} = C_{(\underline{m},\underline{p})} = (c_{ik})$

$$c_{ik} = \sum_{r=1}^{n} a_{ir} b_{rk} \qquad i = 1,2,\ldots,m \qquad k = 1,2,\ldots,p$$

Das Element c_{ik} der Produktmatrix $\boldsymbol{C = AB}$ ist das Skalarprodukt aus den Elementen der i-ten Zeile der 1. Matrix und der k-ten Spalte der 2. Matrix

$$\text{z.B.} \quad \begin{pmatrix} a_{11} & a_{12} \\ a_{21} & a_{22} \\ a_{31} & a_{32} \end{pmatrix} \begin{pmatrix} b_{11} & b_{12} \\ b_{21} & b_{22} \end{pmatrix} = \begin{pmatrix} a_{11}b_{11} + a_{12}b_{21} & a_{11}b_{12} + a_{12}b_{22} \\ a_{21}b_{11} + a_{22}b_{21} & a_{21}b_{12} + a_{22}b_{22} \\ a_{31}b_{11} + a_{32}b_{21} & a_{31}b_{12} + a_{32}b_{22} \end{pmatrix}$$

Nicht-Gültigkeit des kommutativen Gesetzes: i. Allg. $\boldsymbol{AB \neq BA}$

Ausnahme: vertauschbare Matrizen: $\boldsymbol{AB = BA}$

Diag.-Matr.: $\boldsymbol{D_1} = (\overset{(1)}{d_{ii}}),\ \boldsymbol{D_2} = (\overset{(2)}{d_{ii}}) \quad \boldsymbol{D_1 D_2 = D_2 D_1 = D} = (\overset{(1)}{d_{ii}}) \cdot (\overset{(2)}{d_{ii}})$

$(AB)C = A(BC) = ABC$

$(A + B)C = AC + BC; \quad A(B + C) = AB + AC$

$(A + B)(M + N) = AM + AN + BM + BN \quad (AB)^{\mathrm{T}} = B^{\mathrm{T}}A^{\mathrm{T}}$

Transponieren:

Die Transponierte einer Matrix A (bezeichnet als A^{T}) wird gebildet, indem die Zeilen und Spalten vertauscht werden:

$$A^{\mathrm{T}} = \begin{pmatrix} a_{11} & a_{21} & \cdots & a_{m1} \\ a_{12} & a_{22} & \ldots & a_{m2} \\ \vdots & \vdots & \ddots & \vdots \\ a_{1n} & a_{2n} & \cdots & a_{mn} \end{pmatrix}$$

Determinanten

Begriff der Determinante

Eine (n-reihige) **Determinante** ist eine Funktion, die jeder quadratischen Matrix $A = A_{(n;n)} = (a_{ik})$ eindeutig eine reelle Zahl zuordnet.

$$\det A = |\boldsymbol{A}| = \begin{vmatrix} a_{11} & a_{12} & \cdots & a_{1n} \\ a_{21} & a_{22} & \cdots & a_{2n} \\ \cdots & \cdots & \ddots & \cdots \\ a_{n1} & a_{n2} & \cdots & a_{nn} \end{vmatrix}$$

Berechnung einer Determinante

Zweireihige Determinante

$$|\boldsymbol{A}| = \begin{vmatrix} a_{11} & a_{12} \\ a_{21} & a_{22} \end{vmatrix} = a_{11}a_{22} - a_{12}a_{21}$$

Dreireihige Determinante

$$|\boldsymbol{A}| = \begin{vmatrix} a_{11} & a_{12} & a_{13} \\ a_{21} & a_{22} & a_{23} \\ a_{31} & a_{32} & a_{33} \end{vmatrix} = a_{11} \begin{vmatrix} a_{22} & a_{23} \\ a_{32} & a_{33} \end{vmatrix} - a_{12} \begin{vmatrix} a_{21} & a_{23} \\ a_{31} & a_{33} \end{vmatrix} + a_{13} \begin{vmatrix} a_{21} & a_{22} \\ a_{31} & a_{32} \end{vmatrix}$$

Berechnung mithilfe der **Regel von Sarrus:**

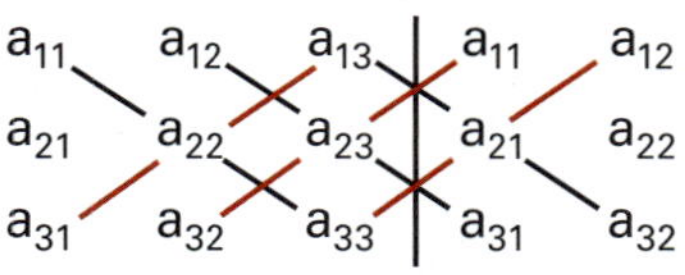

$$a_{11}a_{22}a_{33} + a_{12}a_{23}a_{31} + a_{13}a_{21}a_{32}$$
$$- a_{12}a_{21}a_{33} - a_{11}a_{23}a_{32} - a_{13}a_{22}a_{31}$$

Rechenregeln bei Determinante

1. **Der Wert einer Determinante bleibt unverändert,** wenn man eine Determinante **an der Hauptdiagonale spiegelt.**
2. **Der Wert einer Determinante bleibt unverändert,** wenn man zu **einer Zeile (Spalte)** eine **Linearkombination anderer Zeilen (Spalten) addiert.**
3. **Der Wert einer Determinante bleibt unverändert,** wenn man **eine Determinante rändert.** Eine Determinante wird gerändert, indem man ihr eine Spalte und eine Zeile als „Rand" anfügt derart, dass im Kreuzungspunkt eine 1 zu stehen kommt und der Rest der Spalte (Zeile) die Elemente 0 erhält. Dann können die noch freien Stellen der Zeile (Spalte) mit beliebigen Elementen besetzt werden, ohne dass der Wert der Determinante geändert wird. (Vorzeichen beachten!)
4. **Eine Determinante besitzt den Wert null,** wenn eine **Zeile (Spalte) nur die Elemente 0** enthält.
5. **Eine Determinante besitzt den Wert null,** wenn eine **Zeile (Spalte) eine Linearkombination** einer **anderen Zeile (Spalte)** ist.
6. Eine **Determinante ändert ihr Vorzeichen,** wenn **zwei Zeilen (Spalten) vertauscht** werden.
7. **Multipliziert man die Elemente einer Zeile (Spalte) mit einem Faktor λ,** so erhält die Determinante den λ-fachen Wert. Umgekehrt kann man einen allen Elementen einer **Zeile (Spalte) gemeinsamen Faktor vor die Determinante ziehen.**

2 Chemie

2.1 Allgemeine Formeln

► Stoffmenge, Masse und Volumen

IQB-Seite 9

Avogadro-Konstante $N_A = 6{,}022 \cdot 10^{23}\ \text{mol}^{-1}$ $[n] = \text{mol}$	$N_A = \frac{N}{n}$ Stoffmenge $n = \frac{N}{N_A}$; $n = \frac{m}{M}$; $n = \frac{p \cdot V}{R \cdot T}$	N_A: Avogadro-Konstante n: Stoffmenge N: Anzahl der Teilchen m: Masse M: molare Masse p: Druck p_n: Normdruck 101,3 kPa V: Volumen V_m: molares Volumen V_n: Normvolumen $V_{m,n}$: molares Normvolumen R: ideale (universelle) Gaskonstante T: Temperatur T_n: Normtemperatur 273,15 K ρ: Dichte
Molare Masse $[M] = \text{g} \cdot \text{mol}^{-1}$	$M = \frac{m}{n}$ $M = V_m \cdot \rho$; $M = \frac{m \cdot R \cdot T}{p \cdot V}$	
Molares Volumen $[V_m] = \text{cm}^3 \cdot \text{mol}^{-1}$	$V_m = \frac{V}{n}$ $V_{m,n} = \frac{V_n}{n}$	
Allgemeine Gasgleichung	$p \cdot V = n \cdot R \cdot T$ $V = \frac{n \cdot R \cdot T}{p}$	
Stoffmengenkonzentration $[c] = \text{mol}^{-1} \cdot \text{l}^{-1}$; $\text{mol}^{-1} \cdot \text{m}^{-3}$	$c\,(A) = \frac{n\,(A)}{V\,(Lsg)}$	c (A): Stoffmengenkonzentration Teilchen A n (A): Stoffmenge Teilchen A V (Lsg): Volumen der Lösung
Massenkonzentration $[\beta(A)] = \text{g} \cdot \text{l}^{-1}$; $\text{g} \cdot \text{cm}^{-3}$	$\beta\,(A) = \frac{m\,(A)}{V\,(Lsg)}$	β (A): Stoffmengenkonzentration Teilchen A m (A): Masse Teilchen A V (Lsg): Volumen der Lösung
Massenanteil $[\omega(A)]$ = l; %, ‰; ppm; ppb; ppt*	$\omega\,(A) = \frac{m\,(A)}{m\,(Gem)}$	ω (A): Massenanteil von A m (A): Masse Teilchen A m (Gem): Masse des Gemisches
Volumenanteil $[\varphi(A)]$ = l; %, ‰; ppm; ppb; ppt*	$\varphi\,(A) = \frac{V\,(A)}{V\,(A) + V\,(B)}$	φ (A): Volumenanteil von A V (A): Masse Teilchen A V (B): Masse Teilchen B

* ppm (parts per million) $1:10^6$; ppb (parts per billion) $1:10^9$; ppt (parts per trillion) $1:10^{12}$

2.2 Gleichgewichtsreaktionen

Massenwirkungsgesetz, Löslichkeitsprodukt

IQB-Seite 10

Massenwirkungs-gesetz (MWG) $[K_c] = mol^{-1} \cdot l^{-1}$ $[K_p] = kPa$	Für eine allgemeine Reaktion $aA + bB \rightleftharpoons cC + dD$ gilt: $K_C = \frac{c^c(C) \cdot c^d(D)}{c^a(A) \cdot c^b(B)}$ $K_p = K_c \cdot (R \cdot T)^{\Delta\nu}$ mit $\Delta\nu = (\nu(C) + \nu(D)) - (\nu(A) + \nu(B))$	K_c, K_p: Gleichgewichtskonstanten c: Stoffmengenkonzentration A, B, C, D: Stoffe a, b, c, d: stöchiometrische Koeffizienten T: Temperatur R: ideale Gaskonstante $\nu(A) \dots \nu(D)$: Stöchiometriezahlen der Stoffe A, B, C …
Löslichkeits-produkt $[K_L] = mol^{a+b} \cdot l^{-(a+b)}$	Für das Gleichgewicht $A_mB_n \rightleftharpoons mA^{n+} + nB^{m-}$ gilt: $K_L = c^m(A^{n+}) \cdot c^n(B^{m-})$ $pK_L = -lg\{K_L\}$	K_L: Löslichkeitsprodukt $c(A^{n+})$: Stoffmengenkonzentration des Kations n: Anzahl der positiven Ladungen, stöchiometrischer Koeffizient $c(B^{m-})$: Stoffmengenkonzentration des Anions m: Anzahl der negativen Ladungen, stöchiometrischer Koeffizient $\{K_L\}$: Zahlenwert von K_L

2.3 Protonenübergänge

Ionenprodukt des Wassers, pH-Wert

IQB-Seite 10

Ionenprodukt des Wassers $[K_W] = mol^2 \cdot l^{-2}$	$K_W = c(H_3O^+) \cdot c(OH^-)$ $pK_W = -lg\{K_W\}$ $pK_W = pH + pOH$	K_W: Ionenprodukt des Wassers $\{K_W\}$: Zahlenwert von K_W $K_W = 10^{-14}\ mol^2 \cdot l^{-2}$ (bei 22 °C) c: Stoffmengenkonzentration $\{c(H_3O^+)\}$: Zahlenwert von $c(H_3O^+)$ $\{c(OH^-)\}$: Zahlenwert von $c(OH^-)$
pH-Wert und **pOH-Wert**	$pH = -lg\{c(H_3O^+)\}$ $pOH = -lg\{c(OH^-)\}$ $c(H_3O^+) = 10^{-pH}\ mol \cdot l^{-1}$ $c(OH^-) = 10^{-pOH}\ mol \cdot l^{-1}$	

Chemie

Säurekonstante, Basenkonstante, Oxonium-Ionen

IQB-Seite 11

Säurekonstante und **Säureexponent**	Für $HA + H_2O \rightleftharpoons A^- + H_3O^+$ gilt: $$K_S = \frac{c(H_3O^+) \cdot c(A^-)}{c(HA)}$$ $$pK_S = -\lg\{K_S\}$$ $$pK_S = 14 - pK_B$$	HA: Säure K_S: Säurekonstante A^-: korrespondierende Base c: Stoffmengenkonzentration pK_S: Säureexponent $\{K_S\}$: Zahlenwert von K_S pK_B: Basenkonstante
Basenkonstante und **Basenexponent**	Für $H_2O + B \rightleftharpoons OH^- + HB^+$ gilt: $$K_B = \frac{c(OH^-) \cdot c(HB^+)}{c(B)}$$ $$pK_B = -\lg\{K_B\}$$ $$pK_B = 14 - pK_S$$	B: Base K_B: Basenkonstante HB^+: korrespondierende Säure c: Stoffmengenkonzentration pK_B: Basenexponent $\{K_B\}$: Zahlenwert von K_B pK_S: Basenkonstante
Oxonium-Ionen-Konzentration und **pH-Wert**	Oxonium-Ionen-Konzentration in sauren Lösungen: $$c(H_3O^+) \approx -\frac{K_S}{2} + \sqrt{\left(\frac{K_S}{2}\right)^2 + K_S \cdot c_0(HA)}$$ pH-Wert bei vollständiger Protolyse: $$pH \approx -\lg\{c_0(HA)\}$$ pH-Wert bei unvollständiger Protolyse: $$pH \approx \frac{1}{2} \cdot (pK_S - \lg\{c_0(HA)\})$$ pH-Wert von Pufferlösungen (Henderson-Hesselbach-Gleichung): $$pH = pK_S + \lg\frac{c(A^-)}{c(HA)}$$	K_S: Säurekonstante pK_S: Säureexponent c: Stoffmengenkonzentration c_0: Anfangskonzentration $\{c_0(HA)\}$: Zahlenwert von $c_0(HA)$ HA: Säure A^-: korrespondierende Base

2.4 Elektronenübergänge

Zellspannung, Nernst-Gleichung, Faraday-Gleichung, Elektrolyse

IQB-Seite 12

Berechnung der Zellspannung $[\Delta E] = [U] = V$	$\Delta E = E(\text{K}) - E(\text{A})$ $\Delta E = U$	ΔE: Zellspannung $E(\text{K})$: Potential der Kathode $E(\text{A})$: Potential der Anode
Nernst-Gleichung $[\Delta E] = [U] = V$	Für ein konjugiertes Redoxpaar $\text{Red} \rightleftharpoons \text{Ox} + z\text{e}^-$ gilt bei $T = 298{,}15$ K (25 °C): $E = E^0 + \frac{0{,}059\,\text{V}}{z} \cdot \lg\frac{\{c(\text{Ox})\}}{\{c(\text{Red})\}}$ oder: $E = E^0 + \frac{0{,}059\,\text{V}}{z} \cdot \lg c(\text{Me}^{z+})$ $E = E^0 + \frac{R \cdot T}{z \cdot F} \cdot \ln\frac{c(\text{Ox})}{c(\text{Red})}$	E: Potenzial des Redoxpaares E^0: Standardpotenzial des Redoxpaares z: Anzahl der übertragenen Elektronen $c(\text{Ox})$: Konzentration des Oxidationsmittels $\{c(\text{Ox})\}$: Zahlenwert von $c(\text{Ox})$ $c(\text{Red})$: Konzentration des Reduktionsmittels $\{c(\text{Red})\}$: Zahlenwert von $c(\text{Red})$ R: universelle Gaskonstante T: Temperatur F: Faraday-Konstante $F = 9{,}6485 \cdot 10^4\ \text{V} \cdot \text{mol}^{-1}$ n: Stoffmenge I: elektrische Stromstärke t: Zeit
Faraday-Gleichung $[n] = \text{mol}$	$n = \frac{I \cdot t}{z \cdot F}$ $n = \frac{m}{M}$	
Elektrolyse $[U_Z] = V$	$U_Z = E(\text{A}) + \eta(\text{A}) - (E(\text{K}) + \eta(\text{K}))$	U_Z: Zersetzungsspannung $E(\text{A})$: Potenzial der Anoden-Halbzelle $E(\text{K})$: Potenzial der Kathoden-Halbzelle $\eta(\text{A})$: Überspannung der Anoden-Halbspannung $\eta(\text{K})$: Überspannung der Kathoden-Halbspannung
Elektrischer Leitwert $[G] = \Omega^{-1}$	$G = \frac{1}{R}$ $U = R \cdot I$	G: elektrischer Leitwert R: elektrischer Widerstand U: elektrische Spannung I: elektrische Stromstärke

2.5 Energetische und kinetische Aspekte chemischer Reaktionen

Reaktionsgeschwindigkeit, Hauptsatz der Thermodynamik, Volumenarbeit, Kalorimetrie, Enthalpie

IQB-Seite 13

Mittlere Reaktionsgeschwindigkeit $[v] = \text{mol} \cdot \text{l}^{-1} \cdot \text{s}^{-1}$	Für eine allgemeine Reaktion A → B gilt: $\bar{v} = -\frac{\Delta c(\text{A})}{\Delta t} = +\frac{\Delta c(\text{B})}{\Delta t}$ Momentangeschwindigkeit $v = -\frac{1}{\nu(\text{A})} \cdot \frac{\text{d}c(\text{A})}{\text{d}t}$	$\bar{v}$: mittlere Reaktionsgeschwindigkeit $\Delta c(\text{A})$: Änderung der Stoffmengenkonzentration des Eduktes A $\Delta c(\text{B})$: Änderung der Stoffmengenkonzentration des Produktes B $\nu(\text{A})$: Stöchiometriezahl von A Δt: Zeitintervall
Erster Hauptsatz der Thermodynamik	Für geschlossene Systeme gilt: $\Delta U = Q + W$ Bei konstantem Druck gilt: $\Delta H = Q_\text{p}$	ΔU: Änderung der inneren Energie eines geschlossenen Systems Q: Wärme ΔH: Änderung der Enthalpie W: Volumenarbeit ΔV: Änderung des Volumens p: Druck
Volumenarbeit $[W] = \text{J} = \text{W} \cdot \text{s}$	$W = -p \cdot \Delta V$	
Kalorimetrie $[Q] = \text{J} = \text{W} \cdot \text{s}$	Im geschlossenen System gilt bei konstantem Druck unter Vernachlässigung der Temperaturänderung des Kalorimeters: $Q = c \cdot m \cdot \Delta T$ Die Enthalpie bezogen auf 1 mol der Teilchen X ist: $\Delta_\text{r} H = -\frac{Q}{n(\text{X})}$	Q: Wärme c: spezifische Wärmekapazität der Kalorimeterflüssigkeit m: Masse der Kalorimeterflüssigkeit ΔT: Änderung der Temperatur der Kalorimeterflüssigkeit $\Delta_\text{r} H$: Reaktionsenthalpie $n(\text{X})$: umgesetzte Stoffmenge der Teilchen X
Änderung der Enthalpie $[\Delta H] = \text{mol}$	Für eine allgemeine Reaktion aA + bB → cC + dD bei $T = 298{,}15$ K und $p = 101{,}325$ kPa gilt: $\Delta H = [n_\text{c} \cdot \Delta_\text{f} H°(\text{C}) + n_\text{d} \cdot \Delta_\text{f} H°(\text{D})]$ $- [n_\text{a} \cdot \Delta_\text{f} H°(\text{A}) + n_\text{b} \cdot \Delta_\text{f} H°(\text{B})]$	ΔH: Änderung der Enthalpie $\Delta_\text{f} H°$: Standardbildungsenthalpie n_a, n_b, n_c, n_d: Stoffmengen im stöchiometrischen Verhältnis

Entropie, Gibbs-Helmholtz-Gleichung

IQB-Seite 14

Änderung der Entropie $[\Delta S]$ = mol	Für eine allgemeine Reaktion aA + bB → cC + dD bei T = 298,15 K und p = 101,325 kPa gilt: $\Delta S = [n_c \cdot S°(C) + n_d \cdot S°(D)] - [n_a \cdot S°(A) + n_b \cdot S°(B)]$ $\Delta_r S_m^\circ = S_m^\circ(Rp) - S_m^\circ(As)$	ΔS: Änderung der Entropie $S°$: Standardentropie S_m°: molare Standardentropie Rp: Reaktionsprodukte As: Ausgangsstoffe n_a, n_b, n_c, n_d: Stoffmengen im stöchiometrischen Verhältnis
Gibbs-Helmholtz-Gleichung $[\Delta G]$ = mol	$\Delta G = \Delta H - T \cdot \Delta S$ Molare freie Reaktionsenthalpie $\Delta_r G_m = \Delta_r H_m - T \cdot \Delta_r S_m$	ΔG: Änderung der freien Enthalpie ΔH: Änderung der Enthalpie T: Temperatur ΔS: Änderung der Entropie

2.6 Qualitative Analyse

Chromatografie	$R_f = \frac{S}{F}$	R_f: Retentionsfaktor S: Abstand Startlinie-Substanzfleck F: Abstand Startlinie-Laufmittelfront

2.7 Qualitative und instrumentelle Analyse

Lambert-Beer'sches Gesetz	$E_\lambda = \varepsilon_\lambda \cdot c \cdot d$	E_λ: Extinktion bei der Wellenlänge λ ε_λ: Molarer Extinktionskoeffizient bei der Wellenlänge λ c: Stoffmengenkonzentration d: Schichtdicke der Messküvette
Optische Aktivität	$\alpha = [\alpha]_\lambda^\delta \cdot \beta \cdot \ell$	α: Drehwinkel $[\alpha]_\lambda^\delta$: Spezifischer Drehwinkel bei der Temperatur δ und der Wellenlänge λ β: Massenkonzentration ℓ: Probenrohrlänge

Chemie

2.8 Anhang Chemie

Vorsätze bei Einheiten

IQB-Seite 50

Vorsatz	Zeichen	Faktor, mit dem die Einheit multipliziert wird	Vorsatz	Zeichen	Faktor, mit dem die Einheit multipliziert wird
Exa	E	10^{18}	Dezi	d	10^{-1}
Peta	P	10^{15}	Zenti	c	10^{-2}
Tera	T	10^{12}	Milli	m	10^{-3}
Giga	G	10^{9}	Mikro	µ	10^{-6}
Mega	M	10^{6}	Nano	n	10^{-9}
Kilo	k	10^{3}	Piko	p	10^{-12}
Hekto	h	10^{2}	Femto	f	10^{-15}
Deka	da	10^{1}	Atto	a	10^{-18}

Naturkonstanten und Näherungswerte wichtiger Größen

IQB-Seiten 50–51

Konstante	Größe	Einheit
atomare Masseneinheit	u	$1{,}66053906660 \cdot 10^{-27}$ kg
Avogadro-Konstante	N_A	$6{,}02214076 \cdot 10^{23} \frac{1}{\text{mol}}$ (definiert)
Elementarladung	e	$1{,}602176634 \cdot 10^{-19}$ C (definiert)
elektrische Feldkonstante	ε_0	$\frac{1}{\mu_0 \cdot c^2} = 8{,}8541878128 \cdot 10^{-12} \frac{\text{A} \cdot \text{s}}{\text{V} \cdot \text{m}}$
Faraday-Konstante	F	$96485{,}33212\ldots \frac{\text{C}}{\text{mol}}$ (definiert)
Gravitationskonstante	G	$6{,}67430 \cdot 10^{-11} \frac{\text{m}^3}{\text{kg} \cdot \text{s}^2}$
Hubble-Parameter	H_0	$68 \frac{\text{km}}{\text{s} \cdot \text{Mpc}}$
ideale Gaskonstante	R	$8{,}314462618\ldots \frac{\text{J}}{\text{mol} \cdot \text{K}}$ (definiert)
magnetische Feldkonstante	μ_0	$1{,}256637 \cdot 10^{-6} \frac{\text{V} \cdot \text{s}}{\text{A} \cdot \text{m}}$
Normgröße der Normalfallbeschleunigung, Ortsfaktor	g	$9{,}80665 \frac{\text{m}}{\text{s}^2}$ (definiert)
Planck'sches Wirkungsquantum	h	$6{,}62607015 \cdot 10^{-34}$ J · s (definiert)
Rydberg-Konstante	R_H	$1{,}096776 \cdot 10^{7} \frac{1}{\text{m}}$ (Wasserstoffatom)
Stefan-Boltzmann-Konstante	σ	$5{,}670374419\ldots \cdot 10^{-8} \frac{\text{W}}{\text{m}^2 \cdot \text{K}^4}$ (definiert)
Vakuumlichtgeschwindigkeit	c	$2{,}99792458 \cdot 10^{8} \frac{\text{m}}{\text{s}}$ (definiert)
Wien'sche Verschiebungskonstante	b	$2{,}897771955\ldots \cdot 10^{-3}$ m · K (definiert)

SI-Einheiten

Name	Abk.	Definition	Dim.
Sekunde	s	Eine Sekunde ist gleich der Dauer von 9 192 631 770 Schwingungen der Strahlung, die der Energie des Übergangs zwischen den zwei Hyperfeinstrukturniveaus des ungestörten Grundzustands im Cs^{133} Atoms entspricht.	T
Meter	m	Ein Meter ist gleich der Strecke, die Licht im Vakuum innerhalb des Bruchteils von $\frac{1}{299\,792\,458}$ einer Sekunde zurücklegt.	L
Kilogramm	kg	Die Einheit kg wird mit der Wirkung (Einheit: kg $m^2\ s^{-1}$) verknüpft, einer physikalischen Größe in der theoretischen Physik. Zusammen mit der Definition für die Sekunde und den Meter ergibt sich die Definition für das Kilogramm als Funktion des Planck'schen Wirkungsquantums *h*.	M
Ampere	A	Ein Ampere entspricht dem Stromfluss von $\frac{1}{1.602\,176\,634 \cdot 10^{-19}}$ Elementarladungen (Elektronen) pro Sekunde.	I
Kelvin	K	Ein Kelvin entspricht einer Änderung der thermodynamischen Temperatur, die mit einer Änderung der thermischen Energie um $1.380\,649 \cdot 10^{-23}$ J K^{-1} einhergeht.	Θ
Mol	mol	Ein Mol ist die Stoffmenge eines Systems, das $6.022\,140\,76 \cdot 10^{23}$ eines bestimmten Einzelteilchens enthält.	N
Candela	cd	Ein Candela ist die Lichtstärke (in eine bestimmte Raumrichtung) einer Strahlquelle, die mit einer Frequenz von $540 \cdot 10^{12}$ Hertz emittiert und die eine Strahlungsintensität in diese Richtung von $\left(\frac{1}{683}\right)$ Watt pro Steradiant hat.	J

Festgelegte Bedingungen

IQB-Seite 52

Molares Volumen idealer Gase bei p = 101,325 kPa	
	$V_m = 22{,}414\ \frac{L}{mol}$ bei $T = 273{,}15$ K
	$V_m = 24{,}466\ \frac{L}{mol}$ bei $T = 298{,}15$ K
Wasser	
Ionenprodukt:	$K_W = 1{,}0 \cdot 10^{-14}\ \frac{mol^2}{L^2}$ bei $T = 298{,}15$ K
spezifische Wärmekapazität:	$c_W = 4{,}183\ \frac{kJ}{kg \cdot K}$ bei $T = 298{,}15$ K und $p = 101{,}325$ kPa

Chemie – Anhang

Chemische Elemente und ihre Eigenschaften

Elementname	Symbol	Protonenzahl (Ordnungszahl)	Relative Atommasse (IUPAC)	Oxidationszahl in Verbindungen	Dichte ρ	Schmelzpunkt ϑ_m	Siedepunkt ϑ_m	Aggregatzustand
		Z	A_r	O	(bei 20 °C) in kg/m^3	in °C	in °C	bei 0 °C und p_{amb} = 1 bar
Actinium	Ac	89	(227)	III	10 070	1050	≈ 3200	s
Aluminium	Al	13	26,9815	III	2698,9	660,4	≈ 2467	s
Americium	Am	95	(243)	**III**, IV, V, VI	13 670	994	(2607)	s
Antimon	Sb	51	121,76	– III, **III**, V	6691	630,5	(1587)	s
Argon	Ar	18	39,948	0	1,7837^{0}	–189,3	–185,9	g
Arsen	As	33	74,9216	± **III**, V	5730 (met.) 1970 (gelb)	817	613 (subl.)	s
Astat (Astatin)	At	85	(210)	± **I**, III, V, VII	–	302	(337)	s
Barium	Ba	56	137,33	II	3510	725	1640	s
Berkelium	Bk	97	(247)	**III**, IV	(14 000)	–	–	–
Beryllium	Be	4	9,012183	II	1848	1289	(2472)	s
Bismut	Bi	83	208,9804	**III**, V	9800	271,3	1560	s
Blei	Pb	82	207,2	**II**, IV	11 400	327,5	1750	s
Bor	B	5	10,806; 10,821	III	2340	2300	2550 (subl.)	s
Brom	Br	35	79,901; 79,907	± **I**, V	3119	–7,2	58,78	l
Cadmium	Cd	48	112,414	II	8642	320,9	765	s
Cäsium	Cs	55	132,90545	I	1873	28,4	679	s
Calcium	Ca	20	40,078	II	1550	839	1484	s
Californium	Cf	98	(251)	III	–	–	–	
Cer	Ce	58	140,116	**III**, IV	6770 (kub.) 6689 (hex.)	798	3443	s
Chlor	Cl	17	35,446; 35,457	± **I**, III, V, VII	3,214^{0}	–101	–34,6	g
Chrom	Cr	24	51,996	II, **III**, VI	7190	1857	2672	s
Cobalt (Kobalt)	Co	27	58,9332	**II**, III	8900	1495	2870	s
Curium	Cm	96	(247)	III	13 510	1345	–	s
Dubnium	Db	105	(268)	V	39 000	–	–	
Dysprosium	Dy	66	162,50	III	8560	1412	2567	s
Einsteinium	Es	99	(252)	III	–	–	–	
Eisen	Fe	26	55,845	II, **III**	7860	1535	2750	s
Erbium	Er	68	167,26	III	9066^{25}	1529	2868	s
Europium	Eu	63	151,964	II, **III**	5260	822	1597	s
Fermium	Fm	100	(257)	III	–	–	–	
Fluor	F	9	18,9984032	– I	1,696^{0}	–219,6	–188,1	g
Francium	Fr	87	(223)	I	–	(27)	(677)	s
Gadolinium	Gd	64	157,25	III	7890	1313	3273	s
Gallium	Ga	31	69,723	III	5904	29,77	2403	s
Germanium	Ge	32	72,63	II, **IV**	5323^{25}	937,4	2830	s
Gold	Au	79	196,96657	I, **III**	19 320	1064,4	2808	s
Hafnium	Hf	72	178,49	IV	13 310	2227	(4602)	s
Helium	He	2	4,002602	0	0,1785^{0}	–269,7	–268,9	g
Holmium	Ho	67	164,9303	III	8795^{25}	1474	2700	s

Chemische Elemente und ihre Eigenschaften (Fortsetzung)

Elementname	Symbol	Protonenzahl (Ordnungszahl)	Relative Atommasse (IUPAC)	Oxidationszahl in Verbindungen	Dichte	Schmelzpunkt	Siedepunkt	Aggregatzustand
		Z	A_r	O	ρ (bei 20 °C) in kg/m^3	ϑ_m in °C	ϑ_m in °C	bei 0 °C und p_{amb} = 1 bar
Indium	In	49	114,818	III	7310	156,63	2073	s
Iod	I	53	126,90447	**–I**, I, V, VII	4930	113,5	184,35	s
Iridium	Ir	77	192,22	II, III, **IV**, VI	22 500	2447	4428	s
Kalium	K	19	39,0983	I	862	6371	759	s
Kohlenstoff	C	6	12,0096; 12,0116	II, ± **IV**	2250	> ca. 3670 subl.	4830	s
als Diamant					3510			
Krypton	Kr	36	83,798	0	3,7330	– 157,37	– 153,2	g
Kupfer	Cu	29	63,546	I, **II**	8960	1084,9	2563	s
Lanthan	La	57	138,9055	III	6145^{25}	920	3457	s
Lawrencium	Lr	103	(262)	III	—	—	—	
Lithium	Li	3	6,938; 6,997	I	534	180,6	1342	s
Lutetium	Lu	71	174,967	III	9841^{25}	1663	3395	s
Magnesium	Mg	12	24,304; 24,307	II	1738	650	1090	s
Mangan	Mn	25	54,93804	**II**, III, IV, VI, VII	7210 ... 7440	1246	2062	s
Mendelevium	Md	101	(258)	**II**, III	—	—	—	
Molybdän	Mo	42	95,95	II, III, IV, V, **VI**	10 220	2617	4639	s
Natrium	Na	11	22,989769	I	971	97,81	883	s
Neodym	Nd	60	144,24	III	7008^{25}	1021	3074	s
Neon	Ne	10	20,1797	0	$0,8999^{0}$	– 248,6	– 246,1	g
Neptunium	Np	93	(237)	III, IV, V, VI	20 450	639	(3902)	s
Nickel	Ni	28	58,6934	**II**, III	8902^{25}	1455	2730	s
Niob	Nb	41	92,90637	III, **V**	8570	2469	(4744)	s
Nobelium	No	102	(259)	**II**, III	—	—	—	
Osmium	Os	76	190,23	–II, 0, II, III, **IV**, VI, VIII	22 500	3033 ± 30	(5012)	s
Palladium	Pd	46	106,42	**II**, IV	12 020	1554	2970	s
Phosphor	P	15	30,973762	± **III**, V, IV	1820 (weiß) 2200 (rot)	44,14	280	s
Platin	Pt	78	195,084	II, **IV**	21 450	1772	(3827)	s
Plutonium	Pu	94	(244)	III, **IV**, V, VI	$19\,840^{25}$ (α)	640	3230	s
Polomium	Po	84	(209)	**II**, IV	9320 (α)	254	962	s
Praseodym	Pr	59	140,9077	**III**, IV	6773	931	3212	s
Promethium	Pm	61	(145)	III	7264^{25}	1042	(3000)	s
Protactinium	Pa	91	231,03588	IV, **V**	15 370	(1572)	—	s
Quecksilber	Hg	80	200,59	I, **II**	13 546	–38,842	357	l
Radium	Ra	88	(226)	II	5500	700	1140	s
Radon	Rn	86	(222)	0	$9,73^{0}$	–71	–61,8	g
Rhenium	Re	75	186,207	– I, II, IV, VI, **VII**	21 020	3180	(5627)	s
Rhodium	Rh	45	102,90550	II, **III**	12 410	1966	3727	s
Rubidium	Rb	37	85,4678	I	1532	38,89	688	s

Chemische Elemente und ihre Eigenschaften (Fortsetzung)

Elementname	Symbol	Protonenzahl (Ordnungszahl)	Relative Atommasse (IUPAC)	Oxidationszahl in Verbindungen	Dichte ρ	Schmelzpunkt ϑ_m	Siedepunkt ϑ_m	Aggregatzustand
		Z	A_r	O	(bei 20 °C) in kg/m³	in °C	in °C	bei 0 °C und p_{amb} = 1 bar
Rutherfordium	Rf	104	(267)	IV	18 100	–	–	s
Ruthenium	Ru	44	101,07	**III**, IV	12 300	2310	(3900)	s
Samarium	Sm	62	150,36	II, **III**	7520 (α)	1074	1794	s
Sauerstoff	O	8	15,9990; 15,9998	–II	1,429^{0}	–218,4	–182,96	g
Scandium	Sc	21	44,95591	III	2989^{25}	1541	(2836)	s
Schwefel	S	16	32,059; 32,076	± II, IV, **VI**	2070 (rh.) 1957 (mo.)	113	444,67	s
Selen	Se	34	78,97	± II, **IV**, VI	≈ 4800 (β)	217	685	s
Silber	Ag	47	107,8682	I	10 500	961,9	(2212)	s
Silicium	Si	14	28,084; 28,086	IV	2330^{25}	1410	(2355)	s
Stickstoff	N	7	14,0064; 14,0073	±I, ±II, ±**III**, IV, V	1,2506^{0}	–210	–195,8	g
Strontium	Sr	38	87,62	II	2600	769	1384	s
Tantal	Ta	73	180,9479	V	16 654	2996	(5425)	s
Technetium	Tc	43	(98)	IV, VI, **VII**	11 500	(2204)	(4265)	s
Tellur	Te	52	127,60	–II, **IV**, VI	6240	449,6	989,8	s
Terbium	Tb	65	158,92534	**III**, IV	8230	1356	3230	s
Thallium	Tl	81	204,382; 204,385	**I**, III	11 850	304	1457	s
Thorium	Th	90	232,038	IV	11 700	1755	(4788)	s
Thulium	Tm	69	168,9342	II, **III**	9321^{25}	1545	(1950)	s
Titan	Ti	22	47,87	II, III, **IV**	4500	1660	3287	s
Uran	U	92	238,0289	III, IV, V, **VI**	18 950	1132	3818	s
Vanadium	V	23	50,9415	II, III, IV, **V**	6100	1890	(3380)	s
Wasserstoff	H	1	1,00784; 100811	I	0,08988^{0}	–259,34	–252,87	g
Wolfram	W	74	183,84	II, III, IV, V, **VI**	19 300	3410	(5660)	s
Xenon	Xe	54	131,29	0	5,896^{0}	–111,9	–107,1	g
Ytterbium	Yb	70	173,05	II, **III**	6966	824	(1194)	s
Yttrium	Y	39	88,9058	III	4469	1522	(3338)	s
Zink	Zn	30	65,38	II	7140	419,58	907	s
Zinn	Sn	50	118,71	II, **IV**	7300	231,9	2270	s
Zirconium	Zr	40	91,224	IV	6506	1855	4377	s

Werte in Klammer sind unsicher oder variieren in der Literatur relativ stark. Sie gelten für das stabilste Isotop.

Weitere künstliche Elemente: Seaborgium Sg (271), Bohrium Bh (272), Hassium Hs (270), Meitnerium Mt (276), Darmstadtium Ds (281), Roentgenium Rg (280), Copernicum Cn (285), Ununtrium Uut (284), Flerovium Fl (289), Ununpentium Uup (288), Livermorium Lv (293), Ununseptium Uus (294), Ununoctium Uuo (294)

Hochstellungen bei der Dichte geben eine von 20 °C abweichende Temperatur in °C an, z. B. 9321^{25} ist die Dichte in kg/m³ bei 25 °C. Die wichtigsten Oxidationszahlen sind hervorgehoben.

Abkürzungen:

s: solid (fest) l: liquid (flüssig) g: gaseous (gasförmig) α: α-Struktur β: β-Struktur
subl.: sublimiert met.: metallisch hex.: hexagonal kub.: kubisch rh.: rhombisch mo.: monoklin

Molare Standardgrößen anorganischer Verbindungen

Name/Formel		molare Masse	Standardbildungsenthalpie	freie Standardbildungsenthalpie	Standardentropie	Aggregatzustand
		in g/mol	$\Delta_f H_m^\circ$ in kJ/mol	$\Delta_f G_m^\circ$ in kJ/mol	S° in J/(mol·K)	bei 25 °C
Aluminiumchlorid	$AlCl_3$	133,3	−704	−629	111	s
Aluminiumoxid	Al_2O_3	101,9	−1676	−1582	50,9	s
Ammoniak*	NH_3	17,0	−46,1	−16	192,2	g
Ammoniumchlorid	NH_4Cl	53,5	−314,6	−203	94,6	s
Ammoniumnitrat	NH_4NO_3	80,0	−366	−184	151	s
Bariumchlorid	$BaCl_2$	208,2	−859,8	−811	124	s
Blei(II)-chlorid	$PbCl_2$	278,1	−359	−314	136	s
Blei(II)-oxid	PbO	223,2	−217	−188	69	s
Blei(II)-sulfat	$PbSO_4$	303,3	−920	−813	149	s
Blei(II)-sulfid	PbS	239,3	−100	−99	91	s
Borsäure	H_3BO_3	61,8	−1094	−969	88,7	s
Bromwasserstoff*	HBr	80,9	−36	−53	199	g
Calciumcarbonat	$CaCO_3$	100,1	−1207	−1129	93	s
Calciumchlorid	$CaCl_2$	111,0	−796	−748	105	s
Calciumoxid	CaO	56,1	−635	−604	40	s
Calciumsulfat	$CaSO_4$	136,1	−1434	−1322	107	s
Chlorwasserstoff*	HCl	36,5	−92	−95	187	g
Eisen(III)-chlorid	$FeCl_3$	162,2	−399	−334	142	s
Eisendisulfid (Pyrit)	FeS_2	120,0	−178	−167	53	s
Eisen(II)-oxid	FeO	71,8	−272	−251	61	s
Eisen(II, III)-oxid	Fe_3O_4	231,5	−1118	−1015	146	s
Eisen(III)-oxid	Fe_2O_3	159,7	−824	−742	87	s
Eisen(II)-sulfid	FeS	87,9	−100	−100	60	s

* Dichte gasförmiger Stoffe bei 0 °C s: solid (fest) l: liquid (flüssig) g: gaseous (gasförmig)

Molare Standardgrößen anorganischer Verbindungen (Fortsetzung)

Name/Formel		molare Masse in g/mol	Standardbildungsenthalpie $\Delta_f H_m^\circ$ in kJ/mol	freie Standardbildungsenthalpie $\Delta_f G_m^\circ$ in kJ/mol	Standardentropie S° in J/(mol·K)	Aggregatzustand bei 25 °C
Fluorwasserstoff*	HF	20	−271	−243	174,7	g
Iodwasserstoff*	HI	127,9	25,9	206,3	62	g
Kaliumbromid	KBr	119	−392	−379	97	s
Kaliumcarbonat	K_2CO_3	138,2	−1146	−1061	156	s
Kaliumchlorid	KCl	74,6	−436	−408	83	s
Kaliumhydroxid	KOH	56,1	−425	−379	79	s
Kaliumiodid	KI	166,0	−328	−322	104	s
Kaliumnitrat	KNO_3	101,1	−493	−393	133	s
Kaliumpermanganat	$KMnO_4$	158,0	−813	−714	172	s
Kaliumoxid	K_2O	94,2	−361	−322	98	s
Kohlenstoffdioxid*	CO_2	44	−393	−394	214	g
Kohlenstoffdisulfid	CS_2	76,1	90	65	151	l
Kohlenstoffmonooxid*	CO	28	−110,5	−137	198	g
Kupfer(II)-chlorid	$CuCl_2$	134,4	−220	−176	108	s
Kupfer(I)-oxid	Cu_2O	143,1	−169	−146	93	s
Kupfer(II)-oxid	CuO	79,5	−157	−130	43	s
Kupfer(II)-sulfat	$CuSO_4$	159,6	−771	−662	109	s
Magnesiumchlorid	$MgCl_2$	95,2	−642	−592	90	s
Magnesiumoxid	MgO	40,3	−601,2	−570	27	s
Mangan(IV)-oxid (Braunstein)	MnO_2	86,9	−520	−465	53	s

* Dichte gasförmiger Stoffe bei 0 °C s: solid (fest) l: liquid (flüssig) g: gaseous (gasförmig)

Molare Standardgrößen anorganischer Verbindungen (Fortsetzung)

Name/Formel		molare Masse in g/mol	Standard-bildungs-enthalpie $\Delta_f H_m^\circ$ in kJ/mol	freie Standard-bildungs-enthalpie $\Delta_f G_m^\circ$ in kJ/mol	Standard-entropie S° in J/(mol·K)	Aggre-gat-zustand bei 25 °C
Natriumbromid	$NaBr$	102,9	−360	−347	84	s
Natriumcarbonat	Na_2CO_3	106,0	−1131	−1048	136	s
Natriumchlorid	$NaCl$	58,5	−411	−384	72	s
Natriumhydroxid	$NaOH$	40	−427	−381	64	s
Natriumnitrat	$NaNO_3$	85	−467	−366	116	s
Natriumsulfat	Na_2SO_4	142,0	−1384	−1267	149	s
Ozon*	O_3	48	143	163	239	g
Diphosphor-pentaoxid	P_4O_{10}	284	−3008	−2724	228	s
Phosphorsäure	H_3PO_4	98,0	−1286	−1126	110	s
Quecksilber(II)-chlorid	$HgCl_2$	271,5	−224	−179	146	s
Quecksilber(II)-oxid	HgO	216,6	−91	−59	70	s
Salpetersäure	HNO_3	63	−174	−81	156	l
Sauerstoff*	O_2	31,998	0	0	205	g
Schwefeldioxid*	SO_2	64,1	−297	−300	248	g
Schwefelsäure	H_2SO_4	98,1	−814	−690	157	l
Schwefeltrioxid (β)	SO_3	80,1	−396	−371	257	
Schwefel-wasserstoff*	H_2S	34,1	−20,7	−34	205,5	g
Silberbromid	$AgBr$	187,8	−100	−97	107	s
Silberchlorid	$AgCl$	143,3	−127	−110	96	s
Silberiodid	Ag	234,8	−62	−66	115	s
Siliciumdioxid	SiO_2	60,1	−911	−858	42	s

* Dichte gasförmiger Stoffe bei 0 °C   s: solid (fest)   l: liquid (flüssig)   g: gaseous (gasförmig)

Chemie – Anhang

Molare Standardgrößen anorganischer Verbindungen (Fortsetzung)

Name/Formel		molare Masse	Standard-bildungs-enthalpie	freie Standard-bildungs-enthalpie	Standard-entropie	Aggre-gat-zustand
		in g/mol	$\Delta_f H_m^\circ$ in kJ/mol	$\Delta_f G_m^\circ$ in kJ/mol	S° in J/(mol·K)	bei 25 °C
Distickstoff-pentoxid	N_2O_5	108,0	11	115	356	s
Stickstoffdioxid*	NO_2	46,0	33	51	240	g
Stickstoff-monooxid*	NO	30	90	87	211	g
Wasser	H_2O	18,0	–285	–237	70	l
Wasser	H_2O	–	–242	–229	189	g
Wasserstoff*	H_2	2,016	0	0	131	g
Wasserstoff-peroxid	H_2O_2	34,0	–188	–120	109	l
Zinkchlorid	$ZnCl_2$	136,3	–415	–369	111	s
Zinkoxid	ZnO	81,4	–348	–318	44	s

* Dichte gasförmiger Stoffe bei 0 °C   s: solid (fest)   l: liquid (flüssig)   g: gaseous (gasförmig)

Molare Standardgrößen organischer Verbindungen

Name/Formel		molare Masse	Standard-bildungs-enthalpie	freie Standard-bildungs-enthalpie	Standard-entropie	Aggre-gat-zustand
		in g/mol	$\Delta_f H_m^\circ$ in kJ/mol	$\Delta_f G_m^\circ$ in kJ/mol	S° in J/(mol·K)	bei 25 °C
Aminobenzol (Anilin)	$C_6H_5NH_2$	93,1	35,14	167 (g)	191,62	l
Benzoesäure	C_6H_5COOH	122,1	–380,74	–210 (g)	170,7	s
Benzol (Benzen)	C_6H_6	78,1	83 (g)	130 (g)	269 (g)	l
Brommethan	CH_3Br	94,9	–38	–28	246	g
Butan-1,3-dien	C_4H_6	54,1	110	151	279	g
Butan*	C_4H_{10}	58,1	–124,51	–17	310,45	g
But-1-en	C_4H_8	56,1	–0,1	71	306	g

* Dichte gasförmiger Stoffe bei 0 °C   s: solid (fest)   l: liquid (flüssig)   g: gaseous (gasförmig)

Molare Standardgrößen organischer Verbindungen (Fortsetzung)

Name/Formel		molare Masse in g/mol	Standardbildungsenthalpie $\Delta_f H_m^\circ$ in kJ/mol	freie Standardbildungsenthalpie $\Delta_f G_m^\circ$ in kJ/mol	Standardentropie S° in J/(mol·K)	Aggregatzustand bei 25 °C
Chlormethan*	CH_3Cl	50,5	–86	–63	235	g
Cyclohexan	C_6H_{12}	84,2	–157	32 (g)	205	l
Ethan*	C_2H_6	30,1	–84,47	–33	228,45	g
Ethanal*	CH_3CHO	44,1	–166	–133	264,0	g
Ethan-1,2-diol (Ethylenglycol)	$C_2H_4(OH)_2$	62,1	–451,87	–305 (g)	166,94	l
Ethanol	C_2H_5OH	46,1	–278,31	–168 (g)	158,99	l
Ethansäure	CH_3COOH	60,1	–486,18	–377 (g)	158,99	l
Ethansäureethylester	$CH_3COOC_2H_5$	88,1	–443 (g)	–327 (g)	363 (g)	l
Ethen*	C_2H_4	28,1	52,55	68	219,53	g
Ethin*	C_2H_2	26,0	225,51	209	200,95	g
Glucose (α-D-Glucose)	$C_6H_{12}O_6$	180,0	–1268	–911	209,19	s
Harnstoff	$CO(NH_2)_2$	60,1	–330,95	–154 (g)	104,6	s
Heptan	C_7H_{16}	100	–188	8	428	l
Hexadecansäure (Palmitinsäure)	$C_{15}H_{31}COOH$	256,4	–917,3		475,72	s
Hexan	C_6H_{14}	86,2	–211,29	–0,3 (g)	297,9	l
Methan*	CH_4	16,0	–74,67	–51	186,02	g
Methanal	$HCHO$	30,0	–118,40	–110	217,56	s
Methanol	CH_3OH	32,0	–238,48	–163 (g)	126,77	l
Methansäure	$HCOOH$	46,0	–416,43	–351 (g)	138,07	l
Methylbenzol (Toluol)	$C_6H_5CH_3$	92,1	15,1	122 (g)	217,71	l

* Dichte gasförmiger Stoffe bei 0 °C   s: solid (fest)   l: liquid (flüssig)   g: gaseous (gasförmig)

Molare Standardgrößen organischer Verbindungen (Fortsetzung)

Name/Formel		molare Masse in g/mol	Standardbildungsenthalpie $\Delta_f H_m^\circ$ in kJ/mol	freie Standardbildungsenthalpie $\Delta_f G_m^\circ$ in kJ/mol	Standardentropie S° in J/(mol·K)	Aggregatzustand bei 25 °C
Nitrobenzenol	$C_6H_5NO_2$	123,1	17,99	146	221,75	l
Nonan	C_9H_{20}	128,3	−229 (g)	25 (g)	506 (g)	l
Octadecansäure (Stearinsäure)	$C_{17}H_{35}COOH$	284,5	−954,37	453,6 (1 bar)		s
Octan	C_8H_{18}	114,2	−250	16 (g)	467	l
Pentan	C_5H_{12}	72,1	−168,19	−8 (g)	259,40	l
Phenol	C_6H_5OH	94,1	−155,22	33 (g)	142,25	s
Propan*	C_3H_8	44,1	−103,63	−24	270,70	g
Propan-1-ol	C_3H_7OH	60,1	−302,5	−163 (g)	192,46	l
Propan-2-ol	C_3H_7OH	60,1	−272	−173 (g)	310	l
Propanon (Aceton)	CH_3COCH_3	58,1	−235,14	−153 (g)	199,99	l
Propan-1,2,3-triol (Glycerin)	$C_3H_5(OH)_3$	92,1	−659,8		204,59	l
Propen*	C_3H_6	42,1	20	62	267	g
Propin*	C_3H_4	40,1	185	194	248	g
Saccharose	$C_{12}H_{22}O_{11}$	342,3	−2221	−1544	360	s
Tetrachlormethan	CCl_4	153,8	−141,4	−58 (g)	217,56	l
Trichlormethan (Chloroform)	$CHCl_3$	119,4	−132	−69 (g)	296 (g)	l
Triiodmethan (Iodoform)	CHI_3	393,8	211	178	356	s

* Dichte gasförmiger Stoffe bei 0 °C   s: solid (fest)   l: liquid (flüssig)   g: gaseous (gasförmig)

Atom- und Ionenradien

Erklärung der Angaben

13 3+ Al 1,43 0,50

- Ordnungszahl: 13
- Elementsymbol: Al
- Ionenladung: 3+
- Atomradius*: 1,43
- Ionenradius*: 0,50

*Radien in 10^{-10} m

Metalle (blau) – Nichtmetalle (orange)

Each cell: Ordnungszahl, Elementsymbol, Ionenladung, Atomradius, Ionenradius.

Hauptgruppen I	Hauptgruppen II	Nebengruppen IIIa	IVa	Va	VIa	VIIa	VIIIa	VIIIa	VIIIa	Ia	IIa	Hauptgruppen III	IV	V	VI	VII	VIII
1 H 2,08 0,53																	2 He 1,22
3 Li + 1,52 0,68	4 Be 2+ 1,11 0,31											5 B 0,83 2,60	6 C 4– 0,77 2,60	7 N 3– 0,70 1,71	8 O 2– 0,66 1,40	9 F – 0,72 1,36	10 Ne 1,60
11 Na + 1,92 0,95	12 Mg 2+ 1,60 0,65											13 Al 3+ 1,43 0,50	14 Si 4+ 1,17 0,41	15 P 2– 1,15 2,12	16 S 2– 1,04 1,84	17 Cl – 0,99 1,81	18 Ar 1,91
19 K + 2,27 1,33	20 Ca 2+ 1,97 0,99	21 Sc 3+ 1,61 0,81	22 Ti 4+ 1,45 0,68	23 V 5+ 1,32 0,52	24 Cr 6+ 1,25 0,52	25 Mn 7+ 1,24 0,46	26 Fe 3+ 1,24 0,64	27 Co 2+ 1,25 0,74	28 Ni 2+ 1,25 0,72	29 Cu 2+ 1,28 0,72	30 Zn 2+ 1,33 0,74	31 Ga 3+ 1,22 0,62	32 Ge 4+ 1,23 0,53	33 As 1– 1,25 2,22	34 Se 2– 1,14 1,98	35 Br – 1,11 1,96	36 Kr 1,98
37 Rb + 2,48 1,48	38 Sr 2+ 2,15 1,13	39 Y 3+ 1,81 0,93	40 Zr 4+ 1,60 0,79	41 Nb 5+ 1,43 0,70	42 Mo 6+ 1,36 0,62	43 Tc 7+ 1,36 0,58	44 Ru 8+ 1,33 0,54	45 Rh 4+ 1,35 0,67	46 Pd 4+ 1,38 0,64	47 Ag + 1,44 1,26	48 Cd 2+ 1,49 0,97	49 In 3+ 1,63 0,81	50 Sn 4+ 1,41 0,71	51 Sb 5+ 1,36 0,62	52 Te 2– 1,43 2,21	53 I – 1,28 2,16	54 Xe 2,18
55 Cs + 2,65 1,69	56 Ba 2+ 2,17 1,35	57 La 3+ 1,88 1,06	72 Hf 3+ 1,56 0,78	73 Ta 5+ 1,43 0,70	74 W 6+ 1,37 0,65	75 Re 7+ 1,37 0,60	76 Os 8+ 1,34 0,53	77 Ir 4+ 1,36 0,64	78 Pt 4+ 1,38 0,70	79 Au + 1,44 1,37	80 Hg 2+ 1,60 1,10	81 Tl 3+ 1,70 0,95	82 Pb 4+ 1,75 0,84	83 Bi 5+ 1,55 0,74	84 Po 4+ 1,67 0,56	85 At – 1,40 2,27	86 Rn 2,20
87 Fr + 2,70 1,76	88 Ra 2+ 2,20 1,40	89 Ac 3+ 1,88 1,11															

Lanthanoide (→ La):

58 Ce 3+ 1,83 1,03	59 Pr 3+ 1,83 1,01	60 Nd 3+ 1,82 1,00	61 Pm 2+ 1,81 0,98	62 Sm 3+ 1,80 0,96	63 Eu 2+ 2,04 0,95	64 Gd 3+ 1,80 0,94	65 Tb 3+ 1,78 0,92	66 Dy 3+ 1,77 0,91	67 Ho 3+ 1,77 0,89	68 Er 3+ 1,76 0,88	69 Tm 2+ 1,75 0,87	70 Yb 3+ 1,94 0,86	71 Lu 3+ 1,73 0,85

Actinoide (→ Ac):

90 Th 3+ 1,80 1,08	91 Pa 3+ 1,61 1,05	92 U 3+ 1,39 1,03	93 Np 3+ 1,31 1,01	94 Pu 3+ 1,57 1,00	95 Am 3+ 1,84 0,[illegible]

Elektronenkonfiguration der Elemente

Die Hauptgruppenelemente sind fett gedruckt.

Die Nebengruppenelemente sind kursiv gedruckt.

Die Lanthanoide und die Actinoide sind eingerückt und in Normalschrift.

Die fetten Ziffern geben die Stellen an, an denen das zuletzt hinzugekommene Elektron eingeordnet ist. Unregelmäßigkeiten gegenüber dem Aufbauprinzip sind mit * gekennzeichnet.

OZ	Element	1s	2s	2p	3s	3p	3d	4s	4p	4d	4f	5s	5p	5d	5f	6s	6p	6d	7s
1	**Wasserstoff**	**1**																	
2	**Helium**	**2**																	
3	**Lithium**	2	**1**																
4	**Beryllium**	2	**2**																
5	**Bor**	2	2	**1**															
6	**Kohlenstoff**	2	2	**2**															
7	**Stickstoff**	2	2	**3**															
8	**Sauerstoff**	2	2	**4**															
9	**Fluor**	2	2	**5**															
10	**Neon**	2	2	**6**															
11	**Natrium**	2	2	6	**1**														
12	**Magnesium**	2	2	6	**2**														
13	**Aluminium**	2	2	6	2	**1**													
14	**Silicium**	2	2	6	2	**2**													
15	**Phosphor**	2	2	6	2	**3**													
16	**Schwefel**	2	2	6	2	**4**													
17	**Chlor**	2	2	6	2	**5**													
18	**Argon**	2	2	6	2	**6**													
19	**Kalium**	2	2	6	2	6		**1**											
20	**Calcium**	2	2	6	2	6		**2**											
21	*Scandium*	2	2	6	2	6	**1**	2											
22	*Titan*	2	2	6	2	6	**2**	2											
23	*Vanadium*	2	2	6	2	6	**3**	2											
24	*Chrom*	2	2	6	2	6	***5**	1											
25	*Mangan*	2	2	6	2	6	**5**	2											
26	*Eisen*	2	2	6	2	6	**6**	2											
27	*Cobalt*	2	2	6	2	6	**7**	2											

Elektronenkonfiguration der Elemente (Fortsetzung)

OZ	Element	1s	2s	2p	3s	3p	3d	4s	4p	4d	4f	5s	5p	5d	5f	6s	6p	6d	7s
28	*Nickel*	2	2	6	2	6	**8**	2											
29	*Kupfer*	2	2	6	2	6	*10	1											
30	*Zink*	2	2	6	2	6	**10**	2											
31	**Gallium**	2	2	6	2	6	10	2	**1**										
32	**Germanium**	2	2	6	2	6	10	2	**2**										
33	**Arsen**	2	2	6	2	6	10	2	**3**										
34	**Selen**	2	2	6	2	6	10	2	**4**										
35	**Brom**	2	2	6	2	6	10	2	**5**										
36	**Krypton**	2	2	6	2	6	10	2	**6**										
37	**Rubidium**	2	2	6	2	6	10	2	6			**1**							
38	**Strontium**	2	2	6	2	6	10	2	6			**2**							
39	*Yttrium*	2	2	6	2	6	10	2	6	**1**		2							
40	*Zirconium*	2	2	6	2	6	10	2	6	**2**		2							
41	*Niob*	2	2	6	2	6	10	2	6	*4		1							
42	*Molybdän*	2	2	6	2	6	10	2	6	*5		1							
43	*Technetium*	2	2	6	2	6	10	2	6	**5**		2							
44	*Ruthenium*	2	2	6	2	6	10	2	6	*7		1							
45	*Rhodium*	2	2	6	2	6	10	2	6	*8		1							
46	*Palladium*	2	2	6	2	6	10	2	6	*10		0							
47	*Silber*	2	2	6	2	6	10	2	6	*10		1							
48	*Cadmium*	2	2	6	2	6	10	2	6	**10**		2							
49	**Indium**	2	2	6	2	6	10	2	6	10		2	**1**						
50	**Zinn**	2	2	6	2	6	10	2	6	10		2	**2**						
51	**Antimon**	2	2	6	2	6	10	2	6	10		2	**3**						
52	**Tellur**	2	2	6	2	6	10	2	6	10		2	**4**						
53	**Iod**	2	2	6	2	6	10	2	6	10		2	**5**						
54	**Xenon**	2	2	6	2	6	10	2	6	10		2	**6**						
55	**Caesium**	2	2	6	2	6	10	2	6	10		2	6			**1**			
56	**Barium**	2	2	6	2	6	10	2	6	10		2	6			**2**			
57	Lanthan	2	2	6	2	6	10	2	6	10	0	2	6	*1		2			
58	Cer	2	2	6	2	6	10	2	6	10	**1**	2	6	*1		2			
59	Praseodym	2	2	6	2	6	10	2	6	10	**3**	2	6			2			

Chemie – Anhang

Elektronenkonfiguration der Elemente (Fortsetzung)

OZ	Element	1s	2s	2p	3s	3p	3d	4s	4p	4d	4f	5s	5p	5d	5f	6s	6p	6d	7s
60	Neodym	2	2	6	2	6	10	2	6	10	**4**	2	6			2			
61	Promethium	2	2	6	2	6	10	2	6	10	**5**	2	6			2			
62	Samarium	2	2	6	2	6	10	2	6	10	**6**	2	6			2			
63	Europium	2	2	6	2	6	10	2	6	10	**7**	2	6			2			
64	Gadolinium	2	2	6	2	6	10	2	6	10	7	2	6	***1**		2			
65	Terbium	2	2	6	2	6	10	2	6	10	**9**	2	6			2			
66	Dysprosium	2	2	6	2	6	10	2	6	10	**10**	2	6			2			
67	Holmium	2	2	6	2	6	10	2	6	10	**11**	2	6			2			
68	Erbium	2	2	6	2	6	10	2	6	10	**12**	2	6			2			
69	Thulium	2	2	6	2	6	10	2	6	10	**13**	2	6			2			
70	Ytterbium	2	2	6	2	6	10	2	6	10	**14**	2	6			2			
71	*Lutetium*	2	2	6	2	6	10	2	6	10	14	2	6	**1**		2			
72	*Hafnium*	2	2	6	2	6	10	2	6	10	14	2	6	**2**		2			
73	*Tantal*	2	2	6	2	6	10	2	6	10	14	2	6	**3**		2			
74	*Wolfram*	2	2	6	2	6	10	2	6	10	14	2	6	**4**		2			
75	*Rhenium*	2	2	6	2	6	10	2	6	10	14	2	6	**5**		2			
76	*Osmium*	2	2	6	2	6	10	2	6	10	14	2	6	**6**		2			
77	*Iridium*	2	2	6	2	6	10	2	6	10	14	2	6	**7**		2			
78	*Platin*	2	2	6	2	6	10	2	6	10	14	2	6	***9**		1			
79	*Gold*	2	2	6	2	6	10	2	6	10	14	2	6	***10**		1			
80	*Quecksilber*	2	2	6	2	6	10	2	6	10	14	2	6	**10**		2			
81	**Thallium**	2	2	6	2	6	10	2	6	10	14	2	6	10		2	**1**		
82	**Blei**	2	2	6	2	6	10	2	6	10	14	2	6	10		2	**2**		
83	**Bismut**	2	2	6	2	6	10	2	6	10	14	2	6	10		2	**3**		
84	**Polonium**	2	2	6	2	6	10	2	6	10	14	2	6	10		2	**4**		
85	**Astat**	2	2	6	2	6	10	2	6	10	14	2	6	10		2	**5**		
86	**Radon**	2	2	6	2	6	10	2	6	10	14	2	6	10		2	**6**		
87	**Francium**	2	2	6	2	6	10	2	6	10	14	2	6	10		2	6		**1**
88	**Radium**	2	2	6	2	6	10	2	6	10	14	2	6	10		2	6		**2**
89	Actinium	2	2	6	2	6	10	2	6	10	14	2	6	10	0	2	6	***1**	2
90	Thorium	2	2	6	2	6	10	2	6	10	14	2	6	10	0	2	6	***2**	2
91	Protactinium	2	2	6	2	6	10	2	6	10	14	2	6	10	**2**	2	6	*1	2
92	Uran	2	2	6	2	6	10	2	6	10	14	2	6	10	**3**	2	6	*1	2

Chemie – Anhang

pH-Werte

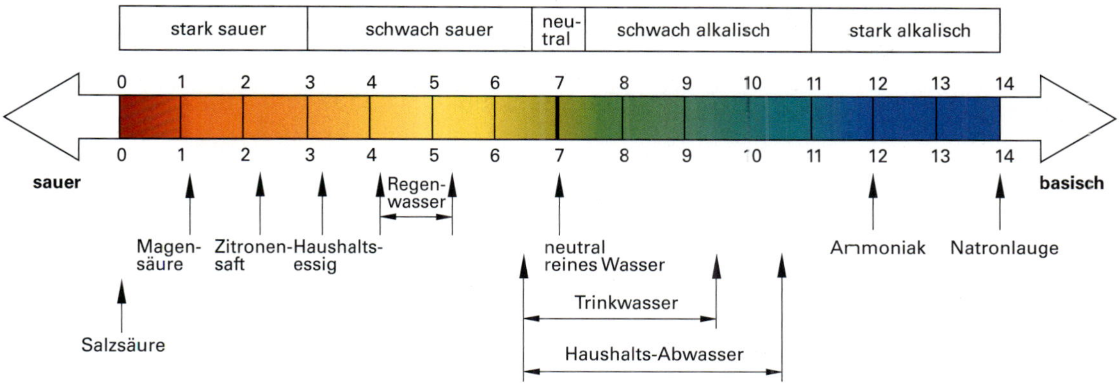

Durchschnittliche pH-Werte einiger gebräuchlicher Lösungen

Substanz	pH-Wert	Art
Batteriesäure	< 1	sauer
Cola	2,0 – 3,0	
Essig	2,5	
Orangen- und Apfelsaft	3,5	
Wein	4,0	
Saure Milch	4,5	
Bier	4,5 – 5,0	
Kaffee	5,0	
Regen (mit gelöstem CO_2)	5,6	

Substanz	pH-Wert	Art
Mineralwasser	6,0	sauer
Milch	6,5	
Reines Wasser (CO_2-frei)	7,0	neutral
Meerwasser	7,5 – 8,4	alkalisch
Seife	9,0 – 10,0	
Haushalts-Ammoniak	11,5	
Bleichmittel	12,5	
Beton	12,6	
Natronlauge	13,5 – 14	

Säure-Base-Indikatoren

IQB-Seiten 63–64

Indikator	pH-Bereich des Farbumschlags	Farbänderung
Thymolblau	1,2 – 2,8	rot – gelb
Methylorange	3,0 – 4,4	rot – gelborange
Bromkresolgrün	3,8 – 5,4	gelb – blau
Methylrot	4,2 – 6,2	rot – gelb
Lackmus	5,0 – 8,0	rot – blau
Bromthymolblau	6,0 – 7,6	gelb – blau
Thymolblau	8,0 – 9,6	gelb – blau
Phenolphthalein	8,2 – 10,0	farblos – purpur
Thymolphthalein	9,3 – 10,5	farblos – blau
Alizarin R	10,0 – 12,1	hellgelb – rotbraun

Kennzahlen ausgewählter wässriger Lösungen bei 20 °C

Gelöster Stoff	w in %	c in mol · L^{-1}	ρ in g · mL^{-1}	n_D	$\Delta\vartheta_m$ in °C	η in mPA · s
Ethansäure (Essigsäure) CH_3COOH	1,0	0,166	0,9996	1,3337	0,32	1,022
	2,0	0,333	1,0011	1,3345	0,63	1,042
	5,0	0,837	1,0052	1,3366	1,58	1,105
	10,0	1,685	1,0121	1,3402	3,23	1,210
	20,0	3,414	1,0250	1,3472	6,81	1,431
	30,0	5,180	1,0369	1,3537	10,84	1,669
	40,0	6,977	1,0474	1,3598		1,912
	70,0	12,441	1,0673	1,3738		2,629
	100,0	17,447	1,0477	1,3716		1,223
Methansäure (Ameisensäure) HCOOH	1,0	0,217	1,0006	1,3336	0,42	1,011
	2,0	0,436	1,0029	1,3342	0,82	1,017
	5,0	1,097	1,0102	1,3359	2,10	1,039
	10,0	2,221	1,0224	1,3387	4,27	1,070
	20,0	4,548	1,0467	1,3437	9,11	1,132
	52,0	12,633	1,1183	1,3581	29,69	1,340
	68,0	17,054	1,1544	1,3641		1,490
Ethanol C_2H_5OH	1,0	0,216	0,9963	1,3336	0,40	1,046
	2,0	0,432	0,9945	1,3342	0,81	1,095
	5,0	1,074	0,9893	1,3360	2,09	1,228
	10,0	2,131	0,9819	1,3395	4,47	1,501
	20,0	4,205	0,9687	1,3469	10,92	2,142
	30,0	6,212	0,9539	1,3535	20,47	2,667
	40,0	8,120	0,9352	1,3583	29,26	2,846
	70,0	13,183	0,8676	1,3652		2,214
	96,0	16,697	0,8013	1,3636		1,342

w: Massenanteil des gelösten Stoffes in %
c: Stoffmengenkonzentration in mol · L^{-1}
ρ: Dichte der Lösung in g · mL^{-1}
n_D: Brechzahl (Brechungsindex)

$\Delta\vartheta_m$: molare Gefriertemperaturerniedrigung in °C
η: dynamische Viskosität der wässrigen Lösung in mPa · s bei p = 1013,25 hPa

Kennzahlen ausgewählter wässriger Lösungen bei 20 °C (Fortsetzung)

Gelöster Stoff	w in %	c in mol · L^{-1}	ρ in g · mL^{-1}	n_D	$\Delta\vartheta_m$ in °C	η in mPA · s
Methanol CH_3OH	1,0	0,311	0,9964	1,3332	0,56	1,040
	2,0	0,621	0,9947	1,3334	1,14	1,070
	5,0	1,544	0,9896	1,3341	3,02	1,163
	10,0	3,064	0,9816	1,3354	6,60	1,329
	20,0	6,034	0,9666	1,3381	15,02	1,604
	30,0	8,908	0,9514	1,3407	25,91	1,795
	40,0	11,669	0,9347	1,3425	38,60	1,837
	70,0	19,040	0,8715	1,3411		1,368
	100,0	24,710	0,7917	1,3290		0,586
Glycerin $C_3H_8O_3$	1,0	0,109	1,0005	1,3342	0,18	1,022
	5,0	0,548	1,0097	1,3388	1,08	1,120
	10,0	1,109	1,0215	1,3448	2,32	1,291
	20,0	2,271	1,0459	1,3572	5,46	1,737
	52,0	6,385	1,1308	1,4011		6,666
	80,0	10,498	1,2085	1,4431		59,900
	100,0	13,694	1,2611	1,4735		1480,000
Natriumhydroxid NaOH	1,0	0,252	1,0095	1,3358	0,86	1,054
	5,0	1,317	1,0538	1,3467	4,57	1,329
	10,0	2,772	1,1089	1,3597	10,47	1,882
	20,0	6,096	1,2192	1,3840		4,619
	30,0	9,958	1,3277	1,4051		13,517
	40,0	14,300	1,4299	1,4215		36,312
Kaliumhydroxid KOH	1,0	0,179	1,0068	1,3350	0,61	1,019
	5,0	0,929	1,0419	1,3427	3,36	1,102
	10,0	1,938	1,0873	1,3520		1,233
	20,0	4,213	1,1818	1,3707		1,619
	30,0	6,851	1,2813	1,3889		2,357
	40,0	9,896	1,3881	1,4068		3,879
NH_3 wässrig	1,0	0,584	0,9938	1,3335	1,14	1,015
	5,0	2,868	0,9770	1,3354	6,08	1,071
	10,0	5,622	0,9575	1,3381	13,55	1,141
	26,0	13,801	0,9040	1,3477	60,77	1,288

w: Massenanteil des gelösten Stoffes in %
c: Stoffmengenkonzentration in mol · L^{-1}
ρ: Dichte der Lösung in g · mL^{-1}
n_D: Brechzahl (Brechungsindex)
$\Delta\vartheta_m$: molare Gefriertemperaturerniedrigung in °C
η: dynamische Viskosität der wässrigen Lösung in mPa · s bei p = 1013,25 hPa

Kennzahlen ausgewählter wässriger Lösungen bei 20 °C (Fortsetzung)

Gelöster Stoff	w in %	c in mol · L⁻¹	ρ in g · mL⁻¹	n_D	$\Delta\vartheta_m$ in °C	η in mPA · s
HCl	1,0	0,275	1,0031	1,3353	0,99	1,015
	5,0	1,403	1,0228	1,3445	5,98	1,075
	10,0	2,873	1,0476	1,3561	15,40	1,161
	20,0	6,023	1,0980	1,3792		1,374
	30,0	9,456	1,1492	1,4020		1,705
	38,0	12,388	1,1886	1,4204		2,105
H_2SO_4	1,0	0,102	1,0049	1,3342	0,42	1,019
	2,0	0,206	1,0116	1,3355	0,80	1,036
	5,0	0,526	1,0318	1,3391	2,05	1,112
	10,0	1,087	1,0661	1,3451	4,64	1,230
	20,0	2,324	1,1398	1,3576	13,64	1,546
	30,0	3,729	1,2191	1,3701	36,21	2,001
	40,0	5,313	1,3028	1,3821		2,690
	60,0	9,168	1,4987	1,4077		5,917
	96,0	17,966	1,8355			26,900
H_3PO_4	1,0	0,102	1,0038	1,3340	0,24	1,020
	2,0	0,206	1,0092	1,3349	0,46	1,050
	5,0	0,523	1,0254	1,3376	1,16	1,138
	10,0	1,075	1,0531	1,3422	2,45	1,303
	20,0	2,273	1,1135	1,3520	6,23	1,788
	30,0	3,614	1,1804	1,3625	13,23	2,553
	40,0	5,117	1,2536	1,3735	23,58	3,856
	60,0	8,786	1,4352	1,3820	83,00	6,600
	75,0	11,679	1,5790	1,3940	17,50	24,000
NaCl	1,0	0,172	1,0053	1,3347	0,59	1,020
	2,0	0,346	1,0125	1,3365	1,19	1,036
	5,0	0,885	1,0340	1,3418	3,05	1,085
	10,0	1,832	1,0707	1,3505	6,56	1,193
	20,0	3,928	1,1478	1,3684	16,46	1,557
	26,0	5,326	1,1972	1,3795		1,990

w: Massenanteil des gelösten Stoffes in %
c: Stoffmengenkonzentration in mol · L^{-1}
ρ: Dichte der Lösung in g · mL^{-1}
n_D: Brechzahl (Brechungsindex)
$\Delta\vartheta_m$: molare Gefriertemperaturerniedrigung in °C
η: dynamische Viskosität der wässrigen Lösung in mPa · s bei p = 1013,25 hPa

Chemie – Anhang

Säureexponent pK_S und Basenexponent pK_B IQB-Seiten 62–63

pK_S	Säure	konjugierte Base	pK_B
–11	HI	I^-	25
–10	$HClO_4$	ClO_4^-	24
–9	HBr	Br^-	23
–7	HCl	Cl^-	21
–3	H_2SO_4	HSO_4^-	17
–1,37	HNO_3	NO_3^-	15,37
0	H_3O^+	H_2O	14,00
1,25	HOOC-COOH	HOOC-COO^-	12,75
1,85	H_2SO_3	HSO_3^-	12,15
1,99	HSO_4^-	SO_4^{2-}	12,01
2,16	H_3PO_4	$H_2PO_4^-$	11,84
2,22	$[Fe(H_2O)_6]^{3+}$	$[Fe(H_2O)_5(OH)]^{2+}$	11,78
3,20	HF	F^-	10,80
3,25	HNO_2	NO_2^-	10,75
3,75	HCOOH	$HCOO^-$	10,25
3,81	HOOC-COO^-	$^-$OOC-COO^-	10,19
4,75	CH_3COOH	CH_3COO^-	9,25
4,97	$[Al(H_2O)_6]^{3+}$	$[Al(H_2O)_5(OH)]^{2+}$	9,03
6,35	H_2CO_3	HCO_3^-	7,65
7,05	H_2S	HS^-	6,95
7,20	HSO_3^-	SO_3^{2-}	6,80
7,21	$H_2PO_4^-$	HPO_4^{2-}	6,79
8,96	$[Zn(H_2O)_6]^{2+}$	$[Zn(H_2O)_5(OH)]^+$	5,04
9,21	HCN	CN^-	4,79
9,25	NH_4^+	NH_3	4,75
10,33	HCO_3^-	CO_3^{2-}	3,67
12,32	HPO_4^{2-}	PO_4^{3-}	1,68
14,00	H_2O	OH^-	0
19	HS^-	S^{2-}	–5
23	NH_3	NH_2^-	–9
24	OH^-	O^{2-}	–10

Löslichkeit von Gasen in Wasser

Gas	Formel	$L^*(X, \vartheta)$ in g/(100 g Wasser) bei einem Absolutdruck von p = 101315 Pa							
		0 °C	15 °C	20 °C	25 °C	30 °C	40 °C	60 °C	80 °C
Ammoniak	NH_3	89,7		52,6			33,8	23,8	15,4
Argon	Ar		0,00671	0,00609	0,00559	0,00516			
Chlor	Cl_2	1,46		0,729		0,591	0,459	0,329	0,223
Distickstoffmonoxid	N_2O		0,145	0,124	0,107	0,093			
Ethan	C_2H_6	0,0132	0,0076	0,00652	0,00568	0,00501	0,0037	0,0024	0,0013
Ethen (Ethylen)	C_2H_4	0,028		0,015			0,0097	0,0073	
Ethin (Acetylen)	C_2H_2	0,203		0,121			0,082	0,061	
Helium	He		0,00016	0,00016	0,00016	0,00016			
Hydrogenchlorid	HCl	82,5		72,1			63,3	56,1	
Hydrogensulfid	H_2S	0,707	0,443	0,393	0,351	0,315	0,236	0,148	0,0765
Kohlenstoffdioxid	CO_2	0,335	0,201	0,173	0,150	0,132	0,097	0,058	
Kohlenstoffmonoxid	CO	0,00440	0,00326	0,00298	0,00276	0,00258	0,00208	0,00152	
Methan	CH_4	0,00396	0,00278	0,00250	0,00227	0,00209	0,00159	0,00114	
Sauerstoff	O_2	0,00695	0,0049	0,00444	0,00407	0,00377	0,00308	0,00227	0,00138
Schwefeldioxid	SO_2	22,8	12,71	10,62	8,97	7,63	5,54		
Stickstoff	N_2	0,00294	0,00216	0,00198	0,00184	0,00172	0,00139	0,00105	0,00066
Stickstoffmonoxid	NO		0,00693	0,00631	0,00579	0,00537			
Wasserstoff	H_2	0,00019	0,00017	0,00016	0,00016	0,00015	0,00014	0,00012	0,00008

Löslichkeit von Sauerstoff in Abhängigkeit von der Temperatur

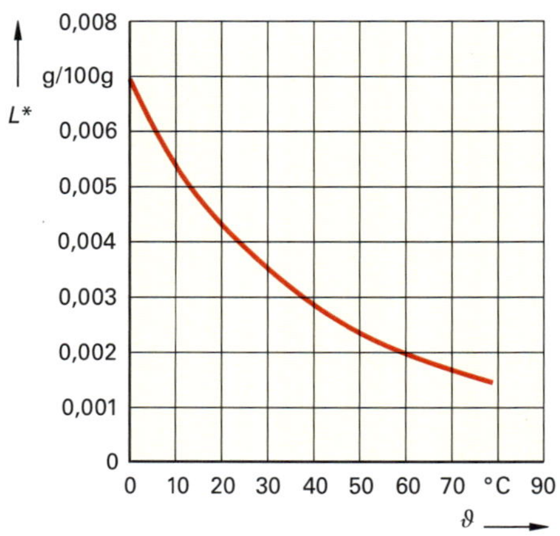

Löslichkeit von Kohlenstoffdioxid in Abhängigkeit von der Temperatur

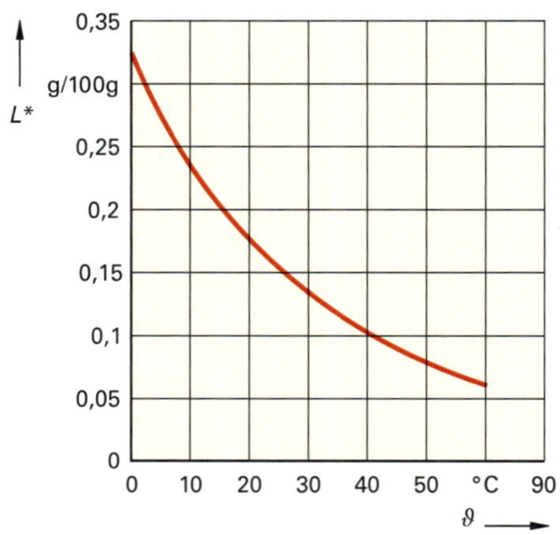

Löslichkeit einiger Ionensubstanzen

bei 20 °C und 101,3 kPa

In 100 g Wasser lösen sich *n* Gramm Salz (Angabe im jeweiligen Feld) bis zur Sättigung.

Ionen-substanzen	Na^+	K^+	NH_4^+	Ba^{2+}	MG^{2+}	CA^{2+}
Cl^-	35,85	34,35	37,4	35,7	54,25	74,5
Br^-	90,5	65,6	73,9	104,0	102,0	142,0
I^-	179,3	144,5	172,0	170,0	148,1	204,0
NO_3^-	88,0	31,5	187,7	9,03	70,5	127,0
SO_4^{2-}	19,08	11,15	75,4	$2,3 \cdot 10^{-4}$	35,6	0,2
S^{2-}	19,0					
CO_3^{2-}	21,58	111,5	100,0	$2 \cdot 10^{-3}$	0,18	$1,5 \cdot 10^{-3}$
PO_4^{3-}	12,1	23,0	20,3			$1,9 \cdot 10^{-2}$
OH^-	109	111,4	–	3,48	$0,12 \cdot 10^{-2}$	0,118

Ionen-substanzen	Zn^{2+}	Pb^{2+}	Cu^{2+}	Fe^{2+}	Ag^+	Al^{3+}
Cl^-	367,0	0,97	77,0	62,2	$1,5 \cdot 10^{-4}$	45,6
Br^-	447,0	0,84	122		$1,2 \cdot 10^{-5}$	
I^-	432,0	0,07			$2,5 \cdot 10^{-7}$	
NO_3^-	117,5	52,5	121,9		215,5	73,0
SO_4^{2-}	53,8	$4,2 \cdot 10^{-3}$	21,1	26,6	0,74	36,3
S^{2-}		$8,6 \cdot 10^{-5}$	$2,9 \cdot 10^{-3}$	$6 \cdot 10^{-4}$	$1,4 \cdot 10^{-5}$	
CO_3^{2-}	$2 \cdot 10^{-2}$	$1,7 \cdot 10^{-4}$			$3 \cdot 10^{-3}$	
PO_4^{3-}		$1,3 \cdot 10^{-5}$			$6,5 \cdot 10^{-4}$	
OH^-			$1,42 \cdot 10^{-4}$			

Standardpotenziale

IQB-Seite 64

bei T = 298,15 K, p = 101,325 kPa und $c = 1 \frac{mol}{L}$

reduzierte Form	⇌	oxidierte Form + $z \cdot e^-$	Standardpotenzial E° in V
Li	⇌	$Li^+ + e^-$	–3,04
Na	⇌	$Na^+ + e^-$	–2,71
Mg	⇌	$Mg^{2+} + 2e^-$	–2,37
Al	⇌	$Al^{3+} + 3e^-$	–1,66
Mn	⇌	$Mn^{2+} + 2e^-$	–1,19
$H_2 + 2OH^-$	⇌	$2H_2O + 2e^-$	–0,83 (pH = 14)
Zn	⇌	$Zn^{2+} + 2e^-$	–0,76
Cr	⇌	$Cr^{3+} + 3e^-$	–0,74
S^{2-}	⇌	$S^{2+} + 2e^-$	–0,48
Fe	⇌	$Fe^{2+} + 2e^-$	–0,45
Ni	⇌	$Ni^{2+} + 2e^-$	–0,26
Sn	⇌	$Sn^{2+} + 2e^-$	–0,14
Pb	⇌	$Pb^{2+} + 2e^-$	–0,13
$H_2 + 2H_2O$	⇌	$2H_3O^+ + 2e^-$	0,00 (pH = 0)
Cu^+	⇌	$Cu^{2+} + e^-$	+0,15
Cu	⇌	$Cu^{2+} + 2e^-$	+0,34
$4OH^-$	⇌	$O_2 + 2H_2O + 4e^-$	+0,40 (pH = 14)
Cu	⇌	$Cu^+ + e^-$	+0,52
$2\,I^-$	⇌	$I_2 + 2e^-$	+0,54
Fe^{2+}	⇌	$Fe^{3+} + e^-$	+0,77
Ag	⇌	$Ag^+ + e^-$	+0,80
$2Br^-$	⇌	$Br_2 + 2e^-$	+1,07
Pt	⇌	$Pt^{2+} + 2e^-$	+1,18
$6H_2O$	⇌	$O_2 + 4H_3O + 4e^-$	+1,23 (pH = 0)
$2Cl^-$	⇌	$Cl_2 + 2e^-$	+1,36
Au	⇌	$Au^{3+} + 3e^-$	+1,50
$2F^-$	⇌	$F_2 + 2e^-$	+2,87

Gefahrensymbole und -bezeichnungen

Das Global Harmonisierte System (GHS) der Vereinten Nationen vereinheitlicht weltweit die Einstufung und Kennzeichnung von Chemikalien (ab 20.01.2009 in Kraft, verbindlich ab 01.12.2010 für Stoffe und ab 01.06.2015 für Gemische).

Die kennzeichnenden Elemente des Systems sind:

- **Gefahrenpiktogramme** (Gefahrensymbole) , z. B.  *(entzündbare Stoffe)*
- **Signalwort (Gefahr** oder **Achtung)**
- **Gefahrenhinweise (H-Sätze,** ähnlich den bisherigen R-Sätzen), z. B. H220

H | 2 | 20

- 20 – **Laufende Nummer** (hier für *extrem entzündbares Gas)*
- 2 – **Gruppierung** (**2** Physikalische Gefahren **3** Gesundheitsgefahren **4** Umweltgefahren)
- H – **Gefahrenhinweis** (**H**azard Statement)

- **Sicherheitshinweise (P-Sätze,** ähnlich den bisherigen S-Sätzen), z. B. P240

P | 2 | 40

- 40 – **Laufende Nummer** (40 für *Behälter und zu befüllende Anlage erden)*
- 2 – **Gruppierung** (**1** Allgemein **2** Prävention **3** Reaktion **4** Lagerung **5** Entsorgung)
- P – **Sicherheitshinweis** (**P**recautionary Statement)

Piktogramm	Kodierung und Bezeichnung
	GHS01 Explodierende Bombe Instabile explosive Stoffe und Gemische, Explosive Stoffe/Gemische und Erzeugnisse mit Explosivstoff, Selbstzersetzliche Stoffe und Gemische, Organische Peroxide
	GHS02 Flamme Entzündbare Gase, Entzündbare Aerosole, Entzündbare Flüssigkeiten, Entzündbare Feststoffe, Selbstzersetzliche Stoffe und Gemische, Pyrophore Flüssigkeiten, Pyrophore Feststoffe, Selbsterhitzungsfähige Stoffe und Gemische, Stoffe und Gemische, die bei Berührung mit Wasser entzündbare Gase abgeben, Organische Peroxide
	GHS03 Flamme über einem Kreis Oxidierende Gase, Oxidierende Flüssigkeiten, Oxidierende Feststoffe
	GHS04 Gasflasche Gase unter Druck: verdichtete Gase, verflüssigte Gase, tiefgekühlt verflüssigte Gase, gelöste Gase

Piktogramm	Kodierung und Bezeichnung
	GHS05 Ätzwirkung Auf Metalle korrosiv wirkend, Hautätzend, Schwere Augenschädigung
	GHS06 Totenkopf mit gekreuzten Knochen Akute Toxizität (oral, dermal, inhalativ)
	GHS07 Ausrufezeichen Akute Toxizität (oral, dermal, inhalativ), Reizung der Haut, Augenreizung, Sensibilisierung der Haut, Spezifische Zielorgan-Toxizität (einmalige Exposition), Atemwegsreizung, Narkotisierende Wirkungen
	GHS08 Gesundheitsgefahr Sensibilisierung der Atemwege, Keimzellmutagenität, Karzinogenität, Reproduktionstoxizität, Spezifische Zielorgan-Toxizität (einmalige Exposition), Spezifische Zielorgan-Toxizität (wiederholte Exposition), Aspirationsgefahr
	GHS09 Umwelt Gewässergefährdend – akut gewässergefährdend – chronisch gewässergefährdend

Entsorgungsratschläge (E-Sätze)

E-Satz Nr.	Entsorgungsratschläge	Anzuwenden u. a. auf
E1	Verdünnen, in den Ausguss geben (nicht wassergefährdende Stoffe bzw. Stoffe mit WGK 1)	kleinste Portionen reizender, gesundheitsschädlicher oder brandfördernder Stoffe, soweit wasserlöslich
E2	Neutralisieren, in den Ausguss geben	saure und basische Stoffe
E3	In den Hausmüll geben, gegebenenfalls in PE-Beutel (Stäube)	Feststoffe, soweit nicht andere Ratschläge gegeben sind
E4	Als Sulfid fällen	Schwermetallsalze
E5	Mit Calcium-Ionen fällen, dann E1 oder E3	lösliche Fluoride, Oxalate
E6	Nicht in den Hausmüll geben	brandfördernde Stoffe; explosionsgefährliche Stoffe
E7	Im Abzug entsorgen; wenn möglich verbrennen	absorbierbare oder brennbare gasförmige Stoffe
E8	Der Sondermüllbeseitigung zuführen (Adresse zu erfragen bei der Kreis- oder Stadtverwaltung) Abfallschlüssel beachten	Laborabfälle
E9	Unter größter Vorsicht in kleinsten Portionen reagieren lassen (z. B. offen im Freien verbrennen).	explosionsgefährliche Stoffe und Zubereitungen
E10	In gekennzeichneten Behältern sammeln: 1. „Organische Abfälle – halogenhaltig“ 2. „Organische Abfälle – halogenfrei“ dann E8	organische Verbindungen: – halogenhaltig – halogenfrei
E11	Als Hydroxid fällen (pH 8), den Niederschlag zu E8	gelöste Schwermetallsalze
E12	Nicht in die Kanalisation gelangen lassen	brennbare nicht wasserlösliche Stoffe, sehr giftige Stoffe
E13	Aus der Lösung mit unedlerem Metall (z. B. Eisen) als Metall abscheiden (E14, E3)	z. B. chrom- oder kupferhaltige Lösungen
E14	Recycling-geeignet (Redestillation oder einem Recyclingunternehmen zuführen)	z. B. Aceton, Quecksilber, Blei
E15	Mit Wasser vorsichtig umsetzen, freiwerdende Gase verbrennen, absorbieren oder ins Freie ableiten	Carbide, Phosphide, Hydride in kleinsten Mengen
E16	Entsprechend den speziellen Ratschlägen für die Beseitigungsgruppen beseitigen.	

Periodensystem der Elemente

IQB-Seite 71

	1	2	3	4	5	6	7	8	9	10	11	12	13	14	15	16	17	18
1	1 **H** 2,2 Wasserstoff 1,008																	2 **He** Helium 4,003
2	3 **Li** 1,0 Lithium 6,94	4 **Be** 1,6 Beryllium 9,012											5 **B** 2,0 Bor 10,811	6 **C** 2,6 Kohlenstoff 12,011	7 **N** 3,0 Stickstoff 14,007	8 **O** 3,4 Sauerstoff 15,999	9 **F** 4,0 Fluor 18,998	10 **Ne** 3,2 Neon 20,180
3	11 **Na** 0,9 Natrium 22,990	12 **Mg** 1,3 Magnesium 24,305											13 **Al** 1,6 Aluminium 26,982	14 **Si** 1,9 Silicium 28,086	15 **P** 2,2 Phosphor 30,974	16 **S** 2,6 Schwefel 32,065	17 **Cl** 3,2 Chlor 35,453	18 **Ar** 2,4 Argon 39,948
4	19 **K** 0,8 Kalium 39,098	20 **Ca** 1,0 Calcium 40,078	21 **Sc** 1,4 Scandium 44,956	22 **Ti** 1,5 Titan 47,867	23 **V** 1,6 Vanadium 50,942	24 **Cr** 1,7 Chrom 51,996	25 **Mn** 1,6 Mangan 54,938	26 **Fe** 1,8 Eisen 55,845	27 **Co** 1,9 Cobalt 58,933	28 **Ni** 1,9 Nickel 58,693	29 **Cu** 1,9 Kupfer 63,546	30 **Zn** 1,7 Zink 65,38	31 **Ga** 1,8 Gallium 69,723	32 **Ge** 2,0 Germanium 72,630	33 **As** 2,2 Arsen 74,922	34 **Se** 2,6 Selen 78,971	35 **Br** 3,0 Brom 79,904	36 **Kr** 2,2 Krypton 83,798
5	37 **Rb** 0,8 Rubidium 85,468	38 **Sr** 0,9 Strontium 87,62	39 **Y** 1,2 Yttrium 88,906	40 **Zr** 1,3 Zirconium 91,224	41 **Nb** 1,6 Niobium 92,906	42 **Mo** 2,2 Molybdän 95,95	43 **Tc** 1,9 Technetium 97,907*	44 **Ru** 2,2 Ruthenium 101,07	45 **Rh** 2,3 Rhodium 102,905	46 **Pd** 2,2 Palladium 106,42	47 **Ag** 1,9 Silber 107,868	48 **Cd** 1,7 Cadmium 112,414	49 **In** 1,8 Indium 114,818	50 **Sn** 2,0 Zinn 118,710	51 **Sb** 2,1 Antimon 121,760	52 **Te** 2,1 Tellur 127,60	53 **I** 2,7 Iod 126,905	54 **Xe** 2,0 Xenon 131,293
6	55 **Cs** 0,8 Cäsium 132,905	56 **Ba** 0,9 Barium 137,327	57 **La** 1,1 Lanthan 138,905	72 **Hf** 1,3 Hafnium 178,49	73 **Ta** 1,5 Tantal 180,948	74 **W** 2,4 Wolfram 183,84	75 **Re** 1,9 Rhenium 186,207	76 **Os** 2,2 Osmium 190,23	77 **Ir** 2,2 Iridium 192,217	78 **Pt** 2,3 Platin 195,084	79 **Au** 2,5 Gold 196,967	80 **Hg** 2,0 Quecksilber 200,592	81 **Tl** 2,0 Thallium 204,383	82 **Pb** 2,3 Blei 207,2	83 **Bi** 2,0 Bismut 208,980*	84 **Po** 2,0 Polonium 209,983*	85 **At** 2,2 Astat 209,987	86 **Rn** 2,0 Radon 222,018*
7	87 **Fr** 0,7 Francium 223,020*	88 **Ra** 0,9 Radium 226,025*	89 **Ac** 1,1 Actinium 227,028*	104 **Rf** Rutherfordium 267*	105 **Db** Dubnium 270*	106 **Sg** Seaborgium 269*	107 **Bh** Bohrium 270*	108 **Hs** Hassium 270*	109 **Mt** Meitnerium 278*	110 **Ds** Darmstadtium 281*	111 **Rg** Röntgenium 281*	112 **Cn** Wasserstoff 285*	113 **Nh** Nihonium 286*	114 **Fl** Flerovium 289*	115 **Mc** Moscovium 289*	116 **Lv** Livermorium 293*	117 **Ts** Tenness 294*	118 **Og** Organesson 294*

Legende:

1 **H** 2,2 Wasserstoff 1,008	
1	Ordnungszahl (Kernladungszahl)
2,2	Elektronegativität (nach Pauling)
1,008	Mittlere relative Atommasse in u (*Atommasse für stabilstes Isotop bei radioaktiven Elementen)

Lanthanoide	58 **Ce** 1,1 Cer 140,116	59 **Pr** 1,1 Praseodym 140,908	60 **Nd** 1,1 Neodym 144,242	61 **Pm** Promethium 146,915*	62 **Sm** 1,2 Samarium 150,36	63 **Eu** 1,2 Europium 151,964	64 **Gd** 1,2 Gadolinium 157,25	65 **Tb** 1,2 Terbium 158,925	66 **Dy** 1,2 Dysprosium 162,500	67 **Ho** 1,2 Holmium 164,930	68 **Er** 1,2 Erbium 167,259	69 **Tm** 1,3 Thulium 168,934	70 **Yb** 1,3 Ytterbium 173,045	71 **Lu** 1,3 Lutetium 174,967
Actinoide	90 **Th** 1,3 Thorium 232,038*	91 **Pa** 1,5 Protactinium 231,036*	92 **U** 1,7 Uran 238,051*	93 **Np** 1,3 Neptunium 237,048*	94 **Pu** 1,3 Plutonium 244,064*	95 **Am** 1,3 Americium 243,061*	96 **Cm** 1,3 Curium 247,070*	97 **Bk** 1,3 Berkelium 247,070*	98 **Cf** 1,3 Californium 251,080*	99 **Es** 1,3 Einsteinium 252,083*	100 **Fm** 1,3 Fermium 257,095*	101 **Md** 1,3 Mendelevium 258,098*	102 **No** 1,3 Nobelium 259,101*	103 **Lr** Lawrencium 262,110*

- Nichtmetalle
- Halbmetalle
- Leichtmetalle
- Schwermetalle
- Edelmetalle
- Halogene
- Edelgase

Chemie – Anhang

3 Physik

3.1 Mechanik

Newton'sches Gesetz und Kräfteaddition

IQB-Seite 15

1. Newton'sches Gesetz (Trägheitsprinzip, Trägheitsgesetz) Ein Körper verbleibt im Zustand der Ruhe oder der gleichförmig gradlinigen Bewegung, sofern er nicht durch einwirkende Kräfte zur Änderung seines Zustandes gezwungen wird. $[F] = 1\ \text{N} = 1\ \frac{\text{kg} \cdot \text{m}}{\text{s}^2}$	Unter der Bedingung $\vec{F}_1 + \vec{F}_2 + \ldots = \vec{0}$ gilt: $\vec{v} = \text{konstant}$	$\vec{F}_1, \vec{F}_2, \ldots$: äußere Kräfte, die auf einen Körper (ein System) wirken $\vec{v}$: Geschwindigkeit
2. Newton'sches Gesetz (Grundgleichung der Mechanik) Wirkt eine resultierende Kraft F auf einen Körper der Masse m, so wird der Körper in Richtung der wirkenden Kraft beschleunigt. $[F] = 1\ \text{N} = 1\ \frac{\text{kg} \cdot \text{m}}{\text{s}^2}$	$\vec{F} = m \cdot \vec{a}$ $F \cdot \Delta t = m \cdot \Delta v$	$\vec{F}$: Kraft m: Masse $\vec{a}$: Beschleunigung t: Zeit v: Geschwindigkeit
3. Newton'sches Gesetz (Reaktionsprinzip, Wechselwirkungsgesetz) Übt Körper A auf einen anderen Körper B eine Kraft aus (actio), so wirkt eine gleich große, aber entgegengerichtete Kraft von Körper B auf Körper A (reactio). $[F] = 1\ \text{N} = 1\ \frac{\text{kg} \cdot \text{m}}{\text{s}^2}$	$\vec{F}_{12} = -\vec{F}_{21}$	
Betrag der Gesamtkraft bei der Addition zweier Kräfte $[F] = 1\ \text{N} = 1\ \frac{\text{kg} \cdot \text{m}}{\text{s}^2}$	$F_{ges} = \sqrt{F_1^2 + F_2^2 + 2 \cdot F_1 \cdot F_2 \cdot \cos\alpha}$	F_{ges}: Betrag der Gesamtkraft F_1, F_2: Beträge der Einzelkräfte α: Winkel zwischen den Kräften

Kräfte der Mechanik

IQB-Seiten 15–16

Gewichtskraft $[F_G] = 1\ \text{N} = 1\ \frac{\text{kg} \cdot \text{m}}{\text{s}^2}$	$F_G = m \cdot g$	F_G: Gewichtskraft m: Masse g: Fallbeschleunigung (Ortsfaktor) am Ort des Körpers
Radialkraft, Zentripetalkraft $[F_r] = 1\ \text{N} = 1\ \frac{\text{kg} \cdot \text{m}}{\text{s}^2}$	$F_r = \frac{m \cdot v^2}{r} = m \cdot \omega^2 \cdot r$	F_r: Radialkraft, Zentripetalkraft m: Masse v: Bahngeschwindigkeit r: Radius ω: Winkelgeschwindigkeit
Federspannkraft (Hooke'sches Gesetz) $[F_S] = 1\ \text{N} = 1\ \frac{\text{kg} \cdot \text{m}}{\text{s}^2}$	$F_S = D \cdot s$	F_S: Federspannkraft D: Federhärte, Richtgröße s: Dehnung der Feder
Reibungskraft $[F_R] = 1\ \text{N} = 1\ \frac{\text{kg} \cdot \text{m}}{\text{s}^2}$	$F_R = \mu \cdot F_N$	F_R: Reibungskraft μ: Reibungszahl F_N: Normalkraft
Newton'scher Strömungswiderstand $[F_W] = 1\ \text{N} = 1\ \frac{\text{kg} \cdot \text{m}}{\text{s}^2}$	$F_W = \frac{1}{2} \cdot c_W \cdot A \cdot \rho \cdot v^2$	F_W: Widerstandskraft c_W: Widerstandsbeiwert A: Querschnittsfläche des Körpers senkrecht zur Strömung ρ: Dichte des umströmenden Mediums v: Relativgeschwindigkeit zwischen Körper und Medium
Stokes'scher Strömungswiderstand $[F_W] = 1\ \text{N} = 1\ \frac{\text{kg} \cdot \text{m}}{\text{s}^2}$	$F_W = 6\pi \cdot \eta \cdot r \cdot v$	F_W: Widerstandskraft η: Viskosität des umströmenden Mediums r: Radius v: Geschwindigkeit
Auftriebskraft 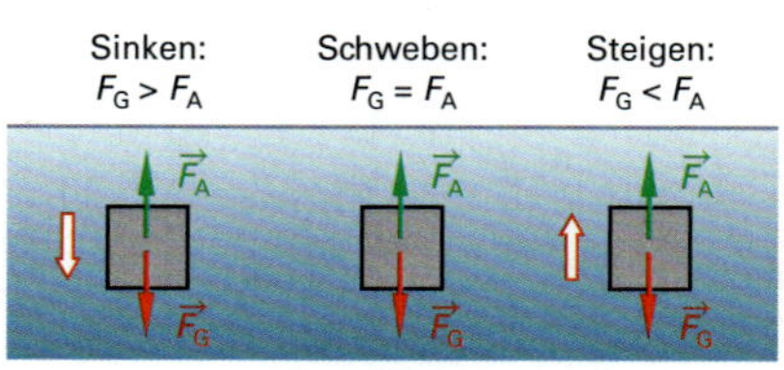 $[F_A] = 1\ \text{N} = 1\ \frac{\text{kg} \cdot \text{m}}{\text{s}^2}$	$F_A = \rho \cdot g \cdot V$	F_A: Auftriebskraft ρ: Dichte der Flüssigkeit/des Gases g: Fallbeschleunigung (Ortsfaktor) am Ort des Körpers V: vom Körper verdrängtes Volumen

Physik

Bewegung

IQB-Seiten 16–17

Eindimensionale Bewegung

<table>
<tr><td>Mittlere Geschwindigkeit
$[\overline{v}] = 1\ \mathrm{m/s} = 3{,}6\ \mathrm{km/h}$</td><td>$\overline{v} = \frac{\Delta s}{\Delta t}$</td><td rowspan="6">$\overline{v}$: mittlere Geschwindigkeit
s: Ort
t: Zeit
v: Geschwindigkeit
$\overline{a}$: mittlere Beschleunigung
a: Beschleunigung
s_0: Anfangsort bei $t = 0\ \mathrm{s}$
v_0: Anfangsgeschwindigkeit bei $t = 0\ \mathrm{s}$</td></tr>
<tr><td>Momentane Geschwindigkeit
$[v] = 1\ \mathrm{m/s} = 3{,}6\ \mathrm{km/h}$</td><td>$v(t) = \frac{\mathrm{d}s}{\mathrm{d}t} = \dot{s}(t)$</td></tr>
<tr><td>Mittlere Beschleunigung
$[a] = 1\ \mathrm{m/s^2} = 1\ \mathrm{N/kg}$</td><td>$\overline{a} = \frac{\Delta v}{\Delta t}$</td></tr>
<tr><td>Momentane Beschleunigung
$[a] = 1\ \mathrm{m/s^2} = 1\ \mathrm{N/kg}$</td><td>$a(t) = \frac{\mathrm{d}v}{\mathrm{d}t} = \dot{v}(t)$</td></tr>
<tr><td>Gleichförmige Bewegung
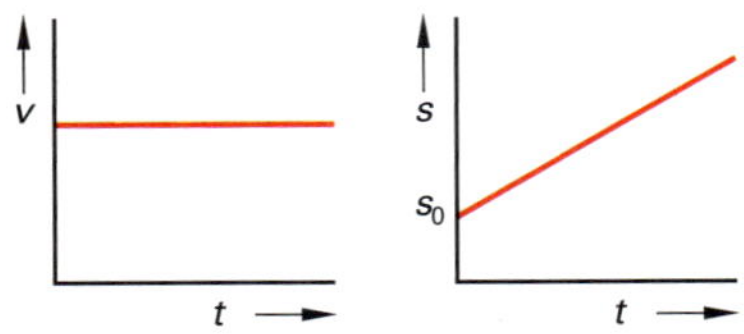
</td><td>$s(t) = v \cdot t + s_0$
$v = \text{konstant}$
$a = 0\ \frac{\mathrm{m}}{\mathrm{s}^2}$</td></tr>
<tr><td>Gleichmäßig beschleunigte Bewegung
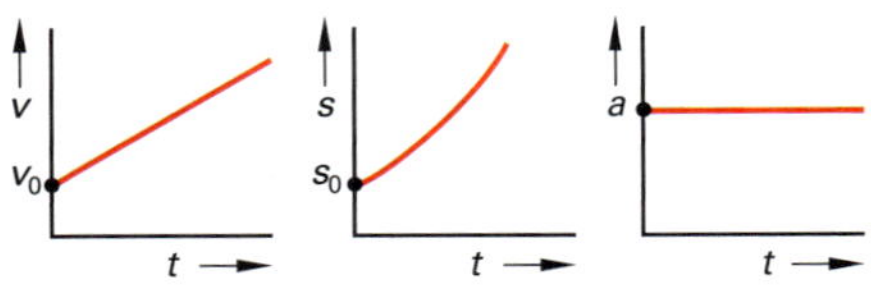
</td><td>$s(t) = \frac{1}{2} \cdot a \cdot t^2 + v_0 \cdot t + s_0$
$v(t) = a \cdot t + v_0$
$a = \text{konstant}$</td></tr>
<tr><td>Beliebig beschleunigte Bewegung</td><td>$s(t) = s_0 + \int_{t_0}^{t} v(t)\,\mathrm{d}t$
$v(t) = v_0 + \int_{t_0}^{t} a(t)\,\mathrm{d}t$</td><td>$v_0$: Anfangsgeschwindigkeit bei $t = t_0$</td></tr>
</table>

Gleichförmige Kreisbewegung

<table>
<tr><td>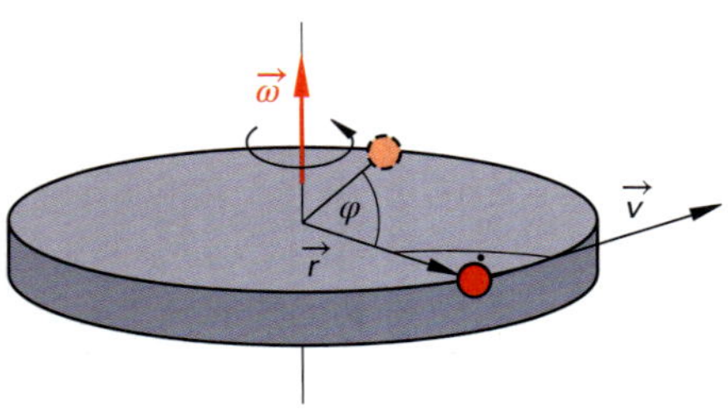
</td><td>$\omega = \frac{\Delta\varphi}{\Delta t} = \frac{2\pi}{T} = 2\pi \cdot f$
$v = \omega \cdot r$
$\omega = \text{konstant}$
$a_\mathrm{r} = \frac{v^2}{r} = \omega^2 \cdot r$</td><td>$\omega$: Winkelgeschwindigkeit
$\Delta\varphi$: überstrichener Winkel
Δt: benötigte Zeit
T: Umlaufdauer
f: Frequenz
v: Bahngeschwindigkeit
r: Radius
a_r: Radialbeschleunigung</td></tr>
</table>

Physik

Wurfbewegungen

Senkrechter Wurf	$y(t) = -\frac{1}{2} \cdot g \cdot t^2 + v_0 \cdot t + y_0$ $v_y(t) = -g \cdot t + v_0$ $a_y = -g$	y: Ort g: Fallbeschleunigung (Ortsfaktor) am Ort des Körpers t: Zeit v_0: Anfangsgeschwindigkeit bei $t = 0$ s y_0: Anfangsort bei $t = 0$ s v_y: vertikale Geschwindigkeit a_y: vertikale Beschleunigung
Waagerechter Wurf 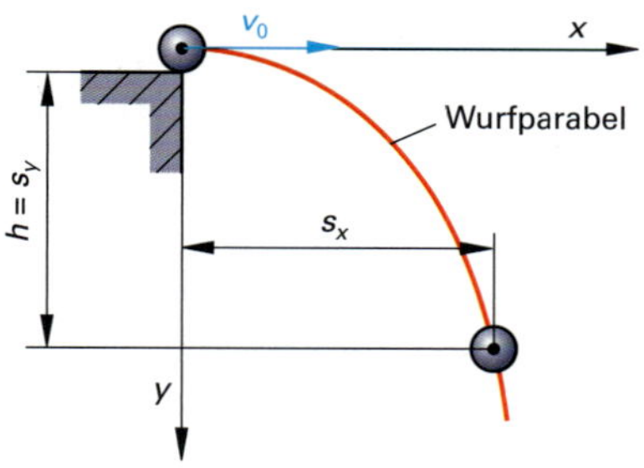	$x(t) = v_0 \cdot t;$ $y(t) = -\frac{1}{2} \cdot g \cdot t^2 + y_0$ $v_x = v_0;$ $v_y(t) = -g \cdot t$ $a_x = 0\ \frac{\text{m}}{\text{s}^2};$ $a_y = -g$	x: x-Koordinate des Ortes v_0: horizontale Anfangsgeschwindigkeit bei $t = 0$ s t: Zeit y: y-Koordinate des Ortes g: Fallbeschleunigung (Ortsfaktor) am Ort des Körpers y_0: y-Koordinate des Ortes bei $t = 0$ s v_x, v_y: Geschwindigkeitskomponente a_x, a_y: Beschleunigungskomponente
Schräger Wurf 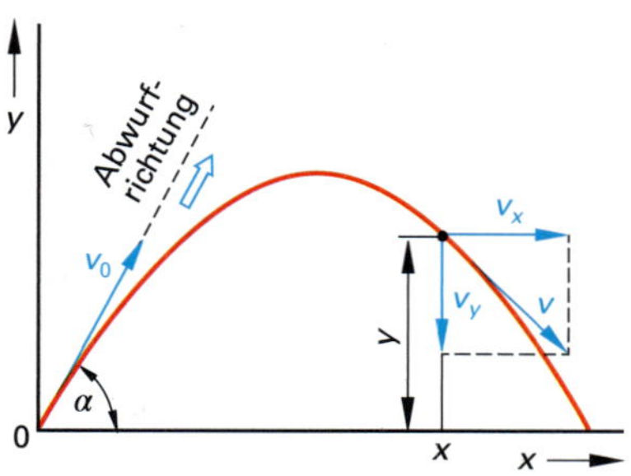	$x(t) = v_0 \cdot t \cdot \cos\alpha$ $y(t) = -\frac{1}{2} \cdot g \cdot t^2 + v_0 \cdot t \cdot \sin\alpha + y_0$ $v_x = v_0 \cdot \cos\alpha$ $v_y(t) = -g \cdot t + v_0 \cdot \sin\alpha$ $a_x = 0\ \frac{\text{m}}{\text{s}^2}$ $a_y = -g$	x: x-Koordinate des Ortes v_0: Anfangsgeschwindigkeit bei $t = 0$ s t: Zeit y: y-Koordinate des Ortes g: Fallbeschleunigung (Ortsfaktor) am Ort des Körpers y_0: y-Koordinate des Ortes bei $t = 0$ s v_x, v_y: Geschwindigkeitskomponente a_x, a_y: Beschleunigungskomponente

Physik

Dichte und Druck

IQB-Seite 18

Dichte $[\rho] = 1\,\frac{\text{kg}}{\text{m}^3} = 0{,}001\,\frac{\text{g}}{\text{cm}^3}$	$\rho = \frac{m}{V}$	ρ: Dichte m: Masse V: Volumen
Druck $[p] = 1\,\text{Pa} = 1\,\frac{\text{N}}{\text{m}^2} = 1\,\frac{\text{kg}}{\text{m} \cdot \text{s}^2}$ $1\,\text{bar} = 10^5\,\text{Pa}$	$p = \frac{F_\perp}{A}$	p: Druck $F_\perp$: Kraftkomponente senkrecht auf A A: Flächeninhalt
Schweredruck in Flüssigkeiten $[p] = 1\,\text{Pa} = 1\,\frac{\text{N}}{\text{m}^2} = 1\,\frac{\text{kg}}{\text{m} \cdot \text{s}^2}$ $1\,\text{bar} = 10^5\,\text{Pa}$	$p = \rho \cdot g \cdot h$	p: Druck ρ: Dichte der Flüssigkeit g: Fallbeschleunigung (Ortsfaktor) am Ort des Körpers h: Höhe der Flüssigkeitssäule

Kraftumformende Einrichtung

IQB-Seite 18

Schiefe Ebene 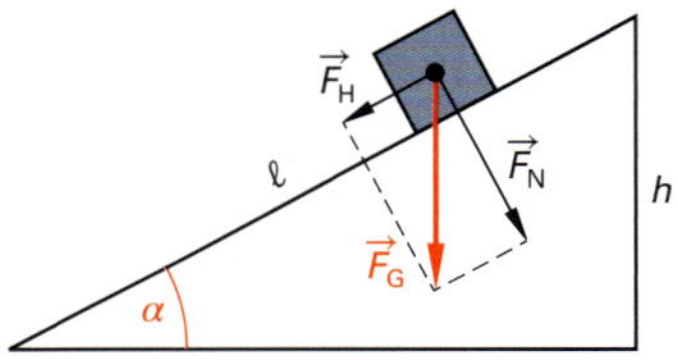 $[F] = 1\,\text{N} = 1\,\frac{\text{kg} \cdot \text{m}}{\text{s}^2}$	$F_H = F_G \cdot \sin\alpha$ $F_N = F_G \cdot \cos\alpha$ $\frac{F_H}{F_G} = \frac{h}{\ell}$	F_H: Hangabtriebskraft F_G: Gewichtskraft α: Neigungswinkel der Ebene gegenüber der Horizontalen F_N: Normalkraft h: Höhe der schiefen Ebene ℓ: Länge der schiefen Ebene
Hebelgesetz 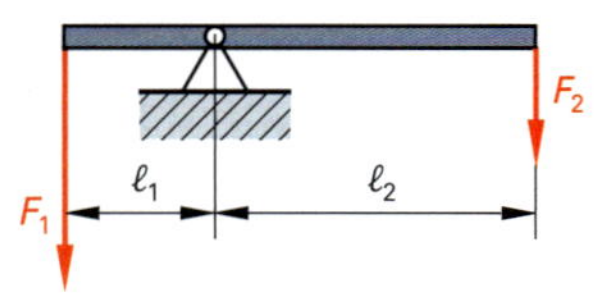 $[M] = 1\,\text{Nm} = 1\,\frac{\text{kg} \cdot \text{m}^2}{\text{s}^2}$	$M_1 = M_2$ $F_1 \cdot \ell_1 = F_2 \cdot \ell_2$	M: Drehmoment F: Kraft auf Hebelarm ℓ: Länge des Hebelarms
Rollen, (lineare) Flaschenzüge 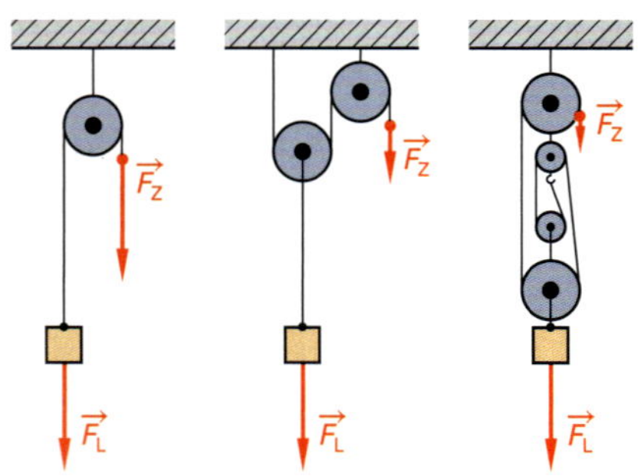 $[F] = 1\,\text{N} = 1\,\frac{\text{kg} \cdot \text{m}}{\text{s}^2}$	$F_Z = \frac{1}{n} \cdot F_L$ $s_Z = n \cdot s_L$	F_Z, F_L: Zug- bzw. Lastkraft s_Z, s_L: Zug- bzw. Lastweg n: Anzahl der tragenden Seile/Seilstück

Physik

Mechanische Energie

IQB-Seiten 18–19

Kinetische Energie der Translation (Bewegungsenergie) $[E] = 1\ \text{J} = 1\ \text{Nm} = 1\ \text{Ws} = 1\ \frac{\text{kg} \cdot \text{m}^2}{s^2}$	$E = \frac{1}{2} \cdot m \cdot v^2$	E: Energie m: Masse v: Geschwindigkeit J: Trägheitsmoment ω: Winkelgeschwindigkeit F_G: Gewichtskraft h: Höhe des Körpers über dem Bezugspunkt g: Fallbeschleunigung (Ortsfaktor) D: Federhärte, Richtgröße s: Dehnung der Feder
Kinetische Energie der Rotation (Rotationsenergie) $[E] = 1\ \text{J} = 1\ \text{Nm} = 1\ \text{Ws} = 1\ \frac{\text{kg} \cdot \text{m}^2}{s^2}$	$E = \frac{1}{2} \cdot J \cdot \omega^2$	
Potenzielle Energie im homogenen Gravitationsfeld (Lageenergie) $[E] = 1\ \text{J} = 1\ \text{Nm} = 1\ \text{Ws} = 1\ \frac{\text{kg} \cdot \text{m}^2}{s^2}$	$E = F_G \cdot h = m \cdot g \cdot h$	
Energie einer idealen (Hooke´schen) Feder (Spannenergie) $[E] = 1\ \text{J} = 1\ \text{Nm} = 1\ \text{Ws} = 1\ \frac{\text{kg} \cdot \text{m}^2}{s^2}$	$E = \frac{1}{2} \cdot D \cdot s^2$	

Mechanische Arbeit

IQB-Seite 19

$[W] = 1\ \text{J} = 1\ \text{Nm} = 1\ \frac{\text{kg} \cdot \text{m}^2}{\text{s}^2}$	$W = \Delta E$ $W = F \cdot s$	W: Arbeit ΔE: Energiedifferenz s: Weg

Zusammenhang zwischen Arbeit, Kraft und zurückgelegtem Weg

Für F = konstant und $\vec{F} \parallel \overrightarrow{\Delta s}$ gilt: 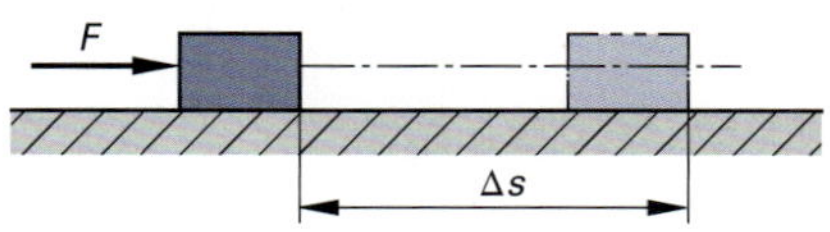 $[W] = 1\ \text{J} = 1\ \text{Nm} = 1\ \frac{\text{kg} \cdot \text{m}^2}{\text{s}^2}$	$W = \Delta E = F \cdot \Delta s$	W: Arbeit ΔE: Energiedifferenz F: Kraft s: Ort α: Winkel zwischen $\vec{F}$ und $\overrightarrow{\Delta s}$
Wenn die Kraft- und Wegvektoren den Winkel α einschließen, gilt für F = konstant: 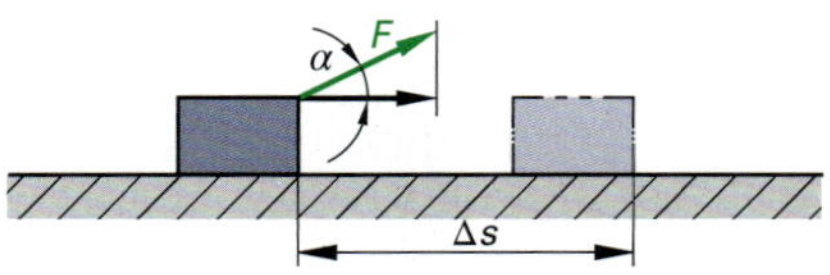 $[W] = 1\ \text{J} = 1\ \text{Nm} = 1\ \frac{\text{kg} \cdot \text{m}^2}{\text{s}^2}$	$W = \Delta E$ $= F \cdot \Delta s \cdot \cos\alpha$	
Für eine vom Ort s abhängige Kraft $\vec{F}(s)$ gilt unter der Bedingung $F \parallel \text{d}s$: $[W] = 1\ \text{J} = 1\ \text{Nm} = 1\ \frac{\text{kg} \cdot \text{m}^2}{\text{s}^2}$	$W = \Delta E = \int_{s_1}^{s_2} F(s)\, \text{d}s$	

Physik

Leistung und Wirkungsgrad

IQB-Seite 19

Mittlere Leistung (Energiestromstärke) $[P] = 1\,\mathrm{W} = 1\,\frac{\mathrm{J}}{\mathrm{s}} = 1\,\frac{\mathrm{kg}\cdot\mathrm{m}^2}{\mathrm{s}^3}$	$\overline{P} = \frac{\Delta E}{\Delta t}$	$\overline{P}$: mittlere Leistung (Energiestromstärke) E: Energie t: Zeit
Momentane Leistung (Energiestromstärke) $[P] = 1\,\mathrm{W} = 1\,\frac{\mathrm{J}}{\mathrm{s}} = 1\,\frac{\mathrm{kg}\cdot\mathrm{m}^2}{\mathrm{s}^3}$	$P(t) = \frac{\mathrm{d}E}{\mathrm{d}t}$ $P(t) = F \cdot v(t)$	P: Leistung (Energiestromstärke) F: Kraft v: Geschwindigkeit
Wirkungsgrad	$\eta = \frac{P_{\text{nutz}}}{P_{\text{zu}}} = \frac{\Delta E_{\text{nutz}}}{\Delta E_{\text{zu}}}$	η: Wirkungsgrad P_{nutz}: Betrag der abgegebenen, genutzten Leistung P_{zu}: Betrag der aufgewandten, zugeführten Leistung E_{nutz}: Betrag der abgegebenen, genutzten Energie E_{zu}: Betrag der aufgewandten, zugeführten Energie

Energieerhaltungssatz

IQB-Seite 20

$[E] = 1\,\mathrm{J} = 1\,\mathrm{Nm}$ $= 1\,\mathrm{Ws} = 1\,\frac{\mathrm{kg}\cdot\mathrm{m}^2}{\mathrm{s}^2}$	$E_{\text{ges}} = E_1 + E_2 + \ldots$ $= \text{konstant}$	E_{ges}: Gesamtenergie eines abgeschlossenen Systems $E_1, \ldots$: Einzelenergien innerhalb des Systems

Gravitation

IQB-Seite 20

Newton'sches Gravitationsgesetz 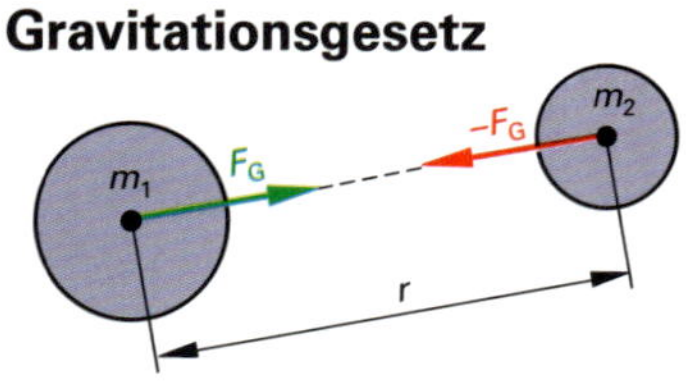 $[F] = 1\,\mathrm{N} = 1\,\frac{\mathrm{kg}\cdot\mathrm{m}}{\mathrm{s}^2}$	$F_G = G \cdot \frac{m_1 \cdot m_2}{r^2}$	F_G: Gravitationskraft G: Gravitationskonstante m_1, m_2: Massen r: Abstand der Massen E: Energie
Potenzielle Energie im Gravitationsfeld $[E] = 1\,\mathrm{J} = 1\,\mathrm{Nm}$ $= 1\,\mathrm{Ws} = 1\,\frac{\mathrm{kg}\cdot\mathrm{m}^2}{\mathrm{s}^2}$	$E = -G \cdot \frac{m_1 \cdot m_2}{r}$	
Gravitationsfeldstärke $[g] = 1\,\mathrm{N/kg}$	$g = \frac{F_G}{m}$	g: Gravitationsfeldstärke F_G: Gravitationskraft m: Masse des Probekörpers

Impuls

IQB-Seite 20

Impuls eines Körpers $[p] = 1 \frac{\text{kg} \cdot \text{m}}{\text{s}}$ 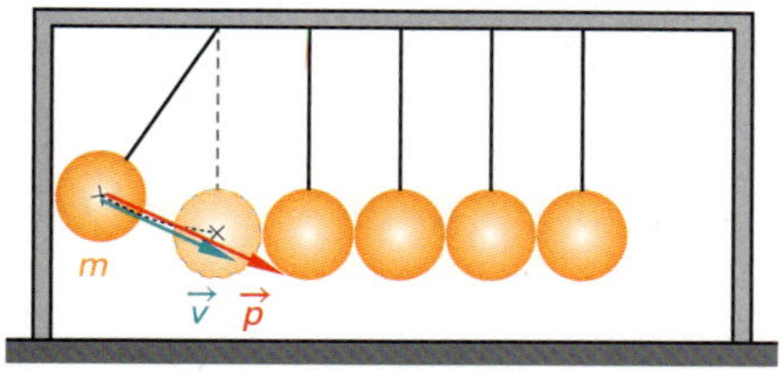 	$\vec{p} = m \cdot \vec{v}$ $\Delta p = F \cdot \Delta t$ $\vec{F}(t) = \frac{\text{d}\vec{p}}{\text{d}t} = \dot{\vec{p}}(t)$	$\vec{p}$: Impuls m: Masse $\vec{v}$: Geschwindigkeit $\vec{F}$: Kraft t: Zeit
Impulserhaltungssatz $[p] = 1 \frac{\text{kg} \cdot \text{m}}{\text{s}}$	$\vec{p}_{\text{ges}} = \vec{p}_1 + \vec{p}_2 + \ldots$ $= \text{konstant}$	$\vec{p}_{\text{ges}}$: Gesamtimpuls eines abgeschlossenen Systems $\vec{p}_1, \ldots$: Einzelimpulse des Systems
Drehimpuls eines Körpers $[L] = 1\,\text{Nm} \cdot \text{s} = 1 \frac{\text{kg} \cdot \text{m}^2}{\text{s}}$	$L = J \cdot \omega$	L: Drehimpuls J: Trägheitsmoment ω: Winkelgeschwindigkeit
Drehimpulserhaltungssatz $[L] = 1\,\text{Nm} \cdot \text{s} = 1 \frac{\text{kg} \cdot \text{m}^2}{\text{s}}$	$\vec{L}_{\text{ges}} = \vec{L}_1 + \vec{L}_2 + \ldots$ $= \text{konstant}$	$\vec{L}_{\text{ges}}$: Gesamtdrehimpuls eines abgeschlossenen Systems $\vec{L}_1, \ldots$: Einzeldrehimpulse des Systems

Physik

Rotation starrer Körper

IQB-Seite 21

Drehmoment $[M] = 1\ \text{Nm} = 1\ \frac{\text{kg} \cdot \text{m}^2}{\text{s}^2}$ 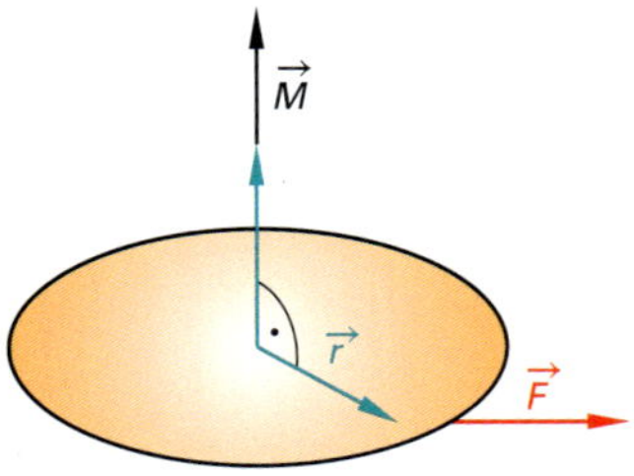	Unter der Bedingung $\vec{r} \perp \vec{F}$ gilt: $M = r \cdot F$	M: Drehmoment r: Radius F: Kraft
Trägheitsmoment $[J] = 1\ \text{kg} \cdot \text{m}^2 = 1\ \text{N} \cdot \text{m} \cdot \text{s}^2$ 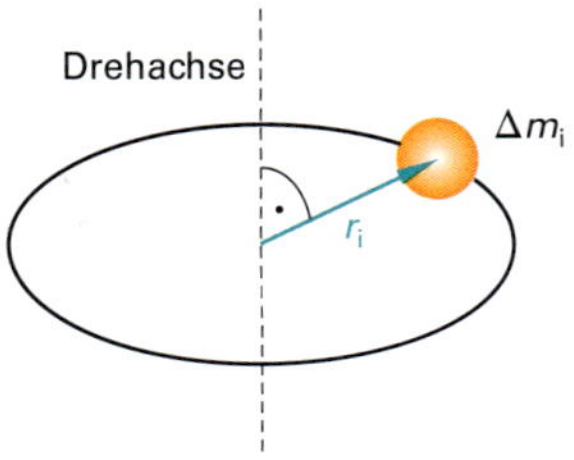	$J = \sum_i m_i \cdot r_i^2$	J: Trägheitsmoment m_i: Masse des i-ten Massenpunkts r_i: Abstand des i-ten Massenpunkts von der Drehachse

Zentrale gerade Stöße

IQB-Seite 21

Vollkommen unelastischer Stoß 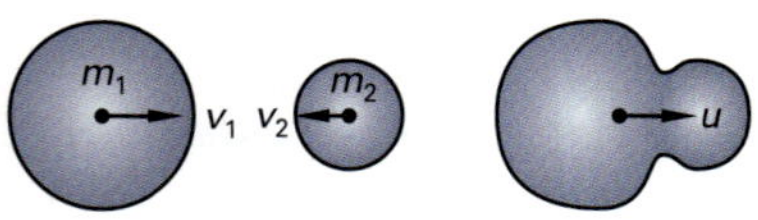	Geschwindigkeit nach dem Stoß: $u = \frac{m_1 \cdot v_1 + m_2 \cdot v_2}{m_1 + m_2}$	u: gemeinsame Geschwindigkeit nach dem Stoß m_1, m_2: Massen der Stoßpartner v_1, v_2: Geschwindigkeiten der Stoßpartner vor dem Stoß
Vollkommen elastischer Stoß 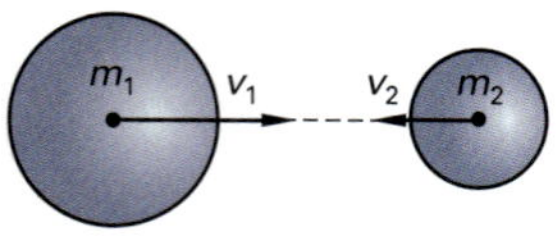	Geschwindigkeit nach dem Stoß: $u_1 = \frac{(m_1 - m_2) \cdot v_1 + 2m_2 \cdot v_2}{m_1 + m_2}$ $u_2 = \frac{(m_2 - m_1) \cdot v_2 + 2m_1 \cdot v_1}{m_1 + m_2}$	u_1, u_2: Geschwindigkeiten der Stoßpartner nach dem Stoß m_1, m_2: Massen der Stoßpartner v_1, v_2: Geschwindigkeiten der Stoßpartner vor dem Stoß

Schwingungen

IQB-Seiten 21–22

Beschreibende Größen der Schwingungen

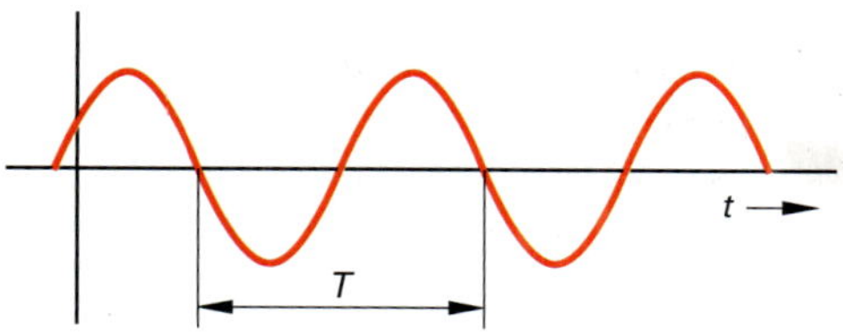	$T = \frac{1}{f}$ $f = \frac{n}{t}$ $\omega = 2\pi \cdot f$	T: Periodendauer f: Frequenz n: Anzahl der Perioden t: Zeit ω: Kreisfrequenz

Mechanische harmonische Schwingungen

Kraftgesetz der harmonischen Schwingung $[F] = 1\text{ N} = \frac{1\text{ kg} \cdot \text{m}}{\text{s}^2}$	$\vec{F}(\vec{s}) = -D \cdot \vec{s}$	$\vec{F}$: Kraft D: Richtgröße, z. B. Federhärte $\vec{s}$: Auslenkung
Bewegungsgleichungen der ungedämpften harmonischen Schwingung	$s(t) = s_{max} \cdot \sin(\omega \cdot t)$ Bei Vorliegen eines Nullphasenwinkels gilt: $s(t) = s_{max} \cdot \sin(\omega \cdot t + \varphi_0)$ $v(t) = s_{max} \cdot \omega \cdot \cos(\omega \cdot t + \varphi_0)$ $a(t) = -s_{max} \cdot \omega^2 \cdot \sin(\omega \cdot t + \varphi_0)$	s: Auslenkung, Elongation s_{max}: Amplitude ω: Kreisfrequenz t: Zeit φ_0: Nullphasenwinkel v: Geschwindigkeit a: Beschleunigung
Differenzialgleichung der ungedämpften harmonischen Schwingung	$\ddot{s}(t) + \frac{D}{m} \cdot s(t) = 0$ $\frac{d^2s}{dt^2} + \frac{D}{m} \cdot s = 0$	s: Auslenkung D: Richtgröße, z. B. Federhärte m: Masse
Gedämpfte harmonische Schwingung (geschwindigkeitsproportionale, schwache Dämpfung)	Für einen bei $t = 0$ s ausgelenkten Schwinger gilt: $s(t) = s_{max} \cdot e^{-\delta \cdot t} \cdot \cos(\omega_D \cdot t)$ mit $\omega_D = \sqrt{\omega^2 - \delta^2}$	s: Auslenkung s_{max}: Anfangsamplitude δ: Abklingkoeffizient t: Zeit ω_D: Kreisfrequenz der gedämpften Schwingung ω: Kreisfrequenz der ungedämpften Schwingung
Differenzialgleichung der gedämpften harmonischen Schwingung	$\ddot{s}(t) + 2\delta \cdot \dot{s}(t) + \frac{D}{m} \cdot s(t) = 0$ $\frac{d^2s}{dt^2} + 2\delta \cdot \frac{ds}{dt} + \frac{D}{m} \cdot s = 0$	s: Auslenkung δ: Abklingkoeffizient D: Richtgröße, z. B. Federhärte m: Masse

Periodendauer von Pendeln

Federpendel 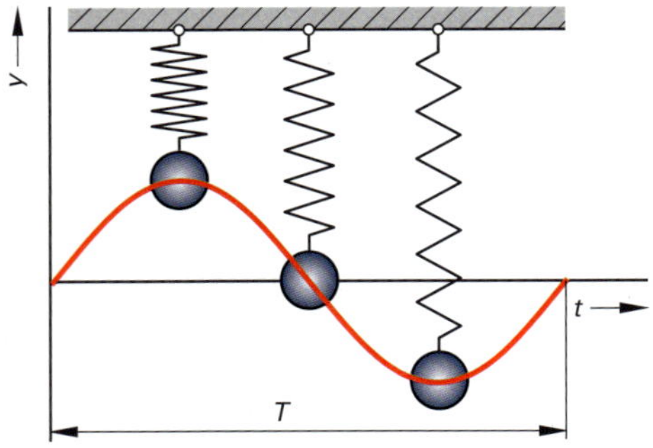 $[T] = 1\,s$	$T = 2\pi \cdot \sqrt{\frac{m}{D}}$	*T*: Periodendauer *m*: Masse *D*: Federhärte, Richtgröße
Fadenpendel (in Kleinwinkelnäherung) Die Periodendauer (Schwingungsdauer) *T* eines Fadenpendels ist (bei kleiner Auslenkung) von der Auslenkung und der Masse unabhängig. Sie hängt nur von der Fadenlänge ℓ ab. $[T] = 1\,s$	$T = 2\pi \cdot \sqrt{\frac{\ell}{g}}$	*T*: Periodendauer ℓ: Pendellänge *g*: Fallbeschleunigung (Ortsfaktor) am Ort der Schwingung

► Wellen

IQB-Seiten 22–23

Ausbreitungsgeschwindigkeit

$[c] = 1\,m/s = 3{,}6\,km/h$	$c = \lambda \cdot f$	*c*: Ausbreitungsgeschwindigkeit λ: Wellenlänge *f*: Frequenz

Harmonische Welle

Wellenfunktion der harmonischen Welle 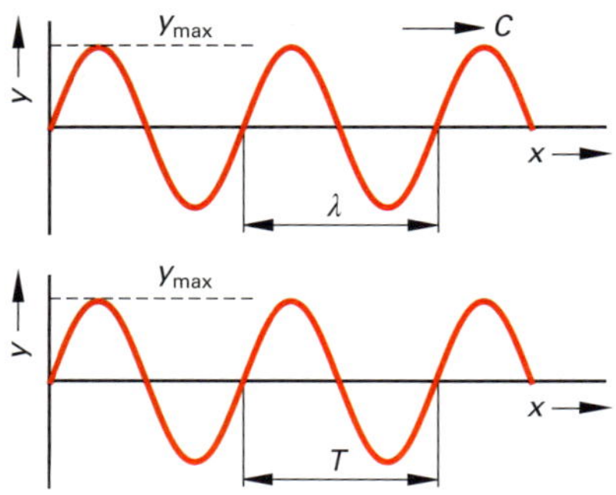	$y(x,t) = y_{max} \cdot \sin\left(2\pi \cdot \left(\frac{t}{T} - \frac{x}{\lambda}\right)\right)$	*y*: Auslenkung y_{max}: Amplitude *t*: Zeit *T*: Periodendauer *x*: Ort λ: Wellenlänge

Harmonische Welle (Fortsetzung)

Differenzialgleichung der harmonischen Welle	$\ddot{y}(x,t) - c^2 \cdot y''(x,t) = 0$ $\frac{\partial^2 y}{\partial t^2} - c^2 \cdot \frac{\partial^2 y}{\partial x^2} = 0$	y: Auslenkung x: Ort t: Zeit c: Ausbreitungsgeschwindigkeit
Wellenfunktion einer stehenden harmonischen Welle	$y(x,t) =$ $2y_{max} \cdot \cos\left(2\pi \cdot \frac{x}{\lambda}\right) \cdot \sin\left(2\pi \cdot \frac{t}{T}\right)$	y: Auslenkung x: Ort t: Zeit y_{max}: Amplitude der einander entgegenlaufenden Wellen λ: Wellenlänge T: Periodendauer
Stehende Wellen bei zwei festen und zwei losen Enden 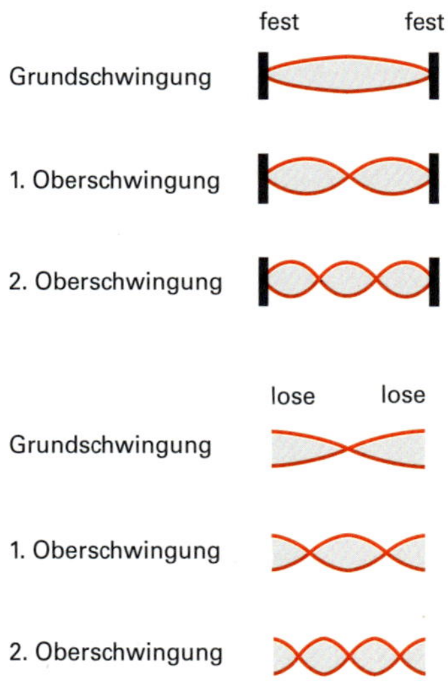 $[\lambda_k] = 1\ \text{m}$	$\lambda_k = \frac{2\ell}{k+1}$	λ_k: Wellenlänge ℓ: Länge des Wellenträgers Grundschwingung: $k = 0$ Oberschwingungen: $k = 1, 2, 3, \ldots$
Stehende Wellen bei einem festen und einem losen Ende 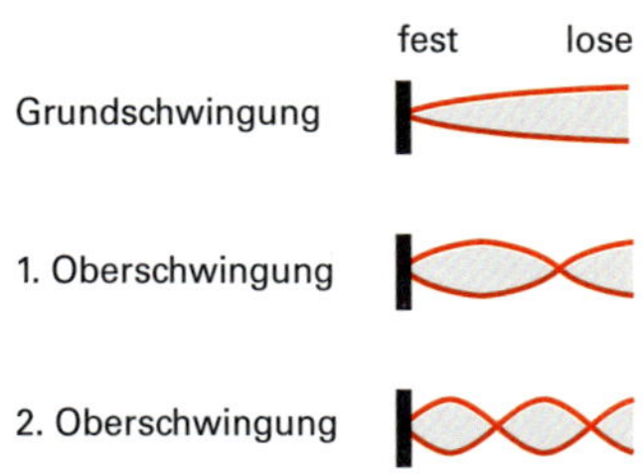 $[\lambda_k] = 1\ \text{m}$	$\lambda_k = \frac{2\ell}{k+\frac{1}{2}}$	

Physik

Akustik

IQB-Seiten 23–24

Akustischer Dopplereffekt bei bewegtem Sender und bewegtem Empfänger 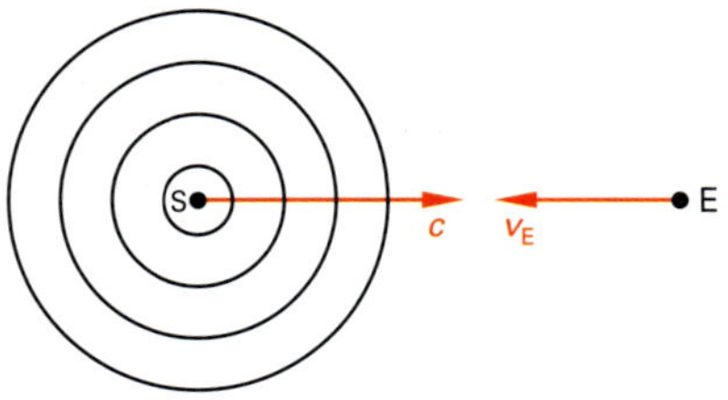 $[f] = 1\ \text{Hz} = 1\ \frac{1}{\text{s}}$	Die oberen Vorzeichen gelten jeweils für Annäherung, die unteren Vorzeichen für Entfernungszunahme. $f_E = f_0 \cdot \frac{c \pm v_E}{c \mp v_S}$	f_E: vom Empfänger gemessene Frequenz f_0: vom Sender abgestrahlte Frequenz c: Schallgeschwindigkeit v_E: Geschwindigkeit des Empfängers v_S: Geschwindigkeit der Schallquelle
Schalldruck $[p] = 1\ \text{Pa} = 1\ \frac{\text{N}}{\text{m}^2} = 1\ \frac{\text{kg}}{\text{m} \cdot \text{s}^2}$ $1\ \text{bar} = 10^5\ \text{Pa}$	$p_{ges} = p_n + p \cdot \sin(\omega \cdot t)$	p_{ges}: Gesamtdruck p_n: Normaldruck im Medium (konstant) p: Schalldruckamplitude ω: Kreisfrequenz t: Zeit
Intensität einer Schallwelle in einem verlustfreien akustischen Medium $[I] = 1\ \frac{\text{W}}{\text{m}^2}$	$I = \frac{P}{A} = \frac{p^2}{2\rho \cdot c}$	I: Schallintensität P: Schallleistung A: Flächeninhalt p: Schalldruck ρ: Dichte des Mediums c: Schallgeschwindigkeit im Medium
Schallintensitätspegel $[L_I] = 1\ \text{dB}$	$L_I = 10\ \text{dB} \cdot \lg\left(\frac{I}{I_0}\right)$ mit $I_0 = 10^{-12}\left(\frac{\text{W}}{\text{m}^2}\right)$	L_I: Schallintensitätspegel I: Schallintensität I_0: Bezugswert der Schallintensität
Schalldruckpegel $[L_p] = 1\ \text{dB}$	$L_p = 20\ \text{dB} \cdot \lg\left(\frac{p_{eff}}{p_0}\right)$ mit $p_0 = 20\ \mu\text{Pa}$	L_p: Schalldruckpegel p_0: Bezugswert des Schalldrucks p_{eff}: Effektivwert des Schalldrucks

3.2 Elektrizitätslehre und Magnetismus

► Stromstärke, Spannung, Widerstand, Ladung

IQB-Seite 24

Mittlere elektrische Stromstärke $[I] = 1\,\text{A}$	$\bar{I} = \frac{\Delta Q}{\Delta t}$	$\bar{I}$: mittlere elektrische Stromstärke I: elektrische Stromstärke Q: elektrische Ladung t: Zeit
Momentane elektrische Stromstärke und elektrische Ladung $[I] = 1\,\text{A}$	$I(t) = \frac{dQ}{dt} = \dot{Q}(t)$ $Q = \int_{t_1}^{t_2} I(t)dt$	
Elektrischer Widerstand 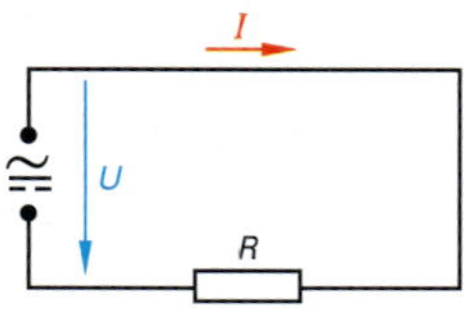 $[R] = 1\,\Omega = 1\,\frac{\text{V}}{\text{A}} = 1\,\frac{\text{kg} \cdot \text{m}^2}{\text{s}^3 \cdot \text{A}^2}$	$R = \frac{U}{I}$	R: elektrischer Widerstand U: elektrische Spannung I: elektrische Stromstärke
Widerstand eines elektrischen Leiters 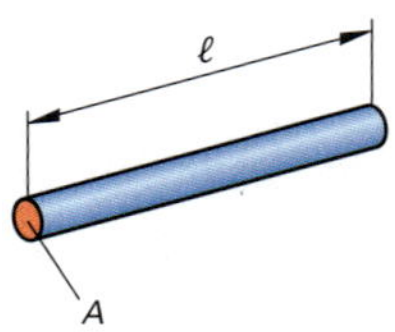 $[R] = 1\,\Omega = 1\,\frac{\text{V}}{\text{A}} = 1\,\frac{\text{kg} \cdot \text{m}^2}{\text{s}^3 \cdot \text{A}^2}$	$R = \rho \cdot \frac{\ell}{A}$	R: elektrischer Widerstand ρ: spezifischer Widerstand ℓ: Länge des Leiters A: Querschnittsfläche des Leiters

► Reihen- und Parallelschaltung von Widerständen

IQB-Seiten 24–25

Reihenschaltung 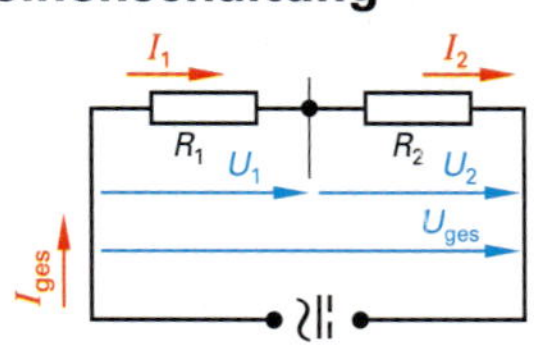	$I_{ges} = I_1 = I_2 = \ldots = I_n$ $U_{ges} = U_1 + U_2 + \ldots + U_n$ $R_{ges} = R_1 + R_2 + \ldots + R_n$	I_{ges}: Gesamtstromstärke $I_1, I_2, \ldots$: Einzelstromstärken U_{ges}: Gesamtspannung $U_1, U_2, \ldots$: Einzelspannungen R_{ges}: Gesamtwiderstand $R_1, R_2, \ldots$: Einzelwiderstände
Parallelschaltung 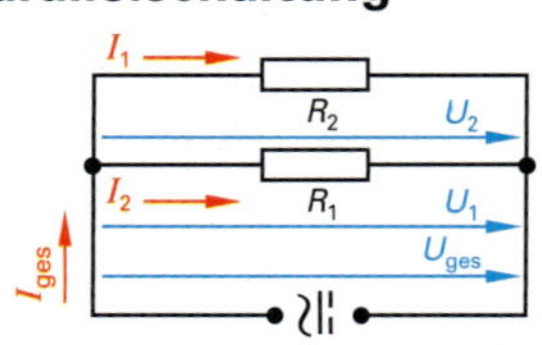	$I_{ges} = I_1 + I_2 + \ldots + I_n$ $U_{ges} = U_1 = U_2 = \ldots = U_n$ $\frac{1}{R_{ges}} = \frac{1}{R_1} + \frac{1}{R_2} + \ldots + \frac{1}{R_n}$	

Physik

Kirchhoff'sche Gesetze

IQB-Seite 25

1. Kirchhoff'sches Gesetz (Knotenregel) 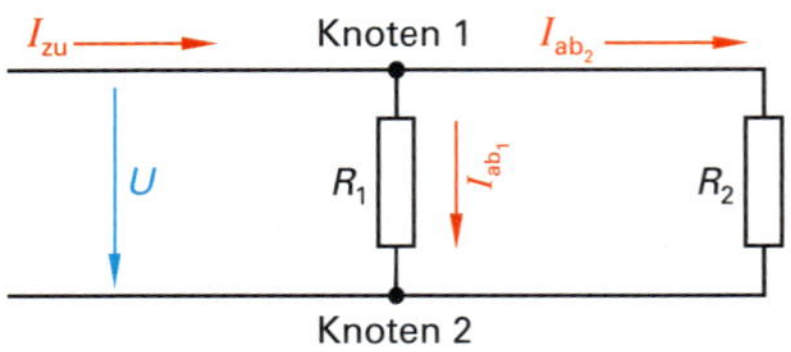	$\sum I_{zu} = \sum I_{ab}$	I_{zu}: Stärken der in den Knoten zufließenden Ströme I_{ab}: Stärken der aus dem Knoten abfließenden Ströme
2. Kirchhoff'sches Gesetz (Maschenregel) 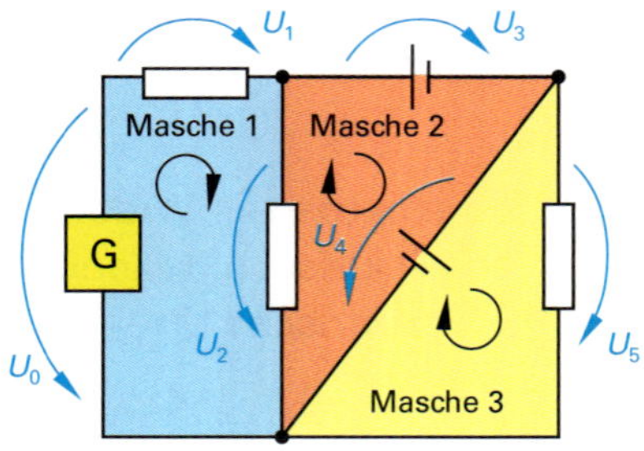	$\sum U_i = 0$	U_i: Einzelspannungen in einer Masche

Elektrische Leistung und Energie

IQB-Seite 25

Elektrische Leistung 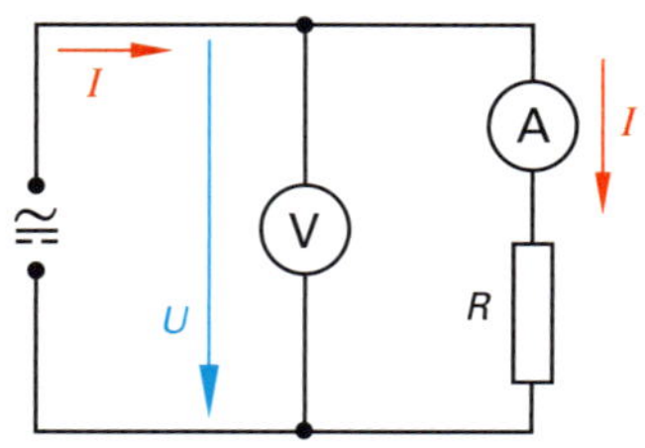 $[P] = 1\,\text{W} = 1\,\frac{\text{J}}{\text{s}} = 1\,\frac{\text{kg} \cdot \text{m}^2}{\text{s}^3}$	$P = U \cdot I$	P: elektrische Leistung U: elektrische Spannung I: elektrische Stromstärke E: Energie t: Zeit q: Ladung des Teilchens
Elektrisch übertragene Energie $[E] = 1\,\text{J} = 1\,\text{Nm} = 1\,\text{Ws} = 1\,\frac{\text{kg} \cdot \text{m}^2}{\text{s}^2}$ $1\,\text{eV} = 1{,}602176634 \cdot 10^{-19}\,\text{J}$	$\Delta E = P \cdot \Delta t$	
Energiedifferenz eines geladenen Teilchens beim Durchlaufen einer elektrischen Spannung $[E] = 1\,\text{J} = 1\,\text{Nm} = 1\,\text{Ws} = 1\,\frac{\text{kg} \cdot \text{m}^2}{\text{s}^2}$ $1\,\text{eV} = 1{,}602176634 \cdot 10^{-19}\,\text{J}$	$\Delta E = q \cdot U$	

Elektrisches Feld

IQB-Seiten 25–26

Kraft zwischen Punktladungen (Coulomb'sches Gesetz)

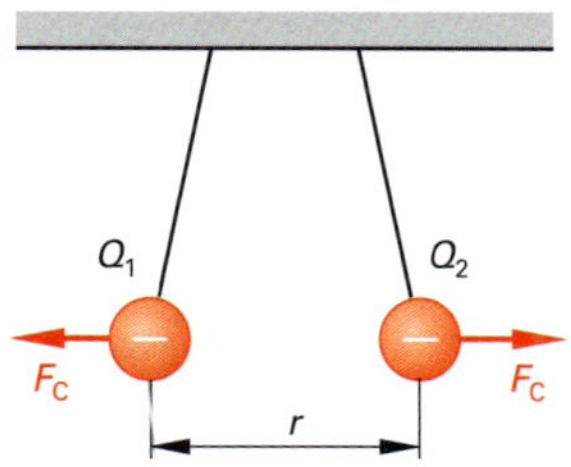 $[F_C] = 1\,\text{N} = 1\,\frac{\text{kg} \cdot \text{m}}{\text{s}^2}$	$F_C = \frac{1}{4\pi \cdot \varepsilon_0 \cdot \varepsilon_r} \cdot \frac{Q_1 \cdot Q_2}{r^2}$	F_C: Coulomb-Kraft ε_0: elektrische Feldkonstante ε_r: Dielektrizitätszahl Q_1, Q_2: Ladungen r: Abstand der Ladungen voneinander

Elektrische Feldstärke

allgemein: 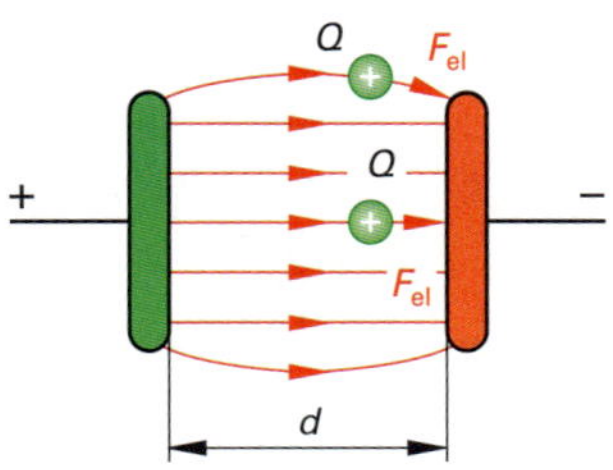 $[E] = 1\,\frac{\text{V}}{\text{m}} = 1\,\frac{\text{N}}{\text{C}}$	$E = \frac{F_{el}}{q}$	E: elektrische Feldstärke F_{el}: elektrische Kraft q: Probeladung U: elektrische Spannung d: Abstand der Kondensatorplatten ε_0: elektrische Feldkonstante ε_r: Dielektrizitätszahl Q: felderzeugende Ladung r: Abstand von der Ladung Q
Im homogenen Feld eines Plattenkondensators gilt: $[E] = 1\,\frac{\text{V}}{\text{m}} = 1\,\frac{\text{N}}{\text{C}}$	$E = \frac{U}{d}$	
Im Radialfeld einer Punktladung gilt: $[E] = 1\,\frac{\text{V}}{\text{m}} = 1\,\frac{\text{N}}{\text{C}}$	$E = \frac{1}{4\pi \cdot \varepsilon_0 \cdot \varepsilon_r} \cdot \frac{Q}{r^2}$	

Elektrische Flussdichte

$[D] = 1\,\frac{\text{A} \cdot \text{s}}{\text{m}^2}$	$D = \varepsilon_0 \cdot \varepsilon_r \cdot E$	D: elektrische Flussdichte ε_0: elektrische Feldkonstante ε_r: Dielektrizitätszahl E: elektrische Feldstärke im Vakuum

Flächenladungsdichte

$[\sigma] = 1\,\frac{\text{As}}{\text{m}^2}$	$\sigma = \frac{Q}{A}$ $\sigma = \varepsilon_0 \cdot \varepsilon_r \cdot E$	σ: Flächenladungsdichte Q: Ladung A: Fläche ε_0: elektrische Feldkonstante; ε_r: Dielektrizitätszahl E: elektrische Feldstärke im Vakuum

Potenzial im elektrischen Feld

allgemein: $[\varphi] = 1\,\text{V} = 1\,\frac{\text{W}}{\text{A}} = 1\,\frac{\text{J}}{\text{C}} = 1\,\frac{\text{kg} \cdot \text{m}^2}{\text{s}^3 \cdot \text{A}}$	$\varphi = \frac{E}{q}$	φ: elektrisches Potenzial E: Energie q: Probeladung ε_0: elektrische Feldkonstante ε_r: Dielektrizitätszahl U: elektrische Spannung d: Abstand der Kondensatorplatten s: Abstand von der negativen Platte Q: felderzeugende Ladung r: Abstand von der Ladung Q
Im homogenen Feld eines Plattenkondensators gilt: $[\varphi] = 1\,\text{V} = 1\,\frac{\text{W}}{\text{A}} = 1\,\frac{\text{J}}{\text{C}} = 1\,\frac{\text{kg} \cdot \text{m}^2}{\text{s}^3 \cdot \text{A}}$	$\varphi = \frac{U}{d} \cdot s$	
Im Radialfeld einer punktförmigen Ladung gilt: $[\varphi] = 1\,\text{V} = 1\,\frac{\text{W}}{\text{A}} = 1\,\frac{\text{J}}{\text{C}} = 1\,\frac{\text{kg} \cdot \text{m}^2}{\text{s}^3 \cdot \text{A}}$	$\varphi = -\frac{1}{4\pi \cdot \varepsilon_0 \cdot \varepsilon_r} \cdot \frac{Q}{r}$	

Elektrische Spannung als Potenzialdifferenz

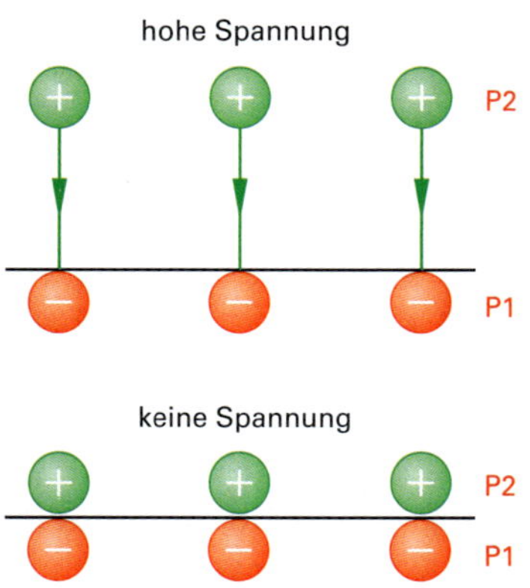 $[U] = 1\,\text{V} = 1\,\frac{\text{W}}{\text{A}} = 1\,\frac{\text{J}}{\text{C}} = 1\,\frac{\text{kg} \cdot \text{m}^2}{\text{s}^3 \cdot \text{A}}$	$U = \varphi_2 - \varphi_1 = \Delta\varphi$	U: elektrische Spannung zwischen den Orten P1 und P2 φ_1, φ_2: elektrisches Potenzial am Ort 1 bzw. 2

Wechselstromkreis

IQB-Seiten 26–27

Spannung und Stromstärke im Wechselstromkreis

Spannung im Wechselstromkreis

$[U] = 1\,\text{V} = 1\,\frac{\text{W}}{\text{A}} = 1\,\frac{\text{J}}{\text{C}} = 1\,\frac{\text{kg} \cdot \text{m}^2}{\text{s}^3 \cdot \text{A}}$

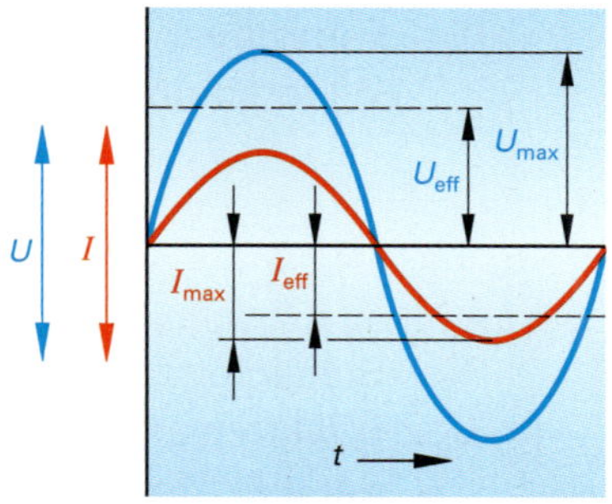

Für eine sinusförmige Wechselspannung gilt:

$$U(t) = U_{max} \cdot \sin(\omega \cdot t)$$

$$U_{eff} = \frac{U_{max}}{\sqrt{2}}$$

U: Momentanwert der elektrischen Spannung
U_{max}: Scheitelwert der elektrischen Spannung
ω: Kreisfrequenz
t: Zeit
U_{eff}: Effektivwert der elektrischen Spannung

Stromstärke im Wechselstromkreis

$[I] = 1\,\text{A}$

Für einen sinusförmigen Wechselstrom bei der Wechselspannung

$$U(t) = U_{max} \cdot \sin(\omega \cdot t)$$

gilt:

$$I(t) = I_{max} \cdot \sin(\omega \cdot t + \Delta\varphi)$$

$$I_{eff} = \frac{I_{max}}{\sqrt{2}}$$

I: Momentanwert der elektrischen Stromstärke
I_{max}: Scheitelwert der elektrischen Stromstärke
ω: Kreisfrequenz
t: Zeit
$\Delta\varphi$: Phasenverschiebung zwischen U und I
I_{eff}: Effektivwert der elektrischen Stromstärke

Widerstände im Wechselstromkreis

Kapazitiver und induktiver Widerstand im Wechselstromkreis

$[X] = 1\,\Omega = 1\,\frac{\text{V}}{\text{A}} = 1\,\frac{\text{kg} \cdot \text{m}^2}{\text{s}^3 \cdot \text{A}^2}$

Für eine sinusförmige Wechselspannung gilt:

$$X_C = \frac{1}{\omega \cdot C}$$

$$X_L = \omega \cdot L$$

mit:

$$\Delta\varphi = \pm\frac{\pi}{2}$$

Am Kondensator eilt der Strom der Spannung voraus.

An der Spule läuft der Strom der Spannung nach.

X_C: kapazitiver Widerstand
ω: Kreisfrequenz
C: Kapazität
X_L: induktiver Widerstand
L: Induktivität
$\Delta\varphi$: Phasenverschiebung zwischen U und I

Physik

Widerstände im Wechselstromkreis (Fortsetzung)

Reihenschaltung aus kapazitivem, induktivem und Ohm'schem Widerstand 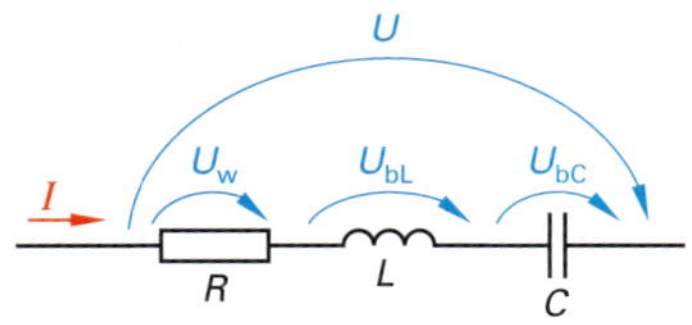 $[Z] = 1\,\Omega = 1\,\frac{\text{V}}{\text{A}} = 1\,\frac{\text{kg} \cdot \text{m}^2}{\text{s}^3 \cdot \text{A}^2}$	$Z = \sqrt{R^2 + (X_L - X_C)^2}$	Z: Impedanz (Scheinwiderstand) R: Ohm'scher Widerstand X_L: induktiver Widerstand X_C: kapazitiver Widerstand

Leistung im Wechselstromkreis

$[P] = 1\,\text{W} = 1\,\frac{\text{J}}{\text{s}} = 1\,\frac{\text{kg} \cdot \text{m}^2}{\text{s}^3}$	$P_S = U_{eff} \cdot I_{eff}$ $P_W = U_{eff} \cdot I_{eff} \cdot \cos \Delta\varphi$ $P_B = U_{eff} \cdot I_{eff} \cdot \sin \Delta\varphi$	P_S: Scheinleistung U_{eff}: Effektivwert der elektrischen Spannung I_{eff}: Effektivwert der elektrischen Stromstärke P_W: Wirkleistung $\Delta\varphi$: Phasenverschiebung zwischen U und I P_B: Blindleistung

► Kondensator

IQB-Seiten 28–29

Kapazität eines Kondensators

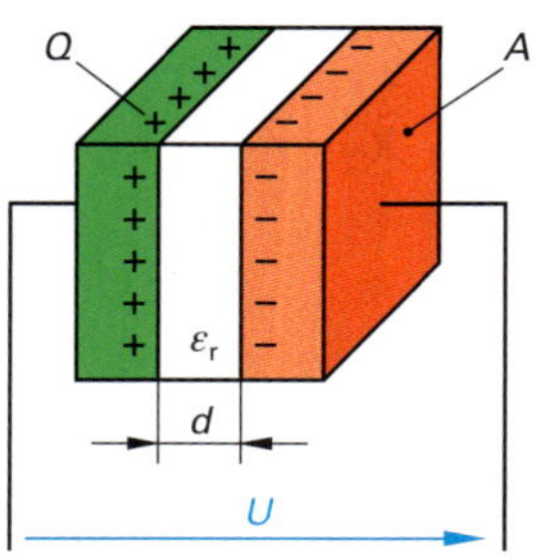 $[C] = 1\,\text{F} = 1\,\frac{\text{C}}{\text{V}} = 1\,\frac{\text{A}^2 \cdot \text{s}^4}{\text{kg} \cdot \text{m}^2}$	$C = \frac{Q}{U}$	C: Kapazität des Kondensators Q: Ladung des Kondensators U: elektrische Spannung ε_0: elektrische Feldkonstante ε_r: Dielektrizitätszahl A: Flächeninhalt einer Platte d: Abstand der Kondensatorplatten
Für den Plattenkondensator gilt: $[C] = 1\,\text{F} = 1\,\frac{\text{C}}{\text{V}} = 1\,\frac{\text{A}^2 \cdot \text{s}^4}{\text{kg} \cdot \text{m}^2}$	$C = \varepsilon_0 \cdot \varepsilon_r \cdot \frac{A}{d}$	

Physik

Energie des geladenen Kondensators (elektrische Feldenergie)

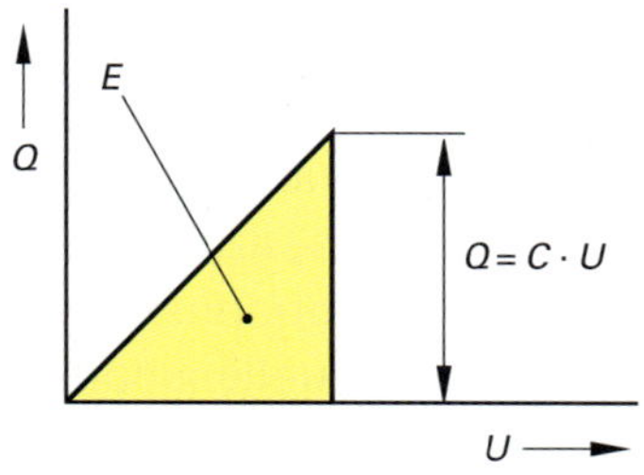 $[E] = 1\,\text{J} = 1\,\text{Nm} = 1\,\text{Ws} = 1\,\frac{\text{kg}\cdot\text{m}^2}{\text{s}^2}$ $1\,\text{eV} = 1{,}602176634 \cdot 10^{-19}\,\text{J}$	$E = \frac{1}{2} \cdot C \cdot U^2$	E: Energie C: Kapazität des Kondensators U: elektrische Spannung

Aufladen und Entladen eines Kondensators über einen Ohm'schen Widerstand

Aufladen eines Kondensators: 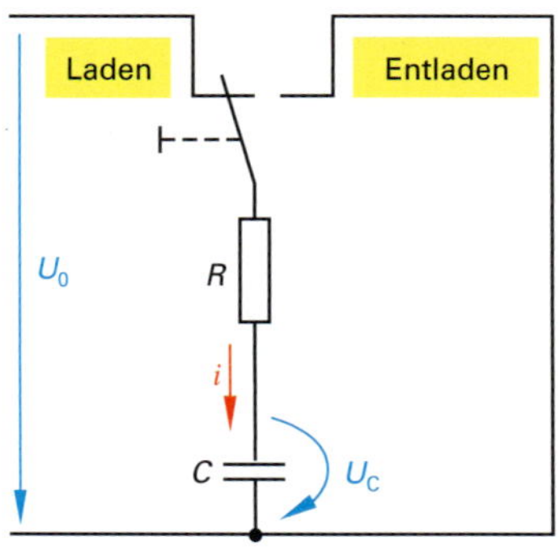 Entladen eines Kondensators:	$U_C(t) = U_0 \cdot \left(1 - e^{-\frac{t}{R \cdot C}}\right)$ $I(t) = I_0 \cdot e^{-\frac{t}{R \cdot C}}$ $Q(t) = Q_0 \cdot \left(1 - e^{-\frac{t}{R \cdot C}}\right)$ $U_C(t) = U_0 \cdot e^{-\frac{t}{R \cdot C}}$ $I(t) = -I_0 \cdot e^{-\frac{t}{R \cdot C}}$ $Q(t) = Q_0 \cdot e^{-\frac{t}{R \cdot C}}$	U_C: elektrische Spannung am Kondensator U_0: Quellenspannung beim Aufladen bzw. elektrische Spannung am Kondensator zu Beginn des Entladevorgangs t: Zeit R: Ohm'scher Widerstand C: Kapazität des Kondensators I: elektrische Stromstärke I_0: elektrische Stromstärke zu Beginn des Auf- bzw. Entladevorgangs Q: Ladung des Kondensators Q_0: Ladung des Kondensators am Ende des Aufladevorgangs bzw. zu Beginn des Entladevorgangs

Differenzialgleichungen zur Beschreibung des Auf- und Entladevorgangs

Differenzialgleichung zur Beschreibung des Aufladevorgangs	$\dot{Q}(t) + \frac{1}{R \cdot C} \cdot Q(t) = \frac{U_0}{R}$ $\frac{\mathrm{d}Q}{\mathrm{d}t} + \frac{1}{R \cdot C} \cdot Q = \frac{U_0}{R}$	Q: Ladung des Kondensators R: Ohm'scher Widerstand C: Kapazität des Kondensators U_0: Quellenspannung beim Aufladen t: Zeit
Differenzialgleichung zur Beschreibung des Entladevorgangs	$\dot{Q}(t) + \frac{1}{R \cdot C} \cdot Q(t) = 0$ $\frac{\mathrm{d}Q}{\mathrm{d}t} + \frac{1}{R \cdot C} \cdot Q = 0$	

Reihen- und Parallelschaltung von Kondensatoren

Reihenschaltung 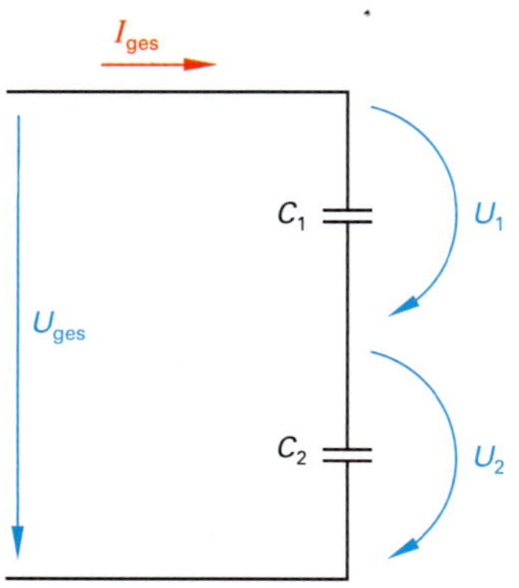	$Q_{ges} = Q_1 = Q_2 = \ldots = Q_n$ $U_{ges} = U_1 + U_2 + \ldots + U_n$ $\frac{1}{C_{ges}} = \frac{1}{C_1} + \frac{1}{C_2} + \ldots + \frac{1}{C_n}$	Q_{ges}: Gesamtladung $Q_1, Q_2, \ldots$: Einzelladungen U_{ges}: Gesamtspannung $U_1, U_2, \ldots$: Einzelspannungen C_{ges}: Gesamtkapazität $C_1, C_2, \ldots$: Einzelkapazitäten
Parallelschaltung 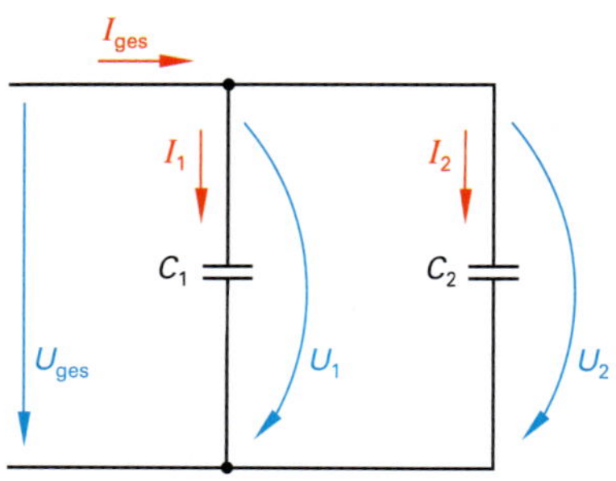	$Q_{ges} = Q_1 + Q_2 + \ldots + Q_n$ $U_{ges} = U_1 = U_2 = \ldots = U_n$ $C_{ges} = C_1 + C_2 + \ldots + C_n$	

Physik

Magnetisches Feld

IQB-Seiten 29–30

Magnetische Flussdichte

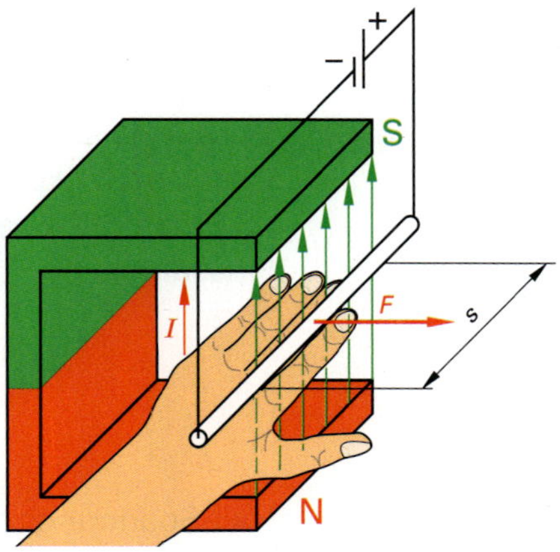 $[B] = 1\,\text{T} = 1\,\frac{\text{N}}{\text{A}\cdot\text{m}} = 1\,\frac{\text{V}\cdot\text{s}}{\text{m}^2} = 1\,\frac{\text{kg}}{\text{s}^2\cdot\text{A}}$	$B = \frac{F}{I \cdot s}$	B: magnetische Flussdichte F: Kraft auf den stromdurchflossenen Leiter I: elektrische Stromstärke s: wirksame Länge des Leiters im Magnetfeld μ_0: magnetische Feldkonstante μ_r: Permeabilitätszahl des Mediums r: Abstand vom Leiter N: Windungszahl der Spule ℓ: Länge der Spule
Außerhalb eines geraden stromdurchflossenen Leiters gilt: $[B] = 1\,\text{T} = 1\,\frac{\text{N}}{\text{A}\cdot\text{m}} = 1\,\frac{\text{V}\cdot\text{s}}{\text{m}^2} = 1\,\frac{\text{kg}}{\text{s}^2\cdot\text{A}}$	$B = \mu_0 \cdot \mu_r \cdot \frac{I}{2\pi \cdot r}$	
Innerhalb einer stromdurchflossenen langgestreckten Spule gilt: $[B] = 1\,\text{T} = 1\,\frac{\text{N}}{\text{A}\cdot\text{m}} = 1\,\frac{\text{V}\cdot\text{s}}{\text{m}^2} = 1\,\frac{\text{kg}}{\text{s}^2\cdot\text{A}}$	$B = \mu_0 \cdot \mu_r \cdot \frac{N \cdot I}{\ell}$	

Magnetische Feldstärke

Innerhalb einer stromdurchflossenen langgestreckten Spule gilt: $[H] = 1\,\frac{\text{A}}{\text{m}}$	$H = N \cdot \frac{I}{\ell}$	H: magnetische Feldstärke F: Kraft auf den stromdurchflossenen Leiter N: Windungszahl der Spule ℓ: Länge der Spule I: elektrische Stromstärke r: Abstand vom Leiter
Außerhalb eines geraden stromdurchflossenen Leiters gilt: $[H] = 1\,\frac{\text{A}}{\text{m}}$	$H = \frac{I}{2\pi \cdot r}$	

Physik

Lorentz-Kraft auf bewegte Ladungsträger

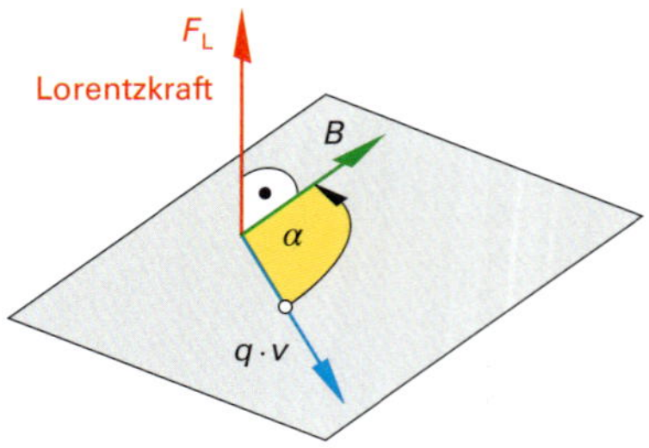

$[F_L] = 1\ \text{N} = 1\ \frac{\text{kg} \cdot \text{m}}{\text{s}^2}$

allgemein:

$\vec{F}_L = q \cdot (\vec{v} \times \vec{B})$

$F_L = q \cdot v \cdot B \cdot \sin\alpha$

Unter der Bedingung $\vec{v} \perp \vec{B}$ gilt:

$F_L = q \cdot v \cdot B$

- F_L: Lorentz-Kraft
- q: Ladung
- v: Geschwindigkeit
- B: magnetische Flussdichte
- α: Winkel zwischen Geschwindigkeit und magnetischer Flussdichte

Hall-Spannung

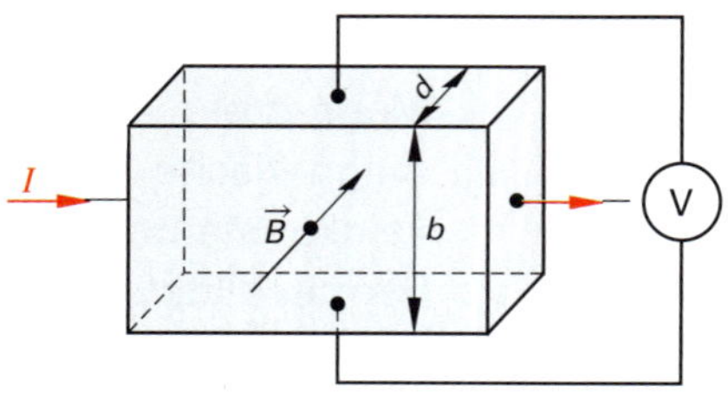

$[U_H] = 1\ \text{V} = 1\ \frac{\text{W}}{\text{A}} = 1\ \frac{\text{J}}{\text{C}} = 1\ \frac{\text{kg} \cdot \text{m}^2}{\text{s}^3 \cdot \text{A}}$

$U_H = R_H \cdot \frac{I \cdot B}{d}$

$U_H = b \cdot v \cdot B$

$U_H = \frac{1}{n \cdot q}$

- U_H: Hall-Spannung
- R_H: Hall-Konstante
- I: elektrische Stromstärke durch das Plättchen
- B: magnetische Flussdichte
- d: Dicke des Plättchens
- b: Breite des Plättchens
- v: Geschwindigkeit der Ladungsträger durch das Plättchen
- n: Ladungsträgerdichte
- q: Ladung des Ladungsträgers

► Induktion

IQB-Seiten 30–31

Magnetischer Fluss

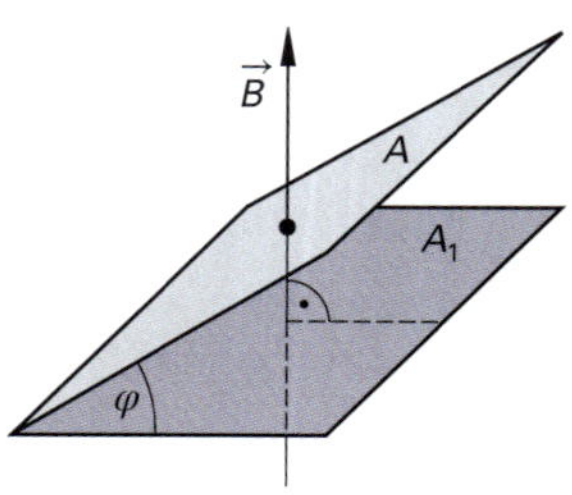

$[\Phi] = 1\ \text{Wb} = 1\ \text{V} \cdot \text{s}$

$\Phi = B \cdot A_\perp = B \cdot A \cdot \cos\varphi$

- Φ: magnetischer Fluss
- B: magnetische Flussdichte
- $A_\perp$: wirksamer Flächeninhalt
- A: Flächeninhalt
- φ: Winkel zwischen Fläche und wirksamer Fläche

Induktionsgesetz

<table>
<tr>
<td>Für eine Leiterschleife gilt:
$[U_{ind}] = 1\,V = 1\,\frac{W}{A} = 1\,\frac{J}{C} = 1\,\frac{kg \cdot m^2}{s^3 \cdot A}$
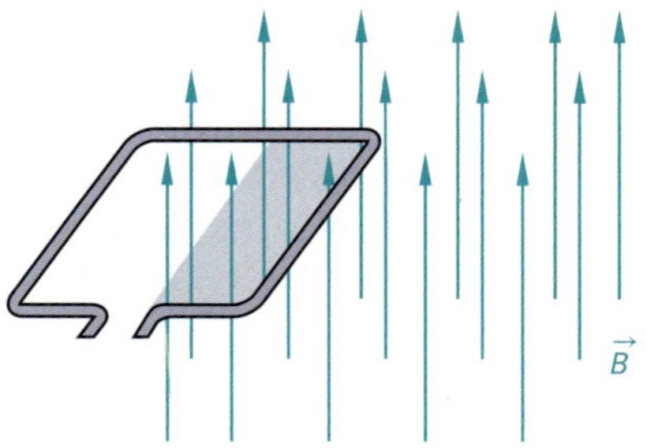
</td>
<td>$U_{ind}(t) = -\frac{d\Phi}{dt} = -\dot{\Phi}(t)$</td>
<td rowspan="5">U_{ind}: induzierte Spannung
Φ: magnetischer Fluss
t: Zeit
N: Windungszahl der Spule
$A_\perp$: wirksamer Flächeninhalt
B: magnetische Flussdichte
ℓ: wirksame Länge des Leiters
v: Geschwindigkeit des Leiters</td>
</tr>
<tr>
<td>Für eine Spule gilt:
$[U_{ind}] = 1\,V = 1\,\frac{W}{A} = 1\,\frac{J}{C} = 1\,\frac{kg \cdot m^2}{s^3 \cdot A}$
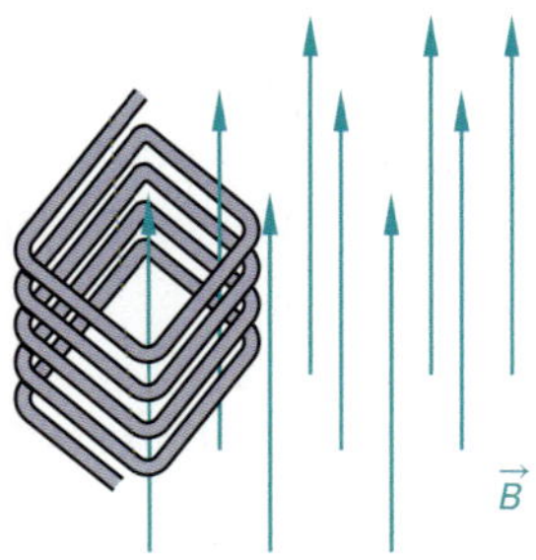
</td>
<td>$U_{ind} = -N \cdot \frac{\Delta\Phi}{\Delta t}$</td>
</tr>
<tr>
<td>Induktion durch Änderung der magnetischen Flussdichte bei $A_\perp$ = konstant:
$[U_{ind}] = 1\,V = 1\,\frac{W}{A} = 1\,\frac{J}{C} = 1\,\frac{kg \cdot m^2}{s^3 \cdot A}$</td>
<td>$U_{ind} = -N \cdot A_\perp \cdot \frac{\Delta B}{\Delta t}$
$U_{ind}(t) = -N \cdot A_\perp \cdot \frac{dB}{dt} = -N \cdot A_\perp \cdot \dot{B}(t)$</td>
</tr>
<tr>
<td>Induktion durch Änderung des wirksamen Flächeninhalts bei B = konstant:
$[U_{ind}] = 1\,V = 1\,\frac{W}{A} = 1\,\frac{J}{C} = 1\,\frac{kg \cdot m^2}{s^3 \cdot A}$</td>
<td>$U_{ind} = -N \cdot B \cdot \frac{\Delta A_\perp}{\Delta t}$
$U_{ind}(t) = -N \cdot B \cdot \frac{dA_\perp}{dt} = -N \cdot B \cdot \dot{A}_\perp(t)$</td>
</tr>
<tr>
<td>Induktionsspannung am bewegten Leiter im homogenen Magnetfeld:
$[U_{ind}] = 1\,V = 1\,\frac{W}{A} = 1\,\frac{J}{C} = 1\,\frac{kg \cdot m^2}{s^3 \cdot A}$</td>
<td>Unter der Bedingung
$\vec{v} \perp \vec{B}$
gilt:
$U_{ind} = -B \cdot \ell \cdot v$</td>
</tr>
</table>

Physik

Transformator

IQB-Seite 31

Verhältnis der Spannungen eines unbelasteten idealen Transformators 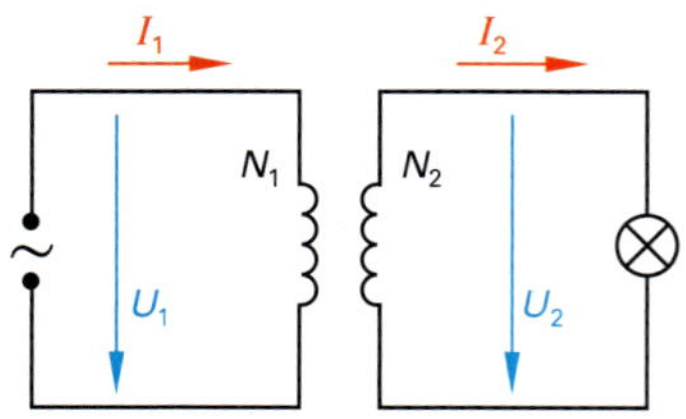	$\frac{U_1}{U_2} = \frac{N_1}{N_2}$	U_1: elektrische Spannung an der felderzeugenden Spule (Primärspule) U_2: elektrische Spannung an der Induktionsspule (Sekundärspule)
Verhältnis der Ströme eines stark belasteten idealen Transformators (Kurzschlussfall)	$\frac{I_1}{I_2} = \frac{N_2}{N_1}$	I_1: elektrische Stromstärke durch die felderzeugende Spule (Primärspule) I_2: elektrische Stromstärke durch die Induktionsspule (Sekundärspule) N_1: Windungszahl der felderzeugenden Spule (Primärspule) N_2: Windungszahl der Induktionsspule (Sekundärspule)

Spule

IQB-Seiten 31–32

Induktivität einer langgestreckten Spule

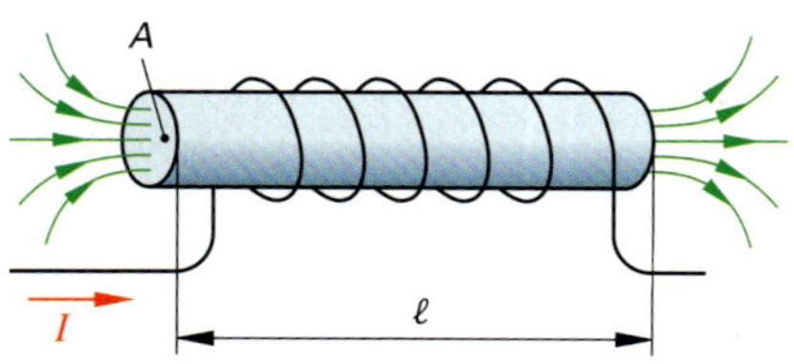 $[L] = 1\,\text{H} = 1\,\frac{\text{V} \cdot \text{s}}{\text{A}} = 1\,\frac{\text{kg} \cdot \text{m}^2}{\text{s}^2 \cdot \text{A}^2}$	$L = \frac{\mu_0 \cdot \mu_r \cdot N^2 \cdot A}{\ell}$	L: Induktivität μ_0: magnetische Feldkonstante μ_r: Permeabilitätszahl des Mediums N: Windungszahl der Spule A: Querschnittsfläche der Spule ℓ: Länge der Spule

Selbstinduktionsspannung einer Spule

$[U_{ind}] = 1\,\text{V} = 1\,\frac{\text{W}}{\text{A}} = 1\,\frac{\text{J}}{\text{C}} = 1\,\frac{\text{kg} \cdot \text{m}^2}{\text{s}^3 \cdot \text{A}}$	$U_{ind} = -L \cdot \frac{\Delta I}{\Delta t}$ allgemein: $U_{ind}(t) = -L \cdot \frac{dI}{dt} = -L \cdot \dot{I}(t)$	U_{ind}: induzierte Spannung L: Induktivität I: elektrische Stromstärke t: Zeit

Energie der stromdurchflossenen Spule (magnetische Feldenergie)

$[E] = 1\,\text{J} = 1\,\text{Nm}$ $= 1\,\text{Ws} = 1\,\frac{\text{kg}\cdot\text{m}^2}{\text{s}^2}$ $1\,\text{eV} = 1{,}602176634 \cdot 10^{-19}\,\text{J}$	$E = \frac{1}{2} \cdot L \cdot I^2$	E: Energie L: Induktivität I: elektrische Stromstärke

Schaltvorgänge an einer Spule

Einschaltvorgang:	$I(t) = I_0 \cdot \left(1 - e^{-\frac{R}{L}t}\right)$	I: elektrische Stromstärke I_0: elektrische Stromstärke durch die Spule am Ende bzw. zu Beginn des Schaltvorgangs R: Ohm'scher Widerstand L: Induktivität der Spule t: Zeit
Ausschaltvorgang:	$I(t) = I_0 \cdot e^{-\frac{R}{L}t}$	

Differenzialgleichungen zur Beschreibung des Aus- und Einschaltvorgangs

Differenzialgleichung zur Beschreibung des Ausschaltvorgangs	$\dot{I}(t) + \frac{R}{L} \cdot I(t) = 0$ $\frac{\text{d}I}{\text{d}t} + \frac{R}{L} \cdot I = 0$	I: Stromstärke t: Zeit R: Ohm'scher Widerstand L: Induktivität der Spule U_0: Quellenspannung beim Einschalten
Differenzialgleichung zur Beschreibung des Einschaltvorgangs	$\dot{I}(t) + \frac{R}{L} \cdot I(t) = \frac{U_0}{L}$ $\frac{\text{d}I}{\text{d}t} + \frac{R}{L} \cdot I = \frac{U_0}{L}$	

Physik

Elektromagnetische Schwingungen

IQB-Seiten 32–33

Periodendauer einer ungedämpften elektromagnetischen Schwingung im Schwingkreis (Thomson'sche Schwingungsgleichung) $[T] = 1\ \mathrm{s}$	$T = 2\pi \cdot \sqrt{L \cdot C}$	T: Periodendauer L: Induktivität C: Kapazität
Schwingungsgleichungen der ungedämpften harmonischen elektromagnetischen Schwingung 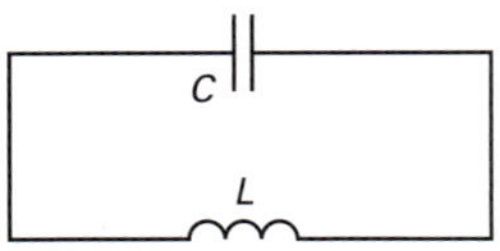	Für einen bei $t = 0$ geladenen Kondensator gilt: $U(t) = U_{max} \cdot \cos(\omega \cdot t)$ $I(t) = -I_{max} \cdot \sin(\omega \cdot t)$ $Q(t) = Q_{max} \cdot \cos(\omega \cdot t)$	U: elektrische Spannung U_{max}: maximale auftretende elektrische Spannung ω: Kreisfrequenz t: Zeit I: elektrische Stromstärke I_{max}: maximale auftretende elektrische Stromstärke Q: Ladung des Kondensators Q_{max}: maximale Ladung des Kondensators
Differenzialgleichung der ungedämpften harmonischen elektromagnetischen Schwingung	$\ddot{Q}(t) + \frac{1}{L \cdot C} \cdot Q(t) = 0$ $\frac{d^2Q}{dt^2} + \frac{1}{L \cdot C} \cdot Q = 0$	Q: Ladung des Kondensators t: Zeit L: Induktivität C: Kapazität
Gedämpfte harmonische elektromagnetische Schwingung (Schwingfall) 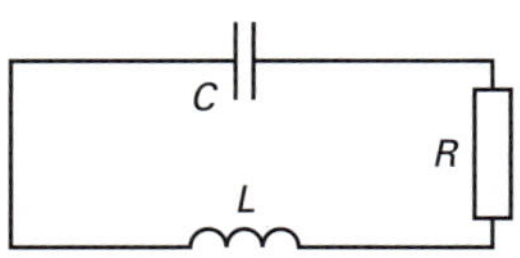	Für einen bei $t = 0\mathrm{s}$ geladenen Kondensator gilt: $Q(t) = Q_{max} \cdot e^{-\delta \cdot t} \cdot \cos(\omega_D \cdot t)$ mit: $\omega_D = \mathrm{sqr}(\omega^2 - \delta^2)$	Q: Ladung des Kondensators Q_{max}: maximale Ladung des Kondensators δ: Abklingkoeffizient t: Zeit ω_D: Kreisfrequenz der gedämpften Schwingung ω: Kreisfrequenz der ungedämpften Schwingung

Differenzialgleichung der gedämpften harmonischen elektromagnetischen Schwingung	$\ddot{Q}(t) + 2\delta \cdot \dot{Q}(t) + \frac{1}{L \cdot C} \cdot Q(t) = 0$ $\frac{d^2Q}{dt^2} + 2\delta \cdot \frac{dQ}{dt} + \frac{1}{L \cdot C} \cdot Q = 0$ mit $\delta = \frac{R}{2L}$	Q: Ladung des Kondensators t: Zeit δ: Abklingkoeffizient L: Induktivität C: Kapazität R: Ohm'scher Widerstand
Grundfrequenz eines Dipols $[f] = 1\ \text{Hz} = 1\ \frac{1}{\text{s}}$	$f = \frac{c}{2\ell}$	f: Frequenz c: Ausbreitungsgeschwindigkeit ℓ: Länge des Dipols

Elektromagnetische Wellen

IQB-Seite 33

Ausbreitungsgeschwindigkeit elektromagnetischer Wellen im Vakuum $[c] = 1\ \text{m/s} = 3{,}6\ \text{km/h}$	$c = \frac{1}{\sqrt{\varepsilon_0 \cdot \mu_0}}$	c: Ausbreitungsgeschwindigkeit elektromagnetischer Wellen im Vakuum μ_0: magnetische Feldkonstante ε_0: elektrische Feldkonstante
Intensität ungedämpfter elektromagnetischer Wellen $[I] = 1\ \frac{\text{W}}{\text{m}^2}$ 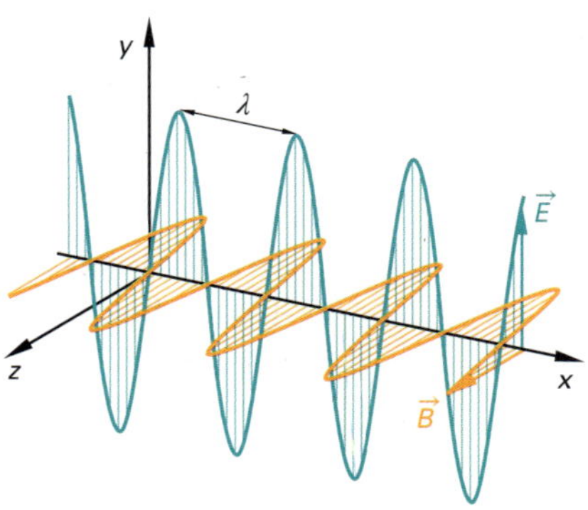	$I = \frac{P}{A}$ $I = \frac{1}{2} \cdot c \cdot \varepsilon_0 \cdot E_{max}^2$ $I = \frac{1}{2} \cdot c \cdot \frac{1}{\mu_0} \cdot B_{max}^2$	I: Intensität P: Leistung A: Flächeninhalt c: Ausbreitungsgeschwindigkeit ε_0: elektrische Feldkonstante E_{max}: maximale elektrische Feldstärke des elektrischen Felds der Welle μ_0: magnetische Feldkonstante B_{max}: maximale magnetische Flussdichte des magnetischen Felds der Welle

3.3 Optik

Geometrische Optik

IQB-Seite 34

Reflexionsgesetz

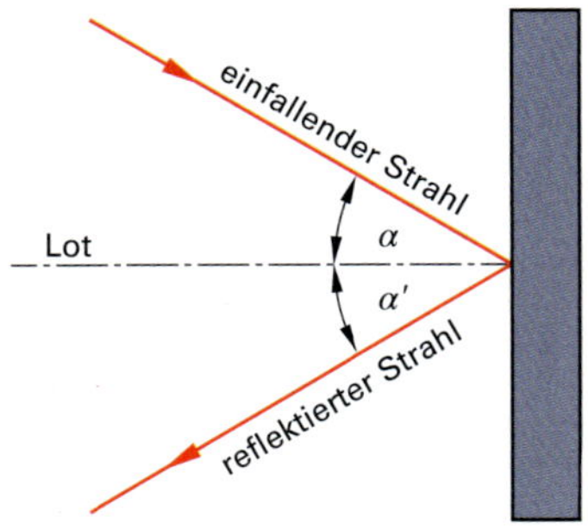	$\alpha = \alpha'$	α: Einfallswinkel α': Reflexionswinkel

Brechung

Brechungsgesetz 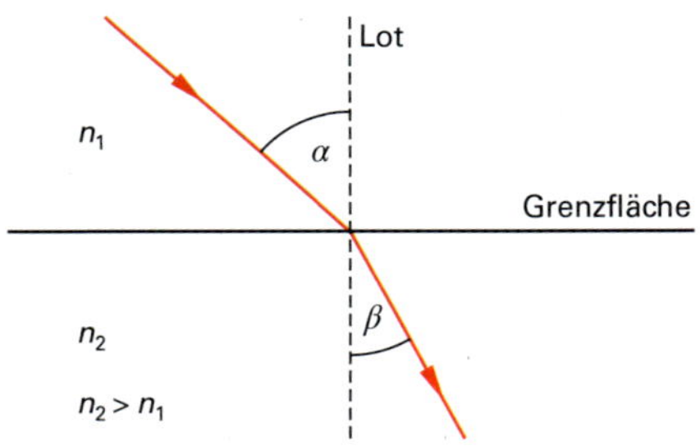	$\frac{\sin\alpha}{\sin\beta} = \frac{n_2}{n_1} = \frac{c_1}{c_2}$	α: Einfallswinkel β: Brechungswinkel n_1, n_2: Brechzahlen der optischen Medien c_1, c_2: Lichtgeschwindigkeiten in den optischen Medien
Brechzahl	$n = \frac{c_{\text{Vakuum}}}{c_{\text{Medium}}}$	n: Brechzahl des optischen Mediums c_{Vakuum}: Vakuumlichtgeschwindigkeit c_{Medium}: Lichtgeschwindigkeit im optischen Medium
Grenzwinkel der Totalreflexion 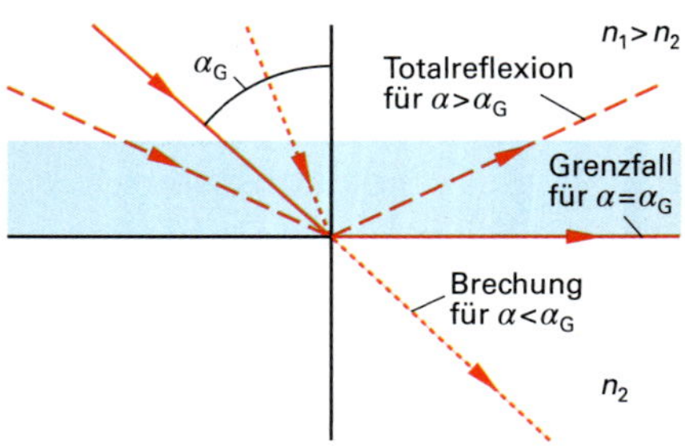	$\sin\alpha_G = \frac{n_2}{n_1}$	α_G: Grenzwinkel der Totalreflexion n_1, n_2: Brechzahlen der optischen Medien

Abbildungsgleichung für dünne Linsen und für Spiegel

	$\frac{1}{f} = \frac{1}{g} + \frac{1}{b}$	*f*: Brennweite *g*: Gegenstandsweite *b*: Bildweite

Abbildungsmaßstab für dünne Linsen und für Spiegel

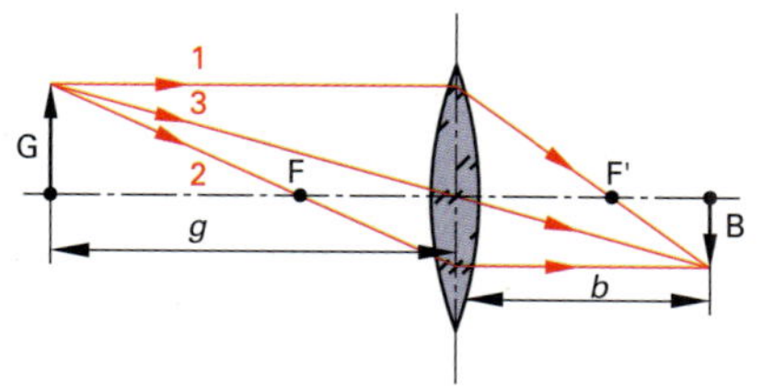	$A = \frac{B}{G} = \frac{b}{g}$	*A*: Abbildungsmaßstab *B*: Bildgröße *G*: Gegenstandsgröße *b*: Bildweite *g*: Gegenstandsweite

Wellenoptik

IQB-Seiten 35–36

Interferenz

Doppelspalt 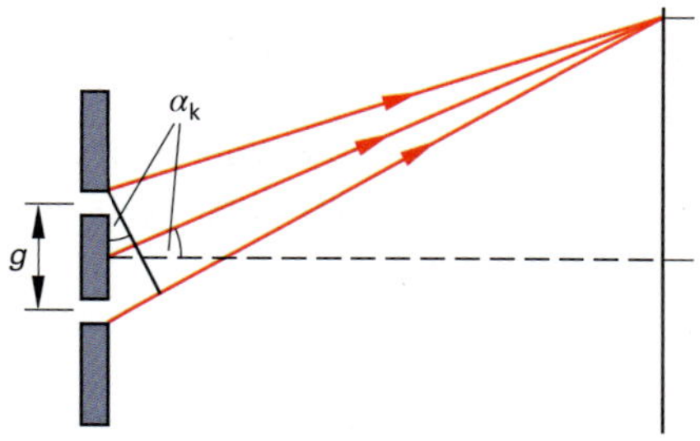	Für Maxima gilt: $\frac{k \cdot \lambda}{g} = \sin\alpha_k$ $k = 0, 1, 2, ...$ Für Minima gilt: $\frac{(2k-1) \cdot \frac{\lambda}{2}}{g} = \sin\alpha_k$ $k = 1, 2, 3, ...$	λ: Wellenlänge *g*: Spaltmittenabstand *d*: Spaltbreite α_k: Winkel, unter dem das Maximum bzw. Minimum *k*-ter Ordnung erscheint Für Gitter gilt: α_k: Winkel, unter dem das Hauptmaximum *k*-ter Ordnung erscheint
Gitter	Für Hauptmaxima gilt: $\frac{k \cdot \lambda}{g} = \sin\alpha_k$ $k = 0, 1, 2, ...$	
Einzelspalt 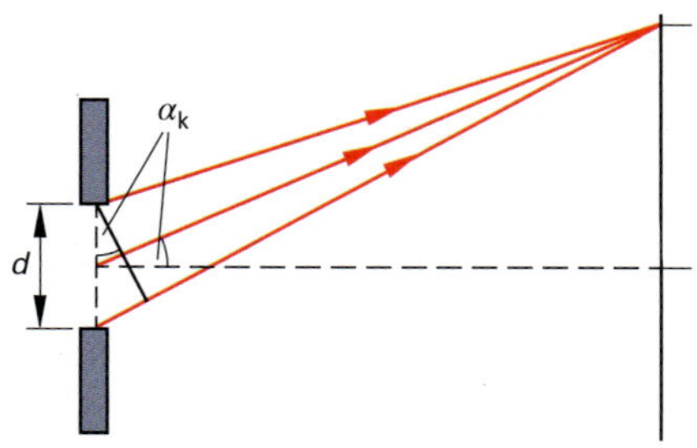	Für Minima gilt: $\frac{k \cdot \lambda}{d} = \sin\alpha_k$ $k = 1, 2, 3, ...$ Für Maxima ab der ersten Ordnung gilt (Näherung): $\frac{(2k+1) \cdot \frac{\lambda}{2}}{d} = \sin\alpha_k$ $k = 1, 2, 3, ...$	

Bragg-Beziehung

	$2d \cdot \sin\varphi_k = k \cdot \lambda$ $k = 1, 2, 3, \ldots$	d: Netzebenenabstand φ_k: Glanzwinkel (zur Netzebene) λ: Wellenlänge

Rayleigh'sches Kriterium der Auflösung

	$\alpha_k = 1{,}22 \cdot \frac{\lambda}{d}$	λ: Wellenlänge d: Durchmesser der Öffnung α_k: kritischer Winkel, bei dem die beiden Quellen gerade noch getrennt wahrgenommen werden

Durchlässigkeit beim linearen Polarisationsfilter

	$\frac{I}{I_0} = (\cos\varphi)^2$	I: Intensität der durchgelassenen Welle I_0: Intensität der einlaufenden Welle φ: Winkel zwischen der Schwingungsrichtung des einfallenden Lichts und der Polarisationsachse des Filters

Brewster-Gesetz zur Polarisation des Lichts, senkrecht zur Zeichenebene

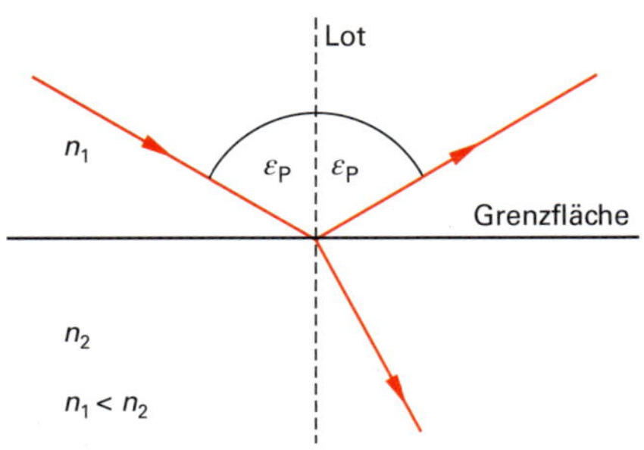	$\tan\varepsilon_P = \frac{c_1}{c_2} = \frac{n_2}{n_1}$	ε_P: Polarisationswinkel (Einfallswinkel) c_1, c_2: Lichtgeschwindigkeit im optischen Medium n_1, n_2: Brechzahlen der optischen Medien

3.4 Quantenphysik und Materie

Quantenobjekte

IQB-Seiten 36–37

Energie eines Photons $[E] = 1\,\text{J} = 1\,\text{Nm} = 1\,\text{Ws} = 1\,\frac{\text{kg}\cdot\text{m}^2}{\text{s}^2}$ $1\,\text{eV} = 1{,}602176634\cdot10^{-19}\,\text{J}$	$E = h\cdot f$	E: Energie h: Planck'sches Wirkungsquantum f: Frequenz des Photons
Energiebilanz beim Fotoeffekt $[E_{\text{kin, max}}] = 1\,\text{J} = 1\,\text{Nm} = 1\,\text{Ws} = 1\,\frac{\text{kg}\cdot\text{m}^2}{\text{s}^2}$ $1\,\text{eV} = 1{,}602176634\cdot10^{-19}\,\text{J}$	$E_{\text{kin, max}} = h\cdot f - W_A$	$E_{\text{kin, max}}$: maximale kinetische Energie der Fotoelektronen h: Planck'sches Wirkungsquantum f: Frequenz des Photons W_A: Auslösearbeit
Impuls eines Photons $[p] = 1\,\frac{\text{kg}\cdot\text{m}}{\text{s}}$	$p = \frac{E}{c}$	p: Impuls E: Energie c: Lichtgeschwindigkeit
Wellenlänge eines Quantenobjekts (de-Broglie-Wellenlänge) $[\lambda] = 1\,\text{m}$	$\lambda = \frac{h}{p}$	λ: Wellenlänge h: Planck'sches Wirkungsquantum p: Impuls des Quantenobjekts
Compton-Effekt 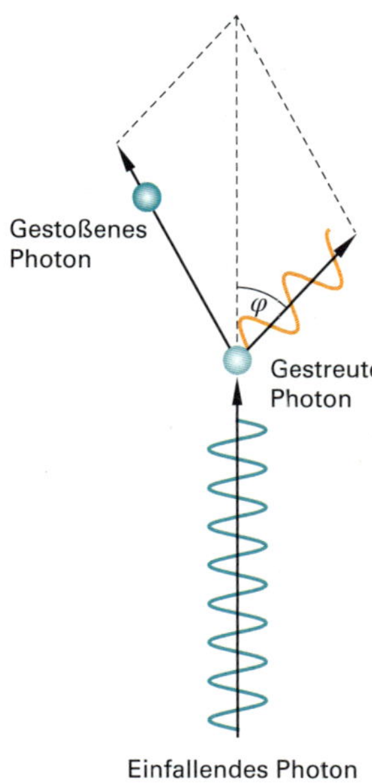 	$\Delta\lambda = \lambda_C\cdot(1-\cos\varphi)$ mit: $\lambda_C = \frac{h}{m\cdot c}$	$\Delta\lambda$: Änderung der Wellenlänge λ_C: Compton-Wellenlänge φ: Streuwinkel (Winkel zwischen der Richtung des eingestrahlten und der Richtung des gestreuten Photons) h: Planck'sches Wirkungsquantum m: Masse des Quantenobjekts c: Lichtgeschwindigkeit

Quantenobjekte (Fortsetzung)

Heisenberg'sche Unbestimmtheitsrelation	$\Delta x \cdot \Delta p_x \geq \frac{h}{4\pi}$	Δx: Ortsunbestimmtheit Δp_x: Impulsunbestimmtheit h: Planck'sches Wirkungsquantum
Energie-Zeit-Unbestimmtheitsrelation	$\Delta E \cdot \Delta t \geq \frac{h}{4\pi}$	ΔE: Energieunbestimmtheit Δt: Zeitunbestimmtheit h: Planck'sches Wirkungsquantum
Zeitunabhängige Schrödingergleichung	$\psi_n''(x) = \frac{8\pi^2 \cdot m}{h^2} \cdot (E_{pot}(x) - E_n) \cdot \psi_n(x)$ $n = 1, 2, 3, \ldots$ Lösung für den Potenzialtopf mit unendlich hohen Wänden: $\psi_n(x) = A_n \cdot \sin\left(\frac{\pi \cdot n}{L} \cdot x\right)$ für $0 < x < L$, sonst: $\psi_n(x) = 0$	ψ: Wellenfunktion m: Masse h: Planck'sches Wirkungsquantum x: Ort E_{pot}: potenzielle Energie E_n: Energiewerte A_n: Normierungsfaktor L: Länge des Potenzialtopfes

Atomhülle

IQB-Seiten 37–38

Frequenzbedingung für Übergänge zwischen den diskreten Energieniveaus	$h \cdot f = E_m - E_n = \Delta E$ $n, m = 1, 2, 3, \ldots$	h: Planck'sches Wirkungsquantum f: Frequenz E_m, E_n: Energieniveaus ΔE: Energiedifferenz
Spektrallinien des Wasserstoffatoms	$f = c \cdot R_H \cdot \left(\frac{1}{n^2} - \frac{1}{m^2}\right)$ $n, m = 1, 2, 3, \ldots$ $m > n$	f: Frequenz c: Vakuumlichtgeschwindigkeit R_H: Rydberg-Konstante des Wasserstoffatoms

Atomhülle (Fortsetzung)

Energieniveaus des Wasserstoffatoms (ohne Korrektur des mitbewegten Kerns) $[E_n] = 1\ \text{J} = 1\ \text{Nm} = 1\ \text{Ws} = 1\ \frac{\text{kg} \cdot \text{m}^2}{\text{s}^2}$ $1\ \text{eV} = 1{,}602176634 \cdot 10^{-19}\ \text{J}$	$E_n = -\frac{m_e \cdot e^4}{8\varepsilon_0^2 \cdot h^2} \cdot \frac{1}{n^2} = -13{,}6\ \text{eV} \cdot \frac{1}{n^2}$ $n = 1, 2, 3, \ldots$	E_n: Energieniveau des Wasserstoffatoms m_e: Elektronenmasse e: Elementarladung ε_0: elektrische Feldkonstante h: Planck'sches Wirkungsquantum
Energieniveaus eines Ein-Elektronen-Atoms (ohne Korrektur des mitbewegten Kerns) $[E_n] = 1\ \text{J} = 1\ \text{Nm} = 1\ \text{Ws} = 1\ \frac{\text{kg} \cdot \text{m}^2}{\text{s}^2}$ $1\ \text{eV} = 1{,}602176634 \cdot 10^{-19}\ \text{J}$	$E_n = -\frac{m_e \cdot e^4}{8\varepsilon_0^2 \cdot h^2} \cdot \frac{Z^2}{n^2} = -13{,}6\ \text{eV} \cdot \frac{Z^2}{n^2}$ $n = 1, 2, 3, \ldots$	E_n: Energieniveau eines Ein-Elektronen-Atoms m_e: Elektronenmasse e: Elementarladung ε_0: elektrische Feldkonstante h: Planck'sches Wirkungsquantum Z: Ordnungszahl
Moseley-Gesetz für die K_α-Linie eines Röntgenspektrums $[E_{K_\alpha}] = 1\ \text{J} = 1\ \text{Nm} = 1\ \text{Ws} = 1\ \frac{\text{kg} \cdot \text{m}^2}{\text{s}^2}$ $1\ \text{eV} = 1{,}602176634 \cdot 10^{-19}\ \text{J}$	$E_{K_\alpha} = 13{,}6\ \text{eV} \cdot \frac{3}{4} \cdot (Z-1)^2$	E_{K_α}: Energie des beim K_α-Übergang emittierten Photons Z: Ordnungszahl
Energie im eindimensionalen Potenzialtopf mit unendlich hohen Wänden $[E_n] = 1\ \text{J} = 1\ \text{Nm} = 1\ \text{Ws} = 1\ \frac{\text{kg} \cdot \text{m}^2}{\text{s}^2}$ $1\ \text{eV} = 1{,}602176634 \cdot 10^{-19}\ \text{J}$	$E_n = \frac{h^2}{8m \cdot L^2} \cdot n^2$ $n = 1, 2, 3, \ldots$ Im Inneren gilt: $E_{pot} = 0\ \text{eV}$	E: Energieniveau h: Planck'sches Wirkungsquantum m: Masse des Quantenobjekts L: Länge des Potenzialtopfes
Materiewellenlänge bei stationären Zuständen im eindimensionalen Potenzialtopf $[\lambda_n] = 1\ \text{m}$	$\lambda_n = 2 \cdot \frac{L}{n}$ $n = 1, 2, 3, \ldots$	λ: Materiewellenlänge L: Länge des Potenzialtopfs

3.5 Wärmelehre

► Grundgleichung der Wärmelehre

IQB-Seite 38

$[Q] = 1\ \text{J} = 1\ \text{Nm}$ $= 1\ \text{Ws} = 1\ \frac{\text{kg} \cdot \text{m}^2}{\text{s}^2}$	$Q = \Delta E = c \cdot m \cdot \Delta T$	Q: aufgenommene bzw. abgegebene Wärme E: Energie c: spezifische Wärmekapazität m: Masse T: Temperatur

► Entropieänderung

IQB-Seite 38

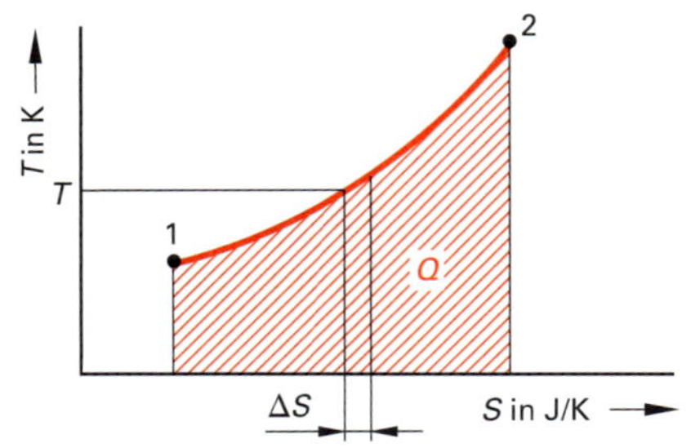 $[S] = 1\ \frac{\text{J}}{\text{K}}$	$\Delta S = \frac{Q_{rev}}{T}$	S: Entropie Q_{rev}: reversibel aufgenommene bzw. abgegebene Wärme T: Temperatur

► Hauptsätze der Wärmelehre

IQB-Seite 39

1. Hauptsatz $[U] = 1\ \text{J} = 1\ \text{Nm}$ $= 1\ \text{Ws} = 1\ \frac{\text{kg} \cdot \text{m}^2}{\text{s}^2}$	$\Delta U = Q + W$	U: innere Energie Q: Wärme W: Arbeit
2. Hauptsatz $[S] = 1\ \frac{\text{J}}{\text{K}}$	$\Delta S \geq 0$	S: Entropie

► Zustandsgleichung für ideale Gase

IQB-Seite 39

	$\frac{p \cdot V}{T} = \text{konstant}$	p: Druck V: Volumen T: Temperatur

Thermisches Verhalten von Festkörpern, Flüssigkeiten und Gasen

IQB-Seite 39

Aggregatzustandsänderungen

Verdampfungswärme 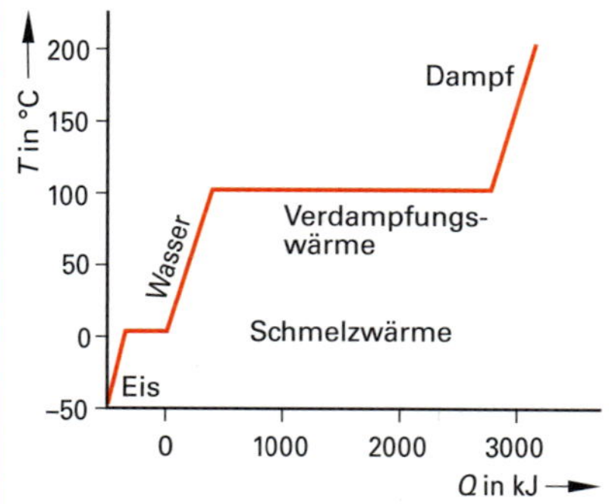	$Q_V = q_V \cdot m$	Q_V: Verdampfungswärme q_V: spezifische Verdampfungswärme m: Masse
Schmelzwärme $[Q] = 1\ \text{J} = 1\ \text{Nm}$ $= 1\ \text{Ws} = 1\ \frac{\text{kg} \cdot \text{m}^2}{\text{s}^2}$	$Q_S = q_S \cdot m$	Q_S: Schmelzwärme q_S: spezifische Schmelzwärme m: Masse

Wärmeleitung

$[Q] = 1\ \text{J} = 1\ \text{Nm}$ $= 1\ \text{Ws} = 1\ \frac{\text{kg} \cdot \text{m}^2}{\text{s}^2}$	$Q = \Delta E = \lambda \cdot A \cdot \frac{\Delta T}{d} \cdot \Delta t$	Q: Wärme E: Energie λ: Wärmeleitfähigkeitskoeffizient A: Flächeninhalt T: Temperatur d: Dicke/Länge des Körpers t: Zeit

Thermische Längenänderung

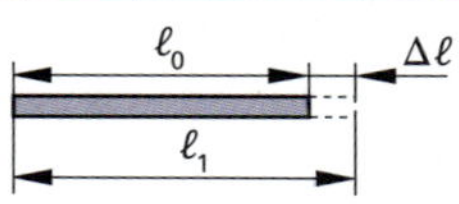 $[\ell] = 1\ \text{m}$	$\Delta\ell = \alpha \cdot \ell_0 \cdot \Delta T$	ℓ: Länge α: Längenausdehnungskoeffizient ℓ_0: Ausgangslänge T: Temperatur

Thermische Volumenänderung

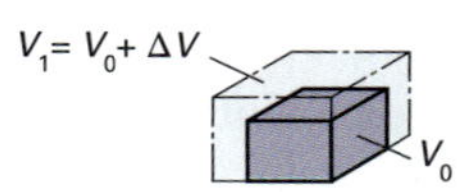 $[V] = 1\ \text{m}^3 = 1000\ \text{L}$	$\Delta V = \gamma \cdot V_0 \cdot \Delta T$	V: Volumen γ: Volumenausdehnungskoeffizient V_0: Ausgangsvolumen T: Temperatur

3.6 Relativitätstheorie

Galilei-Transformation

IQB-Seite 40

	$S \rightarrow S'$ $x' = x - v \cdot t$ $y' = y$ $z' = z$ $t' = t$	$S' \rightarrow S$ $x = x' + v \cdot t$ $y = y'$ $z = z'$ $t = t'$	x, y, z: Koordinaten im Inertialsystem S x', y', z': Koordinaten im Inertialsystem S' t, t': Zeiten in den jeweiligen Systemen v: Relativgeschwindigkeit der Inertialsysteme S und S'

Lorentz-Faktor

IQB-Seite 40

	$\gamma = \frac{1}{\sqrt{1-\left(\frac{v}{c}\right)^2}}$	γ: Lorentz-Faktor v: Relativgeschwindigkeit der Inertialsysteme S und S' c: Lichtgeschwindigkeit

Lorentz-Transformation

IQB-Seite 40

	$S \rightarrow S'$ $x' = \gamma \cdot (x - v \cdot t)$ $y' = y$ $z' = z$ $t' = \gamma \cdot \left(t - \frac{v}{c^2} \cdot x\right)$	$S' \rightarrow S$ $x = \gamma \cdot (x' + v \cdot t)$ $y = y'$ $z = z'$ $t = \gamma \cdot \left(t' + \frac{v}{c^2} \cdot x'\right)$	x, y, z: Koordinaten im Inertialsystem S x', y', z': Koordinaten im Inertialsystem S' t, t': Zeiten in den jeweiligen Systemen v: Relativgeschwindigkeit der Inertialsysteme S und S' zueinander γ: Lorentz-Faktor c: Lichtgeschwindigkeit

Zeitdilatation

IQB-Seite 40

$[t] = 1\ \text{s}$	$\Delta t = \gamma \cdot \Delta t_0$	Δt: Zeitdauer, die ein Beobachter aus seinem Ruhesystem S für einen Vorgang misst γ: Lorentz-Faktor Δt_0: Zeitdauer, in der im dazu mit der Relativgeschwindigkeit v bewegten Bezugssystem S' ein Vorgang abläuft

Physik

Längenkontraktion

IQB-Seite 40

$[\ell] = 1\ \text{m}$	$\ell = \frac{\ell_0}{\gamma}$	ℓ: Länge eines im bewegten Bezugssystem S' ruhenden Stabes, die ein Beobachter aus seinem Ruhesystem S misst ℓ_0: Länge eines im bewegten Bezugssystem S' ruhenden Stabes, im bewegten Bezugssystem S' gemessen γ: Lorentz-Faktor

Impuls

IQB-Seite 41

$[p] = 1\ \frac{\text{kg} \cdot \text{m}}{\text{s}}$	$p = \gamma \cdot m \cdot v$	p: Impuls γ: Lorentz-Faktor m: Masse v: Geschwindigkeit

Energie

IQB-Seite 41

$[E] = 1\ \text{J} = 1\ \text{Nm}$ $= 1\ \text{Ws} = 1\ \frac{\text{kg} \cdot \text{m}^2}{\text{s}^2}$ $1\ \text{eV} = 1{,}602176634 \cdot 10^{-19}\ \text{J}$	$E = \gamma \cdot m \cdot c^2 = E_0 + E_{kin}$	E: Energie γ: Lorentz-Faktor m: Masse c: Lichtgeschwindigkeit E_0: Ruheenergie E_{kin}: kinetische Energie

Energie-Impuls-Beziehung

IQB-Seite 41

$[E] = 1\ \text{J} = 1\ \text{Nm}$ $= 1\ \text{Ws} = 1\ \frac{\text{kg} \cdot \text{m}^2}{\text{s}^2}$ $1\ \text{eV} = 1{,}602176634 \cdot 10^{-19}\ \text{J}$	$E^2 = c^2p^2 + E_0^2$	E: Energie c: Lichtgeschwindigkeit p: Impuls E_0: Ruheenergie

Physik

3.7 Kernphysik

Nukleonen

IQB-Seite 41

	$A = Z + N$	A: Nukleonenzahl, Massenzahl N: Neutronenzahl Z: Protonenzahl, Kernladungszahl

Freisetzung von α-, β-, γ-Strahlung

IQB-Seite 41

	α-Zerfall: ${}^{A}_{Z}X \rightarrow {}^{A-4}_{Z-2}Y + {}^{4}_{2}He$ β-Zerfälle: ${}^{A}_{Z}X \rightarrow {}_{Z+1}^{A}Y + {}_{-1}^{0}e + {}_{0}^{0}\overline{\nu}_e$ ${}^{A}_{Z}X \rightarrow {}_{Z-1}^{A}Y + {}_{1}^{0}e + {}_{0}^{0}\nu_e$ γ-Strahlung: ${}^{A}_{Z}X^{*} \rightarrow {}^{A}_{Z}X + {}^{0}_{0}\gamma$	A: Massenzahl Z: Protonenzahl, Kernladungszahl X, Y: Elementsymbol X*: angeregtes Nuklid $\overline{\nu}_e$: Elektron-Antineutrino ν_e: Elektron-Neutrino

Aktivität einer radioaktiven Substanz

IQB-Seite 41

$[A] = 1\,\text{Bq} = \frac{1}{\text{s}}$	$A(t) = -\dot{N}(t) = -\frac{dN}{dt}$ $= \lambda \cdot N(t)$	A: Aktivität N: Anzahl der noch nicht zerfallenen Kerne λ: Zerfallskonstante

Zerfallsgesetz

IQB-Seite 42

	$N(t) = N_0 \cdot e^{-\lambda \cdot t}$ $N(t) = N_0 \cdot \left(\frac{1}{2}\right)^{\frac{t}{T_{1/2}}}$ mit: $T_{1/2} = \frac{\ln 2}{\gamma}$	N: Anzahl der zur Zeit t noch nicht zerfallenen Kerne N_0: Anzahl der ursprünglich vorhandenen Kerne λ: Zerfallskonstante t: Zeit $T_{1/2}$: Halbwertszeit

Absorptionsgesetz

IQB-Seite 42

	$z(d) = z_0 \cdot e^{-\mu \cdot d}$ $= z_0 \cdot \left(\frac{1}{2}\right)^{\frac{d}{D_{1/2}}}$	z: Zählrate (hinter einem Absorber der Dicke d) z_0: Zählrate (ohne Absorber, gleicher Ort) μ: Schwächungskoeffizient; $D_{1/2}$: Halbwertsdicke

Physik

Energiedosis

IQB-Seite 42

$[D] = 1\,\text{Gy} = 1\,\frac{\text{J}}{\text{kg}}$	$D = \frac{E}{m}$	D: Energiedosis E: aufgenommene Energie m: Masse

Äquivalentdosis

IQB-Seite 42

$[H] = 1\,\text{Sv} = 1\,\frac{\text{J}}{\text{kg}}$	$H = D \cdot q$	H: Äquivalentdosis D: Energiedosis q: Qualitätsfaktor

Effektive Dosis

IQB-Seite 42

$[E] = 1\,\text{Sv} = 1\,\frac{\text{J}}{\text{kg}}$	$E = w_{T_1} \cdot H_{T_1} + w_{T_2} \cdot H_{T_2} + \ldots$	E: Effektive Dosis $w_{T_1}, w_{T_2}, \ldots$: Gewebe-Wichtungsfaktoren $H_{T_1}, H_{T_2}, \ldots$: Organ-Äquivalentdosen

Bindungsenergie des Kerns

IQB-Seite 42

$[E_B] = 1\,\text{J} = 1\,\text{Nm} = 1\,\text{Ws} = 1\,\frac{\text{kg} \cdot \text{m}^2}{\text{s}^2}$ $1\,\text{eV} = 1{,}602176634 \cdot 10^{-19}\,\text{J}$	$E_B = \Delta m \cdot c^2$ mit: $\Delta m = Z \cdot m_p + N \cdot m_n - m_K$	E_B: Bindungsenergie Δm: Massendefekt c: Lichtgeschwindigkeit Z: Protonenzahl, Kernladungszahl m_p: Protonenmasse N: Neutronenzahl m_n: Neutronenmasse m_K: Kernmasse

Freiwerdende Energie bei Kernreaktionen (Q-Wert)

IQB-Seite 42

$[Q] = 1\,\text{J} = 1\,\text{Nm} = 1\,\text{Ws} = 1\,\frac{\text{kg} \cdot \text{m}^2}{\text{s}^2}$ $1\,\text{eV} = 1{,}602176634 \cdot 10^{-19}\,\text{J}$	$Q = \Delta E$ $= (m_{vor} - m_{nach}) \cdot c^2$	Q: Q-Wert der Kernreaktion E: Energie m_{vor}: Masse vor der Kernreaktion m_{nach}: Masse nach der Kernreaktion c: Lichtgeschwindigkeit

Kernradius

IQB-Seite 43

	$r_K \approx 1{,}4 \cdot 10^{-15}\,\text{m} \cdot \sqrt[3]{A}$	r_K: Kernradius A: Massenzahl

Physik

3.8 Astrophysik

► Kepler'sche Gesetze

IQB-Seite 43

1. Kepler'sches Gesetz 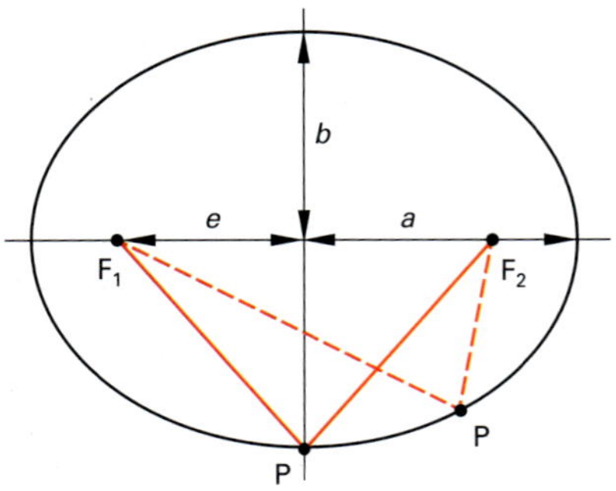 	Die Planeten bewegen sich auf Ellipsenbahnen, in deren einem Brennpunkt die Sonne steht. mit: $\varepsilon = \frac{e}{a}$	ε: numerische Exzentrizität a, b: große bzw. kleine Halbachse e: lineare Exzentrizität F_1, F_2: Brennpunkte P: Planet
2. Kepler'sches Gesetz 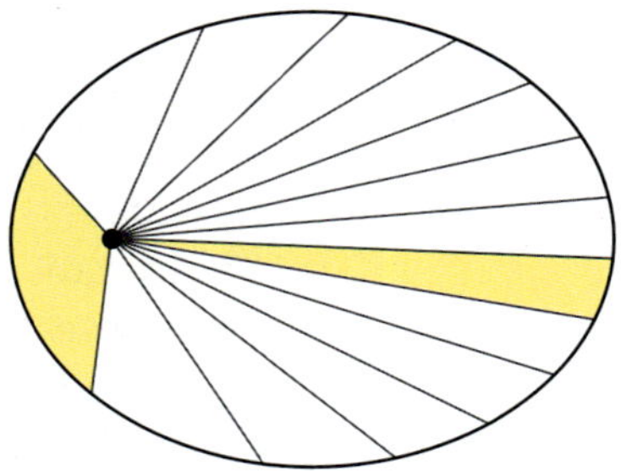	$\frac{\Delta A}{\Delta t}$ = konstant	A: Flächeninhalt der vom Leitstrahl überstrichenen Fläche t: Zeit
3. Kepler'sches Gesetz 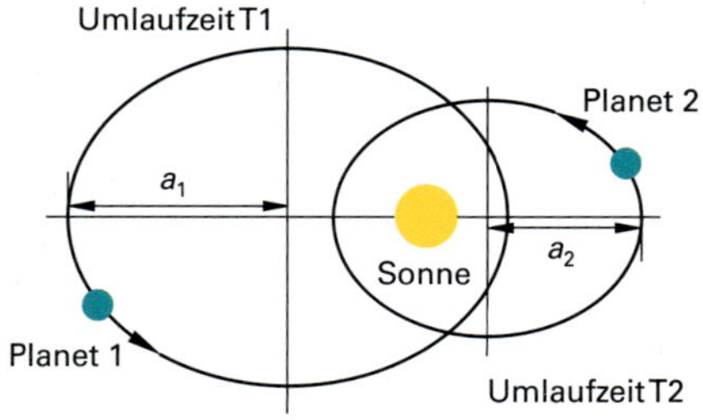 	$\frac{T_1^2}{T_2^2} = \frac{a_1^3}{a_2^3}$	T_1, T_2: Umlaufzeiten der Objekte beim Umlauf um den Zentralkörper a_1, a_2: große Halbachsen der Objekte beim Umlauf um den Zentralkörper

Physik

Bewegung im Gravitationsfeld

IQB-Seiten 43–44

Bahngeschwindigkeit eines Körpers auf einer Keplerellipse $[v] = 1\ \text{m/s} = 3{,}6\ \text{km/h}$	$v = \sqrt{G \cdot M \cdot \left(\frac{2}{r} - \frac{1}{a}\right)}$	v: Bahngeschwindigkeit G: Gravitationskonstante M: Masse des Zentralkörpers r: Abstand vom Zentralkörper a: große Halbachse der Bahnellipse
Zweikörperproblem	$\frac{T^2}{a^3} = \frac{4\pi^2}{G \cdot (m_1 + m_2)}$ mit: $a = a_1 + a_2$	T: Umlaufzeit a_1, a_2: große Halbachsen der Himmelskörper (gemeinsamer Schwerpunkt) G: Gravitationskonstante m_1, m_2: Massen
Schwerpunktsatz	$m_1 \cdot a_1 = m_2 \cdot a_2$	
Umlaufzeiten	$\frac{1}{T_{sid}} = \frac{1}{T_{Erde}} \pm \frac{1}{T_{syn}}$	T_{sid}: siderische Umlaufzeit T_{Erde}: Umlaufzeit der Erde T_{syn}: synodische Umlaufzeit
Kreisbahngeschwindigkeit $[v] = 1\ \text{m/s} = 3{,}6\ \text{km/h}$	$v = \sqrt{\frac{G \cdot M}{r}}$	v: Geschwindigkeit G: Gravitationskonstante M: Masse des Zentralkörpers r: Abstand vom Mittelpunkt des Zentralkörpers
Fluchtgeschwindigkeit $[v] = 1\ \text{m/s} = 3{,}6\ \text{km/h}$	$v = \sqrt{\frac{2 \cdot G \cdot M}{r}}$	

Schwarzschild-Radius eines schwarzen Lochs

IQB-Seite 44

$[R_S] = 1\ \text{m}$	$R_S = \frac{2 \cdot G \cdot M}{c^2}$	R_S: Radius des Ereignishorizonts des schwarzen Lochs G: Gravitationskonstante M: Masse des schwarzen Lochs c: Lichtgeschwindigkeit

Strahlungsgesetze

IQB-Seiten 44–45

Bestrahlungsstärke $[E] = 1\,\frac{\mathrm{W}}{\mathrm{m}^2}$	$E = \frac{\Phi}{4\pi \cdot r^2}$	E: Bestrahlungsstärke Φ: Strahlungsleistung, Leuchtkraft r: Abstand vom Körper
Empirische Masse-Leuchtkraft-Beziehung (Näherung) $[L] = 1\,\mathrm{W} = 1\,\frac{\mathrm{J}}{\mathrm{s}} = 1\,\frac{\mathrm{kg} \cdot \mathrm{m}^2}{\mathrm{s}^3}$	$L \sim M^3$	L: Leuchtkraft eines Hauptreihensterns M: Masse des Sterns
Stefan-Boltzmann-Gesetz für schwarze Strahler $[\Phi] = 1\,\mathrm{W} = 1\,\frac{\mathrm{J}}{\mathrm{s}} = 1\,\frac{\mathrm{kg} \cdot \mathrm{m}^2}{\mathrm{s}^3}$	$\Phi = \sigma \cdot A \cdot T^4$	Φ: Strahlungsleistung, Leuchtkraft σ: Stefan-Boltzmann-Konstante A: Flächeninhalt der abstrahlenden Fläche T: Temperatur
Wien'sches Verschiebungsgesetz $[\lambda_{max}] = 1\,\mathrm{m}$	$\lambda_{max} \cdot T = b$	λ_{max}: Wellenlänge des Maximums der spektralen Verteilung der Strahlungsintensität T: Temperatur b: Wien'sche Verschiebungskonstante

Entfernung und Helligkeit

IQB-Seite 45

Trigonometrische Parallaxe *p* in Bogensekunden	$\frac{r}{1\,\mathrm{pc}} = \frac{1''}{p}$	r: Entfernung des Sterns p: trigonometrische Parallaxe
Eigenbewegung $[v_t] = 1\,\mathrm{m/s} = 3{,}6\,\mathrm{km/h}$	$v_t = \mu \cdot r$	v_t: Tangentialgeschwindigkeit μ: Winkelgeschwindigkeit des Sterns (Eigenbewegung) r: Entfernung des Sterns
Beziehung zwischen den scheinbaren Helligkeiten m_1 und m_2 zweier Sterne $[m] = 1\,\mathrm{mag}$	$m_1 - m_2 = -2{,}5 \cdot \lg\left(\frac{E_1}{E_2}\right)$	m_1, m_2: scheinbare Helligkeiten E_1, E_2: Bestrahlungsstärken

Physik

Entfernung und Helligkeit (Fortsetzung)

Beziehung zwischen den absoluten Helligkeiten M_1 und M_2 zweier Sterne $[M] = 1\,\text{mag}$	$M_1 - M_2 = -2{,}5 \cdot \lg\left(\frac{L_1}{L_2}\right)$	M_1, M_2: absolute Helligkeiten L_1, L_2: Leuchtkräfte
Entfernungsmodul eines Sternes $[m, M] = 1\,\text{mag}$	$m - M = 5 \cdot \lg\left(\frac{r}{10\,\text{pc}}\right)$	m: scheinbare Helligkeit M: absolute Helligkeit r: Abstand zwischen Stern und Beobachter in pc
Empirische Perioden-Helligkeits-Beziehung bei Cepheiden $[M] = 1\,\text{mag}$	$M = -1{,}84 - 2{,}24 \cdot \lg\left(\frac{p}{1\,\text{d}}\right)$	M: mittlere absolute Helligkeit p: Periodendauer des δ-Cephei-Sternes in d
Hubble-Beziehung $[v] = 1\,\text{m/s} = 3{,}6\,\text{km/h}$	$v = H_0 \cdot r$	v: Radialgeschwindigkeit einer weit entfernten Galaxie H_0: Hubble-Parameter r: Entfernung

Nichtrelativistische Näherung des optischen Doppler-Effekts

IQB-Seite 46

	$\frac{\Delta f}{f} \approx \pm\frac{v}{c}$ $\frac{\Delta\lambda}{\lambda} \approx \pm\frac{v}{c}$	f: Frequenz v: Relativgeschwindigkeit von Sender und Empfänger c: Lichtgeschwindigkeit λ: Wellenlänge

3.9 Anhang Physik

Größen, Einheiten und ihre Beziehungen untereinander

IQB-Seiten 47–50

Größe	Formelzeichen	Name der Einheit	Einheitenzeichen	Beziehungen zwischen den Einheiten
Aktivität	A	Becquerel	Bq	$1\ \mathrm{Bq} = \frac{1}{\mathrm{s}}$
Äquivalentdosis	H	Sievert	Sv	$1\ \mathrm{Sv} = 1\ \frac{\mathrm{J}}{\mathrm{kg}}$
Arbeit	W	Joule	J	$1\ \mathrm{J} = 1\ \mathrm{Nm} = 1\ \frac{\mathrm{kg} \cdot \mathrm{m}^2}{\mathrm{s}^2}$
Beschleunigung	a		$\frac{\mathrm{m}}{\mathrm{s}^2}$	
Bestrahlungsstärke	E		$\frac{\mathrm{W}}{\mathrm{m}^2}$	
Dichte	ρ		$\frac{\mathrm{kg}}{\mathrm{m}^3}$	$\frac{\mathrm{kg}}{\mathrm{m}^3} = 0{,}001\ \frac{\mathrm{g}}{\mathrm{cm}^3}$
Drehmoment	M		Nm	$1\ \mathrm{Nm} = 1\ \frac{\mathrm{kg} \cdot \mathrm{m}^2}{\mathrm{s}^2}$
Drehimpuls	L		Nm · s	$1\ \mathrm{Nm} \cdot \mathrm{s} = 1\ \frac{\mathrm{kg} \cdot \mathrm{m}^2}{\mathrm{s}}$
Druck	p	Pascal Bar	Pa bar	$1\ \mathrm{Pa} = 1\ \frac{\mathrm{N}}{\mathrm{m}^2} = 1\ \frac{\mathrm{kg}}{\mathrm{m} \cdot \mathrm{s}^2}$ $1\ \mathrm{bar} = 10^5\ \mathrm{Pa}$
Effektive Dosis	E	Sievert	Sv	$1\ \mathrm{Sv} = 1\ \frac{\mathrm{J}}{\mathrm{kg}}$
Elektrische Feldstärke	E		$\frac{\mathrm{V}}{\mathrm{m}}$	$1\ \frac{\mathrm{V}}{\mathrm{m}} = 1\ \frac{\mathrm{N}}{\mathrm{C}}$
Elektrische Flussdichte	D		$\frac{\mathrm{A} \cdot \mathrm{s}}{\mathrm{m}^2}$	
Elektrische Ionenäquivalentleitfähigkeit	Λ_{eq}		$\frac{\mathrm{S} \cdot \mathrm{cm}^2}{\mathrm{mol}}$	
Elektrische Kapazität	C	Farad	F	$1\ \mathrm{F} = 1\ \frac{\mathrm{C}}{\mathrm{V}} = 1\ \frac{\mathrm{A}^2 \cdot \mathrm{s}^4}{\mathrm{kg} \cdot \mathrm{m}^2}$
Elektrische Ladung	Q	Coulomb	C	$1\ \mathrm{C} = 1\ \mathrm{As}$

Größen, Einheiten und ihre Beziehungen untereinander (Fortsetzung)

Größe	Formelzeichen	Name der Einheit	Einheitenzeichen	Beziehungen zwischen den Einheiten
Elektrische Leitfähigkeit	κ		$\frac{S}{m}$	$1\,\frac{S}{m} = 1\,\frac{1}{\Omega \cdot m}$
Elektrischer Leitwert	G	Siemens	S	$1\,S = \frac{1}{\Omega} = 1\,\frac{A}{V}$
Elektrische Spannung	U	Volt	V	$1\,V = 1\,\frac{W}{A} = 1\,\frac{J}{C} = 1\,\frac{kg \cdot m^2}{s^3 \cdot A}$
Elektrische Stromstärke	I	Ampere	A	
Elektrischer Widerstand	R	Ohm	Ω	$1\,\Omega = 1\,\frac{V}{A} = 1\,\frac{kg \cdot m^2}{s^3 \cdot A^2}$
Elektrisches Potenzial	φ	Volt	V	$1\,V = 1\,\frac{W}{A} = 1\,\frac{J}{C} = 1\,\frac{kg \cdot m^2}{s^3 \cdot A}$
Elektrochemisches Potenzial	E	Volt	V	$1\,V = 1\,\frac{W}{A} = 1\,\frac{J}{C} = 1\,\frac{kg \cdot m^2}{s^3 \cdot A}$
Energie	E	Joule Elektronenvolt Kilokalorie Kilowattstunde	J eV kcal kWh	$1\,J = 1\,Nm = 1\,Ws = 1\,\frac{kg \cdot m^2}{s^2}$ $1\,eV = 1{,}602176634 \cdot 10^{-19}\,J$ $1\,kcal = 4{,}184\,kJ$ $1\,kWh = 3600\,kJ$
Energiedosis	D	Gray	Gy	$1\,Gy = 1\,\frac{J}{kg}$
Enthalpie	H	Joule	J	$1\,J = 1\,Nm = 1\,\frac{kg \cdot m^2}{s^2}$
Enthalpie, freie	G	Joule	J	$1\,J = 1\,Nm = 1\,\frac{kg \cdot m^2}{s^2}$
Entropie	S		$\frac{J}{K}$	

Physik – Anhang

Größen, Einheiten und ihre Beziehungen untereinander
(Fortsetzung)

Größe	Formelzeichen	Name der Einheit	Einheitenzeichen	Beziehungen zwischen den Einheiten
Flächeninhalt	A		m^2	
Flächenladungsdichte	σ		$\frac{As}{m^2}$	
Frequenz	f	Hertz	Hz	$1\ Hz = 1\frac{1}{s}$
Geschwindigkeit	v		$\frac{m}{s}$	
Helligkeit	m, M	Magnitude	mag	
Impuls	p		$\frac{kg \cdot m}{s}$	
Induktivität	L	Henry	H	$1\ H = 1\frac{V \cdot s}{A} = 1\frac{kg \cdot m^2}{s^2 \cdot A^2}$
Intensität	I		$\frac{W}{m^2}$	
Innere Energie	U	Joule	J	$1\ J = 1\ Nm = 1\frac{kg \cdot m^2}{s^2}$
Kraft	F	Newton	N	$1\ N = 1\frac{kg \cdot m}{s^2}$
Kreisfrequenz	ω		$\frac{1}{s}$	
Länge	ℓ	Meter	m	
Leistung	P	Watt	W	$1\ W = 1\frac{J}{s} = 1\frac{kg \cdot m^2}{s^3}$
Magnetische Feldstärke	H		$\frac{A}{m}$	
Magnetischer Fluss	Φ	Weber	Wb	$1\ Wb = 1\ V \cdot s$
Magnetische Flussdichte	B	Tesla	T	$1\ T = 1\frac{N}{A \cdot m} = 1\frac{V \cdot s}{m^2} = 1\frac{kg}{s^2 \cdot A}$
Masse	m	Kilogramm atomare Masseneinheit	kg u	$1\ u = 1{,}66053906660 \cdot 10^{-27}\ kg$

Größen, Einheiten und ihre Beziehungen untereinander (Fortsetzung)

Größe	Formelzeichen	Name der Einheit	Einheitenzeichen	Beziehungen zwischen den Einheiten
Schalldruckpegel	L_p	Dezibel	dB	
Schallintensitätspegel	L_I	Dezibel	dB	
Spezifische Wärmekapazität	c		$\frac{J}{kg \cdot K}$	
Stoffmenge	n	Mol	mol	
Temperatur	T ϑ	Kelvin Grad Celsius	K °C	0 °C ≙ 273,15 K
Trägheitsmoment	J		$kg \cdot m^2$	
Viskosität	η		$\frac{kg}{m \cdot s}$	
Volumen	V	Kubikmeter Liter	m^3 ℓ, L	$1\ m^3 = 1000\ L$
Wärme	Q	Joule	J	$1\ J = 1\ Nm = 1\ \frac{kg \cdot m^2}{s^2}$
Wellenlänge	λ	Meter	m	
Winkelgeschwindigkeit	ω		$\frac{1}{s}$	
Zeit	t	Sekunde	s	

Vorsätze bei Einheiten

IQB-Seite 50

Vorsatz	Zeichen	Faktor, mit dem die Einheit multipliziert wird
Exa	E	10^{18}
Peta	P	10^{15}
Tera	T	10^{12}
Giga	G	10^{9}
Mega	M	10^{6}
Kilo	k	10^{3}
Hekto	h	10^{2}
Deka	da	10^{1}

Vorsatz	Zeichen	Faktor, mit dem die Einheit multipliziert wird
Dezi	d	10^{-1}
Zenti	c	10^{-2}
Milli	m	10^{-3}
Mikro	µ	10^{-6}
Nano	n	10^{-9}
Piko	p	10^{-12}
Femto	f	10^{-15}
Atto	a	10^{-18}

SI-Einheiten

Name	Abk.	Definition	Dim.
Sekunde	s	Eine Sekunde ist gleich der Dauer von 9 192 631 770 Schwingungen der Strahlung, die der Energie des Übergangs zwischen den zwei Hyperfeinstrukturniveaus des ungestörten Grundzustands im ^{133}Cs-Atom entspricht.	T
Meter	m	Ein Meter ist gleich der Strecke, die Licht im Vakuum innerhalb des Bruchteils von $\frac{1}{299\,792\,458}$ einer Sekunde zurücklegt.	L
Kilogramm	kg	Die Einheit kg wird mit der Wirkung (Einheit: kg m^2 s^{-1}) verknüpft, einer physikalischen Größe in der theoretischen Physik. Zusammen mit der Definition für die Sekunde und den Meter ergibt sich die Definition für das Kilogramm als Funktion des Planck'schen Wirkungsquantums *h*.	M
Ampere	A	Ein Ampere entspricht dem Stromfluss von $\frac{1}{1{,}602\,176\,634 \cdot 10^{-19}}$ Elementarladungen (Elektronen) pro Sekunde.	I
Kelvin	K	Ein Kelvin entspricht einer Änderung der thermodynamischen Temperatur, die mit einer Änderung der thermischen Energie um $1{,}380\,649 \cdot 10^{-23}$ J einhergeht.	Θ
Mol	mol	Ein Mol ist die Stoffmenge eines Systems, das $6{,}022\,140\,76 \cdot 10^{23}$ Einzelteilchen des Stoffes enthält.	N
Candela	cd	Ein Candela ist die Lichtstärke (in eine bestimmte Raumrichtung) einer Strahlquelle, die mit einer Frequenz von $540 \cdot 10^{12}$ Hz emittiert und die eine Strahlungsintensität in diese Richtung von $\left(\frac{1}{683}\right)$ Watt pro Steradiant hat.	J

Astronomische Entfernungsangaben

IQB-Seite 50

Lichtjahr	1 Lj = $9{,}4607 \cdot 10^{15}$ m
Astronomische Einheit	1 AE = $1{,}4960 \cdot 10^{11}$ m
Parsec	1 pc = $3{,}0857 \cdot 10^{16}$ m

Daten zum Sonnensystem

IQB-Seiten 59–61

Daten der Sonne

Masse	$1{,}9894 \cdot 10^{30}$ kg
Mittlerer Radius	$6{,}9570 \cdot 10^{5}$ km
Mittlere Dichte	$1{,}4\ \frac{g}{cm^3}$
Rotationsdauer am Äquator	25 d
Oberflächentemperatur	$5{,}8 \cdot 10^{3}$ K
Leuchtkraft	$3{,}846 \cdot 10^{26}$ W
Solarkonstante	$1{,}361\ \frac{kW}{m^2}$
Absolute Helligkeit	4,83
Scheinbare Helligkeit	–26,74
Fallbeschleunigung (Ortsfaktor) an der Oberfläche	$274\ \frac{m}{s^2}$

Daten der Erde

Große Halbachse	$1{,}4960 \cdot 10^{8}$ km = 1 AE
Umlaufzeit	365,2563 d = 31558149,54 s
Numerische Exzentrizität der Bahn	0,017
Masse	$5{,}974 \cdot 10^{24}$ kg
Mittlerer Radius	$6{,}371 \cdot 10^{3}$ km
Mittlere Dichte	$5{,}5\ \frac{g}{cm^3}$
Fallbeschleunigung (Ortsfaktor) an der Oberfläche (Mitteleuropa)	$9{,}81\ \frac{m}{s^2}$
Neigung der Rotationsachse gegen das Lot der Bahnebene	23,44°
Siderische Rotationsdauer	23,9345 h

Daten des Erdmondes

Große Halbachse	$3{,}844 \cdot 10^5$ km
Siderische Umlaufzeit	27,32 d
Synodische Umlaufzeit	29,53 d
Numerische Exzentrizität der Bahn	0,055
Masse	$7{,}349 \cdot 10^{22}$ kg
Mittlerer Radius	1737 km
Mittlere Dichte	$3{,}3\,\frac{g}{cm^3}$
Fallbeschleunigung (Ortsfaktor) an der Oberfläche	$1{,}62\,\frac{m}{s^2}$
Neigung der Rotationsachse gegen das Lot der Bahnebene	6,68°
Neigung der Bahnebene zur Ekliptik	5,1°
Siderische Rotationsdauer	27,32 d

Daten der Planeten

	Merkur	Venus	Erde	Mars	Jupiter	Saturn	Uranus	Neptun
Große Halbachse in AE	0,387	0,723	1	1,52	5,20	9,58	19,2	30,1
Siderische Umlaufzeit in a	0,2408	0,6152	1	1,881	11,86	29,46	84,01	164,8
Numerische Exzentrizität der Bahn	0,21	0,0067	0,017	0,094	0,049	0,057	0,046	0,011
Masse in Erdmassen	0,0553	0,815	1	0,107	318	95,2	14,5	17,1
Mittlerer Radius in 10^3 km	2,44	6,05	6,371	3,39	69,9	58,2	25,4	24,6
Mittlere Dichte in $\frac{g}{cm^3}$	5,4	5,2	5,5	3,9	1,3	0,69	1,3	1,6
Fallbeschleunigung an der Oberfläche in $\frac{m}{s^2}$	3,7	8,9	9,8	3,7	24,8	10,4	8,9	11,2
Neigung der Rotationsachse gegen das Lot der Bahnebene	0,010°	177,4°	23,44°	25,2°	3,1°	26,7°	97,8°	28,3°
Neigung der Bahnebene zur Ekliptik	7,0°	3,4°	0	1,9°	1,3°	2,5°	0,77°	1,8°
Siderische Rotationsdauer (ggf. am Äquator) in h	1407,6	5832,5	23,934	24,62	9,93	10,66	17,24	16,11

Naturkonstanten und Näherungswerte wichtiger Größen

IQB-Seiten 50–51

Konstante	Größe	Einheit
atomare Masseneinheit	u	$1{,}66053906660 \cdot 10^{-27}$ kg
Avogadro-Konstante	N_A	$6{,}02214076 \cdot 10^{23} \frac{1}{\text{mol}}$ (definiert)
Elementarladung	e	$1{,}602176634 \cdot 10^{-19}$ C (definiert)
elektrische Feldkonstante	ε_0	$\frac{1}{\mu_0 \cdot c^2} = 8{,}8541878128 \cdot 10^{-12} \frac{\text{A} \cdot \text{s}}{\text{V} \cdot \text{m}}$
Faraday-Konstante	F	$96485{,}33212 \ldots \frac{\text{C}}{\text{mol}}$ (definiert)
Gravitationskonstante	G	$6{,}67430 \cdot 10^{-11} \frac{\text{m}^3}{\text{kg} \cdot \text{s}^2}$
Hubble-Parameter	H_0	$68 \frac{\text{km}}{\text{s} \cdot \text{Mpc}}$
ideale Gaskonstante	R	$8{,}314462618 \ldots \frac{\text{J}}{\text{mol} \cdot \text{K}}$ (definiert)
magnetische Feldkonstante	μ_0	$1{,}256637 \cdot 10^{-6} \frac{\text{V} \cdot \text{s}}{\text{A} \cdot \text{m}}$
Normgröße der Normalfall-beschleunigung, Ortsfaktor	g	$9{,}80665 \frac{\text{m}}{\text{s}^2}$ (definiert)
Planck'sches Wirkungsquantum	h	$6{,}62607015 \cdot 10^{-34}$ J · s (definiert)
Rydberg-Konstante	R_H	$1{,}096776 \cdot 10^{7} \frac{1}{\text{m}}$ (Wasserstoffatom)
Stefan-Boltzmann-Konstante	σ	$5{,}670374419 \ldots \cdot 10^{-8} \frac{\text{W}}{\text{m}^2 \cdot \text{K}^4}$ (definiert)
Vakuumlichtgeschwindigkeit	c	$2{,}99792458 \cdot 10^{8} \frac{\text{m}}{\text{s}}$ (definiert)
Wien'sche Verschiebungskonstante	b	$2{,}897771955 \ldots \cdot 10^{-3}$ m · K (definiert)

Dichte

IQB Seiten 53–54

Dichte fester Stoffe bei 25 °C

Stoff	ρ in $\frac{g}{cm^3}$
Aluminium	2,70
Beton	2,3
Blei	11,34
Diamant	3,51
Eis (bei 0 °C)	0,917
Eisen	7,86
Glas (Fensterglas)	2,4 … 2,6
Glas (Quarzglas)	2,20
Gold	19,3
Granit	2,6 … 2,8
Graphit	2,26
Hartgummi	1,2 … 1,8

Stoff	ρ in $\frac{g}{cm^3}$
Holz (lufttrocken)	
Eiche	0,6 … 0,9
Kiefer	0,3 … 0,7
Ebenholz	1,1 … 1,3
Kork	0,2 … 0,35
Kupfer	8,96
Magnesium	1,74
Marmor	2,6 … 2,8
Papier	0,7 … 1,2
Porzellan	2,2 … 2,4
Sandstein	2,1 … 2,4
Silber	10,50
Stahl	7,8
Zink	7,14
Zinn	7,30

Dichte von Flüssigkeiten bei 25 °C

Stoff	ρ in $\frac{g}{cm^3}$
Aceton (Propanon)	0,79
Benzin	0,68 … 0,72
Dieselkraftstoff	0,84 … 0,88
Erdöl	0,73 … 0,94
Ethanol	0,79
Glycerin	1,26
Petroleum	0,81

Stoff	ρ in $\frac{g}{cm^3}$
Quecksilber	13,53
Schwefelsäure (50 %)	1,397
schweres Wasser	1,10
Spiritus	0,83
Wasser	
destilliert	1,00
Meerwasser	1,02

Dichte von Gasen bei 0 °C und 101,3 kPa

Stoff	ρ in $\frac{g}{cm^3}$
Ammoniak	0,00077
Chlor	0,00322
Erdgas (trocken)	0,00070
Helium	0,00018
Kohlenstoffdioxid	0,00198
Luft (trocken)	0,00129
Methan	0,00072

Stoff	ρ in $\frac{g}{cm^3}$
Ozon	0,00215
Propan	0,00201
Sauerstoff	0,00143
Stickstoff	0,00125
Wasserstoff	0,00009
Xenon	0,00585

Reibungszahlen

Rollreibungszahl

Werkstoff	auf	Werkstoff	μ/(cm)
Gummi		Asphalt	0,10
Gummi		Beton	0,15
Holz		Holz	0,5 … 0,8
Stahl		Stahl (gehärtet)	0,005 … 0,01
Stahl		Stahl (weich)	0,05

Gleitreibungszahl

			Gleitreibungszahl μ		
Werkstoff	auf	Werkstoff	trocken	H_2O geschmiert mit	Fett
Bronze		Bronze	0,20	0,10	0,06
		Grauguss	0,18		0,08
		Stahl	0,18		0,07
Eiche		Eiche=*	0,20 … 0,40	0,10	0,05 … 0,15
		Eiche⊥*	0,15 … 0,35	0,08	0,04 … 0,12
Grauguss		Grauguss		0,31	0,1
		Kupfer	0,25		
		Holz	0,35	0,25	
Gummi		Asphalt	0,5	0,3	0,2
		Beton	0,6	0,5	0,3
		Grauguss	0,4 … 0,5		
Stahl		Eiche	0,2 … 0,5	0,26	0,02 … 0,1
		Eis		0,014	
		Stahl	0,1 … 0,3		0,02 … 0,08
		Bremsbelag	0,5 … 0,6		
		Teflon	0,03 … 0,05		

* = entspricht Bewegung in Faserrichtung und ⊥ der Bewegung senkrecht zur Faserrichtung.

Haftreibungszahl

			Haftreibung μ_0		
Werkstoff	auf	Werkstoff	trocken	H_2O geschmiert mit	Fett
Bronze		Bronze			0,11
		Stahl	0,19		0,10
Eiche		Eiche=*	0,40 … 0,60		0,18
		Eiche⊥*	0,50		
Grauguss		Grauguss			0,16
Hanfseil		Holz	0,5		
Stahl		Eiche	0,5 … 0,6		0,11
		Eis		0,03	
		Stahl	0,15 … 0,3		0,1

* = entspricht Bewegung in Faserrichtung und ⊥ der Bewegung senkrecht zur Faserrichtung.

Widerstandsbeiwerte (c_W-Werte)

Körperform		c_W
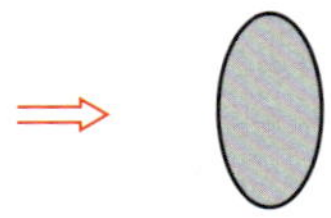		1,1
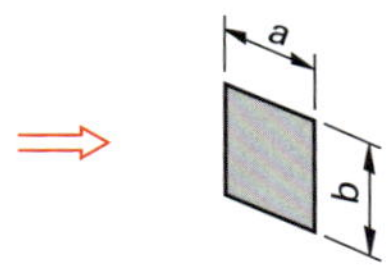	$a : b = 1$ $a : b = 4$ $a : b = 10$ $a : b = 18$	1,1 1,19 1,29 1,4
	ohne Boden (Fallschirm)	1,33
	ohne Boden	0,34
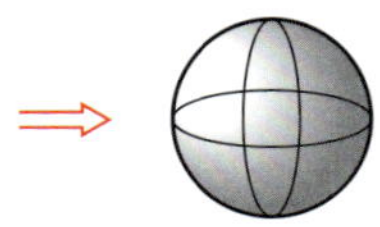		0,45 0,13
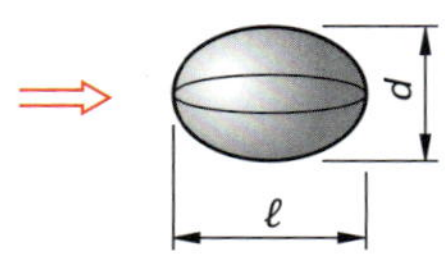	$\ell : d = 1{,}8$ $\ell : d = 0{,}75$ $\ell : d = 0{,}45$	0,1 0,6 0,2
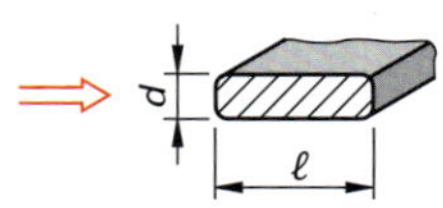	$\ell : d = 30$	0,78
		0,4 ⋮ 0,55
		0,23

Körperform		c_W
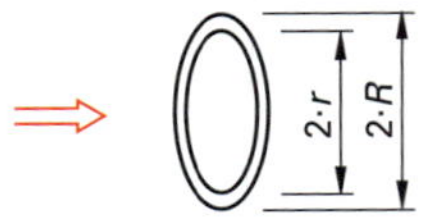	$R : r = 2$	1,22
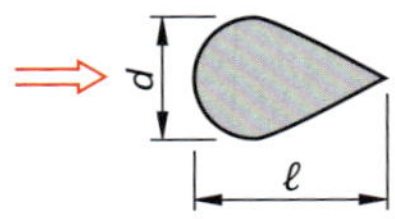	$\ell : d = 2$ $\ell : d = 5$ $\ell : d = 10$ $\ell : d = 20$	0,2 0,06 0,083 0,094
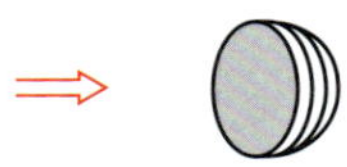	mit Boden	1,17
	mit Boden	0,4
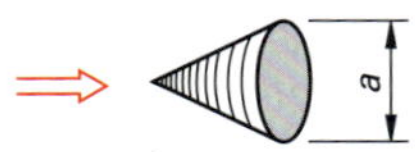	$\alpha = 60°$ $\alpha = 30°$	0,51 0,34
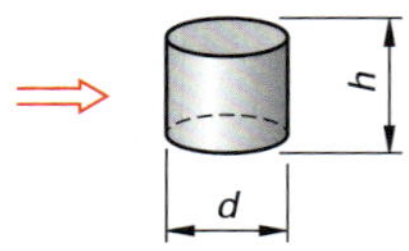	$h : d = 1$ $h : d = 2$ $h : d = 5$ $h : d = 10$	0,63 0,68 0,74 0,82
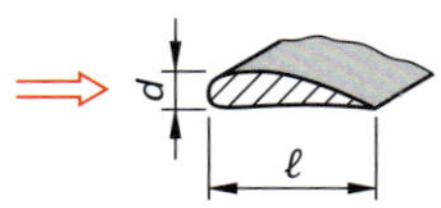	$\ell : d = 5$ $\ell : d = 8$ $\ell : d = 18$	0,08 0,1 0,2
		0,3 ⋮ 0,4
		0,6 ⋮ 0,7

Schallgeschwindigkeiten

IQB-Seite 59

Feste Stoffe	v in $\frac{m}{s}$
Aluminium	5100
Beton	3800
Blei	1300
Holz (Eiche)	4100
Eis bei −4 °C	3230
Glas	4000 … 5000
Granit	3950
Kork	500
Kupfer	3900
Marmor	3800
Messing	3400
PVC, weich	80
PVC, hart	1700
Stahl	5100
Ziegel	3600

Flüssigkeiten und Gase	v in $\frac{m}{s}$
Helium	1020
Kohlenstoffdioxid	260
Luft bei 0 °C	332
Luft bei 10 °C	338
Luft bei 20 °C	343
Stickstoff	343
Wasser bei 4 °C	1400
Wasser bei 20 °C	1483
Wasserstoff	1280

Dielektrizitätszahl

IQB-Seite 54

bei 20 °C

Stoff	ε_r
Bernstein	2,8
Glas	5 … 16
Bariumtitanat ($BaTiO_3$)	100 … 1000
Calciumtitanat ($CaTiO_3$)	150 … 180
Luft	1,0006
Hartpapier	3,5 … 5

Stoff	ε_r
Paraffin	2,3
Polystyrol	2,6
Porzellan	4,5 … 6,5
Transformatorenöl	2,5
Vakuum	1
Wasser	81

Permeabilitätszahl (relative Permeabilität)

IQB-Seite 54

bei 20 °C

diamagnetische Stoffe	
Stoff	μ_r
Antimon	0,999884
Gold	0,999971
Quecksilber	0,999966
Wasser	0,999991
Zink	0,999986

paramagnetische Stoffe	
Stoff	μ_r
Aluminium	1,00002
Chrom	1,00028
Eisen(III)-chlorid	1,003756
Luft	1,00000037
Platin	1,0002

ferromagnetische Stoffe	
Stoff	μ_r
Cobalt	80 ... 200
Dynamo-blech	200 ... 3000
Eisen	250 ... 680
Nickel	280 ... 2500
Sonder-legierungen	bis 900000

Spezifischer elektrischer Widerstand

IQB-Seiten 54–55

Metalle bei 20 °C

Metall	ρ in $\frac{\Omega \cdot mm^2}{m}$
Aluminium	0,028
Blei	0,21
Eisen	0,10
Gold	0,022
Konstantan	0,50

Metall	ρ in $\frac{\Omega \cdot mm^2}{m}$
Kupfer	0,0172
Quecksilber	0,96
Silber	0,016
Wolfram	0,055
Zinn	0,11

Kohle und Widerstandslegierungen bei 20 °C

Material	ρ in $\frac{\Omega \cdot mm^2}{m}$
Bogenlampenkohle	60 ... 80
Bürstenkohle	40 ... 100
Chromnickel	1,1
Leitungskupfer	0,0178

Material	ρ in $\frac{\Omega \cdot mm^2}{m}$
Manganin	0,43
Nickelin	0,43
Stahlguss	0,18

Halbleiter und Isolatoren bei 20 °C

Material	ρ in $\frac{\Omega \cdot mm^2}{m}$
Bernstein	bis 10^8
Holz, trocken	10^{11} ... 10^{15}
Kupferoxid	10^3 ... 10^8
Polyvinylchlorid PVC	10^{14} ... 10^{15}
Polyethen PE	10^{12}

Material	ρ in $\frac{\Omega \cdot mm^2}{m}$
Porzellan	bis 10^{18}
Quarzglas	10^{13} ... 10^{15}
Silicium	10^{-1} ... 10^5
Transformatorenöl	10^{12} ... 10^{15}
Wasser (destilliert)	10^{10}

Hall-Konstante

IQB-Seite 56

Stoff	R_H in $\frac{m^3}{C}$
Aluminium	$-3{,}5 \cdot 10^{-11}$
Bismut	$+5{,}0 \cdot 10^{-7}$
Cadmium	$+5{,}9 \cdot 10^{-11}$
Germanium n-dotiert	$+5{,}9 \cdot 10^{-3}$
Germanium p-dotiert	$+6{,}6 \cdot 10^{-3}$
Gold	$-7{,}2 \cdot 10^{-11}$
Indiumantimonid	$+7{,}0 \cdot 10^{-4}$
Kupfer	$-5{,}2 \cdot 10^{-11}$
Palladium	$-8{,}6 \cdot 10^{-11}$
Platin	$-2{,}0 \cdot 10^{-11}$
Silber	$-8{,}9 \cdot 10^{-11}$
Zink	$+6{,}4 \cdot 10^{-11}$

Spektrum der elektromagnetischen Strahlung

IQB-Seite 65

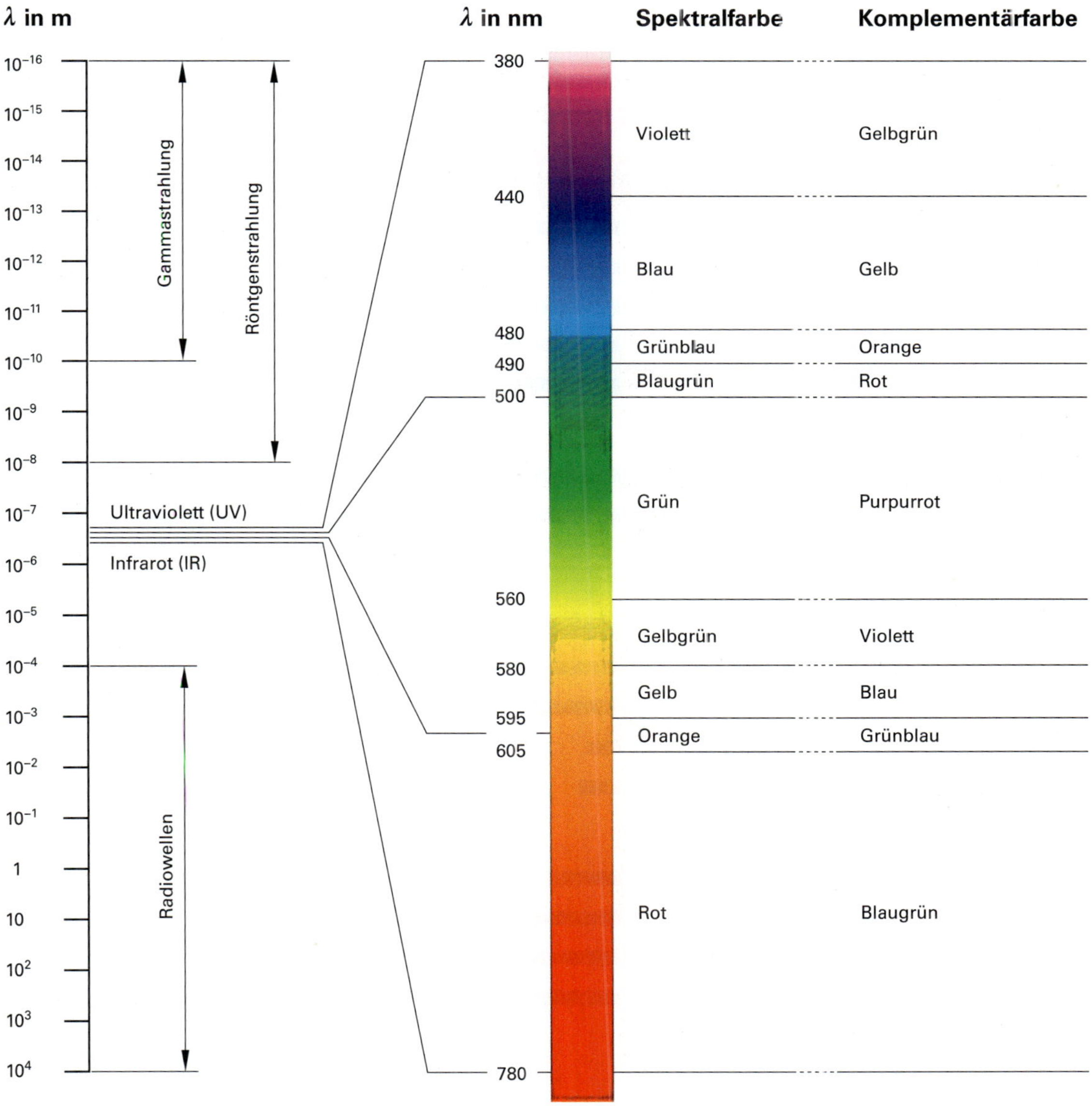

Physik – Anhang

Brechzahlen

IQB-Seite 55

Die Brechzahlen beziehen sich auf den Übergang der gelben Natriumlinien (λ = 589,3 nm) aus dem Vakuum in den angegebenen Stoff.

Stoff	Brechzahl *n*
Diamant	2,417
Eis	1,31
Flintglas, leicht	1,608
Flintglas, schwer	1,754
Kronglas, leicht	1,515
Kronglas, schwer	1,615
Quarzglas	1,459

Stoff	Brechzahl *n*
Augenlinse	1,40 ... 1,41
Glycerin	1,474
Hornhaut	1,376
Kammerwasser	1,336
Luft	1,0003
Wasser	1,333

Wellenlängen ausgewählter Spektrallinien

IQB-Seite 62

Element	λ in nm	relative Intensität
Helium	447,15 492,19 587,56 667,82 706,52	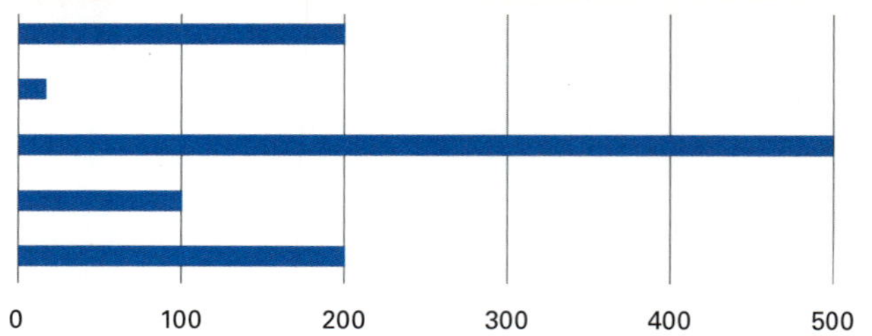
Natrium	589,00 589,59	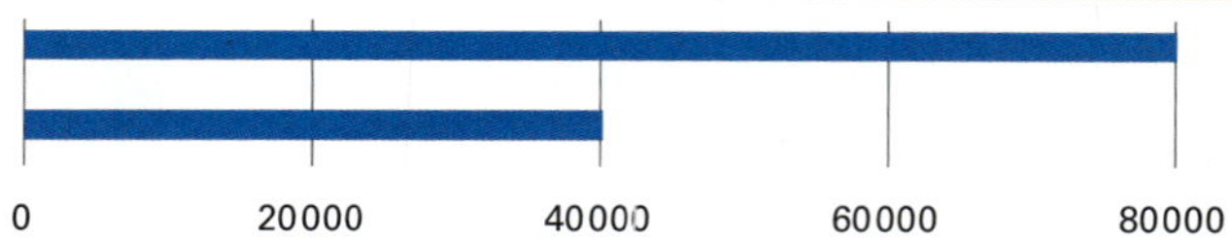
Quecksilber	404,66 435,83 546,07 576,96 579,07	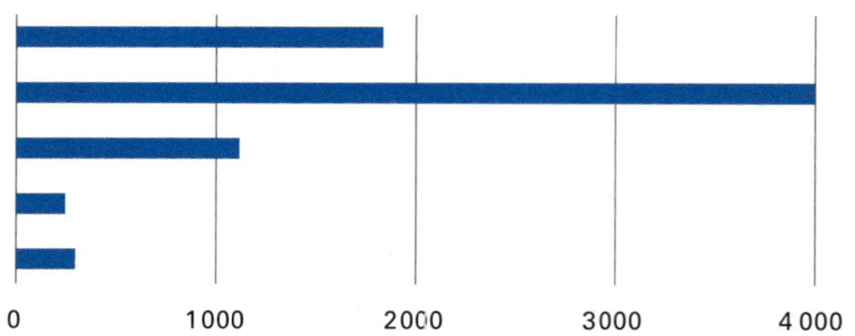
Wasserstoff (Balmer-Serie)	410,17 (H_δ) 434,05 (H_γ) 486,13 (H_β) 656,27 (H_α)	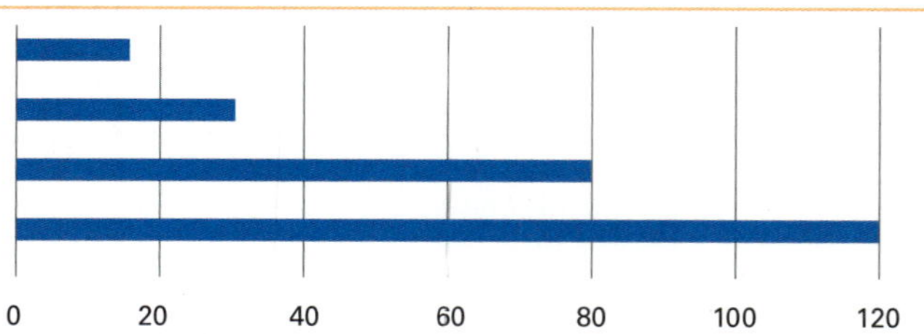

Physik – Anhang

Auslösearbeit

IQB-Seite 56

Metall	W_A in eV
Aluminium	4,20
Barium	2,52
Cadmium	4,08
Cäsium	1,95
Calcium	2,87
Gold	5,47

Metall	W_A in eV
Eisen	4,67
Magnesium	3,66
Platin	5,64
Wolfram	4,55
Zink	3,95
Zinn	4,42

Längenausdehnungs- und Volumenausdehnungskoeffizienten

IQB-Seite 56

Längenausdehnungskoeffizienten

Stoff	α in $\frac{10^{-6}}{\text{K}}$
Aluminium	23,1
Beton	12
weißes Floatglas	8,7
Kupfer	16,5

Stoff	α in $\frac{10^{-6}}{\text{K}}$
Polyethen PE	200
Polyvinylchorid PVC	80
Stahl	11,7

Volumenausdehnungskoeffzienten

Stoff	γ in $\frac{10^{-3}}{\text{K}}$ bei 20 °C
Benzin	1,00
Ethanol	1,10

Stoff	γ in $\frac{10^{-3}}{\text{K}}$ bei 20 °C
Wasser	0,18

Spezifische Wärmekapazitäten

IQB-Seite 57

Feste Stoffe

Stoff	spezifische Wärmekapazität c in $\frac{kJ}{kg \cdot K}$	Stoff	spezifische Wärmekapazität c in $\frac{kJ}{kg \cdot K}$
Aluminium	0,90	Mauerwerk	≈ 0,86
Beton	0,92	Platin	0,13
Diamant	0,50	Porzellan	≈ 0,84
Fensterglas	0,17	Quarzglas	0,73
Gold	0,13	Silber	0,24
Graphit	0,71	Stahl	≈ 0,47
Holz (Eiche)	2,39	Wolfram	0,13
Kupfer	0,38	Zink	0,39
Magnesium	1,02	Zinn	0,23

Flüssigkeiten

Stoff	spezifische Wärmekapazität c in $\frac{kJ}{kg \cdot K}$	Stoff	spezifische Wärmekapazität c in $\frac{kJ}{kg \cdot K}$
Benzol	1,70	Petroleum	2,00
Ethanol	2,42	Quecksilber	0,14
Glycerin	2,39	Wasser	4,183

Gase

Stoff	spezifische Wärmekapazität c_V bei konstantem Volumen in $\frac{kJ}{kg \cdot K}$	spezifische Wärmekapazität c_p bei konstantem Druck $\frac{kJ}{kg \cdot K}$
Ammoniak	1,56	2,05
Helium	3,22	5,24
Kohlenstoffdioxid	0,65	0,85
Luft	0,72	1,01
Propan	1,36	1,55
Sauerstoff	0,65	0,92
Stickstoff	0,75	1,04
Wasserdampf	1,40	1,86
Wasserstoff	10,13	14,28

Schmelztemperatur und <

IQB-Seite 58

Stoff	Schmelztemperatur ϑ_S (bei 101,325 kPa) in °C	spezifische Schmelzwärme q_S in $\frac{kJ}{kg}$
Aluminium	660,3	397
Blei	327,5	26
Eis	0	334
Ethanol	–114,1	108
Gold	1064,2	65
Helium	–270 (bei 2,6 MPa)	
Kupfer	1084,6	205
Magnesium	650	382
Methanol	–97,53	69
Platin	1768,4	113
Quecksilber	–38,83	11,3
Sauerstoff	–218,79	
Silber	961,78	104
Silicium	1414	142
Stahl	723 – 1536	
Stickstoff	–210,0	
Wasser	0	334
Wasserstoff	–259,34	59
Wolfram	3422	192
Zink	419,53	111
Zinn	231,93	59

Siedetemperatur und spezifische Verdampfungswärme

IQB-Seiten 58–59

Stoff	**Siedetemperatur** ϑ_V **(bei 101,325 kPa) in °C**	**spezifische Verdampfungswärme** q_V **in** $\frac{kJ}{kg}$
Ammoniak	–33,33	1370
Aceton	56,05	520
Ethanol	78,29	842
Glycerin	290	853
Helium	–268,93	25
Kohlenstoffdioxid	–79 (Subl.)	574
Methanol	64,6	1102
Sauerstoff	–182,95	213
Stickstoff	–195,79	198
Wasser	100	2260
Wasserstoff	–252,87	455

Elektron, Proton, Neutron, α-Teilchen

IQB-Seite 51

Elektron	Masse:	$m_e = 9{,}1093837015 \cdot 10^{-31}$ kg
	Ladung:	$q_e = -1e$
Proton	Masse:	$m_p = 1{,}67262192369 \cdot 10^{-27}$ kg
	Ladung:	$q_p = 1e$
Neutron	Masse:	$m_n = 1{,}67492749804 \cdot 10^{-27}$ kg
	Ladung:	$q_n = 0$ C
α-Teilchen	Masse:	$m_\alpha = 6{,}6446573357 \cdot 10^{-27}$ kg
	Ladung:	$q_\alpha = 2e$

Teilchen des Standardmodells

IQB-Seite 52

Tabelle der Quarks

Teilchen	Symbol	Ladung in *e*	Masse in $\frac{eV}{c^2}$
Up	u	+2/3	$2{,}16 \cdot 10^6$
Down	d	–1/3	$4{,}67 \cdot 10^6$
Charm	c	+2/3	$1{,}27 \cdot 10^9$
Strange	s	–1/3	$93{,}4 \cdot 10^6$
Top	t	+2/3	$1{,}73 \cdot 10^{11}$
Bottom	b	–1/3	$4{,}18 \cdot 10^9$

Tabelle der Leptonen

Teilchen	Symbol	Ladung in *e*	Masse in $\frac{eV}{c^2}$
Elektron	e^-	–1	$511{,}00 \cdot 10^3$
Elektron-Neutrino	ν_e	0	< 1,1
Myon	μ^-	–1	$105{,}66 \cdot 10^6$
Myon-Neutrino	ν_μ	0	$< 0{,}19 \cdot 10^6$
Tauon	τ^-	–1	$1{,}7769 \cdot 10^9$
Tauon-Neutrino	ν_τ	0	$< 18{,}2 \cdot 10^6$

Gewebe-Wichtungsfaktoren w_T

IQB-Seite 61

Organ	w_T
Rotes Knochenmark, Dickdarm, Lunge, Magen, Brust, übrige Organe und Gewebe	je 0,12
Keimdrüsen	0,08
Blase, Speiseröhre, Leber, Schilddrüse	je 0,04
Haut, Knochenoberfläche, Gehirn, Speicheldrüse	je 0,01

Typische Werte für Qualitätsfaktoren q

IQB-Seite 61

Strahlungsart	q
α	20
n	5 – 20
β, γ	1

Kernmassen ausgewählter Nuklide

IQB-Seite 65

Z	Nuklid		m_K in u
1	H	1	1,007276
		2	2,013553
		3	3,015501
2	He	3	3,014932
		4	4,001506
3	Li	6	6,013477
		7	7,014358
4	Be	9	9,009989
		10	10,011340
5	B	10	10,010194
		11	11,006562
6	C	12	11,996708
		13	13,000063
		14	13,999950
7	N	14	13,999234
		15	14,996269
		16	16,002262
8	O	15	14,998677
		16	15,990526
		17	16,994743
		18	17,994771

Atommassen ausgewählter Nuklide

IQB-Seiten 65–67

Z	Nuklid		m_a in u
1	H	1	1,007825
		2	2,014102
		3	3,016049
2	He	3	3,016029
		4	4,002603
3	Li	6	6,015123
		7	7,016005
4	Be	9	9,012182
		10	10,013534
5	B	10	10,012937
		11	11,009305
6	C	12	12,000000
		13	13,003355
		14	14,003242
7	N	14	14,003074
		15	15,000109
		16	16,006102
8	O	15	15,003066
		16	15,994915
		17	16,999132
		18	17,999161
9	F	19	18,998403
10	Ne	20	19,992440
		21	20,993847
		22	21,991385
11	Na	22	21,994438
		23	22,989769
		24	23,990963
		25	24,989954
12	Mg	24	23,985042
		25	24,985837
		26	25,982593
13	Al	27	26,981539
14	Si	28	27,976927
		29	28,976495
		30	29,973770
15	P	30	29,978315
		31	30,973762
		32	31,973908
16	S	32	31,972071
		33	32,971459
		34	33,967867
		35	34,969032
		36	35,967081
17	Cl	35	34,968853
		37	36,965903
		38	37,968010
18	Ar	36	35,967545
		38	37,962732
		39	38,964314
		40	39,962383
		41	40,964501
		42	41,963046
19	K	39	38,963707
		40	39,963998
		41	40,961825
		42	41,962402
20	Ca	40	39,962591
		42	41,958618
		43	42,958766
		44	43,955481
		45	44,956186
		46	45,953688
21	Sc	45	44,955907
22	Ti	46	45,952626
		47	46,951757
		48	47,947941
		49	48,947870
		50	49,944786
23	V	51	50,943958
24	Cr	51	50,944765
		52	51,940505
		53	52,940646
		54	53,938877
25	Mn	55	54,938043
26	Fe	54	53,939608
		55	54,938291
		56	55,934936
		57	56,935392
		58	57,933274
		59	58,934873
		60	59,934070

Atommassen ausgewählter Nuklide (Fortsetzung)

Z	Nuklid		m_a in u
27	Co	55	54,941996
		56	55,939838
		57	56,936290
		58	57,935751
		59	58,933194
		60	59,933816
28	Ni	58	57,935342
		60	59,930785
		61	60,931055
		62	61,928345
		64	63,927966
29	Cu	63	62,929597
		65	64,927789
		66	65,928869
30	Zn	64	63,929142
		65	64,929241
		66	65,926034
		67	66,927127
		68	67,924844
31	Ga	69	68,925574
		71	70,924703
32	Ge	70	69,924249
		72	71,922076
		73	72,923459
		74	73,921178
		76	75,921403
33	As	75	74,921595
34	Se	74	73,922476
		76	75,919214
		77	76,919914
		78	77,917309
		80	79,916522
35	Br	79	78,918338
		81	80,916288
		82	81,916802

Z	Nuklid		m_a in u
36	Kr	78	77,920366
		80	79,916378
		82	81,913481
		83	82,914127
		84	83,911498
		85	84,912527
		86	85,910611
		89	88,917835
		92	91,926173
37	Rb	85	84,911790
		94	93,926395
38	Sr	84	83,913419
		86	85,909261
		87	86,908877
		88	87,905612
		90	89,907728
		92	91,911038
		94	93,915356
		96	95,921719
		98	97,928693
39	Y	89	88,905838
		90	89,907142
		95	94,912820
		96	95,915909
40	Zr	90	89,904699
		91	90,905640
		92	91,905035
		94	93,906313
		95	94,908040
41	Nb	93	92,906373
		95	94,906831
42	Mo	92	91,906807
		94	93,905084
		95	94,905837
		96	95,904675
		97	96,906017
		98	97,905404
		100	99,907468
43	Tc	97	96,906361
		99	98,906250

Z	Nuklid		m_a in u
44	Ru	96	95,907589
		98	97,905287
		99	98,905930
		100	99,904210
		101	100,905573
		102	101,904340
		104	103,905425
45	Rh	103	102,905494
46	Pd	102	101,905632
		104	103,904030
		105	104,905079
		106	105,903480
		108	107,903892
		110	109,905173
47	Ag	107	106,905092
		109	108,904756
48	Cd	106	105,906460
		110	109,903007
		111	110,904184
		114	113,903365
		116	115,904763
49	In	113	112,904060
50	Sn	114	113,902780
		115	114,903345
		116	115,901743
		118	117,901607
		120	119,902203
		122	121,903445
		124	123,905280
51	Sb	121	120,903811
		123	122,904215
52	Te	120	119,904066
		122	121,903045
		124	123,902818
		125	124,904431
		126	125,903312
		130	129,906223
53	I	123	122,905590
		127	126,904473
		131	130,906126

Atommassen ausgewählter Nuklide (Fortsetzung)

Z	Nuklid		m_a in u
54	Xe	124	123,905885
		126	125,904297
		128	127,903531
		129	128,904781
		130	129,903509
		131	130,905084
		132	131,904155
		134	133,905393
		138	137,914146
55	Cs	133	132,905452
		134	133,906719
		135	134,905977
		136	135,907311
		137	136,907089
		138	137,911017
		140	139,917284
56	Ba	130	129,906326
		132	131,905061
		134	133,904508
		135	134,905688
		136	135,904576
		137	136,905827
		138	137,905247
		144	143,922955
57	La	139	138,906363
58	Ce	136	135,907129
		138	137,905994
		140	139,905448
59	Pr	141	140,907660
60	Nd	142	141,907729
		143	142,909820
		145	144,912579
		146	145,913122
		148	147,916899
61	Pm	145	144,912755
62	Sm	144	143,911999
		150	149,917282
		152	151,919739
		154	153,922216
63	Eu	151	150,919857
		153	152,921237

Z	Nuklid		m_a in u
64	Gd	154	153,920873
		155	154,922629
		156	155,922130
		157	156,923967
		158	157,924111
		160	159,927061
65	Tb	159	158,925354
66	Dy	156	155,924284
		158	157,924415
		160	159,925204
		161	160,926939
		162	161,926805
		163	162,928737
		164	163,929181
67	Ho	165	164,930329
68	Er	162	161,928787
		164	163,929208
		166	165,930301
		167	166,932056
		168	167,932378
		170	169,935472
69	Tm	169	168,934219
70	Yb	168	167,933891
		170	169,934767
		171	170,936332
		172	171,936387
		173	172,938216
		174	173,938868
		176	175,942575
71	Lu	175	174,940777
72	Hf	176	175,941410
		177	176,943230
		178	177,943708
		179	178,945826
		180	179,946560
73	Ta	181	180,947999
74	W	180	179,946713
		182	181,948206
		183	182,950224
		185	184,953421
		186	185,954365

Z	Nuklid		m_a in u
75	Re	185	184,952958
		187	186,955752
76	Os	187	186,955750
		188	187,955837
		189	188,958146
		190	189,958445
		192	191,961479
77	Ir	191	190,960592
		193	192,962924
78	Pt	192	191,961043
		194	193,962683
		195	194,964794
		196	195,964955
		198	197,967897
79	Au	197	196,966570
		198	197,968244
80	Hg	196	195,965833
		198	197,966769
		199	198,968281
		200	199,968327
		201	200,970303
		202	201,970644
		204	203,973494
81	Tl	203	202,972344
		204	203,973863
		205	204,974427
		207	206,977419
		208	207,982018
82	Pb	204	203,973044
		205	204,974482
		206	205,974465
		207	206,975897
		208	207,976652
		209	208,981090
		210	209,984188
		211	210,988735
		212	211,991896
		214	213,999804

Atommassen ausgewählter Nuklide (Fortsetzung)

Z	Nuklid		m_a in u
83	Bi	209	208,980399
		210	209,984120
		211	210,987269
		212	211,991285
		213	212,994384
		214	213,998711
84	Po	210	209,982874
		211	210,986653
		212	211,988868
		213	212,992857
		214	213,995201
		215	214,999418
		216	216,001913
		218	218,008971
85	At	217	217,004718
86	Rn	219	219,009479
		220	220,011392
		222	222,017576
87	Fr	221	221,014254
88	Ra	223	223,018501
		224	224,020210
		225	225,023611
		226	226,025408
		228	228,031069
89	Ac	225	225,023229
		227	227,027751
		228	228,031020
90	Th	227	227,027703
		228	228,028740
		229	229,031761
		230	230,033132
		231	231,036303
		232	232,038054
		233	233,041580
		234	234,043600
91	Pa	231	231,035883
		233	233,040247
		234	234,043306
92	U	233	233,039634
		234	234,040950
		235	235,043928
		236	236,045566
		237	237,048728
		238	238,050787
		239	239,054292
		240	240,056592
93	Np	237	237,048172
94	Pu	238	238,049558
		239	239,052162
		240	240,053812
		241	241,056850
		242	242,058741
		244	244,064204
95	Am	241	241,056827
		242	242,059547

Auszug aus der Nuklidkarte

IQB-Seite 68

95														
94														
93														
92														
91						**Pa216** 105 ms α: 7,948 γ: 0,134	**Pa217** 3,8 ms α: 8,337 γ: 0,466	**Pa218** 113 µs α: 9,616 γ: 0, 92	**Pa219** 53 ns α: 9,90	**Pa220** 0,78 µs α: 9,65	**Pa221** 5,9 µs α: 9,08	**Pa222** 4,3 ms α: 8,21	**Pa223** 6,5 ms α: 8,01	**Pa224** 0,95 s α: 7,555
90				**Th213** 0,14 s α: 7,69	**Th214** 0,10 s α: 7,68	**Th215** 1,2 s α: 7,392 γ: 0,134	**Th216** 26,0 ms α: 7,923 γ: 0,629	**Th217** 252 µs α: 9,261 γ: 0,822	**Th218** 0,1µs α: 9,67	**Th219** 1,05 µs α: 9,34	**Th220** 9,7 µs α: 8,79	**Th221** 1,68 ms α: 8,15	**Th222** 2,24 ms α: 7,980 γ: 0,390	**Th223** 0,66 s α: 7,324 γ: 0,140
89	**Ac209** 90 ms α: 7,59	**Ac210** 0,35 s α: 7,46	**Ac211** 0,25 s α: 7,481	**Ac212** 0,93 s α: 7,38	**Ac213** 0,80 s α: 7,36	**Ac214** 8,2 s α: 7,215 γ: 0,139	**Ac215** 0,17 s α: 7,600	**Ac216** 0,44 ms α: 9,029 γ: 0,083	**Ac217** 69 ns α: 9,65	**Ac218** 1,1 µs α: 9,205	**Ac219** 11,8 µs α: 8,664	**Ac220** 26 ms α: 7,85 γ: 0,134	**Ac221** 52 ms α: 7,65	**Ac222** 5,0 s α: 7,009
88	**Ra208** 1,3 s α: 7,133	**Ra209** 4,6 s α: 7,143	**Ra210** 3,7 s α: 7,151	**Ra211** 13 s α: 6,907	**Ra212** 13,0 s α: 6,899	**Ra213** 2,74 min α: 6,624 γ: 0,110	**Ra214** 2,46 s α: 7,137	**Ra215** 1,67 ms α: 8,700 γ: 0,834	**Ra216** 0,18 µs α: 9,349	**Ra217** 1,6 µs α: 8,99	**Ra218** 25,6 µs α: 8,39	**Ra219** 10 ms α: 7,679 γ: 0,316	**Ra220** 23 ms α: 7,46 γ: 0,465	**Ra221** 28 s α: 6,613 γ: 0,149
87	**Fr207** 14,8 s α: 6,767	**Fr208** 58,6 s α: 6,636 γ: 0,636	**Fr209** 50,0 s α: 6,648	**Fr210** 3,18 min α: 6,543 γ: 0,644	**Fr211** 3,10 min α: 6,535 γ: 0,540	**Fr212** 20,0 min α: 6,262 γ: 1,274	**Fr213** 34,6 s α: 6,775	**Fr214** 5,0 ms α: 8,426	**Fr215** 0,09 µs α: 9,36	**Fr216** 0,70 µs α: 9,01	**Fr217** 16 µs α: 8,315	**Fr218** 1,0 ms α: 7,867	**Fr219** 21 ms α: 7,312	**Fr220** 27,4 s α: 6,68 γ: 0,045
86	**Rn206** 5,67 min α: 6,260 γ: 0,498	**Rn207** 9,3 min α: 6,133 γ: 0,345	**Rn208** 24,4 min α: 6,138 γ: 0,427	**Rn209** 28,5 min α: 6,039 γ: 0,408	**Rn210** 2,4 h α: 6,040 γ: 0,458	**Rn211** 14,6 h α: 5,783 γ: 0,674	**Rn212** 24 min α: 6,264	**Rn213** 19,5 ms α: 8,088 γ: 0,540	**Rn214** 0,27 µs α: 9,037	**Rn215** 2,3 µs α: 8,67	**Rn216** 45 µs α: 8,05	**Rn217** 0,54 ms α: 7,740	**Rn218** 35 ms α: 7,133	**Rn219** 3,96 s α: 6,819 γ: 0,271
85	**At205** 26,2 min α: 5,902 γ: 0,719	**At206** 29,4 min α: 5,703 γ: 0,701	**At207** 1,8 h α: 5,759 γ: 0,815	**At208** 1,63 h α: 5,640 γ: 0,686	**At209** 5,4 h α: 5,647 γ: 0,545	**At210** 8,3 h α: 5,524 γ: 1,181	**At211** 7,22 h α: 5,867	**At212** 314 ms α: 7,68 γ: 0,063	**At213** 0,11 µs α: 9,08	**At214** 0,56 µs α: 8,819	**At215** 0,1 ms α: 8,026	**At216** 0,3 ms α: 7,804	**At217** 32,3 ms α: 7,069	**At218** 2 s α: 6,694
84	**Po204** 3,53 h α: 5,377 γ: 0,884	**Po205** 1,66 h α: 5,22 γ: 0,872	**Po206** 8,8 d α: 5,2233 γ: 1,032	**Po207** 5,84 h α: 5,116 γ: 0,992	**Po208** 2,898 a α: 5,1152	**Po209** 102 a α: 4,881	**Po210** 138,38 d α: 5,30438	**Po211** 0,516 s α: 7,450	**Po212** 0,3 µs α: 8,785	**Po213** 4,2 µs α: 8,376	**Po214** 164 µs α: 7,6869	**Po215** 1,78 ms α: 7,3862	**Po216** 0,15 s α: 6,7783	**Po217** 1,53 s α: 6,543
83	**Bi203** 11,76 h β^+: 1,4 γ: 0,820	**Bi204** 11,22 h γ: 0,899	**Bi205** 15,31 d γ: 1,764	**Bi206** 6,24 d γ: 0,803	**Bi207** 31,55 a γ: 0,570	**Bi208** 3,68E5 a γ: 2,615	**Bi209** 1,9E19 a α: 3,137	**Bi210** 5,013 d α: 4,649 β^-: 1,2	**Bi211** 2,17 min α: 6,6229 γ: 0,351	**Bi212** 60,60 min α: 6,051 β^-: 2,3 γ: 0,727	**Bi213** 45,59 min α: 5,87 β^-: 1,4 γ: 0,440	**Bi214** 19,9 min α: 5,450 β^-: 1,5 γ: 0,609	**Bi215** 7,7 min γ: 0,294	
82	**Pb202** 5,25E4 a	**Pb203** 51,9 h γ: 0,279	**Pb204** 1,4E17 a α	**Pb205** 1,5E7 a	**Pb206** stabil	**Pb207** stabil	**Pb208** stabil	**Pb209** 3,253 h β^-: 0,6	**Pb210** 22,3 a α: 3,72 β^-: 0,02 γ: 0,047	**Pb211** 36,1 min β^-: 1,4 γ: 0,405	**Pb212** 10,64 h β^-: 0,3 γ: 0,239	**Pb213** 10,2 min	**Pb214** 26,8 min β^-: 0,7 γ: 0,352	
81	**Tl201** 73,1 h γ: 0,167	**Tl202** 12,23 d γ: 0,440	**Tl203** stabil	**Tl204** 3,78 a β^-: 0,8	**Tl205** stabil	**Tl206** 4,20 min β^-: 1,5	**Tl207** 4,77 min β^-: 1,4	**Tl208** 3,053 min β^-: 1,8 γ: 2,615	**Tl209** 2,16 min β^-: 1,8 γ: 1,567	**Tl210** 1,3 min β^-: 1,9 γ: 0,800				
80	**Hg200** stabil	**Hg201** stabil	**Hg202** stabil	**Hg203** 46,59 d β^-: 0,2 γ: 0,279	**Hg204** stabil	**Hg205** 5,2 min β^-: 1,5 γ: 0,204	**Hg206** 8,15 min β^-: 1,5 γ: 0,305							
79	**Au199** 3,139 d β^-: 0,3 γ: 0,158	**Au200** 48,4 min β^-: 2,3 γ: 0,368	**Au201** 26,4 min β^-: 1,3 γ: 0,543	**Au202** 28 s β^-: 3,5 γ: 0,440	**Au203** 60 s β^-: 2,0 γ: 0,218	**Au204** 39,8 s β^-: 4,3 γ: 0,437								
78	**Pt198** stabil	**Pt199** 30,8 min β^-: 1,7 γ: 0,543	**Pt200** 12,5 h β^-: 0,6 γ: 0,076	**Pt201** 2,5 min β^-: 2,7 γ: 1,706										
77	**Ir197** 8,9 min β^-: 2,0 γ: 0,470	**Ir198** 8 s β^-: 4,0 γ: 0,507												
	120	**121**	**122**	**123**	**124**	**125**	**126**	**127**	**128**	**129**	**130**	**131**	**132**	**133**

Physik – Anhang

Auszug aus der Nuklidkarte (Fortsetzung)

			Am232 1,31 min		**Am234** 2,32 min		**Am236** 3,6 min α: 6,15 γ: 0,719	**Am237** 73 min α: 6,04 γ: 0,280	**Am238** 1,63 h α: 5,94 γ: 0,963	**Am239** 11,9 h α: 5,774 γ: 0,278	**Am240** 50,8 h α: 5,378 γ: 0,988	**Am241** 432,2 a α: 5,486 γ: 0,060	**Am242** 16 h β^-: 0,7	**Am243** 7370 a α: 5,275 γ: 0,075	**95**
				Pu232 34,1 min α: 6,60	**Pu233** 20,9 min α: 6,31 γ: 0,235	**Pu234** 8,8 h α: 6,202	**Pu235** 25,3 min α: 5,85 γ: 0,049	**Pu236** 2,858 a α: 5,768	**Pu237** 45,2 d α: 5,334 γ: 0,060	**Pu238** 87,74 a α: 5,499	**Pu239** 2,41E4 a α: 5,157	**Pu240** 6563 a α: 5,168	**Pu241** 14,35 a α: 4,896 β^-: 0,02	**Pu242** 3,75E5 a α: 4,901	**94**
Np227 51 s α: 7,68	**Np228** 61,4 s	**Np229** 4,0 min α: 6,890	**Np230** 4,6 min α: 6,66	**Np231** 48,8 min α: 6,28 γ: 0,371	**Np232** 14,7 min γ: 0,327	**Np233** 36,2 min α: 5,54	**Np234** 4,4 d γ: 1,559	**Np235** 396,1 d α: 5,025	**Np236** 1,54E5 a β^-: 0,481	**Np237** 2,14E6 a α: 4,790 γ: 0,029	**Np238** 2,117 d β^-: 1,2 γ: 0,984	**Np239** 2,355 d β^-: 0,4 γ: 0,106	**Np240** 65 min β^-: 0,9 γ: 0,566	**Np241** 13,9 min β^-: 1,3 γ: 0,175	**93**
U226 0,28 s α: 7,555 γ: 0,182	**U227** 1,1 min α: 6,86 γ: 0,247	**U228** 9,1 min α: 6,68	**U229** 58 min α: 6,362 γ: 0,123	**U230** 20,8 d α: 5,888	**U231** 4,2 d α: 5,456 γ: 0,026	**U232** 68,9 a α: 5,320	**U233** 1,59E5 a α: 4,824	**U234** 2,46E5 a α: 4,775	**U235** 7,04E8 a α: 4,398 γ: 0,186	**U236** 2,34E7 a α: 4,494	**U237** 6,75 d β^-: 0,2 γ: 0,060	**U238** 4,47E9 a α: 4,198	**U239** 23,5 min β^-: 1,2 γ: 0,075	**U240** 14,1 h β^-: 0,4 γ: 0,044	**92**
Pa225 1,8 s α: 7,25	**Pa226** 1,8 min α: 6,86	**Pa227** 38,3 min α: 6,465 γ: 0,065	**Pa228** 22 h α: 6,078 γ: 0,911	**Pa229** 1,50 d α: 5,580	**Pa230** 17,4 d α: 5,345 β^-: 0,5 γ: 0,952	**Pa231** 2884 a α: 5,014 γ: 0,027	**Pa232** 1,31 d β^-: 0,3 γ: 0,969	**Pa233** 27,0 d β^-: 0,3 γ: 0,312	**Pa234** 1,17 min β^-: 2,3	**Pa235** 24,2 min β^-: 1,4 γ: 0,128	**Pa236** 9,1 min β^-: 2,0 γ: 0,642	**Pa237** 8,7 min β^-: 1,4 γ: 0,854	**Pa238** 2,3 min β^-: 1,7 γ: 1,015		**91**
Th224 1,04 s α: 7,17 γ: 0,177	**Th225** 8,72 min α: 6,482 γ: 0,321	**Th226** 31 min α: 6,336 γ: 0,111	**Th227** 18,72 d α: 6,038 γ: 0,236	**Th228** 1,913 a α: 5,423 γ: 0,084	**Th229** 7880 a α: 4,845 γ: 0,194	**Th230** 7,54E4 a α: 4,687	**Th231** 25,5 h β^-: 0,3 γ: 0,026	**Th232** 1,41E10 a α: 4,013	**Th233** 22,3 min β^-: 1,2 γ: 0,087	**Th234** 24,10 d β^-: 0,2 γ: 0,063	**Th235** 7,1 min β^-: 1,4 γ: 0,417	**Th236** 37,5 min β^-: 1,0 γ: 0,111			**90**
Ac223 2,10 min α: 6,647	**Ac224** 2,9 h α: 6,142 γ: 0,216	**Ac225** 10,0 d α: 5,830 γ: 0,100	**Ac226** 29 h α: 5,34 β^-: 0,9 γ: 0,230	**Ac227** 21,773 a α: 4,953 β^-: 0,04	**Ac228** 6,13 h β^-: 1,2 γ: 0,911	**Ac229** 62,7 min β^-: 1,1 γ: 0,165	**Ac230** 122 s β^-: 2,7 γ: 0,455	**Ac231** 7,5 min β^-: 1,947 γ: 0,282	**Ac232** 119 s β^-: 3,708 γ: 0,665						**89**
Ra222 38 s α: 6,559 γ: 0,324	**Ra223** 11,43 d α: 5,7162 γ: 0,269	**Ra224** 3,66 d α: 5,6854 γ: 0,241	**Ra225** 14,8 d β^-: 0,3 γ: 0,040	**Ra226** 1600 a α: 4,7843 γ: 0,186	**Ra227** 42,2 min β^-: 1,3 γ: 0,027	**Ra228** 5,75 a β^-: 0,04	**Ra229** 4,0 min β^-: 1,8	**Ra230** 93 min β^-: 0,8 γ: 0,072							**88**
Fr221 4,9 min α: 6,341 γ: 0,218	**Fr222** 14,2 min β^-: 1,8 γ: 0,206	**Fr223** 21,8 min α: 5,34 β^-: 1,1 γ: 0,05	**Fr224** 3,3 min β^-: 2,6 γ: 0,216	**Fr225** 4,0 min β^-: 1,6 γ: 0,182	**Fr226** 48 s β^-: 3,2 γ: 0,254	**Fr227** 2,47 min β^-: 1,8 γ: 0,090	**Fr228** 39 s γ: 0,474	**Fr229** 50,2 s γ: 0,310							**87**
Rn220 55,6 s α: 6,288	**Rn221** 25 min α: 6,037 β^-: 0,8 γ: 0,186	**Rn222** 3,825 d α: 5,48948	**Rn223** 23,2 min γ: 0,593	**Rn224** 1,78 h γ: 0,261	**Rn225** 4,5 min	**Rn226** 7,4 min									**86**
At219 0,9 min α: 6,27															**85**
Po218 3,05 min α: 6,0024															**84**
															83
															82
															81
															80
α-Zer- fall		β^+-Zer- fall		β^--Zer- fall											**79**
Fr220 27,5 s α: 6,68 γ: 0,045		**At210** 8,3 h α: 5,524 γ: 1,181		**Pb212** 10,64 h β^-: 0,3 γ: 0,239	← Halbwertszeit ← Energie in MeV										**78**
					Die farbigen Flächen zeigen die vorherrschenden Zerfallsarten an										**77**
134	**135**	**136**	**137**	**138**	**139**	**140**	**141**	**142**	**143**	**144**	**145**	**146**	**147**	**148**	

Physik – Anhang

Auszug aus der Nuklidkarte (Fortsetzung)

8						O13 8,58 ms β^+: 16,7	O14 70,59 s β^+: 1,8 γ: 2,313	O15 2,03 min β^+: 1,7	O16 stabil	O17 stabil	O18 stabil	O19 27,1 s β^-: 3,3 γ: 0,197	O20 13,5 s β^-: 2,8 γ: 1,057
7						N12 11,0 ms β^+: 16,4 γ: 4,439	N13 9,96 min β^+: 1,2	N14 stabil	N15 stabil	N16 7,13 s β^-: 4,3 γ: 6,129	N17 4,17 s β^-: 3,2 γ: 0,871	N18 0,63 s β^-: 9,4 γ: 1,982	N19 329 ms β^- γ: 0,096
6				C9 126,5 ms β^+: 15,5	C10 19,3 s β^+: 1,9 γ: 0,718	C11 20,38 min β^+: 1,0	C12 stabil	C13 stabil	C14 5730 a β^-: 0,2	C15 2,45 s β^-: 4,5 γ: 5,298	C16 0,747 s β^-: 4,7	C17 193 ms β^- γ: 1,375	C18 92 ms β^- γ: 2,614
5				B8 770 ms β^+: 14,1		B10 stabil	B11 stabil	B12 20,20 ms β^-: 13,4 γ: 4,439	B13 17,33 ms β^-: 13,4 γ: 3,684	B14 13,8 ms β^-: 14,0 γ: 6,090	B15 10,4 ms β^-		B17 5,1 ms β^-
4				Be7 53,29 d γ: 0,478		Be9 stabil	Be10 1,6E6 a β^-: 0,6	Be11 13,8 s β^-: 11,5 γ: 2,125	Be12 23,6 ms β^-: 11,7		Be14 4,35 ms β^-		
3				Li6 stabil	Li7 stabil	Li8 840,3 ms β^-: 12,5	Li9 178,3 ms β^-: 13,6		Li11 8,5 ms β^-: 18,5 γ: 3,368				
2		He3 stabil	He4 stabil		He6 806,7 ms β^-: 3,5		He8 119 ms β^-: 9,7 γ: 0,981						
1	H1 stabil	H2 stabil	H3 12,323 a β^-: 0,02										
0		n1 10,25 min β^-: 0,8											
	0	1	2	3	4	5	6	7	8	9	10	11	12

Physik – Anhang

Sachwortverzeichnis

F

G

H

I

K

L

M

N

W

Z